| 노동, 정치와 복지 |

스웨덴 사회민주주의

신광영 지음

SWEDEN

한울
아카데미

이 도서의 국립중앙도서관 출판예정도서목록(CIP)은 서지정보유통지원시스템 홈페이지(http://seoji.nl.go.kr)와
국가자료공동목록시스템(http://www.nl.go.kr/kolisnet)에서 이용하실 수 있습니다.
(CIP제어번호 : CIP2015018489)

머리말

이 책은 필자가 사회학 박사과정을 공부하면서부터 지속적으로 관심을 갖고 있었던, 스웨덴의 사회민주주의와 사회체제에 관한 문제의식과 사회과학적 분석을 담고 있다. 문제의식과 분석이 사회학에 한정되어 있다고 생각하지 않기 때문에 사회과학적 분석이라고 표현했다. 사회과학의 여러 분과학문들이 경계를 만들어 정체성을 내세우기 시작한 19세기 말과 20세기 초의 학문 분류는 오늘날에는 사회를 이해하는 데 더 이상 도움이 되지 않는다. 그런 의미에서 필자는 사회학적 분석보다 사회과학적 분석이라는 용어를 더 선호한다.

박사과정을 밟기 전까지 필자의 스웨덴에 대한 이해는 여느 한국 사람들과 크게 다르지 않았다. 다이너마이트를 발명해서 거부가 된 알프레드 노벨(Alfred Bernhard Nobel)이 노벨 재단을 설립해서 매년 학술적 발전과 인류 평화에 기여한 사람들에게 노벨상을 수여하는 나라, 예술영화 감독 잉마르 베리만(Ingmar Bergman)이 태어난 나라, 빨강 머리 주근깨 소녀 '말괄량이 삐삐' 동화의 나라, 스웨덴 가구회사로 잘못 알려진 이케아(IKEA)[1]

---

[1] 이케아는 스웨덴에서 출발했지만, 스웨덴 가구회사는 아니다. 이케아 창립자 잉바르 캄프라드(Ingvar Kamprad)는 스웨덴의 높은 소득세와 기업세를 피해 1973년 네덜란드로 회사 본부를 옮기고, 'Inter IKEA System'이라는 이름의 네덜란드 회사를 설

의 나라, 그리고 한때 세계를 열광시킨 스웨덴 음악그룹 아바(ABBA)의 나라 정도가 전부였다.

필자가 스웨덴에 관심을 갖게 된 것은 우연한 계기를 통해서였다. 필자는 미국 중서부 지역에 위치한 위스콘신대학교(University of Wisconsin-Madison)에서 사회학 박사과정을 밟으면서 스웨덴 사회민주주의와 사회체제를 접하게 되었다. 그러던 중 박사과정 지도교수였던 에릭 올린 라이트(E. O. Wright) 교수가 책임을 맡은 '계급구조와 계급의식 국제비교' 연구 프로젝트에 연구조교로 참여하게 되었다. 이 프로젝트는 산업사회의 계급구조를 경험적으로 분석하고 계급구조와 계급의식 간의 관계를 비교분석하는 국제 프로젝트였다. 여기에 스웨덴이 포함되어 있었다. 스웨덴 사회에 대해서 거의 무지했던 필자는 스웨덴 자료를 분석하면서, 스웨덴의 계급과 정치에 대한 연구를 하게 되었다. 그리고 프로젝트를 위해 수집된 서베이 자료 중 미국, 일본과 스웨덴 자료를 이용해 박사학위 논문(「생산의 정치와 소득불평등: 미국, 일본과 스웨덴 소득불평등 비교 연구」)을 쓰면서 본격적으로 스웨덴 연구를 하게 되었다.

스웨덴은 1980년대 초 인구가 820만에 불과한 작은 나라였음에도2) 예

립했다. 그는 이후 'Inter IKEA Holding SA'를 세워 그룹을 경영하면서, 리히텐슈타인에 세운 비영리 재단이 그것을 소유하게 만들어 세금을 회피하는 방식으로 운영했다. 스웨덴 일부 회사나 부유층이 세금을 회피하기 위해 스웨덴에서 다른 나라로 이주하는 경우가 종종 있었는데, 이케아는 대표적인 조세 회피 기업이었다. 한국에는 이케아가 스웨덴 가구회사로 알려졌고, 아직도 매체들이 그렇게 보도를 하고 있지만 잘못된 보도의 전형이다. 스위스에 살던 캄프라드는 2013년 87세가 되어 부인이 사망한 후, 떠난 지 40년 만에 스웨덴으로 다시 돌아왔다(Mia Shanley, "IKEA founder to return home 40 years after fleeing Swedish taxes," *Reuters*, Jun, 13, 2013).

2) 2015년 1월 31일 현재 스웨덴 인구는 975만 3197명으로 1980년대 초에 비해서 크게 늘

란 테르보른(Göran Therborn)이나 발테르 코르피(Walter Korpi)와 같은 탁월한 사회학자들을 배출했고, 그들은 스웨덴의 역사적 경험 자체를 일반적인 사회학 이론의 논의로 격상시켰다. 스웨덴 사회에 대한 사회학적 분석이 곧바로 학술적인 수준에서 계급론, 국가론(복지국가론), 사회민주주의론, 사회정책론, 여성주의 등 다양한 분야에서 새로운 논쟁을 촉발한 선도적인 논의가 되었던 것이다. 이것은 전적으로 스웨덴 사회민주당의 실험과 진보적인 스웨덴 학자들의 연구 성과 덕이었다.

그런데 1989~1992년 사이 동유럽 국가사회주의가 붕괴되면서, 국내외에서 사회주의나 사회민주주의에 대한 관심이 사그라들었다. 그러나 머지않아 20세기 말의 낙관주의는 곳곳에서 위기와 절망을 양산하기 시작했다.

그리하여 세상도 학계도 다시 크게 변했다. 니카라과 혁명을 주도한 다니엘 오르테가(Daniel Ortega)는 쿠바가 아니라 스웨덴이 자신이 추구하는 모델이라고 했고, 스웨덴을 방문했던 원자바오(溫家寶) 전 중국총리도 스웨덴이 중국의 모델이라고 말하기도 했다. 동유럽 국가사회주의 몰락과 함께 1992년 호기롭게 '역사의 종언'을 주장했던[3] 프랜시스 후쿠야마(Francis Fukuyama)는 머지않아 자신의 말이 틀렸음을 인정해야 했다. 역사의 종언 명제는 동유럽 국가사회주의 몰락이 단순히 냉전체제의 종식이 아니라, 미국식 자유시장체제가 인류 이데올로기 진화의 마지막이라는 의미에서 자본주의가 인류 역사의 최종적인 단계라는 주장이었다. 그러나 후에 미국

었다. 이민자들이 대거 유입되면서 인구가 크게 증가한 것이다. 이러한 급격한 이민자 증가로 기존의 스웨덴 이민정책에 반대하는 스웨덴 민주당(Sverigedemokraterna)과 같은 극우 정당이 등장했다.

3) Francis Fukuyama, *The End of History and the Last Man*(New York: Free Press, 1992).

금융위기를 포함해 세계 곳곳에서 경제위기가 발생하면서 이러한 주장이 반증되었고, 후쿠야마 본인도 자신의 생각이 짧았음을 인정하기에 이르렀다.[4]

대신에 세계화와 더불어 산업자본주의 사회체제에 대한 비교분석이 여러 사회와 역사를 이해하려는 새로운 흐름으로 대두되었다. 1990년대 이전까지만 해도, 사회학, 정치학, 심리학, 경제학 등에서 비교연구는 매우 주변적인 연구 분야였다. 자국 중심의 사회과학, 특히 미국 중심의 사회과학에서 미국에 관한 연구는 보편적인 의미를 지니는 것으로 암묵적으로 간주되었다. 경제학이 그러했고 사회학이나 정치학, 심리학도 어느 정도 차이는 있지만 그러한 경향에서 크게 벗어나지 못했다. 그러나 1990년대 들어 세계화가 진전되면서 비교연구는 사회과학의 중심 영역으로 부각되었다. 다른 사회에 대한 정보와 지식이 축적되면서 다양한 사회체제에 대한 인식이 확산되었다. 그리하여 비교정치경제학, 비교(역사)사회학, 비교정치학, 비교체제론, 비교문화론 등 비교적인 시각에서 이루어지는 이론적인 논의와 경험적인 연구가 사회과학의 핵심 분야로 떠올랐다. 대표적으로 자본주의 다양성론이나 복지국가 유형론이 등장하면서, 제도적으로 자본주의에도 하나의 형태가 아니라 여러 형태가 있으며 서구 복지국가도 다양한

---

4) 후쿠야마는 미국식 자유민주주의 대신에 민주주의가 역사의 마지막 단계가 될 것이라고 주장을 슬쩍 바꿨다. 미국 정치 자체도 효과적인 행정을 방해하는 반대를 위한 반대로 한 발짝도 움직이지 못하는 상태가 되었다는 것과 소수가 정치적 특권을 가지고 부를 독점하고 있어서 사회양극화가 일어나고 있다는 것을 인정했다. 그렇지만, 민주주의라는 정치제도는 모든 나라에서 추구하는 이상으로 받아들여지고 있어서 민주주의를 위한 투쟁이 세계 곳곳에서 계속되고 있다고 주장하였다(Francis Fukuyama, "At the 'End of History' Still Stands Democracy," *The Wall Street Journal*, June 6, 2014).

유형이 있다는 인식이 널리 확산되기에 이르렀다. 그리고 심리학에서는 문화심리학이 대두되면서 문화적 맥락에 따라서 개인들의 심리가 다르게 작동한다는 인식도 확산되었다.

한국에서도 정치적 변화와 함께 다른 사회에 대한 관심이 높아졌다. 실현 가능한 사회체제를 모색하거나 구체적인 정책 대안을 찾으려는 시도에서 다른 사회의 경험과 제도에 대한 연구가 필요하다는 인식이 커졌다. 특히 2008년 미국 금융위기 이후 신자유주의 체제의 모순이 적나라하게 드러나면서, 새로운 대안으로 유럽 사회모델과 함께 스웨덴을 포함한 북유럽 사회민주주의가 다시 관심을 받기 시작했다. 최근 한국에서도 정치인이나 일반 시민들이 스웨덴에 관심을 많이 갖기 시작했다. 때로 이러한 관심이 지나쳐서 스웨덴 사회체제와 제도에 대한 오해가 생기기도 한다. 스웨덴을 마치 복지천국이나 이상향처럼 여기는 것이다.[5] 스웨덴은 포괄적인 복지뿐만 아니라 공공기관과 이웃에 대한 높은 수준의 신뢰, 권위를 내세우지 않는 정치인, 부정부패가 적은 매우 투명한 사회, 높은 수준의 평등과 삶의 질, 상당한 정도의 양성평등 등을 보여주었다는 점에서 많은 한국 사람에게 부러움의 대상이 되었다. 하지만 최근 스웨덴에서 복지체제의 변화와 더불어 '스웨덴 민주당'으로 대변되는 극우 정치세력이 세를 확장해 사회적·정치적 갈등이 확산되고 있다는 점에서 스웨덴 사회의 어두운 이면도 드러나고 있다.

---

5) 이러한 이미지는 한국에만 있는 것은 아니다. 영국의 정치학자 크리스토퍼 피어슨 (Christopher Pierson)은 영국에서도 책에서나 대중적인 논의에서 스웨덴이 이상적으로 그려지고 있다는 점을 지적했다(Swedish Institute & United Minds, *The Swedish Model: Perspectives on the International Relevance of Sweden's Social Paradigm*(Stockholm: Swedish Institute, 2013), p. 9].

이 책은 이러한 최근의 국내외 흐름을 반영하면서 스웨덴에 대한 사회과학적 이해를 도모하고자 집필되었다. 필자가 학위 논문을 쓸 당시와 비교하면, 20세기 후반 스웨덴에서 많은 변화가 일어났을 뿐 아니라 학계에서도 많은 변화가 일어났고, 이러한 변화들이 필자로 하여금 스웨덴 사회체제를 더 폭넓게 이해를 할 수 있도록 해주었다. 그리고 그사이, 한국에서도 스웨덴에 관한 수준 높은 학술적 연구서들과 대중적인 소개서가 출간되었고 또 번역되었다.6) 그리고 한국 스칸디나비아학회(초대 회장 변광수 한국외국어대학교 스칸디나비아학과 명예교수)가 창립되어서 스웨덴을 포함한 스칸디나비아 사회를 연구한 논문을 실은 학술지인 ≪스칸디나비아 연구≫를 매년 발간하고 있다. 그사이 눈에 띄는 발전이 이루어졌다고 볼 수 있다.

여기에 실린 글들은 1990년대 초부터 최근까지 이런저런 지면에 발표된 글들을 바탕으로 대폭적으로 재구성한 것이다. 이전에 학술지나 대중적인 잡지에 실린 글들을 전면 수정 내지 보완하고, 최근의 내용을 추가해서 1부와 2부의 글들은 전혀 다른 글이 될 정도로 다시 쓰였다.

---

6) 이헌근, 『'제3의 길'로서의 스웨덴 정치』(부산대학교 출판부, 1999); 주은선, 『연금개혁의 정치』(한울, 2006); 김인춘, 『스웨덴 모델: 독점 자본과 복지국가의 공존』(삼성경제연구소, 2007); 박승희 외, 『스웨덴 사회복지의 실제』(양서원, 2007); 변광수, 『복지국가 스웨덴 사람들』(문예림, 2007); 신필균, 『복지국가 스웨덴』(후마니타스, 2011); 신정완, 『복지국가냐 민주적 사회주의냐』(사회평론, 2012); 최연혁, 『우리가 만나야 할 미래: 스웨덴 한 가운데서 우리가 만나야 할 미래』(샘앤파커스, 2012); 기타오카 타카요시, 『복지강국 스웨덴, 경쟁력의 비밀: 베푸는 복지를 넘어 성장의 원동력이 되는 복지국가』, 최려진 옮김(위스덤하우스, 2012); 안재홍, 『복지자본주의의 형성과 재편』(후마니타스, 2013); 얀 순딘·샘 빌레름, 『스웨덴 공중보건 250년사』, 신영전·박세홍 옮김(한울, 2012); 레그란드 츠카구치 도시히코 엮음, 『스웨덴 스타일: 복지국가를 넘어 복지사회로, 스웨덴 모델의 미래를 보다』, 강내영·온나자와 나오코·홍일표 옮김(참여사회연구소, 2013).

늘 강조하는 것이지만, 모든 지식은 절대로 개인의 것이 아니다. 먼저 스웨덴 사회민주주의와 사회체제에 관해서 연구를 하고 지식을 축적해놓은 국내외 많은 연구자의 노력이 없었다면, 이 책은 나올 수 없었다. 그보다 먼저 스웨덴 정치인들이 인간에 대한 믿음과 열정을 가지고 더 나은 사회체제를 만들기 위해 기울인 노력과 스웨덴 학자들의 학문적 노력이 없었더라면, 우리의 상상력과 정치적 열망도 그만큼 작았을 것이다. 한편으로는 이들 모두의 노력과 상상력이 한국에서도 공유될 수도 있다는 점에서 현대가 세계화시대임을 더욱 절감하게 된다. 이 책이 한국에서 스웨덴 사회체제를 이해하려는 연구자들뿐 아니라 대안적인 사회체제를 모색하려는 모든 연구자와 독자에게 조금이나마 도움이 될 수 있기를 기대한다.

그리고 이 책의 초고를 읽고 논평을 해준 스칸디나비아학회 소속 변광수 교수(한국외국어대학교), 조돈문 교수(가톨릭대학교), 신정완 교수(성공회대학교), 김인춘 교수(연세대학교), 그리고 김상렬 교수(한국외국어대학교)께 감사드린다. 또한 중앙대학교 독일유럽연구센터의 오성균 소장, 김환식 부소장, 김누리 대외협력위원장께도 감사드린다. 이 책이 독일학술교류처(Deutscher Akademischer Austausch Dienst: DAAD)의 지원을 받는 중앙대학교 독일유럽연구센터 학술총서 제1권으로 발간되는 영광을 누리게 된 것은 전적으로 중앙대학교 독일유럽연구센터 관계자 여러분의 지지로 가능했다. 마지막으로 이 책 3부에 사용된 자료(2006, 2010, 2014 스웨덴 총선 출구조사 자료와 스웨덴 복지국가 서베이 자료)를 보내준 스웨덴 예테보리 대학의 스웨덴 데이터 서비스(Swedish National Data Service: SND) 담당자에게 고마움을 전한다.

* 이 책은 이전에 발표되었던 글들을 전면적으로 수정하거나 부분적으로 수정한 글들을 싣고 있다. 1부와 2부의 글들은 이전에 쓴 글들을 활용했고, 3부는 최근에 쓴 글들이라 약간만 수정 및 보완해 실었다.[7]

---

7)　이 책의 집필에 사용된 글은 다음과 같다. 제1장, 「스웨덴 사회민주주의 60년: 성과와 한계」, ≪사상≫ 20(1994); 제2장, 「스웨덴 사회민주주의와 사회정책」, ≪사회비평≫ 4(1990), 260~288쪽; 제3장, 「스웨덴의 복지제도의 형성과 특징」, ≪비교사회복지≫, 1(을유문화사, 1991), 135~184쪽; 제4장, 「스웨덴의 계급과 교육」, ≪교육비평≫ 30(2011), 63~81쪽; 제5장, 「스웨덴 계급타협의 형성과 위기」, ≪한국사회학≫ 30(2000), pp. 897~927; 제6장, 「스웨덴의 노동조합운동」, ≪동향과전망≫ 4(1989), 227~248쪽; 제7장, 「스웨덴 사회민주주의 체제하에서의 보수정당들의 정치 전략 연구: 2000년대를 중심으로」, ≪스칸디나비아 연구≫ 13(2012), 65~94쪽; 제8장, 「스웨덴 정치체제의 변화 : 스웨덴 민주당의 등장을 중심으로」, ≪스칸디나비아 연구≫ 15(2014), 143~170쪽; 제9장 「스웨덴 복지제도의 사회적 토대」, 아산정책연구원 스웨덴 복지 심포지움 발표 논문(2012년 8월 30~31일)으로 ≪스웨덴 복지모델의 이해≫ (아산정책연구원, 2015)에 포함될 예정임.

차례

제1부

사회민주주의

제1장

스웨덴 사회민주주의에 대한 비교·역사적 이해[*]

1. 20세기 체제 경쟁

우리의 시간 개념은 연속적이기보다는 단절적이다. 19세기, 20세기 그리고 21세기처럼 1세기를 단위로 마치 단절적인 사회와 역사가 존재해왔고, 앞으로도 그렇게 존재할 것처럼 인식한다. 그러나 이와는 달리, 세기가 바뀌는 1899년과 1900년이 전혀 다른 단절적인 역사의 시기가 아니었고, 1999년과 2000년도 마찬가지이다. 그리고 연속되는 역사적 유산이라는 주어진 조건 속에서 인간은 역사를 만들 수밖에 없었다. 그리하여 인간이 역사를 만들지만, 인간이 원하는 대로 새로운 역사를 만들 수 없었다.

사회민주주의도 동일한 역사적 과정을 거쳐왔다. 19세기 유럽의 역사적 조건 속에서 사회민주주의 운동이 시작되었고, 20세기의 역사적 경험과 조건 속에서 새로운 사회민주주의의 실험이 모색되었다. 그리고 20세기 후

---

[*] 이 장은 1994년에 계간지 ≪사상≫(20호)에 쓴 「스웨덴 사회민주주의 60년: 성과와 한계」를 수정 및 보완하고, 그 이후의 변화를 추가한 글이다.

반 사회민주주의의 위기 속에서 21세기 사회민주주의가 새롭게 논의되고 있다. 물론 이러한 모색은 여러 차원에서 모순, 갈등과 투쟁을 거쳐서 나타나는 것이기 때문에, 과거 역사에 대한 이해가 오늘과 내일의 역사를 이해하는 데도 중요한 지침을 줄 수 있다. 그런 점에서 지나간 사회민주주의 실험을 정확하게 이해하는 것은 또 하나의 변혁을 모색하는 사람들에게 중요한 작업이 될 수 있다.

19세기 유럽은 혼돈의 도가니였다. 부를 축적하기 위한 산업혁명, 절대국가 체제를 붕괴시키는 시민혁명과 과학과 기술의 혁명이 한쪽에서 전개되었지만, 국가 내 노동자 착취와 민족주의에 기초한 국가 간 전쟁이 유럽 대륙을 휩쓸었다. 근대 유럽의 전환기에 민주주의 운동과 반민주주의 운동, 개인주의와 사회주의, 과학적 이성(rationality)과 국가주의적 광기(insanity)가 한꺼번에 분출했다.[1] 그리하여 작고한 미국의 역사사회학자 찰스 틸리(Charles Tilly)의 연구가 보여주는 것처럼, 혼란과 갈등이 전쟁으로 정점을 이루면서 프랑스혁명 이래 19세기 동안 유럽 내에서 국가 간, 국가 내 무력분쟁이 무려 208차례나 일어났다.[2] 이것은 1년에 평균 두 번 꼴로, 유럽 대륙 내에서 대규모의 국가 간 혹은 국가 내 무력 분쟁이 발생했음을 의미한다.

이 시기는 전쟁의 시대이자 자본의 시대였고, 그 중심에는 근대 국가가 있었다는 점에서 국가의 시대였다. 근대 유럽국가가 형성되는 과정에서 발

---

1) 최근 유럽에서 오래된 파시즘에 대한 논의가 다시 시작되고 있다. 역사학자들에 의해서 이루어진 파시즘에 대한 중요한 논의는 다음을 참조할 것. Francois Furet and Ernest Nicolte, *Fascism and Communism*(University of Nebraska Press, 2001).

2) 19세기의 대규모 전쟁은 유럽 영토 내부에서뿐만 아니라 비유럽 영토에서도 전개되었고, 또한 연합의 형태로도 전쟁이 발생했다. 대표적으로 나폴레옹전쟁, 크림전쟁, 보불전쟁, 스페인전쟁, 러일전쟁, 독오전쟁 등을 들 수 있다.

생했던 수많은 전쟁은 동시에 자본주의 발달과정과 맞물려 있었다. 1914
년에 발발한 제1차 세계대전은 19세기에 유럽 국가들 사이에서 일어난 전
쟁의 연장으로서, 900만 명에 이르는 사망자를 낳아 그 당시까지 발생했던
전쟁 가운데 가장 파괴적이고 잔혹한 전쟁이었다. 과학기술이 무기개발에
활용되고 군수산업이 발달하면서 전쟁은 더욱더 큰 파괴와 살상으로 이어
졌다. 전쟁은 막대한 전비 지출을 필요로 하기 때문에 잇따른 전쟁은 국가
재정의 파탄으로 이어졌다. 제1차 세계대전이 끝난 후 전쟁 기간의 과도한
국가재정 지출 때문에 발생하는 '톱니바퀴효과(ratchet effect)'[3]가 모든 자본
주의국가에서 나타나 극심한 경제 불황을 피할 수 없었다.

　이러한 전쟁의 와중에도 자본주의적 산업화가 지속적으로 이루어져서
19세기는 산업자본주의의 시대였고, 뒤늦게 산업화를 추구한 독일, 스칸디
나비아 제국(諸國), 러시아 등도 국가 주도로 산업화를 통한 부국강병을 추
구했다. 전간기라 불리는 제1차 세계대전 이후부터 제2차 세계대전 이전
까지 국가 간 경쟁은 직접적인 전쟁의 형태는 아니었지만, 또 다른 형태의
경쟁적인 실험이 계속되었다.

　이제까지와는 다른 새로운 경쟁은, 이른바 정치경제체제 경쟁이라고 불
릴 수 있을 것이다. 유럽에서 제1차 세계대전 직후 부각되기 시작해서

---

3) 톱니바퀴효과는 경제학자 로버트 힉스(Robert Higgs)가 제시한 개념으로, 이전의 상태
　로 되돌리기 어려운 상황을 지칭한다. 예를 들어 경제침체 등이 발생할 때 정부가 개
　입하게 되지만, 경제가 회복되었을 때 경제침체 이전 수준으로 정부의 개입을 축소
　하려는 경우, 이에 대한 저항으로 정부의 개입 축소가 이루어지지 못하고 오히려 개
　입이 지속적으로 커지는 현상을 의미한다[Robert Higgs, *Crisis and Leviathan:*
　Critical Episodes in the Growth of American Government, The Independent
　Institute(1987)]. 즉, 전쟁 기간 과도하게 집행된 국가재정 지출로, 전쟁이 끝난 후에
　도 계속해서 과도하게 재정 지출이 일어나는 것을 의미한다.

1930년대 가시화한 정치경제체제는 네 가지였다. 첫 번째는 전통적인 자유 자본주의로 정치적으로 개인의 자유와 의회대표제를 중심으로 하는 민주주의, 경제적으로 통제되지 않는 시장의 자유, 국가의 경제 불개입, 노동의 완전한 상품화를 특징으로 하는 산업자본주의가 결합된 영국과 미국의 자유시장체제였다.

두 번째 유형은 전후 독일, 이탈리아, 스페인에서 등장한 파시즘이다. 파시즘은 선거를 통해서 등장했지만, 정치적으로 의회정치를 바탕으로 한 것이 아니라 대중을 직접 동원해서 의회정치를 마비시키고, 경제적으로는 국가가 경제에 개입해서 노동계급을 억압하고 통제하는 국가자본주의 체제였다.

세 번째는 1917년 이후, 특히 스탈린 집권 이후, 러시아에서 실험되고 있었던 국가사회주의이다. 국가사회주의는 노동계급을 대변하는 공산당이 집권해 기존의 의회 제도를 폐지하고, 정치적으로는 위계적으로 인민의 요구와 의사를 수렴하는 민주집중제와 경제적으로는 국가가 경제를 계획하고 관리하는 국가계획경제가 결합된 국가사회주의였다.

마지막으로 네 번째는 북유럽에서 등장한 사회민주주의이다. 선거를 통해 집권한 노동자계급 정당이 평등선거 제도와 의회주의를 인정하지만, 경제적으로 국가의 적극적인 개입을 통해 평등과 연대를 실현하고자 한 정치체제이다. 사회민주주의는 제도적으로 노동의 탈상품화, 친노동계급적 경제정책을 실시하는 케인스식 경제체제와 복지정책이 결합된 정치경제체제였다.

유럽에서 나타난 네 가지 정치경제체제는 정치적 민주화, 자본주의적 산업화, 사회주의 운동, 반사회주의 운동, 민족주의 운동 등의 복합적인 산물이었다. 파시즘과 공산주의가 자유시장 체제에 대한 부정을 통해 등장했다면, 사회민주주의는 자유시장 체제에 대한 전면적인 부정이 아니라 그것의 불완전함을 인식하고, 국가의 개입을 통해 시장실패로 나타난 결함을 해결하고자 했다. 파시즘과 공산주의가 자유민주주의를 비판하면서 전체주의적 정치체제로 기울어졌다면, 사회민주주의는 자유민주주의의 한계를 비판하면서, 실질적인 민주주의를 더욱 발전시키고자 했다.

유럽에서 나타난 네 가지 정치경제체제는 각기 다른 계급정치를 반영하고 있다. 영국의 자유주의적 자본주의는 의회민주주의하에서 새롭게 권력을 분점한 자본가계급의 경제적 헤게모니에 기초한 정치경제체제였다. 세계 최초의 산업국가인 영국은 이미 1821년에 공업 종사자가 농업 종사자보다 많았다.[4] 이 시기에 이미 영국의 노동운동은 활발하게 진행되었지만, 계급 정치는 프랑스, 독일, 스웨덴, 핀란드보다 늦게 시작되어 20세기에 들어와서야 가능했다. 1920년대 영국의 노동계급 정치는 유럽에서 가장 약했다.

나치즘은 패전국가라는 독특한 정치적 조건하에서 등장한 독일의 우익 민족주의였다. 독일의 경우, 전쟁의 패배와 경제적 혼란 속에서 등장한 나치즘은 강한 배타적인 인종주의(반유태주의)를 내세우며 대중적인 동원과 지지, 특히 농민과 자본가들의 지지를 기반으로 한 정치경제체제로 자리잡았다.[5] 국가 이외의 모든 조직은 통제와 탄압의 대상이 되었고, 특히 노동계급 정치와 노동운동은 더욱 그러했다. 그러나 일방적인 탄압만이 이루어졌던 것은 아니며, 노동계급을 적극적으로 포섭하기 위한 프로그램들이 실

---

4) Angus Maddison, *The Monitoring the World Economy, 1820~1992*(OECD, 1995), p. 39.

5) Michael Hughes, *Nationalism and Society: Germany 1800~1945*(London: Edward Arnold, 1988), p. 214.

시되었다. 계급이 없는 '민족공동체' 속에서 공동체의 일원으로 노동자들을 보호하기 위한 사회복지가 실시되었다.[6] 이러한 점이 많은 노동자로 하여금 나치즘을 지지하게 만들었다.

사회주의 운동의 하나였던 러시아의 국가사회주의는 사회주의 혁명을 통해 구체화되었다.[7] 러시아혁명은 경제적으로는 농업이 지배적인 전 산업사회(pre-industrial society)였고, 정치적으로는 차르의 군주제가 실시되는 등 자본주의 세계 체계의 주변부에서 발생했다. 러시아 국가사회주의 실험은 먼저 전 산업사회를 산업사회화하기 위해 자본주의사회에서의 자본가 역할(생산력의 발전)을 국가가 대신하는 것을 특징으로 했다. 그리고 프롤레타리아트가 다수가 아니었기 때문에, 프롤레타리아트의 지배 대신에 당 관료의 지배가 강조될 수밖에 없었다.

---

6) Gregory M. Leubert, *Liberalism, Fascism, or Social Democracy : Social Classes and the Political Origins of Regimes in Interwar Europe*(Oxford: Oxford University Press, 1991), pp. 274~275.

7) 소련과 동구에서 실험되었던 사회주의에 대한 용어는 다양하다. 폴 그레고리(P. R. Gregory)는 시장경제체제와 대비되는 개념으로서 명령경제(command economy) 체제라는 용어를 사용한다["The Stalist Command Economy", *Annals of AAPS*, (January, 1990), No.507, pp. 18~26]. 헝가리 경제학자 야노스 코르나이(Janos Kornai)는 동구 사회주의 사회를 사회 체계(social system)의 한 형태로 보고 사회주의체계(socialist system)라는 용어를 사용한다[Janos Kornai, *The Socialist System* (New Jersey: Princeton University Press, 1992)]. 사회학자들은 노동자 자주관리 사회주의와 대비되는 사회주의 개념으로서 국가사회주의라는 용어를 사용한다[Michael Burawoy, *Politics of Production*(London: Verso, 1985); Victor Nee and David Stark, *Remaking the Economic Institutions of Socialism: China and Eastern Europe*(Stanford: Stanford University Press, 1989)]. 사회주의 용어에 대한 최근의 논의는 앤드루 로버츠의 다음 논의를 참고할 것. Andrew Roberts, "The State of Socialism: A Note on Terminology," *Slavic Review*, 63(2)(2004), pp. 336~366.

사회주의 운동의 다른 형태였던 사회민주주의는 확대되어가는 참정권과 대의제 민주주의를 노동계급의 정치력 확대 수단으로 이용하면서 사회주의 이념을 실현하고자 했다. 대표적으로 스웨덴에서는 1921년 노동자들의 참정권 확대가 이루어짐으로써 노동계급이 선거에서 승리했다. 그러나 국가권력 장악은 노동계급의 지지만으로 불가능했고, 농민과의 연합을 통해 이루어졌다. 집권 초기 사민당의 계급기반은 노동계급과 쁘띠부르주아지였다.[8]

1930년대 유럽에 네 개의 상이한 정치경제체제가 존재했지만, 60년이 지난 1990년 유럽에는 이 중에서 두 가지 정치경제체제가 사라졌고, 현재에는 두 가지 정치경제체제만이 남았다. 현존하는 정치경제체제 가운데 하나는 자유주의적 자본주의 경제체제이고, 다른 하나는 사회민주주의 경제체제이다. 1936년 미국의 저널리스트였던 마퀴스 차일드(Marquis Child)가 스웨덴의 실험을 단순히 자본주의와 사회주의의 '중간노선(the Middle way)'이라고 주장한 것은, 거시적인 비교역사적 관점에서 볼 때 정확한 지적은 아니었다. 대신에 스웨덴 사회민주주의는 중간인 '제3의 길'이 아니라, 실제로는 '제4의 길'이었다.[9]

---

8) 역사적으로 농민의 계급적 성격은 매우 다양하게 그려졌다. 카를 마르크스(Karl Max)가 '자루 속에 든 감자'라고 표현한 무기력한 프랑스 농민에서부터, 중국의 마오쩌둥이 묘사한 혁명적인 중국 농민에 이르기까지 다양한 모습으로 제시되었다. 스웨덴 농민의 대부분은 교육 수준이 높은 독립 자영농으로서 일찍부터 중요한 신분 집단으로 인정되었다. 그리고 농민들의 고유한 이익에 민감해 정치적으로도 이익극대화에 적극적이었다. 제국주의의 수탈, 다국적 기업에 의한 지배, 토지귀족에 의한 수탈 등이 지배적이었던 제3세계 농민들과는 매우 다른 속성을 보여주고 있다. 마르크스주의와 농민에 관한 논의는 다음을 참조. Theodore Shanin(ed.), *Late Marx and Russian Road: Marx and 'the peripheries of capitalism*(New York: Monthly Press, 1983).

이 글은 먼저 제4의 길로서 스웨덴 사회민주당의 집권과정을 계급정치를 중심으로 분석한다. 그다음 이른바 스웨덴식 모델이라고 불리는 스웨덴 사회민주주의 정치경제체제의 형성과정과 내용을 살펴본다. 이것은 사회민주주의 일반에 관한 논의를 통해서는 포착되지 않는 스웨덴 특유의 계급정치의 문제를 분석함으로써 가능하다. 그다음 스웨덴식 모델의 위기 내용을 분석하고 스웨덴식 모델의 위기와 스웨덴 사민당의 위기가 다름을 분석한다. 마지막으로 125세가 넘은 노령의 스웨덴 사회민주당의 탈계급정당화를 분석하고 진단한다.

2. 스웨덴 사회민주당의 집권과 노선

역사적으로 볼 때, 스웨덴 사회민주주의는 스웨덴 사회민주주의 노동자당(Sveriges Socialdemokratiska Arbetarepartiet: SAP)의 정책이나 이념만을 의미하는 것이 아니다. 사회민주주의가 자유주의 정치경제체제와 대비되는 새로운 정치경제체제로서 인식되기 위해서, 사회민주주의는 사민당만이 아니라 국가로서의 사민당 정권과 사회 내 조직으로서의 노동조합과의 관계 설정, 국가정책의 사회적 기반과 제도화 과정을 포함하는 계급정치로서의 사회민주주의 등으로 다루어져야 한다.

스웨덴 사회의 특징은 여러 가지로 논의되어왔다. 경제적으로는 낮은 실업률, 높은 수준의 여성의 경제활동 참가율, 적극적 노동시장정책(active labor market policy)과 높은 국민소득, 정치적으로는 포괄적인 복지정책, 사

---

9) Marquis Child, *Sweden: The Middle Way*(New Haven: Yale University Press, 1936).

민당의 장기집권과 산업 민주주의, 사회적으로는 강력한 노조와 낮은 불평
등 등이 흔히 언급되는 스웨덴 사회의 특징이었다. 그러나 이러한 스웨덴
의 특징들은 장기적인 역 사적 과정을 거쳐서 형성된 외형에 지나지 않는
다. 그러므로 스웨덴에서 이러한 결과들이 나타나게 된 과정과 이 과정에
서 드러났던 계급갈등과 계급갈등의 해결방식이 다른 유럽 국가들의 사회
민주주의와 스웨덴의 사회민주주의의 차이를 발생시켰다.

산업화와 계급정치

스웨덴의 산업화는 매우 늦게 시작되었다. 영국의 산업화가 18세기 중
반부터 19세기 중엽 사이에 이루어진 것을 고려한다면, 스웨덴 산업화는 1
세기가량 늦게 이루어졌다.[10) 19세기 중엽부터 제1차 세계대전 사이에 산
업화가 이루어졌기 때문에 20세기 중엽까지도 농민이 스웨덴 정치에 중요
한 역할을 담당했다. 영국은 이미 1830년대 1차 산업 종사자 수와 2차 산
업 종사자 수가 동일한 수준에 달했고, 후발 산업국가인 독일도 1900년대
1차 산업 종사자 수와 2차 산업 종사자 수가 동일한 수준에 달했으나, 스웨
덴은 1940년대에 이르러서야 1차 산업 종사자 수와 2차 산업 종사자 수가
동일한 수준에 달했다.[11)

그러나 산업화가 매우 늦은 스웨덴에서 노동계급 정당인 사민당이 가장

---

10) 산업화의 의미는 경제성장, 제조업의 성장과 산업 부문 생산조직의 변화를 지칭한다.
   이러한 세 가지 기준에서 스웨덴 산업화는 1860~1915년 사이에 진행되었다고 볼 수
   있다. 스웨덴 산업화에 관한 내용은 다음을 볼 것. Lars Magnusson, *An Economic
   History of Sweden*(London: Routledge, 2000), ch. 5.

11) B. R. Mitchell, *International Historical Statistics Europe 1750~1988*, 3rd edition
   (London: Macmillan, 1992), pp.146, 154, 156.

빨리 산업화를 이룩한 영국에서보다 먼저 만들어졌다. 1889년에 만들어진 사민당의 초기 노선은 대륙의 사회주의 정당들과 크게 다르지 않았다. 스웨덴 사민당은 도시 노동계급을 변혁의 유일한 주체로 설정하고 노동계급 정치의 실현을 사민당의 최대 과제로 삼았다. 그러나 사민당은 현실정치에서 중요한 정치권력의 향배가 농민에게 있다는 것을 인식하면서 자유주의자들 이외에 농민과의 연합을 시도했다.

나아가 스웨덴 사민당은 1920년대 노선을 바꾸어 농민당과의 정치연합을 적극적으로 추진했다. 초기 스웨덴 사민당은 마르크스주의 정치경제학에 기초해서, 궁극적으로는 자본주의의 대파국과 노동계급의 혁명을 통한 사회변혁을 추구했다. 그러나 구체적인 현실 인식은 두 단계를 거쳐서 오늘날에 이르게 되었다. 첫 번째 단계는 노동계급과 자유주의자들의 투쟁을 통해 노동자들의 참정권이 확대됨에 따라, 선거를 국가권력을 장악하기 위한 수단으로 보기 시작하면서 이른바 사민당의 전략이 '총알(bullet)'에서 '표(ballot)'로 바뀐 것이다. 다시 말해서, 혁명에서 선거 경쟁으로 당의 전략이 변했다. 이것은 노동자들이 참정권 투쟁을 통해서 이루어낸 성과인 참정권 확대가 이루어지면서 나타난 변화였다. 즉, 이것은 정치적 민주화가 가시화되면서 노동계급의 정치의 가능성을 보여주는 새로운 변화였다.

두 번째 단계는 자본주의에 대한 인식의 변화였다. 노동자들의 소외와 빈곤이 약간의 임금인상이나 제도의 개선을 통해 제거될 수 없다는 것을 마르크스의 경제학은 논하고 있다. 초기 사민당도 노동자들의 분배적인 요구나 노동의 인간화보다는 체제 자체의 붕괴, 혹은 타도를 주된 노선으로 삼았다. 그러나 사민당이 제1차 세계대전 직후부터 나타난 경제침체와 이에 따른 대량실업 및 빈곤 확대를 둘러싸고 부르주아 정당들의 무능력을 비판했지만, 사민당도 실현 가능한 정책 대안을 제시해야 하는 과제를 안게 되었다. 사민당이 대량 실업과 빈곤을 해결하는 데 부르주아 정당들과 동일하게 무능력한 것으로 보였기 때문에, 경제위기하에서도 사민당은 노동자들의 전폭적인 지지를 확보하지 못했다.

이러한 현실 인식의 변화 속에서 사민당의 계급정치(class politics)는 구체적으로 세 가지로 나뉘었다.[12] 하나는 노동자들이 정치적으로 영향력을 행사할 수 있는 정치적 조건을 만들어내기 위한 선거권 투쟁이다. 19세기 말에서 20세기 초까지 전개된 선거권 투쟁은 주로 자유주의자들과 사민주의자들에 의해서 주도되었다. 19세기 말 선거권 투쟁이 본격화하기 시작한 이유는 대중운동에 바탕을 두고 있다. 이전까지 활발하게 전개되었던 여러 형태의 대중운동(자유교회운동, 절제운동, 노동운동)이 서로 다른 목적을 지녔지만 사회가 개조되어야 한다는 목적을 공유하고 있었고, 입법에 영향력을 미치기 위해서는 자신들의 대표를 의회에 진출시킬 필요가 있다는 점을 인정했기 때문이었다. 그리고 이 과정에서 핵심적인 문제는 대부분의 대중이 선거권을 지니지 못했다는 것이었다. 사민당은 선거권 투쟁이 노동운동의 목표 달성에 중요한 과제라고 인식했고, 다른 대중운동 단체들도 보통선거를 통해 운동의 목표를 달성할 수 있다고 보았기 때문에 선거권 투쟁에 동참했다.[13]

두 번째는 사민당의 선거정치로서 선거에서 계급성을 완화하는 전략을 선택했다. 스웨덴 사민당은 아담 셰보르스키(Adam Przeworski)가 정확하게

---

12) 계급정치(class politics)는 계급적 이해를 증대하기 위한 제도개혁, 선거전략과 계급적 이해를 대변하는 정책결정 과정 등을 모두 포함한다.
13) 스웨덴 대중운동의 전개과정과 정치개혁과의 관계에 대해서는 다음을 참조할 것. Sven Lundkvist, "Popular Movement and Reforms, 1900~1920," in Steven Koblik(ed.), *Sweden's Development From Poverty to Affluence, 1750~1970*(Minneapolis: University of Minnesota Press, 1975), pp. 180~196.

지적한 프롤레타리아트 선거주의 딜레마(the dilemma of the proletarian electoralism)[14]에 직면해서, 딜레마를 해결하기 위해 노동계급만을 위한 정책이 아니라 노동계급을 포함한 '대중을 위한 정책'을 선택한 것이다. 평등 선거 제도가 도입되어 노동계급 정당이 선거에 참여하는 경우, 노동계급 정당이 유권자의 과반수를 차지하는 못하는 노동자들만의 지지로는 의회 내에서 다수당이 될 수 없었다. 그래서 노동계급 이외의 유권자들에게서도 지지를 얻어내기 위해 선거에서 다른 계급 유권자들의 이해를 어느 정도 고려해야만 한다. 즉, 선거에서 패배를 무릅쓰고서라도 노동계급성을 엄격하게 고집할 것인가, 아니면 선거에서 승리하기 위해 노동계급성에 대해서 유연성을 보일 것인가를 선택해야 했다. 이것은 사민당이 모든 사회 집단으로부터 지지를 얻고자 하는 대중정당(catch-all party)으로 변화하려 함을 의미하는 것은 아니었다. 그러나 이러한 논의의 출발점은 노동계급 성원이 전폭적으로 노동계급 정당을 지지할 것이라는 점을 가정하고 있다. 그러나 이러한 전폭적인 지지는 보장된 것이 아니며, 정당의 이념이나 정책을 통해서 만들어져야 했다. 이 과정에서 스웨덴 사민당이 제시한 것이 '인민의 가정 모델(Folkhemsmodellen)'이었다. 이것은 노동계급뿐만 아니라 비노동

---

14) 셰보르스키는 노동계급 정당이 선거에서 승리하기 위해서는 노동계급의 지지만으로는 부족하기 때문에 타 계급의 지지를 필요로 한다는 점에서, 노동계급 정당으로서의 성격을 강조하는 경우 타 계급으로부터의 지지가 적을 것이고 타 계급의 지지를 높이기 위해서는 노동계급 정당의 속성을 덜 강조해야 한다는 계급성과 집권가능성 사이에 역(逆)관계가 존재한다고 주장한다. 그리고 이로 인해 선거에 참여한 모든 노동계급 정당들이 직면하게 되는 이러한 딜레마를 '프롤레타리아트 선거주의 딜레마'라고 정의했다[Adam Przeworski, "Social Democracy as a Historical Phenomena", *New Left Review*(July~August, 1980), No.122, p.27; Adam Przeworski and John Sprague, *Paper Stones*(Chicago: Chicago University Press, 1986), p. 71].

계급에게도 매력적으로 보이는 현실 대안이 되었다. 인민의 가정은 스웨덴 사민당과 복지국가의 이미지를 잘 드러내는 것으로 전체 사회가 서로를 위하는 "따뜻한 가정(home)"과 같은 사회를 만들겠다는 주장으로 1928년 사민당 당수 페르 알빈 한손(Per Albin Hansson)이 제시한 구호였다.

세 번째는 의회 내의 계급정치이다. 사민당이 의회에 진출한 경우에 의회에서 다수 의석을 차지하지 못하는 한, 연정을 위해서 다른 정당들과 집권연합(governance coalition)을 하거나 혹은 특정한 정책을 둘러싸고 정책연합을 형성해야 한다.15) 연합정권을 이루기 위한 집권연합이나, 의회 내에서 이루어지는 정책연합(policy coalition)은 여러 가지 사안(외교, 국방, 조세, 복지, 무역, 환경, 여성 등)에 따른 것이긴 하지만, 대체로 이데올로기적인 친소관계에 따라서 연합의 상대자들이 달라진다. 그리고 이러한 정당연합이 결정적으로 변화하는 경우는 흔히 정당정치의 재편(realignment)으로 불린다. 정당정치의 재편은 곧 정당들 사이에 이데올로기적인 결합의 유형이 크게 바뀌는 것을 의미한다. 사민당의 연합 전략은 두 차례 큰 변화를 겪었다. 1932년 최초 사민당 집권은 농민당과의 연합(적-녹 연합)을 통해서 이루어졌다. 1948년 이후 사민당의 집권은 공산당과의 연합(적-적 연합)을 통해

---

15) 셰리 버먼(Sheri Berman)은 사회민주당이 공통적으로 직면했던 두 가지 문제 중 하나가 어떤 조건에서 부르주아 정당과 동맹 관계를 맺는가 하는 것이라고 보았다. 첫 번째 문제가 셰보르스키가 지적한 바와 마찬가지로 부르주아 민주주의 제도와 사회민주당과의 관계에 관한 것이라면, 두 번째 문제는 의회 내 정당 활동과 관련된 것으로 셰보르스키가 지적한 문제와는 다른 차원의 문제이다. 독일 사민당과 스웨덴 사민당의 결정적인 차이는 정치 이념과 정책 유산에 있었으며, 버만은 그것이 두 차례 세계대전 사이 양국에서 전개된 사회민주당의 정치적 역할과 국내 정치의 변화를 낳았다고 보았다. Sheri Berman, *The Social Democratic Moment: Ideas and Politics in the Making of Interwar Europe*(Mass.: Cambridge: Harvard University Press), 1998.

이루어졌다. 사민당의 연합 전략은 1970년대 핵발전소 문제와 같이 스웨덴 사회가 변화함에 따라 등장하는 새로운 사회문제로 심한 혼란을 보여주기도 했다.

사민당이 참여하고 있는 스웨덴 정치제도는 두 가지 특징을 보여준다. 하나는 사민당 헤게모니의 정당구조이며, 다른 하나는 사회적 균열의 정치화이다. 영국, 독일, 미국 등 대부분의 자본주의 국가와는 달리 초기 정당 형성과정에서 노동계급 정당인 사민당이 가장 먼저 근대적인 정당으로 등장했다. 이것은 이후에 등장하는 사민당에 대항하는 정당들이 다양한 형태로 분산되어 존재하게 되는 구조적 요인으로 작용했다. 또한 여러 가지 사회적 균열이 정당체계로 전환되는 과정에서 다당제가 발전되었다. 자본가, 노동자, 농민, 도시 중간계급 등 각기 다른 이해를 정치적으로 대변하는 다양한 정당이 형성되었다. 그러므로 산업구조의 변화는 이러한 정당들의 부침에 결정적인 영향을 미치는 요소가 되었으며, 정당들도 이러한 산업구조의 변화에 적응하기 위해 당의 노선을 변화시키기도 했다.[16]

스웨덴 사민당은 1889년에 창당되었다. 초기 사민당은 스웨덴과 같은 저발전 국가에서 자유주의자들과 협조하는 것이 필요하다는 점에 동의하고 선거를 거부하기보다는 보통선거를 쟁취하기 위해 투쟁했다. 사민당은 칼 알마르 브란팅(Karl Hjalmar Branting)의 영향하에서, 이론적으로 마르크스주의에 기초한 선거를 통한 의회 진출이 노동자들을 교육, 조직하는 데 중요한 수단이라고 판단했다.[17] 브란팅의 영향하에서 초기 사민당은 그

---

16) 대표적으로 농민당은 농민의 수가 점차 줄어들자 1957년 당명을 중앙당(Center partiet)으로 바꾸고 농민 대신에 도시 자영업자들을 주요 지지집단으로 삼았다.
17) 브란팅은 사회주의를 이룩하기 위해 폭력적인 방법을 동원하는 것에 반대했다. 첫째 이유는 성공 가능성이 없다는 점이다. 오늘날 군사기술의 발전에 따라서 군대를 이

당시 커다란 대중운동이었던 절제운동18)에도 호의적인 태도를 취했고, 공장법 개정을 통한 노동자들의 생활개선에도 총력을 기울였다.

1895년에 창당한 스웨덴 자유당은 자유주의적 농민, 도시 급진주의자, 자유교회주의자, 지식인, 전문직 집단 등 다양한 자유주의 집단으로 구성되었다. 스웨덴의 자유주의 전통은 영국이나 미국에 비해서 상대적으로 취약했다. 국가 관료제도가 오랫동안 발전되었기 때문에 군주제가 20세기 초까지 유지되었다. 자유당은 주로 민주주의와 내각책임제(parliamentary government)의 실현을 내세우며 국왕을 중심으로 하는 보수 세력과의 투쟁을 전개했다. 1896년에는 성인 인구의 약 20%만이 선거에 참여할 수 있었기 때문에, 자유당은 대중운동과 함께 참정권 확대 투쟁을 전개했다. 19) 자유당은 1893년 사민당과 함께 기존의 의회(Rikstag)에 대항해서 '인민 의회(People's Parliament)'를 구성해 시위를 하기도 했다. 그러나 스웨덴 자유주

길 수 있는 반체제 무력집단은 없다고 보았다. 둘째로 선거를 통해서 힘의 균형이 부르주아지로부터 노동계급으로 기울어지게 할 수 있다고 보았다. 그는 보통선거를 사회주의를 이룩하기 위한 수단으로 인식한 것이다. 브란팅의 견해에 대해서는 Tim Tilton, *The Political Theory of Swedish Social Democracy: Through the Welfare State to Socialism*(Oxford: Clarendon Press, 1991), ch. 2를 볼 것.

18) 과도한 음주를 막기 위한 절제운동은 1879년에 시작되어 금주법 제정을 목표로 전국적으로 전개되었고, 1909년에는 금주법 입법 청원을 위해서 전체 성인의 56%인 190만 명의 서명을 받는 데 성공한다. 그러나 1922년 금주법 제정과 관련한 국민투표에서 과반수에 2% 부족한 지지로 금주법 제정에 실패했다. 비록 금주법 제정에는 실패했지만, 절제운동은 시민을 동원하는 최초의 사회운동으로 스웨덴 정치에 크게 영향을 미쳤다[Rickard Sandell "Organizational Life Aboard the Moving Bandwagons: A Network Analysis of Dropouts From a Swedish Temperance Organization, 1896-1937." *Acta Sociologica*, 42(1999), pp. 3~15].

19) Gregory M. Luebeit, *Liberalism, Fascism, or Social Democracy : Social Classes and the Political Origins of Regimes in Interwar Europe*, p. 70.

의는 대단히 이질적인 사회집단들로 구성되었기 때문에 1923년 주류 판매 금지를 둘러싸고 분당되었다가 1934년에 다시 하나로 통합되었다.

우익당(Hogerpartiet)[20]은 1904년에 1890년대부터 다양한 형태로 흩어져 있었던 보수주의 집단들의 선거조직을 근간으로 해서 '전국선거협회'라는 이름으로 출발했다. 이미 1904년 이전에 보수주의 정치인들이 주류를 이루고 있었으나, 조직의 형태와 전국적인 체제를 갖추기 시작한 것은 1904년에 이르러서였다. 전통적인 보수주의자들은 교회, 관료, 귀족, 대지주였으나, 새로운 보수주의자들인 부르주아지가 등장하면서 스웨덴 보수주의는 새로운 모습을 띠기 시작했다. 이들은 강력한 국방력 유지와 함께 계속해서 노르웨이를 지배할 것을 주장했고, 민주화와 내각책임제는 반대했다.

스웨덴 농민당(Bondeforbundet)은 매우 독특한 속성을 지녔다. 농민들은 부르주아지와 함께 1866년 각기 다른 신분 집단들로 이루어진 전통적인 신분의회(귀족, 관료, 농민, 부르주아지)를 근대적인 양원제도로 개혁하는 데 핵심적인 역할을 했다.[21] 19세기 독일의 융커계급이나 프랑스의 토지귀족들과는 달리 스웨덴의 지주계급은 대단히 약했고 독립 자영농이 대부분이었다. 그리고 독립 자영농의 정치적 권한이 강했기 때문에 이들은 양원제 아래에서 하원 내 주요 세력을 이루고 있었다.[22] 이미 개혁 직후부터 의회

---

20) 1969년 당명을 보수당(Moderaterna samlingspartiet)으로 바꿈.

21) 1866년 양원제도의 도입으로, 의회는 직접선거를 통해서 뽑은 하원(AndraKammaren)과 간접선거를 통해서 뽑은 상원(Forsta Kammaren)으로 구성되었다. 상원은 귀족, 관료, 대지주들로 구성되어 보수주의의 아성이 되었고, 하원은 농민들이 지배했기 때문에 상원과 하원의 대립이 심했다[Joseph B Board Jr., *The Government and Politics of Sweden*(Boston: Hoaghton Mifflin, 1970), pp. 28~29].

22) Gregory M. Luebert, *Liberalism, Fascism, or Social Democracy: Social Classes and the Political Origins of Regimes in Interwar Europe*, p. 69.

내에는 농촌당(Lantmannapartiet)이라는 이름을 지닌 집단이 있었으나, 전국적인 조직을 갖추지는 못했고, 선거에서 후보를 내세우지도 않았다. 그리고 농촌당의 역할은 정당보다는 오히려 이익집단의 역할에 더 가까워서, 이데올로기보다는 이익 극대화를 추구하며 사안에 따라서 정당 연합의 파트너를 바꾸어왔다.[23] 전국적인 조직을 지닌 근대적인 정당 형태로 농민당의 재조직은 다른 모든 정당들이 창당된 이후인 1913년에 이루어졌다. 농민당은 농업과 관련된 사안에만 관심이 있었고, 1932년 이전까지는 대체로 보수당과 노선을 같이 했다.

최근 새롭게 등장한 정당들도 새로운 사회 균열을 반영하고 있다. 대표적으로 스웨덴 민주당(Sverigedemokraterna)과 페미니스트 정당(Feministiskt initiativ, FI)은 새롭게 등장한 사회적 균열이나 새롭게 인식된 균열을 정치적으로 반영하고 있다. 1988년 등장한 스웨덴 민주당은 이민자가 급증하면서 나타난 스웨덴 거주자와 이민자들 간의 갈등을 정치적으로 반영하며, 이주자와 이주정책에 대한 반대를 주된 정책으로 내세우고 있다.[24] 2005년에 만들어진 페미니스트 정당은 스웨덴 사회에 내재된 젠더 불평등 문제를 전면적으로 드러내고 이를 정치적으로 해결하고자 한다.

---

23) 스웨덴 농민당의 이익 중심적 정치활동은 1907~1909년 선거제도의 개혁으로 더 많은 농민들이 참정권을 갖게 됨에 따라서 사민당과의 계급연합에서뿐만 아니라 스웨덴 복지정책에서 기본적인 원리로 인식되고 있는 연대주의적 사회보험제도의 형성에도 결정적인 역할을 했다[Peter Boldwin, *The Politics of Social Solidarity*(Cambridge: Cambridge University Press, 1990), pp. 83~94].

24) 스웨덴 민주당은 이슬람주의가 나치즘이라고 규정하고, 자신들의 노선을 파시즘에 대한 반대라고 주장하고 있다. 스웨덴 민주당 당수인 지미 오케손(Jimmie Akesson)은 "이슬람주의가 우리 시대의 나치즘이자 공산주의이다. 역겨움을 가지고 더 강하게 저항해야 한다"라고 말했다(BBC News Europe, 2014년 9월 15일).

사민당의 계급정치는 2단계 과정을 거쳤다. 먼저 평등선거 제도와 내각 책임제를 실현하기 위해 자유당과 함께 민주연합을 구성했다. [25] 자유당이 주축이었지만, 사민당은 노조와 함께 1902년 4월 보통선거, 평등선거를 요구하며 3일간 전국적으로 총파업을 주도하는 등 노동조합 운동을 통한 민주화 투쟁을 주도했다. [26] 한편 보수주의자들은 제1차 세계대전 직전 국제적인 긴장을 이용해서 국방력 강화와 사회개혁 반대를 주장하고 농민들의 지지하에 개혁을 내세우는 사민당-자유당 연합과 충돌했다. 민주-반민주의 대립구도가 사민당-자유당과 보수당-농민당을 양 축으로 형성되었다. 전국적인 민주화 운동을 이끈 사민당과 자유당은 '한 사람 한 표, 한 사람 총 한 자루'를 내세우며 소득과 재산, 성에 따른 투표권의 제약을 없앨 것을 주장했다. [27] 민주연합의 투쟁을 통해서 1907년 비례대표제가 도입되었다. 그리고 1917년 이웃 나라인 독일에서 빌헬름 제국이 붕괴되고 차르의 러시아가 러시아혁명으로 붕괴되면서, 보수주의에 대한 공격이 더욱 치열해져 전국적으로 대규모의 시위와 소요가 계속되었다. 혁명의 위협 속에서 보수주의자들은 국민의 불만을 없애기 위해 1918년 개혁을 받아들여 성인 남성들의 투표권을 인정했다. 이어서 3년 후인 1921년에는 성인 여성들에

---

25) 평등선거를 둘러싼 민주연합과 반민주연합의 논쟁과 전략에 대한 훌륭한 논의는 다음을 참조할 것. Leif Lewin, *Ideology and Strategy: A Century of Swedish Politics*, (Cambridge: Cambridge University Press, 1988), ch. 3.

26) 유럽의 민주화 과정에서 노동운동은 매우 중요한 역할을 했다. 민주화 과정에서의 노동계급의 역할에 대해서는 다음을 참조할 것. Göran Therborn, "The Rule of Capital and the Rise of Democracy", *New Left Review*, No. 103, 1977, pp. 3~41; Aristide R. Zolberg, "How Many Exceptionalism?", in I. Katznelson and A. R. Zolberg (eds.), *Working Class Formation: Nineteenth Century Patterns in Western Europe and the United States*(Princeton: Princeton University Press, 1986).

27) Joseph B. Board Jr., *The Government and Politics of Sweden*, p. 31.

게도 투표권을 인정하도록 선거제도를 개혁했다.

　사민당의 두 번째 단계의 계급정치는 민주화를 통해 강화된 사민당의 정치력에 기초해 농민당과의 연정을 구성하는 데 성공하고 정권을 장악하면서 시작되었다. 농민당과의 연정은 정당 재편을 의미했다. 이러한 변화는 두 가지 조건에서 발생했다. 하나는 사민당의 지지 증가로 독자적으로 연정 상대를 선택할 수 있는 조건이 마련되었다. 1918년과 1921년의 선거제도 개혁을 통해 가장 많은 혜택을 얻은 정당은 사민당이었다. 사민당의 득표율은 1920년 29.7%, 1921년 36.2%, 1924년 41.4%, 1928년 39%, 1932년 41.7%로 꾸준히 증가했다.[28] 이와는 반대로, 1923년 주류 판매금지를 둘러싼 내분으로 분열된 자유당에 대한 지지는 계속해서 줄어들었다. 그레고리 뤼버트(Gregory M. Luebert)가 정확하게 지적하듯이, 자유당 내 내분은 전 산업사회의 균열에 기초해 있었기 때문에 산업화가 진전되면서 정치적인 영향력을 행사할 수 없었다.[29] 자유당에 대한 지지는 1917년 27.6%, 1920년 21.8%, 1921년 19.1%, 1924년 16.7%, 1928년 15.9%, 1932년 11.7%로 계속해서 하락하고 있었다. 이러한 지지율은 농민당에 대한 지지와는 대조를 보이는 것으로, 농민당의 지지는 1917년 8.5%, 1920년 14.2%, 1921년 11.1%, 1924년 10.8%, 1928년 11.2%, 1932년 14.1%로 유지되었다. 결과적으로 1932년에 이르러 농민당의 지지율이 자유당의 지지

---

28) Stig Hadenius, *Swedish Politics During the 20th Century*(Stockholm: The Swedish Institute, 1990), p. 108.

29) 뤼버트는 농촌 자유주의자들의 반급진주의와 도시자유주의자들의 급진주의를 적당한 수준에서 타협했기 때문에 연합이 가능했지만, 평등선거가 실시되면서 이러한 타협의 여지가 사라졌다고 보았다(Gregory M. Luebert, *Liberalism, Fascism, or Social Democracy: Social Classes and the Political Origins of Regimes in Interwar Europe*, pp. 130~132].

율을 추월하게 되었다.

두 번째 조건은 더욱 중요한 것으로서, 사민당이 자유당이 추구한 정치적 민주주의 이상으로 사회적 민주주의와 경제적 민주주의를 추구했기 때문에 사민당과 자유당 사이에 이념적인 갈등이 발생했다. 오히려 자유당은 사회적 민주주의, 경제적 민주주의와 관련해서 보수당 쪽으로 기울어졌다. 이제 사회민주주의 블록(s-bloc)과 반사회민주주의 블록(m-bloc)으로 정당 구조가 재편된 것이다. 당시 사민당은 사회주의를 실현하기 위한 구체적인 경제정책과 지지기반을 갖지 못한 상태였다. 국가의 개입이 없는 자유 상태가 진보의 요인이자 본질이라고 주장하는 반사민주의 블록의 이데올로기는 경제적 자유주의였다. 자본가들의 경제적 자유가 투자를 활성화시키고, 투자가 새로운 기업체를 낳고, 새로운 일자리와 생계 수단을 낳는다는 고전적인 자유주의 이데올로기가 반사민주의 블록의 핵심 이데올로기였다. 더 구체적으로 반사민주의 이데올로기는 자유주의적인 자유, 조화의 원리, 긍정적인 경제정책을 근간으로 하고 있었다. 조화의 원리는 국가는 자유로운 개인들의 활동이 지나칠 때만 조화를 위해 개입한다는 것이며, 긍정적인 경제정책은 개인들의 자유로운 경제활동을 위해 조세를 낮추는 것을 의미했다.[30]

사민당은 사민당 지지의 증가에도 '노동계급의 정치경제학'을 제시할 수 없었다. 사민당과 반사민주의 정당들과의 차별성은 사민당의 경제에 대한 인식이 마르크스의 고전적인 이론에 의존하고 있다는 점에 있었지만, 일상적인 생활 속에서 구체화할 수 있는 대안을 제시하지 못했다. 예를 들어 마르크스의 공황이론에 기초해서 자본주의의 경기침체를 설명했지만, 사민

---

30) Leif Lewin, *Ideology and Strategy: A Century of Swedish Politics*, p, 126.

당은 경기침체라는 현실적인 조건하에서 공황이론에 합당한 구체적인 경제정책을 제시할 수가 없었다. 그리하여 1920년대 경기침체는 보수주의와 자유주의에 대한 믿음을 약화했지만, 사민주의에 대한 기대도 약화하는 결과를 낳았다. 실제로 적용할 수 있는 대안의 부재가 보수주의와 자유주의에 대한 사민주의의 공격을 무디게 했던 것이다.

이러한 상황 속에서 등장한 것이 1928년 사민당 당수였던 페르 알빈 한손(Per Allbin Hansson)이 의회연설에서 제시한 '인민의 가정(Folkhemmet)'이었다. 한손은 "좋은 사회란 좋은 가정과 같은 기능을 하는 사회다. …… 좋은 가정에는 평등, 배려, 협동, 도움이 넘친다. 이것을 크게 적용하면 모든 사회적·경제적 장애의 제거를 의미한다. 현재 사회적·경제적 장애가 시민들을 기득권자와 박탈된 자, 주인과 피종속자, 부자와 빈자, 자산가와 무산자, 약탈자와 피약탈자로 나누고 있다"라고 주장했다.[31] 더 나아가 성숙한 사람들은 자신의 생활에서 필수적인 것을 생산하는 생산 수단과 자신의 복지가 소수 자본가의 손에 놓이게 되는 것을 받아들이지 않을 것이라고 주장했다. 팀 틸톤(Tim Tilton)은 한손의 '인민의 가정 모델'이 진정한 민주주의와 가족적인 우애를 기본원리로 하고 있다고 본다.[32] 한편 안나 헤드보리와 루돌프 마이드너(Anna Hedborg and Rudolf Meidner)와 같은 스웨덴 학자들은 한손이 제시한 인민의 가정 모델이 완전고용과 평등을 주된 목표로 하며, 스웨덴 노동운동의 핵심적인 목표가 되었다고 주장하기도 한다.[33]

---

31) Anna Hedborg and Rudolf Meidner, "The Swedish Welfare State Model", (Stockholm: Swedish Trade Union Conferderation, 1986), pp. 6~7에서 재인용.
32) Tim Tilton, *The Political Theory of Swedish Social Democracy: Through the Welfare State to Socialism*, p. 129.
33) Anna Hedborg and Rudolf Meidner, *Folkhemsmodellen*(Stockholm: Raben & Sjogren, 1984).

루즈벨트의 뉴딜개혁에 비견되는 한손의 '인민의 가정' 모델은 매우 강력한 호소력을 지닌 주장이었다. 호소력을 지니게 된 것은 1920년대 계속되는 경제침체로 노동계급뿐만 아니라 중간계급도 생계의 불안정과 실업의 위험을 안고 있었기 때문이었다. 한손이 주장하는 정부의 핵심적인 역할은 통제되지 않은 자본주의의 야만성으로부터 시민들을 보호하는 것이었다.

그러나 이러한 이데올로기는 특정한 안으로 제시된 것은 아니었기 때문에 구체적인 정책으로 만들어지기까지 여러 형태의 집권연합과 정책연합을 거쳐야 했다. 그리고 사민당이 장기적인 목표보다는 오히려 현안 문제의 해결에 초점을 맞추었기 때문에, 이 과정에서 사민당 이외에 노동조합의 역할이 중요했다. 주기적인 선거라는 제약 때문에 사민당이 장기적인 목표를 추구하는 것은 불가능했다. 우선적으로 다음 선거에서 재집권을 할 수 있는 조건을 강화하는 정책이 필요했다. 그리고 이러한 정책이 성공했을 때, 사민당이 장기집권할 수 있기 때문에 사민당은 집권과 재집권의 기반을 성공적으로 마련하기 위한 전략을 필요로 했다. 반면, 노동조합은 집권보다는 노동자들이 갖고 공유하는 공통의 목표를 실현하기 위한 운동조직이었기 때문에 사민당보다 장기적인 시각을 발전시킬 수 있었다.

3. 스웨덴 사회민주주의 황금기: 렌 모델

스웨덴식 모델의 의미는 매우 다양하게 정의되었다.[34] 한편에서는 사회

---

34) 여기에서 제시된 스웨덴 모델에 관한 내용 중심의 논의와는 달리 기본원리 중심의 논의도 제시되었다. 예를 들어 타협정치, 사회적 합의와 포괄적인 사회공학과 같은 것

주의 모델과 대비되는 스웨덴식 모델을 시장경제와 국가통제 경제가 결합된 혼합경제 모델로 인식한다. 사회민주주의의 의미를 자본주의와 사회주의의 중간 형태로 이해하고 스웨덴식 모델을 이러한 형태의 전형으로 보는 경우이다.[35] 사적 소유를 인정하고 상품시장을 통한 경제운영을 인정하지만 노동시장에 국가가 적극적으로 개입해서 국가에 의해서 규제되는 시장경제를 대표하는 사례로 본다. 다른 한편에서는 스웨덴식 모델을 정책결정 과정에서 노동자와 자본, 국가가 이해 조정·협상을 거쳐서 정책결정을 하는 정책결정 제도를 의미하기도 한다. 이른바 사회적 조합주의의 전형으로 보기도 한다.[36] 한편으로는 스웨덴 모델은 노자관계를 중심으로 강력한 노조와 자본이 협상과 합의를 통해서 노사문제를 해결하는 독창적인 방식으로 이해되기도 한다.[37] 또 다른 경우는 사회학자 요스타 에스핑-앤더슨(Gøsta Esping-Andersen)의 견해에서처럼 스웨덴식 모델의 의미를 보편적인 복지국가 형태로 보는 것이다. 이러한 의미는 이미 차일드에 의해서 제시

이 대표적인 사례이다. 이와 같은 방식의 논의는 Jan-Erik Lane, "Interpretations of the Swedish Model", *West European Politics*, Vol. 14, No. 3, 1991, pp.1~7 참조.

35) John Stephens, *The Transition from Capitalism to Socialism*(London: Macmillan, 1979).

36) 대표적으로 다음을 참조. Philippe Schmitter, "Still the Century of Corporatism?" in P. Schmitter and G. Lehmbmch, eds., *Trends toward Corporatist Intermediation*-(Beverly Hills: Sage, 1979). 2000년대 들어서 기업의 경영에서 이해 당사자들의 이해가 조정되는 방식에 초점을 맞추어 스웨덴을 조정시장경제(coordinated market economy)의 전형으로 구분하는 논의가 등장했다[Peter A. Hall and David Soskice, *Varieties of Capitalism: The Institutional Foundations of Comparative Advantage* (Oxford: Oxford University Press, 2000)].

37) Krista Ahlen, "Swedish Collective Bargaining Under Pressure: Inter-Rivaly and Income Policies", *British Journal of Industrial Relations*, Vol. 27, No. 3(1989), pp. 330~346.

된 해석으로 완벽한 사회복지제도로서 스웨덴식 모델을 '제도적 복지국가 (institutional welfare state)'로 보는 경우이다.[38]

이러한 해석들은 스웨덴의 정치, 노자관계, 복지제도, 이데올로기 등의 단면을 부분적으로 강조하고 있다. 이러한 해석들은 헤드보리와 마이드너가 스웨덴식 모델로 해석한 '인민의 가정 모델'의 구체화된 제도들의 일면을 각기 다르게 강조한 결과이다. 역사적으로 보면 구체화된 제도들은 처음부터 계획된, 혹은 목적론적으로 예견된 것은 아니다. 스웨덴 국내 정치, 계급구조의 변화, 국제경제의 변화, 사회운동의 등장 등으로 발생되는 모순과 갈등을 해결하는 정치적 과정에서 나온 산물들이다. 물론 이러한 과정이 무작위적이지는 않다. 이미 사민당의 이데올로기가 정치과정에 상당한 제약을 가한 것은 사실이다. 그리고 스웨덴 정당들 간의 이해 갈등으로 사민당이 추구하는 모든 정책이 일방적으로 사민당이 원하는 방향대로 실현되지도 않았다. 이 점에서 스웨덴식 모델은 평등주의와 연대주의를 기본 이념으로 하는 포괄적인 복지제도, 중앙집중식 노자관계와 국가 규제형 경제체제를 의미한다고 광범위하게 말할 수 있을 것이다. 복지제도는 모든 국민이 복지수혜자가 되는 보편주의를 특징으로 하고, 노자관계는 조직률이 높고 통합되어 있는 노동조합과 독점도가 높은 자본 간의 협상과 타협을 특징으로 하며, 국가 규제형 경제체제는 국가가 완전고용을 목표로 노동시장에 적극적으로 개입하는 것을 특징으로 한다. 그리고 이러한 제도들은 오랜 기간에 걸쳐서 형성된 것이기 때문에 끊임없이 변화를 겪었고, 또한 지금도 계속 변화하고 있다.

---

38) Gøsta Esping Andersen, *The Three Worlds of Welfare Capitalism*(New Jersey: Princeton University Press, 1990); Ramesh Mishra, *The Welfare State in Capitalist Society*(New York: Harvester, 1990).

1932년 선거에서 가장 많은 득표를 한 사민당은 농민당과의 연정을 통해 집권에 성공했다. 1920년대의 경제침체로 나타난 높은 실업률과 소수 연정으로 일어난 정치적 불안정으로 혼란에 빠져 있던 스웨덴 사회를 재조직하는 과제가 사민당에게 주어졌다. 대공황으로 노동계급과 농민이 모두 극심한 피해를 입었고, 두 집단이 공통적으로 국가의 강력한 경제개입을 요구했다. 사민당은 농민당의 요구로 농산물 자유무역을 포기하고 농산물에 대한 가격 보조를 받아들이며, 농민당은 사민당의 요구인 공공사업을 통한 일자리 창출 정책을 받아들이는 조건으로 연정을 구성하는 데 성공했다.[39] 사민당-농민당 연정으로 의회 내에서 정치적 안정이 이루어져 어느 정도 장기적인 개혁정책을 실시할 수 있는 조건이 되었다.

사민당이 실시한 정책은 기본적으로 케인스 식 경제정책으로, 국가가 도로 건설과 같은 대형 공공사업을 실시해서 일자리를 만들고 시장임금을 제공하는 등의 적극적인 경제개입을 기본 원리로 하고 있다. 그리고 복지제도의 대폭 개혁을 통해 1934년 주택건설지원 제도, 1935년 퇴직자 기본연금 인상, 1936년 농촌 노동자 노동시간 단축 등을 제도화했다. 그러나 사민당의 본격적인 개혁 프로그램은 아직 개발되지 못했고, 이미 제도화하기 시작한 복지제도의 연장선상에서 프로그램이 도입되었다.[40]

---

39) 의회 내에서 이루어진 타협의 과정에 대해서는 Leif Lewin, *Ideology and Strategy: A Century of Swedish Politics*, ch.5 참조.

40) 신필균, 『복지국가 스웨덴: 국민의 집으로 가는 길』(서울:후마니타스, 2011), 135~184쪽; Sven Hort, *Social Policy, Welfare States, and Civil Society in Sweden*(Arkiv Förlag, 2014).

그러나 이중에서도 가장 중요한 것 가운데 하나는 노조 중심의 실업보험제도의 도입이다. 스웨덴노동조합총연맹(Lands Organisationen: LO)이 제시한 실업보험제도는 노조가 실업보험을 관리하고 국가가 실업보험기금을 지원하는 겐트제도(Ghent System)였다.[41] 덴마크, 벨기에, 핀란드, 아이슬란드와 같은 북유럽에서 도입된 겐트제도는 노동조합을 강화하는 기능을 했다. 노조가 실업보험을 관리하기 때문에, 실업수당이 노조원에 한정되어 주어져서 노동자들이 조합에 가입하게 하는 긍정적인 동기부여를 했다. LO는 실업구제 방식으로 국가가 실업자들에게 실업수당을 제공하는 것을 크게 신뢰하지 않았다. 또한 산업노동자들에게만 배타적인 혜택이 돌아가는 실업보험이 연정에 참여한 사민당에게 별로 달갑지 않은 것이었기 때문에 집권 사민당도 실업보험을 노조의 관리하에 두는 것을 선호했다. 그리고 초기 실업보험은 자유당의 반발을 고려해서, 고용주의 부담이 없이 전적으로 노동자들이 부담하는 방식으로 제도화되었다.[42] 그러나 후에 노동운동이 활성화되어 LO의 조직력이 강화되자 LO는 성공적으로 국가의 보조를 늘릴 수 있었다. 보 로트스타인(Bo Rothstein)과 같은 스웨덴 학자들은 스웨덴 노조의 지속적인 성장의 주요 원인이 영국과는 달리 실업보험제도의 운영을 국가가 아니라 노조가 한 것이라고 주장한다.[43] 여하튼 초기의

41) Bo Rothstein, "Labor Markets and Working Class Strength," in Sven Steinmo Kathleen Thelen, Frank Longstreth(eds.), *Structuring Politics: Historical Institutionalism in Comparative Analysis*(Cambridge: Cambridge University Press, 1992), ch. 2.

42) Douglas E. Ashford, *The Emergence of the Welfare States*(London: Blackwell, 1986), p. 220.

43) Bo Rothstein, "Marxism, Institutional Analysis, and Working-Class Power: The Swedish Case", *Politics and Society* 18(1990), pp. 328~329.

취약한 실업보험제도는 점차 노동자들에게 핵심적인 제도로 부각되기 시작했고, 노동자들에 대한 노조의 영향력도 더욱 커졌다.

초기 사민당 집권하에서 이루어진 중요한 변화는 노사자율주의의 확립이었다. 1936년 선거에서 사민당이 압승하자, 자본가들의 태도가 유화적으로 변했다. 1938년 살트셰바덴 협약(Saltsjobaden Agreement)으로 상징되는 노동과 자본 간에 이루어진 계급타협은 국가가 노동과 자본 간의 관계에 개입하는 것을 양자가 거부했다. 파업과 공장폐쇄가 반복되었던 공황기에 보수주의자들은 제3자의 이익을 보호하기 위해 국가가 노사분규에 개입해야 한다고 주장했다. 그러나 LO와 스웨덴경영자연맹(Svenska Arbet-sgivareföreningen: SAF)은 노동시장의 결정과 정치적 결정을 엄격하게 구분해야 한다는 것에 합의하고 정치인들이 입법을 통해서 노동시장과 노사관계에 개입하는 것을 거부했다.[44] 구체적으로 살트셰바덴 협약은 자본의 경영권과 노조의 단결권을 상호 인정한 것이었다. 그리고 LO와 SAF는 LO와 SAF의 대표를 포함하는 노동시장위원회를 구성하는 것과 분규가 발생해서 노동법원(Labour Court)으로 분규해결이 이관되기 전에 먼저 교섭을 해야 한다는 점에 합의했다. 중앙 수준에서의 노사갈등의 해결을 의미하는 이 협약은 파업과 공장폐쇄의 악순환을 피하고 상호 인정을 통한 계급타협으로 1970년대까지 스웨덴 노사관계의 핵심을 구성해왔다.

제2차 세계대전 이전의 사민당 정책은 에른스트 비그포르스(Ernest Wig-

---

44) 피터 스웬슨(Peter Swenson)은 덴마크와 스웨덴의 중앙집중식 노사관계의 형성은 강력한 노동조합에 자본가들이 항복했기 때문에 나타난 결과물이 아니라 특정 부문의 노동과 특정 부문의 자본을 중심으로 한 연합(alliance)의 산물이라고 주장한다. 이 주장에 대해서는 다음을 참조. Peter Swenson, "Bring Capital Back In, or Social Democracy Reconsidered", *World Politics*, Vol. 43(1991), pp. 513~544.

forss)의 경제이론에 기초해서 대규모 공공정책을 통한 고용창출과 실업해결에 초점을 맞춘 것이었다.[45] 비그포르스는 자본주의의 위기는 수요와 투자의 부족에서 오는 것이기 때문에 경기침체 시 지방정부와 중앙정부가 즉각적으로 공공사업을 추진해야 한다고 주장했다. 1933년 23.2%에 달하던 실업률이 1939년에는 9.2%로 떨어져 사민당 정부의 정책은 어느 정도 성공한 것으로 보였다.[46] 그러나 이것은 사민당 정부 정책의 효율성 덕분이라기보다는 유럽 자본주의의 전반적인 경기회복에 기인한 것이었다.

스웨덴 모델의 형성

스웨덴 사민주의 정치경제체제는 제2차 세계대전 이후에 본격적으로 형성되었다. 물론 제2차 세계대전 이전의 제도들 가운데 이후 더 발전된 형태로 진화한 여러 제도가 존재했지만, 오늘날 스웨덴 사민주의의 특징으로 불리는 제도들은 대부분 제2차 세계대전 이후에 완성되었다. 제2차 세계대전 이후 스웨덴의 주요한 제도들은 사민당보다는 오히려 노동조합의 조직력과 정책 능력에 크게 영향을 받았다. 이러한 점이 코르피와 같은 사회민주주의 이론가들이 스웨덴 사회민주주의의 논의를 사민당 대신에 노조를 중심으로 하는 근거이기도 하다.[47]

---

45) 비그포르스의 경제이론에 관해서는 Tim Tilton, *The Political Theory of Swedish Social Democracy : Through the Welfare State to Socialism*, ch. 3와 홍기빈, 『비그포르스, 복지 국가와 잠정적 유토피아』(책세상, 2011)을 참조 할 것.

46) B. R. Mitchell, *International Historical Statistics Europe 1750~1988*, p. 164.

47) 권력자원(power resource) 이론으로 불리는 코르피의 이론에 대해서는 다음을 참조. Walter Korpi and Michael Shalev, "Strikes, Industrial Relations and Class Conflict in Capitalist Societies", *British Journal of Sociology*, Vol. 30(1979), pp. 64~187;

자본주의적 산업화가 진전됨에 따라서 1898년에 조직되었던 LO의 역할은 더욱 큰 비중을 차지하게 되었다. LO가 스웨덴 사회에서 가장 큰 조직력을 가진 단일 조직으로 부상한 것이다. LO의 성장 요인은 다음의 세 가지이다. 첫째로 산업구조적 요인이다. 1940년을 전후로 스웨덴 산업구조는 농업 중심에서 제조업 중심으로 변모했다. 2차 산업에 종사하는 인구가 경제활동 인구의 다수를 차지하면서, 농민들에 비해서 산업노동자들의 정치적 역할이 더욱 중요해졌다. 둘째로 스웨덴은 후발 자본주의 국가로서 대규모 수출시장을 대상으로 하는 생산체제였기 때문에 자본의 규모가 대단히 컸다. 자본의 집중에 따른 대규모 기업의 등장이 노동자들의 조직을 촉진했다.[48] 셋째로 노조가 실업보험을 관리했기 때문에 경제침체하에서도 노조가입이 꾸준히 증가했다. 즉, 산업구조의 변화로 증가하는 노동자들에 대해서 노동조합이 배타적인 혜택을 제공할 수 있었기 때문에, 노동자들의 노조가입이 계속해서 증가할 수 있었다.

　제2차 세계대전 이후의 스웨덴 사회민주주의는 강화된 노조, 안정된 노자관계, 사민당의 장기집권하에서 구체화되기 시작했다. LO의 지속적인 조직 확대는 선거에서의 동원이나 파업을 통한 영향력 확대를 의미했다. 또한 노동자들이 LO로 통합되는 것은 사민당의 지지기반이 그만큼 커지는 것을 의미했다. LO와 사민당의 상호 강화가 이루어졌던 것이다. 이러한 과정에서 가장 중요한 주도 세력은 LO였다. LO가 제시한 정책이 1970년대까지 LO와 사민당 간의 호순환 관계를 만들어냈기 때문이다.

Walter Korpi, *The Democratic Class Struggle*(London: Routledge & Kegaii Paul, 1983).

48) Geoffrey Ingham, *Strikes and Industrial Conflict: Britain and Scandinavia*(London: Macmillan, 1974).

제2차 세계대전 이후 스웨덴 경제를 안정화한 경제정책은 LO의 경제학자 요스타 렌(Gösta Rehn)과 루돌프 마이드너가 제시한 정책인 '렌 모델(Rehn Model)'에 기초하고 있다. 렌 모델은 완전고용과 노조운동의 강화를 목적으로 노동시장정책과 임금정책을 결합시킨 독특한 거시경제정책이었다.[49] 제2차 세계대전 기간 중 실시된 통제경제하에서 노동자들의 임금이 동결되었기 때문에 전쟁이 끝난 후 노동자들이 임금인상을 요구했다. 그러나 집권 사민당은 임금인상이 인플레를 일으켜서 경제의 불안정을 야기할 것이라고 예상해서 LO에 임금인상 자제를 요구했다. LO는 임금억제와 같이 노동자들의 일방적인 희생하에서 경제가 안정되는 것은 노조운동의 발전에 도움이 되지 못한다고 주장하고, 생산성이 낮은 자본의 희생하에서 경제를 안정시킬 것을 요구했다. 구체적으로 렌 모델은 LO가 노동자들이 동일한 일을 하면 동일한 임금을 받는 동일노동 동일임금을 통해 노동자들 내부의 동질성을 높이는 연대임금정책을 추진할 것을 제안했다. 그리고 기업의 생산성이 낮아서 다른 기업체와 동일한 수준의 임금을 지불하지 못하는 기업체는 도산할 수밖에 없기 때문에 이때 발생하는 실업 노동자들을 국가가 적극적인 노동시장정책을 통해서 구제해야 한다고 주장했다.[50] 연

---

49) 1951년 「노동조합과 완전고용(Fackföreningsrörelsen och den fulla sysselsättningen)」이라는 이름으로 LO에 보고된 렌과 마이드너의 종합적인 정책 묶음은 수요관리 중심의 케인스의 논의를 훨씬 뛰어넘는 것으로 노동운동의 기본 이념과 이에 기초한 경제개혁안을 제시한 것이다[Henry Midner, *Sweden: Social Democracy in Practice*(Oxford: Oxford University Press, 1989), pp.102~106 참조]. 렌 모델의 경제학적인 논의는 Lennart Erixon, "The Rehn-Meidner model in Sweden: its rise, challenges and survival", *Journal of Economic Issues*, Vol. 44, No. 3(2010)을 참고할 것.

50) 스웨덴의 적극적 노동시장정책은 오늘날 유럽의 모든 나라에서 받아들이고 있는 노동시장정책이 되었다. 이에 대해서는 Giuliano Bonoli, "The political economy of

대임금정책은 노동조합 조직률이 높지 않다면 불가능한 임금정책이다. 그러나 연대임금정책은 노동시장에서 소외된 저임금 부문의 임금을 평균적으로 높이는 방식으로 추진되었기 때문에 노동조합 조직률을 높이는 데 결정적인 기여를 했다. 노동조합으로 조직되지 않는 저임금 부문의 중소기업 노동자, 여성 노동자, 비정규 노동자들을 적극적으로 노조로 끌어들이는 기능을 했다. 이것은 고임금 부문 노동자들의 희생을 바탕으로 한 것이었다. '노동계급의 연대를 위한 희생'이 연대임금정책의 기본 이념이었다.

다른 한편, 연대임금정책은 생산성이 낮은 기업들로 하여금 생산성을 강제적으로 높이도록 하는 기능을 했다. 임금비용이 상대적으로 정해진 상태이기 때문에 생산성을 높일 것인가 아니면 도산할 것인가가 생산성이 낮은 기업들이 직면한 선택이었다. 그러므로 연대임금정책은 평균적으로 스웨덴 기업의 생산성을 높이는 데 긍정적인 기여를 했고, 그 결과 스웨덴 기업들의 국제경쟁력이 강화되었다. 생산성이 낮은 기업들이 저임금을 유지하며 기업활동을 하는 것은 노동자들을 희생시킬 뿐만 아니라 국가경쟁력을 낮추는 것이라고 보고, 그러한 기업을 희생해서 국가경쟁력을 높이는 것이 장기적으로 스웨덴 경제에 유리하다는 점을 강조한 것이다.

렌 모델이 제시한 사민당 정부의 역할은 실업문제를 해결하기 위해 적극적으로 노동력 수요와 공급에 개입하는 '적극적 노동시장정책'을 실시하는 것이었다. 렌 모델은 신고전파 경제학이 전제로 하는 수요와 공급을 통한 시장의 조정기능은 실제로 제대로 이루어지지 않으며 사회적인 요인들 때문에 수요와 공급의 불일치가 발생한다고 보고, 국가의 개입을 통한 수요와 공급의 조정을 대안으로 제시했다. 현실적으로, 한편에서는 노동력

---

active labour market policy", Working Papers on the Reconsilation of Work and Welfare in Europe REC-WP 01/2010(2010) 참조.

수요가 과도함에도 다른 한편에서는 노동력이 과잉인 상태가 공존하는 현상이 발생하는 이유가 복합적으로 존재한다고 보고, 이를 해결하기 위해 국가가 재정적으로 개입할 것을 주장했다. 예를 들어 국가가 노동시장 정보의 제공, 이사 비용 제공, 주택자금 지원, 직업 재훈련 등을 해야 한다고 제안했다.

1950년대 중반부터 사민당은 기존의 국가노동시장위원회(Arbetsmarknadsstyrelsen: AMS)의 기능을 강화해 노동시장을 관리하는 전권을 부여했다. 2007년 폐지될 때까지 330개의 지역사무소와 24개의 지역 노동시장위원회로 구성된 국가노동시장위원회는 정부로부터 독립된 조직으로서 스웨덴 경제와 노자관계에 영향을 미치는 노동시장정책을 입안하고 수정하는 일을 담당해왔다.[51] 국가노동시장위원회는 새로운 일자리 창출, 직업훈련, 노동시장 서비스, 노동력 이동, 실업수당 보조와 같은 선택적인 노동시장 정책을 실시했다. 새로운 일자리는 주로 국가 부문에서 이루어졌다. 중앙정부와 지방정부에서 창출된 새로운 일자리는 복지지출이 확대되면서 자연스럽게 생겨났다. 국가 부문의 확대로 경제활동 인구의 약 1/3이 국가 부문에 종사하고 있다.

사민당이 렌 모델을 받아들이면서 임금안정이 이루어지고, 실업률이 급격히 떨어져 1950년대부터 1970년대까지 스웨덴 경제는 안정과 성장을 동시에 이루어낼 수 있었다.[52] 렌 모델은 자본주의 경제에서 나타나는 실업과 인플레의 악순환을 동시에 해결한 독창적인 모델로 평가되었다. 스웨덴

---

51) Arbetsmarknadswerket, The Labour Market 1988/89 Annual Report, pp. 34~35.
52) 이 시기 스웨덴 경제에 관한 개괄적인 논의는 다음을 참조할 것. Barry P. Bosworth and Alice M. Rivlin(eds.), *The Swedish Economy*(Washington D.C.: The Brookings Institute, 1987).

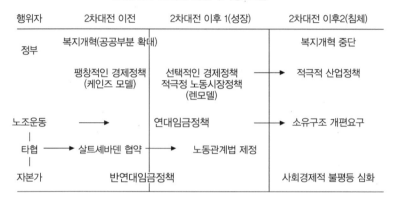

〈그림 1.1〉 스웨덴 '인민의 가정' 모델

행위자	2차대전 이전	2차대전 이후 1(성장)	2차대전 이후2(침체)
정부	복지개혁(공공부분 확대)		복지개혁 중단
	팽창적인 경제정책 (케인즈 모델)	선택적인 경제정책 적극정 노동시장정책 (렌모델)	적극적 산업정책
노조운동		연대임금정책	소유구조 개편요구
타협	살트셰바덴 협약	노동관계법 제정	
자본가	반연대임금정책		사회경제적 불평등 심화

자료: Anna Hedborg and Rudolf Meidner, The Swedish Welfare State Model(Stockholm: LO, 1986), p. 8.

모델에 관한 논의는 이때의 경험을 토대로 확산되었다. 이 시기에 한편으로는 노자관계의 안정과 지속적인 경제성장이 이루어졌고, 다른 한편으로는 포괄적인 복지제도들이 도입되면서 윌리엄 베버리지(William Henry Beveridge)의 "요람에서 무덤까지"라는 이념이 영국에서가 아니라 스웨덴에서 실현되었다. 대체로 스웨덴 모델의 내용은 〈그림 1.1〉에서처럼, 제2차 세계대전 이후의 성장기에 나타난 사회민주주의 정치경제이다.

에스핑-앤더슨은 스웨덴 사회민주주의 모델의 기본 원리를 노동력의 탈상품화(decomodification)로 규정짓는다.[53] 노동시장에서 주어지는 임금, 즉 노동력을 상품으로 판매해서 주어지는 임금을 대체하거나 노동력의 상품성을 낮추는 방식으로 복지제도가 도입되었음을 강조하고 있다. 이것은

---

53) 탈상품화에 관한 논의는 다음을 참조. Gøsta Esping-Andersen, *Politics against Markets*(New Jersey: Princeton University Press, 1985) 및 *Three Worlds of Welfare Capitalism*, ch. 2.

사회적 임금이 시장임금을 대체해서 노동력의 상품성이 약화되었음을 의미한다. 그러나 스웨덴 사민주의는 시장을 배제하거나 대체하려는 방식으로 모든 정책을 실시한 것은 아니었다. 오히려 노동시장정책은 시장을 강화하는 방향으로 실시되었다. 테르보른의 용어를 빌리면,[54] 적극적 노동시장정책은 시장으로부터의 이탈(market exit)을 추구한 것이 아니라 시장에 대한 헌신(market loyalty)을 통해 시장의 강화를 추구했다. 적극적 노동시장정책은 모든 사람들이 노동시장을 떠나지 않도록 하는 것이 주된 목적이었다. 노동시장을 떠났을 때, 즉 해고당하거나 자발적으로 일을 그만둘 때, 국가가 여러 가지 복지제도를 통해서 경제문제를 해결하고자 했지만, 주된 목적은 노동시장에 대한 헌신을 만드는 것이었다. 그리고 이러한 정책은 1960년대 높은 경제활동 참가율과 낮은 실업률을 자랑하는 스웨덴 경제에서 알 수 있듯이 매우 성공적이었다. 스웨덴 사회민주주의 정치경제 체제의 성공은 렌 모델에 기초한 적극적 노동시장정책이다.

4. 스웨덴 모델의 위기인가, 스웨덴 사민당의 위기인가?

제2차 세계대전 이후 1960년대까지 형성되었던 스웨덴 모델은 1970년대 일대 변화를 겪었다. 변화의 내용은 세 가지로 요약될 수 있다. 첫째, 1938년 이래 30년 이상 유지되었던 노동과 자본과의 관계에 정치적 개입을 허용하지 않았던 노사자율주의가 약화되었다. 1970년대부터 국가가 여

---

54) Göran Therborn, "'Pillarization' and 'Popular Movements', Two Variants of Welfare State Capitalism: the Netherlands and Sweden", in Francis G. Castles(ed.), *The Comparative History of Public Policy*(London: Polity Press), 1992, pp. 225~226.

러 가지 노동관계법을 통해서 노사관계에 깊숙이 개입하는 일이 빈번해졌다. 작업장은 더 이상 국가의 개입으로부터 자유롭지 못하게 되었다.

둘째, 노동과 자본 간의 관계가 갈등 관계로 바뀌면서, SAF가 임금 유연성을 높이기 위한 목적으로 LO와 SAF 간의 중앙 수준의 교섭을 거부했다. 결과적으로 중앙 수준에서 이루어졌던 LO와 SAF 중심의 단체교섭 제도가 탈중심화하고 있다.[55] 중앙 수준의 단체교섭 제도는 렌 모델의 기본 골격인 연대임금제도의 하부구조였다. 특히 1980년대 중반부터 LO 산하 금속노조와 SAF의 산하 단체인 엔지니어링경영자협회(Verkstadsföreningen: VF) 사이에 독자적인 단체교섭이 체결되면서 단체교섭 구조가 급격히 변하기 시작했다.[56] 스웨덴 단체교섭의 특징으로 불렸던 중앙 수준의 단체교섭이 약화되고 LO 산하의 산별노조들이 독자적으로 단체교섭을 시도하는 현상이 발생했다. 전통적인 중앙 수준의 단체교섭 구조가 변하기 시작해 LO가 지금까지 지녀온 하위 노동조합이나 연맹에 대한 통제력이 약화되고 있음을 보여주고 있다.

셋째, 전반적인 복지개혁이 중단되었다. 스웨덴 모델의 핵심적인 내용이었던 국가복지가 급격하게 줄어든 것은 아니었지만, 복지확대를 통제하는 강력한 정책이 도입되기 시작했다. 1979년과 1980년 사회보장 지표(기본급)의 변화율을 낮추는 방식으로 사회보장 프로그램의 지표화를 변화시켰으며, 또한 시간급 연금제도에서 보상률을 60%에서 50%로 낮추었다.[57]

---

55) 이에 대해서는 Kristina Ahlen, "Swedish Collective Bargaining Under Pressure: Inter-Rivaly and Income Policies" 참조.

56) Kathleen Thelen, "West European Labor in Transition: Sweden and Germany Compared," *World Politics*, 46(1): pp. 23~49.

57) Staffen Marklund, *Paradise Lost? The Nordic Welfare States and the Recession 1975~1985*(Lund: Arkiv, 1988), pp. 41~43.

이와 같은 변화는 제2차 세계대전 이후 스웨덴 사회를 규정해온 기본적인 제도들의 변화를 의미하는 것이며, 또한 변화 내용의 일부는 스웨덴 사회민주주의의 퇴보를 의미하는 것이기도 했다. 그러나 이러한 일부의 변화가 스웨덴 사회민주주의의 전반적인 몰락이나 위기의 징후라고 볼 수 있을 것인가? 이 질문을 둘러싸고 여러 가지 견해가 제시되었다. 그러나 그보다 중요한 것은 앞에서 제시된 변화의 내용들이 어디에서 유래하는 것인가를 진단하는 것이다. 그리고 그 진단이 정확할 때, 스웨덴 사회민주주의에 대한 논의가 더 구체화될 수 있을 것이다. 왜냐하면, 세 가지 변화의 내용은 각기 다른 원인에서 출발하고 있기 때문이다.

국가의 노자관계 개입 : 노사자율주의의 종언?

국가가 정치적으로 노자관계에 개입하기 시작한 것은 국제적인 경제침체로 발생하는 노동시장내의 문제를 해결하기 위한 목적과 스웨덴 노동조합 운동의 혁신에 따른 사민당의 대응의 결과였다. 외부적으로는 1973년 석유파동으로 서구 자본주의 경제는 극심한 침체에 빠졌다. 스웨덴 경제도 실업률이 증가하고 무역수지 적자가 커지기 시작했다. 그러나 1968년에 서구 유럽을 휩쓴 진보적인 학생운동과 사회운동의 결과로 스웨덴 노조 내부에서도 예전보다 구조적인 차원에서 스웨덴 사회의 변혁을 요구하는 목소리가 자주 등장했고, 이는 1970년대 초까지 지속되었다. 1967년 LO 위원장 아르네 예이어(Arne Geijer)가 사민당 특별회의에서 스웨덴 사회의 계급적인 성격을 강조하며 1968년 사민당과 LO는 '평등문제를 다루는 소집단'을 구성했다. 1970년 선거에서 '평등의 심화'가 사민당의 캠페인이 되었다.[58] 두 가지는 서로 잘 조화될 수 없는 사민당 정책의 제약조건이었다.

이러한 제약하에서 사민당은 실업문제의 해결을 위해 강화된 누진세 제도를 도입했다. 1974년 고용안정법을 제정해 노동자들의 일자리를 보호하려는 목적으로 노자관계에도 직접 개입했다. 피고용자 해고를 제한하는 입법을 통해 자본가들의 전권인 해고권을 제한하기도 했다. 뒤이어 숍스튜어드(Shop Steward)의 지위에 관한 법(1974), 노동환경법(1977), 공동결정법(1977), 남녀 노동평등법(1979) 등 작업장에서 노동자들의 권리와 참여를 강화하는 산업민주주의 입법들이 제정되었다.[59] 이러한 법률들은 1968년 이후의 변혁적인 사회분위기와 1973년 이후의 침체된 경제적 조건에서 나온 새로운 산물이었다.

노동조합의 개혁 요구는 앞에서 언급된 법률 이외에도 스웨덴 사회의 근본적인 경제구조를 바꾸고자 하는 임금노동자기금(Lontagarfonder, Wage Earner Fund)에 관한 논의로 이어졌다.[60] 노동조합은 임금만이 노동조합의 궁극적인 목적이 아니라고 보고, 그보다 근본적으로 소유구조를 변화시키고자 하는 요구를 강하게 드러냈다. 이러한 요구는 두 가지 조건에서 나타났다. 첫째 조건은 연대임금정책의 결과로 이윤율이 높은 기업들에서는 지불 능력보다 낮은 수준에서 임금을 제공했기 때문에 잉여 이윤이 누적되었다. 이윤율이 높은 기업들은 대체로 대기업들이었고, 대기업의 자본규모가 더욱 커져 독점자본의 힘이 더 강해지는 결과가 나타났다. 이것은 연대임

---

58) Göran Therborn, "Swedish Transition to Postindustrial Politics," in Frances Fox Piven(ed.), *Labour Parties in Postindustrial Societies*(London: Polity Press, 1991), p. 108.

59) Sten Edlund and Birgitta Nystrom, *Developments in Swedish Labour Law* (Stockholm: The Swedish Institute, 1988).

60) 임노동자기금안에 대한 정치적 논의는 다음을 볼 것. 신정완, 『복지자본주의냐 민주적 사회주의냐, 임노동자기금논쟁과 스웨덴 사회민주주의』(사회평론, 2012), 제2장.

금정책이 전혀 의도하지 않은 결과였다.

둘째 조건은 초과이윤이 있는 경우, 노조들이 초과이윤 배분을 요구하는 사례가 점차 많아지면서, 연대임금의 원칙이 약화될 뿐만 아니라, 임금통제에 대한 노조의 역할이 약화되는 경우 인플레를 억제하는 노조의 힘이 약화된다. 이것은 중앙 수준에서 이루어진 교섭의 결과와는 별도로 초과이윤을 요구하는 것으로 임금유동(wage drift)이 발생되었기 때문이다. 즉, 임금유동은 노동자들 사이에 임금불평등이 심화되는 결과를 발생시켰다. 연대임금정책의 결과로 오히려 연대임금정책이 의도했던 목적에 반하는 현상들이 나타나기 시작한 것이다.

LO 경제학자가 1975년 LO 전국대회에서 제출한 임노동자기금안은 위에서 제시한 문제들을 해결하기 위해서 사민당에 요구한 안이었다. 이것은 기본적으로 연대임금으로 발생하는 초과이윤의 일부를 임노동자기금(Lontagarfonde)으로 이전해서 이것으로 주식을 구입하는 안이었다. 궁극적으로 사적으로 소유된 주식을 임노동자기금으로 이전하는 사적 소유의 사회화를 목적으로 한 안이었다.[61] 이 안은 사민당에는 긍정적으로 받아들여지지 않았다.[62] 또한 자본가계급의 강한 저항을 불러일으켰다.[63] 자본

---

[61] LO의 '임금노동자기금안(Lontagarfonder)'을 제안한 마이드너의 논의는 다음을 볼 것. Rudolf Meidner, *Employment Investment Funds*(London: George Allen & Unwin, 1978).

[62] 임노동자기금을 둘러싼 LO와 사민당간의 갈등에 대해서는 다음을 참조. Richaid B, Peterson, "Swedish Collective Bargaining~A Changing Scene", *British Journal of Industrial Relations*, Vol. XXV, No. 1, 1987, pp. 31~48; Sven Steinmo, "Social Democracy vs. Socialism: Goal Adaptation in Social Democratic Sweden," *Politics and Society*, Vol. 16, No. 4(1988), pp. 431~432.

[63] 스톡홀름에서 10만 명 이상이 참여하는 자본가계급과 자영업자의 대규모 반대 시위가 벌어졌다. 스웨덴 경총 회장은 "스웨덴 산업이 직면하고 있는 첨예한 문제는 집합

가계급은 임노동자기금과 같은 집합적인 이윤 공유보다는 개별기업 수준에서의 이윤 공유를 선호했다. 1983년 여러 차례의 수정을 거쳐 완화된 형태로 임노동자기금이 의회에서 통과되었다. 마이드너의 표현을 빌리면, "분명히 사회주의 노조의 제안이 이빨 빠진 통상적인 주주 소유 펀드"가 되었다.[64] 더구나 임노동자기금에 반대를 해온, 비사회주의 정당들은 자신들이 집권하면 이 법을 개정하겠다고 공언했다.[65] 최종적으로 7년 시행 후 임노동자기금은 폐지되도록 합의가 이루어졌다. 1991년 기금으로 이전된 주식은 스웨덴 전체 주식의 5%에 지나지 않았다.

산업구조의 변화와 단체교섭의 탈중심화

스웨덴의 노자관계를 규정하는, 중앙 수준에서 이루어지는 단체교섭 제도의 약화는 산업구조의 변화를 반영하고 있다. 렌 모델이 기초하고 있는 노동시장의 특성은 제조업 중심의 산업사회였다. 스웨덴의 산업화가 고도화하면서 제조업 노동자들을 중심으로 한 노동시장은 점차 서비스를 중심으로 한 노동시장으로 변모했다. 특히 완전고용을 목표로 하는 적극적 노동시장 정책의 결과로 공공 서비스 부문의 급팽창이 이루어졌다. 공공부문의 팽창은 기존의 블루칼라 노조인 LO, 화이트칼라 노조인 TCO와 전문직

적인 임노동자기금이다"라고 주장하고 스웨덴 체제를 약화하고 있다고 주장했다. 극좌 입장에서는 임노동자기금이 급진적이지 못하다고 반대했다. 신정완, 『복지자본주의냐 민주적 사회주의냐, 임노동자기금논쟁과 스웨덴 사회민주주의』, 316~327쪽.

64) Rudolf Meidner, "Why Did The Swedish Model Fail?" *Socialist Register*, Vol. 29(1993), p. 223.

65) R. B. Peterson, "Swedish Collective Bargaining: A Change Sense", *British Journal of Industrial Relations*, Vol. 22(1987), pp. 32~48.

노조인 SACO/SR 등 각각의 조직 내에서 변화를 불러일으켰다. 전통적으로 LO 안에서 가장 큰 노조였던 금속노조는 더 이상 가장 큰 노조가 될 수 없었다. 공공부문이 커지면서 지방공무원노조(Kommunal)가 가장 큰 노조가 되었고, 민간 부문의 금속노조 중심의 LO 권력체계에서 변화가 이루어졌다. 전통적인 제조업 종사자가 피고용자의 1/5 정도로 줄어들면서 노동조합 내의 역학관계가 크게 변한 것이다.

이러한 역학관계의 변화는 LO 안의 화이트칼라 노조와 블루칼라 노조 간의 이해관계의 차이를 크게 부각했다. 1983년 LO 산하 금속노조인 LO-Metall이 공무원노조가 주류를 이루고 있는 LO 집행부 대신에 독자적으로 엔지니어링경영자협회(VF)와 단체교섭을 하면서 이러한 갈등은 가시화되었다. 경쟁적인 임금인상 때문에 최상급 연맹 수준의 교섭을 받아들였던 기업들이 분산된 교섭을 적극적으로 시도하기 시작했다. 엔지니어링경영자협회는 LO-Metall에 LO의 임금에 덧붙여 더 많은 혜택이 노조원들에게 주어지도록 임금구조를 재조정한다는 안을 제시했다. 이러한 문제를 LO가 나서서 조정하고자 노력했지만, LO-Metall이 독자적으로 임금교섭을 함으로써 전통적인 중앙집중식 단체교섭 제도에 중대한 변화가 이루어졌다. 1990년 SAF는 이제 "스웨덴 모델은 죽었다"라고 선언하고 전국적인 수준에서 LO를 상대로 교섭을 담당해왔던 교섭팀을 해체함으로써 분산된 교섭이 스웨덴 노자관계의 새로운 유형으로 자리 잡게 되었다.[66]

이러한 변화는 자본의 일부와 노동의 일부에 의해 추진된 것이다. 즉, 산업구조의 변화에 따른 노동계급 내부의 이질화의 요인 이외에도 자본가들의 적극적인 시도에 의해서 이러한 변화가 촉진되었다. 특히 수출 지향적

---

66) Kathleen Thelen, "West European Labor in Transition", *World Politics*, Vol. 51, No. 1(1993), p.29.

기업인 볼보(Volvo)와 ABB와 같은 기업에서 적극적으로 독립적인 단체교섭을 주도했다. 이 기업들은 국제경쟁을 고려해 임금 유연성(wage flexibility)을 중시했기 때문에 연대임금으로 인한 임금 경직성을 탈피하고자 했다.

복지사회정책의 후퇴인가 정체인가?

1970년대 중반부터 지속된 경제침체는 정부예산, 조세율, 복지지출 등과 관련해 심각한 정치적 갈등을 만들어냈다. 스웨덴의 경우 보수당과 자유당은 소득세를 인하하는 대신 복지지출을 줄이고자 시도했고, 사민당은 복지지출의 삭감에 반대하는 선거 캠페인을 했다. 조세와 복지지출을 둘러싼 계급 정치가 과거와 같이 그대로 재현되면서 사민당은 1982년 재집권에 성공했다. 복지지출과 관련해 사민당의 지지기반은 사민당이 확대한 공공 부문 종사자들이다. 피고용자의 1/3을 차지하고 있는 공무원들은 대부분이 화이트칼라 노동자로서 복지와 관련해서는 공동의 이해를 지닌 집단이다. 이들 가운데 대부분이 여성들로 복지 서비스를 제공하는 피고용자인 동시에 복지 서비스의 수혜자이기 때문에 복지와 관련해서는 복지정책의 후퇴에 저항하는 집단이었다.[67]

---

67) 75%에 달하는 여성들의 경제활동 참가율은 주로 복지서비스를 담당하는 일자리의 증가에 따른 것이다(Gøsta Esping-Andersen, "Postindustrial Cleavage Structures: A Comparison of Evolving Patterns of Social Stratification in Germany, Sweden, and the United States," in Frances Fox Piven(ed.), *Labour Parties in Postindustrial Societies*(London: Polity Press, 1991), pp. 154~155, 165~166; Staffen Marklund, *Paradise Lost? The Nordic Welfare States and the Recession 1975~1985*, pp. 101~102].

그럼에도 스웨덴 사회복지는 변화를 보이고 있다. 1982년 실업보험에 대한 국가보조가 90%에서 80%로 줄었고, 인플레에 연동해서 지급된 자녀수당과 실업수당이 인플레율보다 더 낮게 증가하도록 책정되었다. 그리고 집세보조금제도가 전면 폐지되었다. 전체 복지지출액도 1970년대 후반부터 증가하고 있지 않다. 대신에 사보험의 형태로 직업보험이 크게 발달하고 있다. 기존의 기본연금, 노령연금 이외에 사보험 회사를 통한 개인연금이 새롭게 자리를 잡고 있다. 1980년 말에는 열 명 중 한 명이 사적인 연금보험에 가입했다. 그리고 최근 다섯 명 중 한 명 정도가 민간 연금보험에 가입하고 있다.[68] 1984년에 도입된 사적인 의료보험도 새로운 보험제도로서 공공의료 서비스에 불만을 갖는 부유한 사람들, 특히 노령자들이 이용하고 있다. 사적인 연금보험제도나 의료보험제도의 확산은 상대적으로 국가복지제도의 약화 혹은 주변화를 낳을 수 있기 때문에 스웨덴 사회복지제도의 새로운 변화라고 볼 수 있다.

그러나 중요한 것은, 국가가 제공하는 복지가 늘지는 않았지만 줄지도 않았다는 사실이다. 그러므로 국가복지에 의존하는 대다수의 복지 수준이 크게 줄지 않는 한 국가복지의 중단이라고 볼 수는 없다. 특히 스웨덴의 경우, 반사민당 계열의 정당들인 보수당, 자유당, 중앙당(전 농민당) 사이에 반복지 연합을 구성하는 것이 불가능하기 때문에 복지정책은 크게 후퇴하지 않은 것이다.[69] 1985년 선거에서도 보수당이 탈복지국가를 선언했으나,

---

68) Sven Olsson, *Social Policy and Welfare State in Sweden*(Lund: Arkiv förlag, 1990), p.266. 2014년 전체 의료비 중에서 사적으로 부담하는 의료비는 19%를 차지했다. OECD, *OECD Health Statistics 2014, How does Sweden compare?* Briefing Note Sweden, p. 1.

69) Göran Therborn, "Swedish Social Democracy and the Transition from Industrial to Postindustrial Politics," in Frances Fox Piven(ed.), *Labour Parties hi Postindustrial*

자유당과 중앙당이 기존의 복지국가정책을 고수함으로써 반복지 연합은 구성되지 못했다.

스웨덴 복지제도에서 더 중요한 변화는 중앙화된 복지에서 분산된 복지로의 이행이다. 분권화를 통해 복지행정의 중심이 중앙정부에서 지방정부로 바뀌면서, 복지행정과 관련된 관료제의 문제가 상당 부분 완화되었다. 보수주의자들이 원하는 것은 국가 복지를 사적 복지로 바꾸는 "국가는 더 작게 시장은 더 크게"였지만, 스웨덴에서 실제로 나타난 변화는 "국가는 더 작게 시민사회는 더 크게"라는 중앙정부 중심의 복지제도를 지방과 지역으로 분산시키는 분권화였다.

사민당에 대한 새로운 도전

1932년 스웨덴은 사민당이 집권한 이래 산업구조는 급격한 변화를 겪었다. 그리고 세계적인 추세로 진행되고 있는 경제의 국제화는 과거와는 다른 새로운 과제로 등장하고 있다. 렌 모델이 실업과 인플레를 성공적으로 해결할 수 있었던 이유는 스웨덴 일국에서의 정책이 자국 내의 문제해결에 매우 큰 효과를 발휘할 수 있는 조건, 즉 상대적으로 국내의 행위자인 국가, 자본가, 노조 이외에 중요한 행위자가 존재하지 않았다는 사실이다. 그러나 점차로 경제의 국제화가 심화되면서 국외 행위자들의 영향력이 커지고 있다. 이것은 그다지 새로운 현상은 아니다. 이미 스웨덴 경제는 해외무역 의존도가 유럽에서 가장 높은 나라였기 때문에, 국제경쟁력 문제가 오늘날 새롭게 나타난 문제는 아니다. 오히려 산업평화에서 비롯된 생산의

Societies(London: Polity Press, 1991), p. 117.

안정성과 효율성이 국제경쟁력을 높이는 데 기여했다.

그럼에도 석유파동으로 나타난 세계적인 수준의 경기침체는 스웨덴 모델의 기반을 흔들었다. 1982년 사민당이 재집권에 성공했지만, 경제 부문에서 높은 인플레와 실업률 문제를 해결해야 할 과제를 안게 되었다. 연대임금의 제도적 기반이 중앙교섭이 약화되면서 연대임금정책을 통한 인플레 억제 정책도 더 이상 효과가 없었다. 1983년 사민당 정부의 새로운 재무상 셸-울로프 펠트(Kjell Olof Feldt)는 스웨덴 사민주의 체제의 혁신을 내세우며 신자유주의 경제개혁을 주도했다.[70] 크로나 평가절하와 더불어 금융 규제개혁을 단행해서, 1983년 은행의 유동성 비율 규제를 완화했다. 1985년 선거에서 승리한 사민당 정부는 1985년 '11월 혁명'이라 불리는 은행의 이자율 상한제도와 대출상한 제도 철폐를 단행했다. 그리고 계속해서 1986년에는 스웨덴 내 외국계 은행을 허용했고, 1988년에는 내국인의 외국 주식구매를 허용했다. 1980년대 초 스웨덴 금융시장이 커지면서 국가의 금융시장 규제가 문제가 되자, 사민당 정부는 연속적으로 은행과 보험회사에 대한 규제완화를 단행했다. 최종적으로 1989년 외환거래 규제가 철폐되면서, 대출경쟁과 금융시장 경쟁이 가속화되었다.

규제완화의 즉각적인 효과는 금융기관의 양적 팽창과 대출증가였다. 은행 수가 174%로 증가했고, 모기지 기관도 167% 증가했다. 대출이자율은 1980년대 초 11~17%에서 1986년 20%로 높아졌음에도, 1986~1990년 대출

---

70) 재무상 펠트가 주장한 시장 사회민주주의이다. 펠트는 좋은 사회란 "건강하고 역동적인 자본주의, 강력하고 책임 있는 노동조합운동, 그리고 결과물을 재분배하는 강한 공공부문"이라고 주장했다. 그는 사회주의 가치와 양립할 수 있는 자본주의를 내세우면서 구체적으로는 현재의 복지지출을 축소해서 시장의 기능을 더 강화해야 한다고 주장했다[Kjell-Olof Feldt, "What shall we do with capitalism?", *Inside Sweden*, No.3(July 1989), p. 5].

〈그림 1.2〉 스웨덴 연평균 대출증가율, 1985~1994년(단위: %)

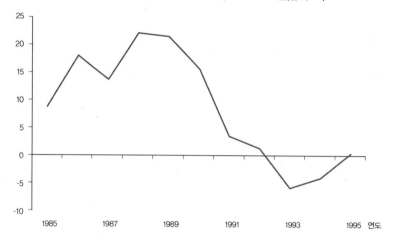

자료: Lars Jonung, Jaakko Kiander and Pentti Vartia(eds.), *The Great Financial Crisis in Finland and Sweden: The Nordic Experience of Financial Liberalization*(Cheltenham: Edward Elgar, 2009).

액은 이전보다 136%로 증가했다.[71] 〈그림 1.2〉과 〈그림 1.3〉에서 볼 수 있듯이, 1991년 금융위기 이전까지 은행과 주택담보대출기관의 대출은 폭발적으로 증가했다. 대출을 통한 부동산 매입이 증가하면서 부동산 가격이 폭등했고, 특히 더욱더 주택 가격이 오를 것이라고 기대하는 심리가 형성되어 은행 대출을 통한 부동산 투기가 가속화되었다. 부동산 가격이 더 크게 오르면서 실질적인 이자율은 마이너스가 되는 상황이 발생했고, 대출을 통한 부동산 매입이 급증했던 것이다.

〈그림 1.4〉에서 볼 수 있듯이, 1980년과 1990년 사이 스톡홀름 비거주 부동산 가격은 아홉 배 이상 뛰었다. 그 결과 1980년대 스웨덴에서는 엄청

---

71) Peter Englund, "The Swedish Banking Crisis: Roots and Consequences," *Oxford Review of Economic Policy* 15, No. 3(1999), p. 84.

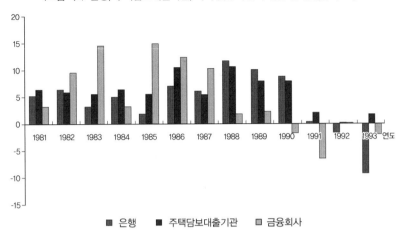

〈그림 1.3〉 은행, 주택담보대출기관, 기타 금융기관의 대출 변화율(단위: %)

■ 은행   ■ 주택담보대출기관   ▨ 금융회사

자료: Wallander, "Bankkrisen — Omfattning, Orsaker, Lärdomar" in *Bankkrisen*, Bankkriskommittén, Stockholm, Table A1.

〈그림 1.4〉스톡홀름 비거주 부동산 가격지수 동향

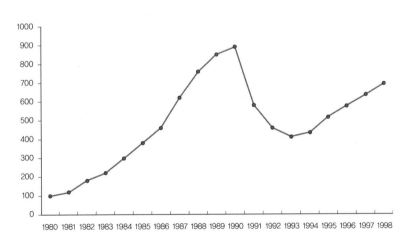

자료: D. M. Jaffee, Den svenska fastighetskrisen(Stockholm: SNS Förlag, 1994), Figure 5.4[Peter Englund(1999), p. 87에서 재인용].

난 부동산 거품이 형성되었다. 1980년대 경기호황과 더불어 금융시장 규제 완화로 부동산 거품이 형성되면서, 사민당 정부의 안정적인 경제운영은 더욱 어려워졌다. 금융시장 개방을 통해서 사민당 정부의 정책적 대응 수단이 크게 줄어들면서, 금융시장의 거품에 대한 정책적 대응이 어려워졌다.

다른 한편 1985년 석유가격의 하락하면서 세계 경제가 호황 국면에 들어섰고, 스웨덴 경기가 과열되면서 거시경제 운영이 어려워졌다. 노조의 연대임금정책과 국가의 적극적 노동시장정책을 통한 효율성 증진이 더 이상 불가능한 상태에서 사민당은 분산된 단체교섭을 다시 중앙집중식 단체교섭으로 전환시키고자 시도했다. 1984~1986년까지 3년 동안 수상 요하임 팔메(Joheim Palme)는 노조대표들과의 회동을 통해 임금억제를 요구하고 반대급부로서 소득세 인하와 물가억제를 약속했다.[72] 그러나 임금억제 요구는 사적 부문에서는 부분적으로 성공했지만, 공공부문에서는 완전히 실패했다. 1986년 사부문의 임금인상에 상응하는 보상을 보장했던 과거의 관행을 정부가 거부하면서 공공부문의 대파업이 발생했다. 전통적인 단체교섭 구조의 변화가 국가와 노조 간의 긴장을 만들어낸 것이다. 1988년 선거 이후 재무상이 과열 경기를 막기 위해 임금, 물가와 주식배당을 2년 동안 동결하는 정책을 폈다. 그러나 이에 대한 강력한 반발과 비판이 고조되면서, 결국 재무상 펠트가 물러나는 사태가 발생했다. 이러한 사건은 사회민주주의 황금기인 1960년대부터 1970년대 초까지 유지되었던 경제 환경과 노사관계 환경이 크게 달라졌음을 단적으로 보여준다.

1989년 외환시장의 개방으로 환투기가 발생하면서, 사민당 정부는 1990

---

72) 변화된 임금협상 제도하에서 국가와 노조와의 관계는 다음을 참조. Kristina Ahlen, "Swedish Collective Bargaining Under Pressure: Inter-Rivaly and Income Policies," pp. 340~345.

년 10월 다시 긴축정책을 발표했다. 스웨덴 중앙은행은 1991년 5월 크로나의 신뢰성을 높이기 위해 크로나를 유로화에 연동시키는 정책을 발표했다. 1989년 10월 베를린 장벽이 무너지면서, 독일 연방은행이 동독 1마르크를 서독 1마르크와 똑같이 취급하는 정책을 택했다. 이에 대응해 유럽 각국의 중앙은행들이 이자율을 높였고, 스웨덴 중앙은행도 이자율을 높였다. 1992년 9월 투기자본이 대거 스웨덴으로 유입되자, 자본의 유출을 막기 위해 이자율을 다섯 배까지 높였다. 스웨덴 중앙은행은 크로나를 방어하기 위해 유럽보다 더 높게 이자율을 조정했다. 이것은 대출이자의 급등을 불렀고, 대출상환을 위한 부동산 매각이 경쟁적으로 이루어지면서 부동산 가격의 폭락으로 이어졌다.[73]

이는 곧바로 은행의 부실대출로 인한 전반적인 금융위기로 전이되었고 곧바로 대형 금융기관의 파산으로 이어졌다.[74] 1990년 말 부동산 가격 지수가 가장 높았던 시기와 비교했을 때, 1992년 부동산은 52% 하락했고, 은

---

73) 한스 최더시트룀(Hans Söderström)은 부동산 가격이 30% 정도 하락했다고 추정했다 [Hans Tosn Söderström, *Normer och ekonomisk politik*. Kristianstad: SNS Förlag(1996), pp. 174~179].

74) 전반적인 은행위기와 관련해서는 다음을 참조할 것. J. Wallander, "Bankkrisen — Omfattning, Orsaker, Lärdomar" Bankkrisen(Stockholm: Bankkriskommittén Finansdepartementet, 1994). 은행위기는 스웨덴, 핀란드, 노르웨이에서 동시에 발생했다. 이 위기는 대공황 이후 선진 자본주의 경제체제에서는 처음으로 발생한 '체계적인 은행위기(systemic banking crisis)'였다. 그러나 은행위기에서 시작된 금융위기에 대한 대응은 세 나라에서 모두 동일하게 나타나지는 않았다. 정부의 신속한 대응과 국유화라는 점에서는 동일했지만, 여러 가지 점에서 차이도 나타났다. 스웨덴, 노르웨이, 핀란드의 금융위기 비교 분석은 다음을 참조. Knut Sandal, "The Nordic banking crises in the early 1990s: resolution methods and fiscal costs," in Thorvald G. Moe, Jon A. Solheim and Bent Vale(eds.), The Norwegian Banking Crisis, Norges Bank occasional paper # 33(2004).

행 주식은 41% 하락했다. 건설과 부동산 주식도 25% 하락했다(England, 1999: 89). 여섯 개 주요 은행 가운데 두 개가 파산했고, 보수당 정부가 이들 파산한 은행들을 사들였다. 사민당 정부가 파산한 민간 은행을 다른 금융 회사에 헐값으로 매각하는 것이 아니라 매입하는 국유화를 단행한 것이다. 그러나 금융위기는 전반적인 경제위기로 전환되어 실업률이 2%에서 8%로 급등했고, 반대로 인플레는 10%에서 2%로 급감했다. 주택가격의 폭락과 내수의 위축으로 전반적인 경제침체가 발생해서, 스웨덴 경제는 1992년 GDP가 3.5% 감소하는 마이너스 성장을 경험했다.[75]

스웨덴 모델의 위기: 1991년 금융위기와 스웨덴식 위기 극복 전략

20세기 후반 스웨덴 사회민주주의 체제는 좌절과 혼란을 겪었다. 1970년대 진보적 개혁은 결실을 맺지 못했고, 1980년대 과도한 경제 호황과 금융시장 규제완화에 따른 경제의 불안정성 증대는 1990년대 초 금융위기로 귀결되었다. 이로 인해 1991년 9월 총선에서 스웨덴 사민당이 패배하면서, 보수연정 체제가 다시 등장했다.

금융위기에 대한 대응은 1991년 9월까지 사민당 정부의 대응과 그 이후의 보수당 정부의 대응으로 구분되지만, 정책적으로는 연속성을 지니고 있다. 스웨덴 금융위기에 대한 정부의 대응은 여야 합의를 통한 대응으로 특

---

75) 칼 빌트가 이끄는 보수당 정부의 경제 자문을 담당했던 라스 요눙(Lars Jonung)은 1991년 스웨덴 경제위기가 1930년대 대공황과 비견될 수 있는 위기였으며, 실업문제는 대공황보다 더 심각했다고 보았다[Lars Jonung, L. J. Kiander, and P. Vartia. eds. 2009. *The great financial crisis in Finland and Sweden. The Nordic experience of financial liberalization*(Cheltenham, UK: Edward Elgar), ch. 2].

징지어 지며, 보수연정의 수상 칼 빌트(Carl Bildt)가 언급한 바와 같이, 금융 위기 해법은 역설적으로 사민당의 재무상 펠트가 추구한 제3의 길이 아니라 제1의 길(The one way)로, 렌 모델에서 제시된 정책과 유사한 것이었다.[76] 즉, 국가의 개입과 규제강화를 통한 해결을 특징으로 했다. 금융위기 이전 사민당이 신자유주의적 정책 노선을 추구했다면, 금융위기 이후 보수당은 국가의 시장 개입을 통한 시장규제와 경제개혁을 시도했다. 그러나 금융위기 이후 위기에 대처하는 정책은 정당 간 합의를 통해서 만들어졌기 때문에 정책의 효율성이 매우 높았다. 진보 블록과 보수 블록 간의 정치적 합의는 노동계와 재계의 지지를 얻어낼 수 있었기 때문에, 금융위기에 대응하는 정책의 효율성이 크게 높아질 수 있었다.

스웨덴 보수당 정부의 금융위기 대책은 크게 다섯 가지로 이루어졌다. 첫째, 정부가 114개 은행의 저축과 부채에 대한 무제한 지급보증을 선언했다. 저축보험제도가 없던 상황에서 정부가 저축을 한 사람과 은행에 대출해준 금융기관을 보호한 조치였다. 이러한 조치는 정부의 부채가 적었고 은행의 자산 규모가 적정 수준이었기 때문에 가능했다.[77] 스웨덴 정부가 'Securum'이라는 배드 뱅크를 설립해서 악성 은행부채를 인수하고, 은행의 자기자본 비율이 일정 수준 이하인 경우 지급보증을 정부로부터의 대출이나 정부의 출자로 전환하도록 했다.[78] 그리하여 문제된 자산이 매각되었

---

76) Lannart Erixon, "The Rehn-Meidner model in Sweden: its rise, challenges and survival", p. 42.

77) 1992년 스웨덴의 부채비율은 GDP의 55% 정도에 지나지 않았고, 은행 부문의 자산은 GDP의 약 100%에 달했다[DG Tresor, "Lessons for today from Sweden's crisis in the 1990s: Tresor-Economics"(2012). p. 3].

78) 신정완, "1990년대 초 스웨덴의 금융위기: 원인과 진행과정, 그리고 스웨덴 모델에 미친 영향," ≪스칸디나비아 연구≫, 10(2009), 47~48쪽.

을 때, 매각 대금이 정부에 귀속되도록 했다.

둘째, 1993년 5월 스웨덴 정부가 직접 도산한 은행을 관리하기 위해 재무부, 중앙은행, 감독기관, 은행 등과는 독립적으로 운영되는 은행지원국(Bankstödsnämnden)을 신설해서 부실은행을 정리했다.

셋째, 국내외 금융시장에 정부의 지급보증 내용과 정부의 조치 사항 등 금융시장에 영향을 미치는 관련 정보를 공개해, 금융시장의 불확실성을 최소화하고자 했다.

넷째, 정부는 정치적 수준에서의 합의를 이끌어내기 위해 야당들에 관련 정보를 모두 제공해서 정책적 합의를 도출할 수 있도록 했다.

다섯째, 정부가 국유화한 두 개의 은행(Nordbanken and Gota Bank)을 회생시킨 후 합병했고, 2000년에는 북유럽 단위에서 핀란드의 'Merita Bank', 덴마크의 'Unidanmark' 그리고 노르웨이의 'Christiania Bank'와 합병해 'Nordea' 금융그룹을 만들었다.

이러한 조치로 스웨덴 금융위기는 2년 만에 해소되었다. 1994년 스웨덴 은행들이 흑자로 전환되었고, 정부의 지원금은 주식 매각과 배당을 통해서 회수되었다. 그리고 금융시장의 안정성을 확보하기 위해, 금융제도의 개혁을 단행했다. 개혁의 내용은 중앙은행의 역할을 강화해서 물가관리 이외에 지급결제제도의 안정성을 도모하는 일을 중앙은행의 주된 역할에 포함하는 것이었다. 이를 위해 중앙은행은 금융시장 동향에 대한 보고서를 매년 두 차례 보고하도록 했다. 여기에는 은행의 수익성, 신용 리스크와 결제 리스크를 포함한 은행의 안정성에 대한 평가를 담고 있다.

스웨덴의 금융위기 해법은 모범적인 정책 대응으로 평가된다. 〈그림 1.5〉에서 볼 수 있듯이, 스웨덴의 경제는 단기간에 회복해 정책적 대응이 매우 효율적으로 이루어졌음을 알 수 있다. 더구나 금융위기로 불평등이

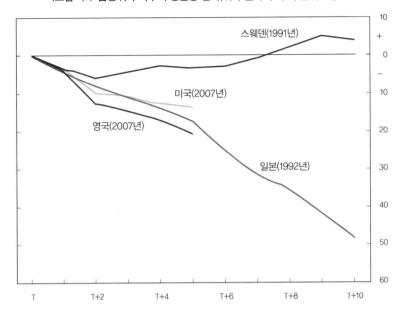

〈그림 1.5〉 금융위기 이후의 생산량 변화(위기 전과의 비교, 단위: %)

참고: T는 위기가 시작된 연도.
자료: IMF, World Economic Outlook(October 2013). 위기 시기는 Carmen M. Reinhart & Kenneth
S. Rogoff, "The Aftermath of Financial Crises," *American Economic Review*, Vol. 99(2)
(2009), p. 466~472을 따름[Benjamin Nelson and Misa Tanaka "Dealing with a banking crisis:
what lessons can be learn from Japan's experiences?" *Quarterly Bulletin 2014* Q1(2014), p.
37에서 재인용]

심화되거나 빈곤율이 높아지는 사회적 위기를 겪지 않고 경제가 회복되었
다는 점에서 매우 모범적인 금융위기 극복 사례로 평가된다.[79] 1995년부
터 2004년까지 스웨덴의 생산성 향상은 연평균 2.4%로 OECD 평균 2.2%

---

79) 다음을 참조할 것. Richard B. Freeman, Birgitta Swedenborg and Robert
Topel(eds.), *Reforming the Welfare State: Recovery and Beyond in Sweden*
(Chicago: Chicago University Press, 2005); Timothy Edmonds, *Banking Crisis:
Lessons from Sweden and Norway*, UK Parliament Standard notes SN04870(2015).

보다 높았고, 제조업 생산성 증가는 OECD 최고 수준을 보였다.[80] 금융위기 이후 스웨덴에서 여러 가지 변화가 이루어졌다. 금융위기에 집권한 보수당은 공공부문의 민영화를 시도해 항공, 철도, 택시, 전기, 통신과 우편, 술 판매 등을 민영화했다. 그리하여 공공부문이 축소되었고 공공부문 종사자의 비율과 전체 GDP에서 정부가 차지하는 비중도 줄어들었다.[81] 그러나 스웨덴의 공공부문은 유럽 대륙 국가들보다 훨씬 높은 수준을 보여주고 있어서, 스웨덴 모델의 큰 변화를 가져왔다고 보기는 힘들다.

스웨덴은 2008년 세계 금융위기에 큰 타격을 받지 않았다. 노르웨이와 함께 스웨덴은 미국에서 시작된 세계 금융위기에 타격을 거의 받지 않아서, 덴마크나 핀란드와는 매우 다른 경제 상황을 보여주었다. 주된 원인은 1990년대 초 금융위기를 극복하기 위한 금융개혁과 은행들의 위험관리가 제대로 이루어지면서, 스웨덴은 2008년 세계 금융위기의 타격을 거의 받지 않은 것이었다. 변동환율제를 도입했지만 유로존에는 가입하지 않아서, 유로존 국가들의 경제위기가 스웨덴으로 확산되는 것을 막을 수 있었다. 변동환율제를 통해서 유로존 국가들을 대상으로 하는 수출이 격감했지만, 그에 따라 스웨덴 크로나 가치가 하락하고 곧 스웨덴의 수출 경쟁력이 높아지면서 수출을 늘릴 수 있게 되었다.[82]

---

80) 이러한 내용에 관해서는 다음을 볼 것. "The OECD Economic Surveys: Sweden report," table 1.1(2007).

81) 공공부문 고용비율은 1995년 29.8%에서 2005년 28.3%로 줄어들었다. 2005년 OECD 평균 공공부문 비율은 14.4%였고, 한국은 5.5%로 일본 5.3% 다음으로 가장 낮았다. *Government at a Glance 2009*, OECD(2009), g09~01. 공공부문 지출은 1995년 68.9%에서 2011년 51.9%로 크게 줄었다.

82) 2011년 미국 일간지 ≪워싱턴 포스트≫는 2010년 EU 경제성장률 1.8%, 미국 경제성장률 2.2%과 스웨덴 경제성장률 5.5%를 비교하면서 미국, 영국과 일본이 꿈에서 그

1990년대 스웨덴 금융위기는 스웨덴 사민당이 중심적으로 구축한 스웨덴 모델을 어느 정도 변화시켰다. 스웨덴 모델은 노동시장에서의 완전고용과 복지 차원에서의 보편주의를 근간으로 했지만, 금융위기 이후 완전고용 대신 물가안정이 주된 정책 목표가 되었다. 거품경제를 막기 위해 물가, 외환과 부동산 가격의 변동성을 관리하는 일이 정책의 우선순위를 차지하게 되었다. 제도적으로 1983년부터 중앙 수준의 임금협상이 사라지면서 단체교섭을 통한 거시경제의 관리가 어렵게 되었기 때문에, 1990년대 들어서는 이전과는 달리 임금과 물가 관리가 정부의 중요한 정책 과제가 되었다. 또한 1993년 1월 변동환율제를 도입하면서, '허용 인플레이션율 상한선(inflationmål)'을 설정했기 때문에, 중앙정부의 외환관리가 또 하나의 중요한 정부의 과제가 되었다. 이러한 변화는 기존의 렌-마이드너 모델의 틀에서는 크게 벗어난 것이었다.[83]

세계화와 21세기 스웨덴 사회민주주의 체제

스웨덴 금융위기는 북유럽의 핀란드, 노르웨이와 덴마크의 금융위기와 소련을 포함한 동유럽 국가사회주의의 몰락과도 관련을 맺고 있다. 다시

리는 경제성과를 냈다고 보도하고, 그 원인으로 정부 재정건전성 유지, 경기 침체에 대한 자동 대응(복지를 통한 상시적인 지출 제도화), 공격적인 화폐정책, 환율 변동성 유지, 보수적인 은행 경영을 들고 있다[Niel Irwin, "Five economic lessons from Sweden, the rock star of the recovery," *The Washington Post*(June 24, 2011)].

83) Hans Tson Söderström, "Sveriges stailiseringspolitiska vägval:kortsiktig politik I ett långsiktigt perspektiv," in Lars Hultkrantz & Hans Tson Söderström(eds.), *Markand och politik*, 7th edition, pp. 131~177.

말해서 스웨덴 내의 내재적인 문제 때문에 금융위기가 발생했다기보다는, 20세기 말 자본주의 사회의 변화와 동유럽 국가사회주의의 몰락이라는 지구적 변화와 관련을 맺고 있다는 것을 의미한다. 이러한 요인들은 1960년대와 1970년대 초 스웨덴이 처했던 것과는 대단히 다른 환경을 만들어냈다. 이러한 변화는 흔히 세계화의 한 양상이라고 볼 수 있다.

그렇다면 이러한 변화들은 스웨덴 모델의 위기, 혹은 스웨덴 사민당의 위기를 초래하고 있는가? 스웨덴 모델의 구체적인 내용은 고정되어 있는 것이 아니었고 역사적으로 환경 변화에 따라서 변화되어온 산물이기 때문에, 앞의 변화도 그러한 역사적 산물의 하나라고 볼 수 있다. 그리고 그 변화의 내용은 지금까지 스웨덴 정치경제의 중요한 축의 변화를 포함한 것이었다. 이러한 점에서 현재 이루어지고 있는 변화는 과거와는 다른 새로운 스웨덴 모델의 탄생을 의미한다.

그리고 사민당의 구체적인 정책들도 마찬가지로 고정되어 있었던 것은 아니었으며, 당시의 형태로 진화해왔다는 점에서 사민당의 위기라고 볼 수도 없다. 단지 사민당 입장에서 문제가 되는 것은 사민당 정책의 진화 과정에서 탈계급성이 더욱 뚜렷해지고 있다는 점과 다른 정당과의 차별성이 줄어들고 있다는 점이다. 결과적으로 스웨덴 정치의 중심을 이루고 있었던 계급정치가 변화하고 있다는 점에서 스웨덴 사민당 정치의 새로운 위기를 논의할 수 있을 것이다.[84]

스웨덴 모델의 위기는 세계화의 진전에 따른 스웨덴 사회의 변화와 더 밀접한 관련을 맺고 있다. 스웨덴은 1995년 1월 유럽연합에 가입했지만,

---

84) Richard Westra, Dennis Badeen, Robert Albritton eds. *The Future of Capitalism After the Financial Crisis: The Varieties of Capitalism debate in the age of austerity*(London: Routledge, 2015).

2003년 유로화 연합(The European Economic and Monetary Union: EMU) 가입 여부를 묻는 국민투표에서 56%의 반대표가 나와서 가입이 부결되었다. 비록 유럽 화폐 통합에는 가입하지 않았지만, 스웨덴은 통합된 유럽 경제에 더 밀접하게 연계되었다. 1990년대 초의 금융위기는 이러한 경제적 세계화 과정에서 발생한 위기였다. 또한 유럽연합에 가입한 결과, 스웨덴 내 이민자가 지속적으로 늘었다. 스웨덴은 전통적으로 정치적 망명자들에게 우호적인 정책을 폈기 때문에 분쟁지역에서 많은 사람이 스웨덴으로 이주했다.[85] 또한 유럽연합의 회원 국가들로부터도 많은 이주가 이루어졌다. 때로 복지이민이라고 불릴 수 있는 상대적으로 빈곤한 동유럽 국가들에서 스웨덴으로의 이주가 많이 이루어져 폴란드, 유고연방, 보스니아, 헤르체고비나 등지에서 온 이주자가 26만 명을 넘고 있다. 2011년 현재 스웨덴 내 이주자가 전체 인구의 27%에 달할 정도로 이주자 비율이 높아졌다.[86]

스웨덴 사회의 인구 구성의 변화는 사회 갈등의 주된 요인이 되고 있다. 이민자와 스웨덴 사람들 간의 갈등은 고용과 복지를 둘러싸고 나타났다. 이민자들의 대학진학률은 스웨덴 출신보다 높지만, 실업률은 스웨덴 출신에 비해서 세 배 정도 높게 나타났다.[87] 이민자 사회통합이 실패하면서 이

---

85) 2013년 스웨덴에 거주하는 153만의 외국인 중 두 번째로 많은 이라크 출신자는 약 13만 명가량에 이르렀으며, 이란과 터키를 포함하는 중동 출신들이 16만 명을 상회했다. 첫 번째로 많은 이주자는 핀란드 출신으로 16만 명 정도였다. "Utrikes födda i riket efter födelseland, ålder och kön. Ar 2000~2013". Statistics Sweden(검색일: 2014.4.10).

86) 부모가 모두 외국 출신이거나 혹은 한 명이 외국 출신인 경우를 포함한 통계이다.

87) 2012년 스웨덴으로 이민을 온 10만 3100명 가운데 33.7%가 유럽 연합의 다른 회원국 출신이고, 64.7%가 비유럽연합 출신으로 나타났다(eurostat, 2014년 5월 자료 참조). 2013년 스웨덴 성인 중 실업률은 5.3%이었으나, 이주자 실업률은 15.6%에 달해 거의 3배 정도 더 높았다(http://ec.europa.eu/eurostat/statistics-explained/index.php

민자와 스웨덴 사람들 간의 갈등이 커졌고, 반(反)이민정책을 내세우는 극우 정당인 '스웨덴 민주당'도 등장했다.[88] 또한 불만을 품은 이민자들의 폭동도 발생해 스웨덴 정치와 사회에서 새로운 균열이 생겨나고 있다.[89] 이민자들과 스웨덴 사람들 간의 갈등은 세계화와 더불어 나타난 새로운 사회 정치적 현상이라는 점에서 스웨덴 사회가 해결해야 할 새로운 과제로 부각되었다.

5. 결론

2015년 스웨덴 사민당은 창당 126주년을 맞는다. 그리고 2015년 현재 사민당은 2014년 총선에서 승리해서 2006년에 잃었던 권력을 8년 만에 다시 찾았다. 비록 총선에서 제1당이 되었으나 득표율은 31.01%밖에 얻지 못해, 6.89%의 지지를 얻은 녹색당(Miljöpartiet), 5.7%의 지지를 얻은 좌파당과의 연정을 구성해도 과거와 같이 과반수 의석을 확보할 수는 없는 상

/File:Long-term_unemployment_(12_months_or_more)_as_a_percentage_of_the_t
otal_employment_by_broad_groups_of_country_of_birth_and_age_groups_in_EU
-28,_2013.png(검색일: 2015.2.5)].

88) 스웨덴 남부에서 정치운동으로 시작된 스웨덴 민주당 조직은 2010년 총선에서 5.7%를 득표하면서 원내 진출에 성공했고, 2014년 총선에서는 12.86%의 지지를 받아서 사민당과 보수당에 이어 제3당으로 급부상했다.

89) 2013년 5월 19일 스톡홀름 교외에서 발생한 폭동으로 이란, 소말리아, 아프카니스탄 이민자들이 많이 거주하는 지역을 중심으로 100여 대의 차량이 방화로 파손되었고, 경찰과 이민자들이 충돌해 부상자가 발생했다. 폭동은 다른 지역으로도 확대되어 경찰서와 식당을 비롯한 많은 건물과 차량이 불에 탔다. 이 폭동은 5월 23일까지 지속되었다.

황이 되었다. 더구나 좌파당이 사민당과의 연정을 거부해, 녹색당과 사민당 연합의 소수 연정체제가 구축되었다. 정치적으로 대단히 불안정한 권력 체제가 등장한 것이다.

21세기 스웨덴 사회민주주의는 이전과 대단히 다른 환경에 놓이게 되었다. 창당 100주년이 되던 1989년 스웨덴 금속노조위원장 리프 볼름베리(Lief Bolmberg)는 "아직도 사민당은 노동자 편인가?"라는 질문을 던졌다.[90] 이것은 당시 스웨덴의 많은 노동자들이 가지고 있었던 '사민당은 어디로 가고 있는가?'라는 의구심을 대변한 말이었다. 1980년에 들어서면서 퇴색되기 시작한 스웨덴 사민당의 노선은 이후 세 차례의 선거 패배를 겪으면서 정체성의 위기로 이어졌다. 지금까지 사민당이 이루어놓은 사회민주주의 체제에서 어디로 나아가야 하는가, 어디로 나아갈 수 있는가 하는 근본적인 질문에 직면해 사민당이 분명한 답을 가지고 있지는 않다. 동유럽식 국가사회주의가 붕괴된 이후, 사회주의의 의미 자체가 불분명해졌기 때문이다. 또한 국내적으로 사민당보다 좌에 놓여있는 스웨덴 좌파당과의 관계도 모호하다. 사민당 당수를 역임했던 잉바르 칼손(Ingvar Carlsson)은 1989년 "사회주의는 자유, 평등, 연대를 기본이념으로 하며, 복지국가가 사회주의의 한 유형"이라고 정의했다. 그리고 그는 오늘날 "생산과 분배의 결정권을 민중의 손에"라는 '고전적인 사회주의' 대신에 '생산물의 분배'만을 강조하는 '기능적 사회주의'를 내세웠다.[91] 기능적 사회주의는 구조에서는 자본주의지만, 사회주의의 기능을 하는 사회경제체제를 의미한다. 다시 말

---

90) Leif Bolmberg, "······ but are the Social Democrats still on the side of the workers?," *Inside Sweden*, No. 2(May 1989), pp. 8~9.

91) Elon Johanson, "The welfare state is one form of socialism", *Inside Sweden*, No. 2(May, 1989), p. 24,

해서 기능적 사회주의란, 강력한 자본주의 경제를 지향하되 여기에서 발생하는 문제를 복지정책을 통해 국가가 해결하는 복지 자본주의를 의미한다. 사민당은 연대를 목표로 하는 복지정책의 기본원리, 그에 상응하는 철저하고 포괄적인 생활보호, 차별의 철폐 등을 지난 80년 동안 제도화하는 데 성공했다.

여기에서 문제가 되는 것은 스웨덴 사회민주주의가 이룩한 성과에 관한 것이 아니다. 오히려 그 성과로 나타난 스웨덴 사민당의 이데올로기 변화이다. 이 점과 관련한 정치학자 스벤 스타인모(Sven Steinmo)의 논의는 함축적이다. 스타인모는 사민당이 집권을 해오면서 사민당의 원래 이념이 변했다고 보고 있다. 그들의 목표는 더 이상 사회민주주의의 목적인 자본주의를 근본적으로 재편하는 것에 있지 않으며, 자본주의 경제를 더 조화롭게 만드는 것으로 바뀌었다는 것이다.[92] 그리고 스웨덴 사민당은 스웨덴 자본주의를 영국 자본주의와 같은 불안정하고 약한 자본주의가 아니라 강력한 자본주의로 만드는 데 성공했다고 평가했다.

이 과정은 두 가지로 요약된다. 하나는 노동의 상품화 과정이고, 다른 하나는 노동의 탈상품화 과정이다. 노동의 상품화 과정은 더 많은 사람들이 노동시장에 들어올 수 있도록 하는 노동시장정책이다. 현재 스웨덴의 남녀 경제활동 참가율은 세계에서 가장 높다. 노동시장 참가를 가능케 하는 여러 가지 복지정책을 통해 여성들의 경제활동 참가는 꾸준히 늘었다. 동시에 실업, 노령, 질병, 출산 등으로 노동시장에 참가하지 못하는 사람들에게 노동시장에 참가했을 때와 차이가 없는 경제적 혜택을 부여하는 복지정책을 실시해 생활안정을 제공했다. 그러므로 스웨덴 사회민주주의는 상

---

92) Sven Steinmo, "Social Democracy vs. Socialism: Goal Adaptation in Social Democratic Sweden", *Politics and Society*, Vol. 16, No. 4(1988), pp. 403~446.

품화와 탈상품화를 동시에 추구한 것이다. 이것은 구체적으로 표현하면 완전고용과 생활안정이 이루어지는 복지 자본주의이다.

스웨덴 사민당은 다른 자본주의 국가들에서 찾아볼 수 없는 포괄적인 복지사회를 이루어냈다. 이것은 부르주아 정당이 집권하더라도 쉽게 후퇴시킬 수 없는 일상화된 제도개혁이었다. 그러나 더 많은 개혁, 즉 사회주의로 나아가는 개혁을 요구하는 사회집단들 앞에서 스웨덴 사민당은 한계를 드러내고 있다.[93] 스웨덴 사민당의 성공은 경제 활성화에 달려 있고, 경제 활성화가 단기적으로 기존의 자본주의 경제체제를 더 효율적으로, 더 생산적으로 만드는 강한 자본주의를 만들기 때문이다. 그리고 사민당의 정책 입안자들은 바로 강한 자본주의를 만드는 정책을 선호하고 있다. 예측할 수 없는 구조적인 개혁은 유권자들을 불안하게 만들 것이기 때문에 사민당은 근본적인 변혁에 관심을 기울이지 않는다.[94] 다른 한편, 이는 사민당의

---

93) 여기서 '사회주의'란 무엇을 의미하는가? 사회주의의 의미는 역사적으로 변해왔다. 고전적인 19세기 사회주의에서부터 21세기 생태사회주의에 이르기까지 그 범위와 내용이 다양하다. 작고한 옥스퍼드대학교의 정치철학자 제럴드 코헨(G. A. Cohen)은 그의 마지막 저서 『사회주의가 어때서?(Why Not Socialism?)』에서 캠핑을 함께 가는 서로 모르는 사람들이 서로 평등한, 또한 커뮤니티 정신을 갖는다는 점에 기초해서, 사회주의는 평등과 커뮤니티 정신인 연대이며 이는 모든 사람들이 바람직하다고 생각하는 가치라는 점을 강조한다. 그리고 이는 실현에 많은 장애물이 있어서 실현 불가능한 것이 아니라, 불필요하게 실현 불가능하다고 생각하는 것이 진정한 장애물이라고 주장했다. 진정한 장애물은 개인들이 가지고 있는 이기심이 아니라 관용을 증진할 수 있는 수단의 부족이라고 보았다(G. A. Cohen, *Why Not Socialism?*(New Jersey: Princeton University Press, 2009)].

94) 스웨덴 사민당의 성과에 대한 비판적인 논의는 사민당의 정책이 스웨덴 사회의 급진적 변혁을 만들어 내는 데 전혀 기여하지 못했다는 점을 지적한다(Ajit Roy, "Swedish Model of 'Socialism'" *Political and Economic Weekly* 26, No. 44(1991), pp. 2611~2612].

성과를 누리고 있는 스웨덴 유권자들의 선택이기도 하다.

오늘날 스웨덴 사회민주주의는 전혀 위기상황이 아니다. 우리가 스웨덴 정치경제체제를 사회민주주의 정치경제로 유형화한다면, 스웨덴 사회민주주의 정치경제는 스웨덴 유권자 모두가 받아들이고 있는 정치경제체제이다. 보수주의 정당이 선거에서 패배했다 해서 자본주의 정치경제가 붕괴되는 것이 아닌 것처럼, 사민당이 1992년 선거에서 패배했다고 해서 스웨덴 사회민주주의 정치경제가 붕괴되는 것도 아니었다. 2006년 보수정당이 집권했지만, 스웨덴 복지체제는 큰 변화를 보이지 않았다. 정당으로서의 스웨덴 사민당이 위기를 겪고 있지만, 스웨덴 사회민주주의 정치경제는 위기가 아닌 상황이 바로 오늘날 스웨덴의 현실이다.

위기의 징후는 정치경제체제 내에서 기인한 것이 아니라 세계화로 이민자들이 스웨덴으로 대거 이주하면서 발생하는 정치적 갈등에서 나타나고 있다. 현재 스웨덴 사민당은 더 이상 19세기적인 노동계급 정당이 아니다. 이것은 이미 1910년대 후반부터 가시화된 스웨덴 사민당과 LO와의 갈등 관계에서 잘 나타나고 있다. 계급정치의 약화를 의미하는 사민당과 LO의 결속 약화는 오랜 사민당 집권 기간에 이루어졌다. 고전적인 노동계급 정당으로서 스웨덴 사민당은 어느 정도 실패했지만, 정권을 둘러싸고 선거에서 경쟁하는 정당조직으로서 사민당은 성공적이었다. 바로 이러한 성공적인 선거 정당으로서의 사민당이 여러 가지 어려움에 처해 있다. 스웨덴 사민당이 직면하고 있는 정체성의 위기가 해결되지 않은 상태에서, 전혀 예상하지 못한 새로운 사회균열과 정치적 갈등이 심화되고 있기 때문이다. 세계화가 만들어낸 새로운 변화에 21세기 스웨덴 사민당은 어떤 비전을 제시할 수 있는가? 그리고 스웨덴 사회민주주의 체제는 어떻게 변모할 것인가? 과거 산업사회에서 등장한 조직과 제도들이 도전을 받고 있다.

그렇지만 자유, 평등, 연대라는 19세기적인 이념은 변하지 않을 것이다. 비록 그것은 스웨덴 사민당만이 추구하는 이념은 아니지만, 역사적으로 지금까지 스웨덴 사민당이 이러한 이념을 실천적으로 또한 정책적으로 가장 잘 구현해왔다는 점에서 관심을 받고 있다고 볼 수 있다. 그러한 이념을 실현할 수 있는 정책과 제도는 무엇인가? 스웨덴 모델의 변화는 정책과 제도가 여러 조건에 의해서 변한다는 점을 보여준다. 마이드너는 스웨덴 모델의 특징을 완전고용과 평등이라고 주장한 바 있지만, 완전고용이 불가능해진 현 시점에서 실업이나 불완전고용이 야기하는 문제를 해소하는 다양한 정책들이 등장하면서, 정책은 변했지만 삶의 안정과 평등은 여전히 유효한 정치 이념으로 남아 있다.[95]

---

95) 1992년 마이드너는 현재 스웨덴 모델은 실패한 것이 아니라, 실행되지 않은 것이라 평가하고, 이는 완전고용과 평등이 모두 포기되었기 때문이라고 주장했다[Betran Silverman, "The rise and fall of the Swedish model: Interview with Rudolf Meidner," *Challenge* 41.1(1998), pp. 69~90].

제2장

노동, 자본과 경제정책

1. 머리말

자본주의란 무엇인가? 시장경제는 자본주의와 같은 것인가? 아니면 사적 소유가 자본주의의 핵심인가? 자본주의를 시장경제와 동일시하는 경우가 많지만, 시장경제가 자본주의의 핵심은 아니다. 역사적으로 시장은 로마, 당나라, 신라에도 있었다. 시장이 존재해서 교역이 이루어지고 물자의 교환이 이루어졌지만, 우리는 그 당시의 경제체제를 자본주의라고 부르지 않는다.

자본주의와 이전의 경제체제를 구분 짓는 핵심적인 요소는 상품시장의 존재가 아니라 노동력이 상품화되어 임금과 교환이 되는 노동시장의 존재이다. 마르크스의 주장처럼 노동시장이 존재하기 위해서는 소수만이 생산수단을 소유하고, 다수는 생산수단을 소유하지 못해서 생계를 유지하기 위해 고용되어야만 한다. 그리하여 생산수단을 소유한 사람들이 다른 사람을 고용해서 경제활동을 하는 자본가가 되고, 이들과 함께 이들에게 고용된 노동자들이 경제활동의 중심이 되는 경제체제를 자본주의라고 부른다. 자본가는 노동시장에서 다른 사람들을 고용해 생산을 하고, 생산물을 상품시장에 판매해 이익을 얻으며, 이익의 일부를 임금의 형태로 피고용자에게 지불한다. 자본가는 상품 판매를 통해서 얻은 이익과 임금을 포함한 생산에 들어가는 비용의 차액인 이윤을 극대화하고자 한다. 이윤을 극대화하는 과정은 상품시장에서 다른 자본가와의 경쟁을 포함하기 때문에, 노동자들에게 적은 임금을 지불해서 상품시장에서의 가격 경쟁력을 확보하고자 한다. 그러므로 자본가계급의 이해와 노동자들의 이해가 구조적으로 대립적이라는 점이 자본주의의 제도적 특징 가운데 하나이다. 자본가들은 다른 사람들의 노동을 이용해 이익을 도모하기 때문에, 자본가가 더 많은 이익을 추구하는 경우 자본가와 노동자들 간 이해의 대립은 더 깊어질 수 있다. 생산의 3대 요소인 자본, 노동, 기술이 모두 동일할 경우, 노동비용을 적게 지불하거나 같은 노동비용으로 더 많이 생산한다면 이익을 더 크게 할 수 있다.

생산요소들의 수요와 공급도, 생산물의 수요와 공급도 시장에서 이루어지지만, 시장은 사적 소유를 전제로 한다.[1] 사적 소유권, 기술과 상품의 특허권, 지식과 정보에 대한 소유권과 같은 법적 제도와 생산에 필요한 노동 인력의 교육을 담당하는 교육제도, 자본 조달을 담당하는 금융기관이나 주식시장과 같은 다양한 제도들이 시장경제를 뒷받침한다. 또한 법 이외에 비공식적인 규칙이나 관습에 의해서 경제주체들 간의 관계가 특정한 방식으로 규정된다.[2] 흔히 '보이지 않는 손'이라고 불리는 자율적인 시장 자본

---

1) 고전적 자유주의자인 루드비히 폰 미제스(Ludwig von Mises)는 시장경제의 핵심적인 제도적 특징으로 사적 소유를 들고 있다[Ludwig von Mises, *Socialism: An Economic and Sociological Analysis*(New Haven: Yale University Press, 1951)].

주의는 어디에도 존재하지 않았다. 흔히 신고전파 경제학에서 가정하는 시장인 현장시장(spot market)은 현실이 아니라 관념적인 수준에서만 존재한다.[3] 즉, 현장시장은 사변적인 철학적 논의와 마찬가지로 하나의 가상적인 존재로 전제되어왔다.[4]

피터 홀과 데이비드 소스키스(Peter A. Hall and David Soskice)는 비교정치경제학적 관점에서 선진 자본주의 경제체제가 다섯 가지 제도적인 차원(노사관계, 직업훈련과 교육, 기업 거버넌스, 기업들 간의 관계와 고용주와 피고용주와

---

2) 대표적으로 막스 베버(Max Weber)의 『자본주의 정신과 청교도 윤리』는 경제체제를 뒷받침하는 비경제적인 요소로서의 종교에 영향을 받은 규칙이나 관습을 분석했다.

3) 고전 경제학에서 가정하는 시장인 현장시장 혹은 현물시장은, 매순간 거래가 이루어지면서 가격이 형성되고 그 가격을 중심으로 현금과 상품의 교환이 즉각적으로 이루어지는 것이 특징이다. 그러므로 그때그때의 수요와 공급에 따라 가격이 결정되고 거래가 이루어진다. 2009년 노벨경제학상 수상자인 올리버 윌리엄슨(Oliver Williamson)은 기업조직은 관계-특수적 거래를 특징으로 하기 때문에 비시장적인(non-market) 속성을 지니고 있다고 보고 그것을 위계(hierarchy)라고 불렀다[Oliver Williamson, *Markets and Hierarchies: Analysis and Anti-trust Implications*(New York: Free Press, 1975)]. 전형적인 현장시장은 인력시장이다. 노동력의 수요와 공급이 당일 새벽에 결정이 되고 다음은 고려의 대상이 되지 않기 때문이다. 그러므로 인력시장은 가장 유연성이 높은 노동시장이라고 볼 수 있다. 반면에 기업은 장기고용과 내부충원이 일반적이기 때문에 시장이 아니라 위계적인 조직을 특징으로 하는 비시장적인 조직이다. 조직 차원에서 대기업은 비시장적인 조직 구조를 특징으로 한다고 볼 수 있다. 조직 내에서 어떤 자리에 충원을 할 경우, 조직 내부에 있는 사람뿐만 아니라 외부에 있는 사람들도 참여한 경쟁을 통해서 그 자리의 충원이 이루어지는 경우에만 시장기재가 작동하는 경우이다.

4) 과학철학적인 관점에서 신고전파 경제학 이론의 과학성을 예측, 설명, 인과적 기제 등과 관련시킨 논의는 Mark Blaug, *The methodology of economics or how economists explain*, 2nd edition(Cambridge: Cambridge University Press, 1992), Part III를 볼 것.

의 관계)에서 볼 때, 서로 다른 두 가지 시장경제체제가 존재한다고 주장했다. 하나는 자유시장경제(the liberal market economy)이고 다른 하나는 조정시장경제(the coordinated market economy)이다.[5] 자유시장경제는 기업의 소유자(경영자와 주주)들의 이익을 극대화하는 방식으로 기업의 경영이 이루어지는 반면, 조정시장경제는 이해 당사자들(경영자, 주주, 노동자, 지역주민, 소비자, 국가 등)의 이해 조정을 거쳐서 기업의 경영이 이루어진다. 자유시장경제에서는 기업 활동에 필요한 요소들의 조정이 시장을 통해서 이루어진다. 반면, 조정시장경제에서는 기업 활동에 필요한 요소들의 조정이 이해 당사자들의 조직 간 교섭과 조정을 통해서 이루어진다. 이러한 차이는 경제적인 요인뿐 아니라 오랜 기간 역사적으로 누적된 경제주체들의 경험과 그에 기초한 문화에 기반을 두고 있다. 그래서 이러한 두 시장경제 간의 차이는 쉽게 사라지지 않기 때문에, 홀과 소스키스는 자유시장경제를 대표하는 영국이나 미국의 경제체제와 조정시장경제를 대표하는 독일이나 북유럽의 경제체제가 하나로 수렴하지 않는다고 보았다.[6]

홀과 소스키스가 스웨덴 경제체제를 조정시장경제라 구분했지만, 조정시장경제 중에서도 스웨덴의 경제는 독일이나 일본과는 대단히 큰 차이를 보이고 있다. 덴마크 출신 사회학자 에스핑-앤더슨이 주장한 것처럼, 분배와 복지 차원에서 북유럽 국가들과 유럽 대륙 국가들은 매우 다른 제도적 특징을 보여주고 있다.[7] 이것은 경제주체들 간의 이해의 차이뿐 아니라

---

5) Peter A. Hall and David Soskice, *Varieties of Capitalism: The Institutional Foundations of Comparative Advantage*(Oxford: Oxford University Press, 2001).

6) 같은 책, 63~66쪽.

7) 에스핑-앤더슨은 북유럽 복지국가를 사회민주주의 복지국가(the social democratic welfare state)로 분류하고, 유럽 대륙 국가들의 복지국가를 조합주의 복지국가(the corporatist welfare state)로 분류했다(Gøsta Esping-Andersen, *The Three Worlds*

국가의 역할과 정책의 차이에 기인한다. 조정시장경제 내에서도 집권 정당이나 계급역학에 따라서 재정정책, 산업정책, 노동시장정책, 조세정책과 복지정책 등에서 큰 차이를 보이며, 국가의 경제 개입 방식이나 정도에서도 큰 차이를 보이고 있다.

2. 역사적 실제로서의 스웨덴 사회민주주의 경제체제

1930년대 세계 대공황을 계기로 등장한 시장실패의 치유책인 케인스 식 경제정책은 자유방임 경제의 종언을 알렸다. 이는 정부가 경제 전반의 기능에 대한 통제를 확대하는 것을 의미했고, 또한 정부가 경제의 성공적인 운영에 책임을 진다는 것을 뜻했다. 구체적으로 대부분의 자본주의 사회에서 정부가 경제의 흐름에 개입해, 시장 메커니즘이 스스로 해결할 수 없었던 실업의 문제와 인플레 문제를 화폐정책이나 금융정책을 통해서 간접적으로 해결하는 방식을 취했다. 케인스 식 경제개입 원리는 상품의 가격, 생산물의 총량, 생산에 사용되는 기술 등이 시장 메커니즘에 의해 결정되지만, 그것이 불완전하기 때문에 국가의 화폐정책과 금융정책을 통해 유효수요의 총량을 통제하는 간접통제 방식으로 시장에 개입하는 것이다.

1930년대 사회주의 계획경제는 자본주의하에서 변화된 정부의 경제적 역할과는 대조적으로 정부의 경제개입이 극단적인 형태로 이루어져서, 정부가 상품의 가격, 생산물의 총량, 기술 등을 중앙계획을 통해서 관리했다. 그리하여 자본주의 경제체제에서 이루어지는 시장의 기능이 사회주의 국

---

of Welfare Capitalism(New Jersey: Princeton University Press, 1990)].

가계획에 의해 대체되었다. 이론적으로 중앙계획을 통해서 노동력의 투입 여부, 생산량과 생산의 시기와 소득이 결정되기 때문에 자본주의 경제에서 처럼 주기적인 인플레와 실업은 발생하지 않는다. 호경기와 불경기를 반복하는 경기 변동을 제거했기 때문에, 자본주의 체제의 문제인 대량실업과 빈곤을 해결할 수 있다고 보았다.[8]

이러한 케인스 식 자본주의 경제체제와 사회주의 계획경제체제의 중간 형태의 경제체제가 스웨덴식 경제체제이다. 이러한 점에서 스웨덴식 경제체제의 모형은 흔히 '중간적인 방식(the middle way)' 혹은'제3의 길'로 불렸다.[9] 스웨덴식 경제체제는 국가의 경제개입이 매우 강하고, 개입의 형태도 화폐정책이나 금융정책을 통한 간접적인 시장개입이 아니라 노동시장 정책과 조세정책을 통한 직접적인 개입으로 특징지어진다. 거대한 정부가 곧 민주주의의 쇠퇴라고 본 밀턴 프리드먼(Milton Friedman)과 같은 자유주의 경제 학자들의 주장과는 달리, 거대한 정부가 존재함에도 스웨덴은 가장 완벽한 참여민주주의를 실시하고 있다. 그리고 프리드먼은 국가의 시장 개입에 따른 비효율적인 경제로 디스토피아가 나타날 것을 예상했지만, 스웨덴은 가장 경쟁력 있는 시장경제체제를 구축해 정치적 차원뿐만 아니라 경제적 차원에서 최고의 복지국가를 건설했다.

스웨덴에 대한 관심은 20세기 초부터 자본주의 경제체제의 대안적인 경제체제로서 계획경제를 실시했던 소련과 동유럽의 개혁 요구와 위기에서

---

8) J. L. Porket, "Full employment in Soviet Theory and Practice," *Communist Economies*, 1, Vol. 2(1989), pp. 197~211.

9) Marquis Childs, *Sweden: The Middle Way* (New Haven: Yale University Press, 1961) 와 같은 저자의 *Sweden: The Middle Way on Trail*(New Haven: Yale University Press, 1980) 참조.

촉발되었다. 소련과 같이 위에서부터 시작되었든, 아니면 동구와 같이 아래에서부터 시작되었든 간에, 사회체제 내부에서 발생한 개혁 요구는 새로운 대안적인 정치경제 모델을 추구하는 서구나 제3세계의 변혁운동에 여러 가지 새로운 문제를 제기했다. 이러한 세기적인 실험의 장기적인 결과는 시간이 지남에 따라 그 윤곽이 드러나겠지만, 이러한 변화가 추구하고 있는 단기적인 사회변혁의 내용이 기존의 사고의 틀을 깨는 형식으로 나타났다. 그 대표적인 예가 스웨덴의 이웃 국가들인 소련과 동구에서 공식적으로 제시된 스웨덴식 사회민주주의에 대한 긍정적인 평가와 스웨덴 사회민주주의 모델에 대한 폭발적 관심이다. 1988년 고르바초프의 경제고문관인 레오니드 아발킨(Leonid I. Abalkin)은 스웨덴 모델이 매우 매력적이라고 평가했으며, 동구권 붕괴 직전 폴란드는 공식적으로 일단의 관리들을 스웨덴에 파견해서 체제를 연구하도록 했다.[10] 니카라과의 전 대통령 다니엘 오르테가(Daniel Ortega)도 스웨덴에 매우 많은 관심을 가졌던 것으로 알려졌고, 중국의 원자바오(溫家寶) 총리는 스웨덴을 방문해서 스웨덴이 중국의 모델이라고 선언했다.[11]

이미 1970년대 말부터 소련식 정치 경제체제에 비관적인 전망을 가졌던

---

10) 스웨덴은 소련과 발트해를 마주한 이웃나라였다. 아발킨은 1987년과 1988년 스웨덴을 방문해서 스웨덴 모델을 연구했다[Anders Aslund, "The Making Economic Policy in 1989 and 1990" in Ed A. Hewett and Victor H. Winston(eds.), *Glasnost and Perestroyka: The Economy*(Washington: The Brookings Institution, 1991). p. 343].

11) 중남미 니카라과 산디니스타 혁명을 이끈 다니엘 오르테가는 인터뷰에서 쿠바가 아니라 스웨덴이 니카라과의 모델이라고 말했다[Harry E. Vanden and Garry Prevost, Democracy and Socialism in Sandinista Nicaragua(Lynne Reiner Publisher, 1993), p. 100. "Sweden offers examples of social welfare," China Daily(2012.4.27)].

서구의 학자들은 그때부터 스웨덴 모델에 대한 관심을 보여 왔다. 이는 스웨덴 모델을 개량주의로 비판했던 과거의 부정적 시각에서 벗어나, 독자적인 모델로써 의회를 통한 사회주의로의 이행에 성공한 케이스라고 평가하는 긍정적인 시각으로 바뀌었음을 보여준다.[12] 우리는 스웨덴 모델에 관한 평가가 이데올로기적인 차이에 의해서 매우 달리 나타났음을 잘 알고 있다. 혁명을 추구하는 급진 좌파의 입장에서 보면, 스웨덴 모델은 사회민주주의의 틀을 벗어나지 못했기 때문에 개량주의의 한 형태일 뿐이다.[13] 반면 우파의 입장에서 볼 때, 스웨덴은 기업가의 사유재산권이 대단히 제한되어 있기 때문에 사회주의 국가로 인식된다. 다시 말해서, 일부 사회주의자들은 스웨덴 사회민주주의를 단기적으로 자본가계급의 지배를 타파하지 않았다는 점에서 개량주의로 보았다. 반면에, 보수주의자들은 자본가계급의 지배가 노동자들을 대변하는 사회민주당의 장기집권에 의해서 정치적으로 제약되고 통제되었다는 점에서 스웨덴 사회민주주의를 사회주의로 보았던 것이다.

여기에서는 이러한 평가를 일단 접어두고, 스웨덴 모델을 구성하는 주요 경제정책들의 세부적인 내용과 성립과정을 살펴보고자 한다. 특정한 사회구성체의 성격과 그 진화 과정의 이해는 추상적인 수준에서 이루어지는 규범적 평가에 의해서 가능한 것이 아니며, 경제적 문제가 경제정책을 통

---

12) 대표적으로 미국의 진보적 정치학자 존 스티븐스(John D. Stephens)는 스웨덴의 사회구성체를 자본주의로부터 사회주의로의 이행과정에 있는 것으로 간주하고 있다. [John D. Stephens, *The Transition from Capitalism to Socialism*(Macmillan Press, 1979) 참조].

13) 1970년대 중반까지 스웨덴 좌파의 이론적 입장은 스웨덴의 경제체제가 기본적으로 개량화된 자본주의라는 것이었다. [Göran Therborn, "The Swedish Lift," *New Left Review*(1975), pp. 50~59 참조].

해서 해결되는 과정에 매개되는 노동조합, 기업과 정당 간의 역학관계, 역사적으로 누적된 정책 경험을 살펴봄으로써만 가능하다.

사회민주당의 경제정책이 초기부터 분명한 정책대안으로 나타난 것은 아니었다. 그 대신 일련의 당면한 경제문제를 해결하는(problem-solving) 과정에서 역사적인 학습(historical learning)과 이념의 현실화를 추구하는 실용적 개혁주의(pragmatic reformism)를 통해 나타났다. 이러한 맥락에서 구체적인 경제정책들은, 사민당과 노조를 중심으로 현실적으로 존재했던 정치경제적인 구조적 제약하에서 — 국제 경제 의존성, 노동시장 구조 등 — 사회주의적인 이념을 추구하려는 전략적인 선택의 결과로 나타났던 것이다. 전후 사민당의 경제정책은 사민당-노조의 헤게모니를 한 축으로 하고 스웨덴 노총(LO)-스웨덴 경총(SAF)을 중심으로 하는 안정된 노사관계를 다른 한 축으로 해서 성공적인 거시경제적 결과들을 보여주었다. 그러나 1980년대 초부터 나타나는 새로운 변화 — 국제경제의 악화, 계급구조의 변화로 나타난 LO의 상대적인 영향력의 감퇴, 사민당의 일시적 선거 패배 등 — 속에서 사민당의 경제정책은 한편으로는 노조의 입장을 강화하는 임노동자기금(Wage Earner's Fund)을 제도화시키고 다른 한편으로는 경제안정화를 위한 팽창적 재정지출을 중단해서 1970년대까지 실시되었던 경제정책에 큰 변화를 보였다.

3. 자본주의 경제의 위기와 사회민주당의 등장: 대공황과 실업문제

스웨덴은 서구 유럽에서 가장 늦게 산업자본주의의 길을 걸었다. 1870년부터 근대적인 산업이 발전하기 시작했으며 20세기 초까지만 해도 스웨덴 인구의 75% 정도가 농업, 임업, 어업에 종사하는, 유럽에서 가장 빈곤한

국가 가운데 하나였다. 이러한 빈곤을 탈피하고자 인구 대이동이 이민의 형식으로 나타났다. 전체 인구의 25% 정도인 100만 명이 1870~1910년 사이에 경제적인 풍요를 찾아 미국으로 떠난 것이다.[14]

20세기 초에 본격화된 산업자본주의는 금융 자본가들을 중심으로 이루어졌다. 오랫동안 지속된 절대군주제하에서 봉건적인 농노나 장인들이 상대적으로 적었으므로 산업자본가가 성장하기 못했기 때문이었다. 금융자본을 중심으로 한 기업들은, 이미 발전된 산업자본주의 국가들과의 경쟁을 피해 스웨덴에 특수한 철광, 목재를 수출하는 수출지향적인 기업의 발전을 꾀했다. 19세기 말부터 독일과 미국에서는 독점자본이 성숙되었던 것과는 달리, 20세기 초까지 스웨덴에서는 경쟁적인 중소자본이 지배적인 형태였다. 그 이유는 비경쟁적인 시장조건 때문에 경쟁을 피하기 위한 규모의 경제(economy of scale)가 불가피했기 때문이었다.

제1차 세계대전과 제2차 세계대전 사이에 스웨덴의 산업이 급속하게 발전하고 독일, 영국 등과의 공업 생산품 시장을 둘러싼 경쟁이 심화됨에 따라 금융자본에 의존하고 있던 기업의 집중이 시작되었다. 산업자본은 독자적인 자본 동원력을 강화해 기업 집중이 지배적인 형식으로 나타났다. 철광, 목재 등의 원자재 수출에서 가공수출로 산업 구조가 바뀜에 따라, 이들 기업은 이미 가공 수출을 하고 있었던 유럽의 여러 나라와 경쟁 관계로 들어섰고, 이러한 경쟁이 스웨덴 내 자본 집중화를 가속화했던 것이다. 제1차 세계대전이 발발해 유럽의 주요 국가들에서 생산이 중단되면서, 스웨덴의 경제는 유럽 대륙 시장의 공백을 메우고 급속한 발전을 지속할 수가 있었다. 〈표 2.1〉이 보여주는 것처럼, 1920년부터 1930년까지 스웨덴 경제

---

14) Hugh Heclo and Henrik Madsen, *Policy and Politics in Sweden*(Temple University Press, 1987), p. 47.

<표 2.1> 경제성장에서 수출의 역할

기간(연도)	경상가격(%)
1871~1890	27
1890~1913	20
1921~1930	113
1930~1939	9
1946~1966	20
1966~1971	27

자료: L. Ohlsson, *Utrikeshandeln och den eknomiska tillvaxten 1971~1966* (Stockholm, 1969), p. 51. Asar Lindbeck, *Swedish Economic Policy* (Berkeley: University of California Press, 1974), p. 4에서 재인용.

성장에서 수출이 차지하는 비율은 그전 시기인 1890~1913년보다 무려 5.7배가량 증가했다.

대공황이 도래하기 전까지 스웨덴의 경제정책은 고전적인 자유주의 방식이었다. 투자, 생산, 분배, 금융, 무역에서 사기업 활동에 일체의 제약이 가해지지 않았고, 1864년에 기업활동과 무역의 자유에 관한 법이 제정된 이래 산업과 기업 활동을 규제하는 새로운 입법은 없었다. 세계시장에 기술 제품을 생산하는 수출산업가와 식품가격과 일상 생활용품의 가격에 관심이 있었던 노동자들, 유럽 대륙과의 분업에서 특화된 농업작물을 재배, 판매하고자 했던 농민들 간의 자유무역(free trade) 연합 사회세력이 토지귀족과 중소 산업자본가, 왕당파들을 중심으로 하는 보호주의(profectfonist) 연합세력에 비해서 상대적으로 강했기 때문에 자유주의 경제정책이 일찍부터 실시되었다. 피터 구레비치(Peter Gourevitch)가 지적하듯, 외국과의 분쟁이 거의 없었던 스웨덴에서는 군대가 독일과 같이 발달되지 못했기 때문에 귀족과 관료의 힘이 독일에 비해서 매우 취약했다. 또한 작은 인구 규모로, 제한된 구매력을 지닌 국내시장을 통한 경제발전을 추구할 수 없기 때문에 국제시장에서 비교우위를 확보하기 위해 생산품 특화 전략을 취해야 한다는 자유무역주의자들의 견해가 받아들여졌다.[15]

전적으로 시장원리에 기반을 둔 자유주의 경제는 고속의 경제성장을 이루었지만, 그 후유증으로 주기적인 인플레와 대량실업이 나타났다. 1910년대까지 대량의 유출 이민(out-migration)으로 해결되었던 실업의 문제는 점차 스웨덴의 정치문제가 되었다. 〈표 2.1〉에서 보듯이 1920년에서 1930년까지 자유무역 정책에 힘입어 수출이 크게 신장되었으나, 연평균 16.6%의 높은 실업률이 지속되었고 농촌경제가 극단적으로 악화됨에 따라 노동자들과 농민들의 불만이 점증했다. 주기적인 경제침체와 기업 활동의 무제한적인 자유를 보장하는 경제체제하에서 만성적인 경제 불안정과 실업의 위협이 노동자들의 불만을 증대하게 했고, 이는 노동조합 조직이 강화되는 직접적인 원인이 되었다. 특히 제1차 세계대전 후인 1920년과 1921년에는 실업률이 27%에 달해 심각한 경제위기가 발생했으며, 노동자들이 파업과 농성으로 대응하면서 1920년과 1924년 사이에 매우 극심한 노사분규가 발생했다.[16]

1920년대 가장 큰 타격을 입은 기업은 수출기업들로, 수출기업들은 경쟁력을 높이기 위해 자동화, 과학적 관리인 테일러리즘(Taylorism), 생산물의 표준화와 특화를 적극적으로 시도했다.[17] 특히 스웨덴 철강산업은 생산물 특화를 통해 국제시장에서의 틈새를 확보할 수 있었고, 엔지니어링

---

15) Peter Gourevitch, *Politics in Hard Times: Comparative Responses to International Crises*(Itacha: Cornell University Press, 1986), p. 113.

16) Walter Korpi, *The Working Class in Welfare Capitalism: Work, Union and Politics in Sweden*(London: RKP, 1979), p. 95 참조.

17) Lars Magnusson, *An Economic History of Sweden*(London: Routledge, 2000), pp. 165~166.

기업들이 급성장할 수 있는 기회가 되었다. 그러나 농업 부문은 불리한 상황을 극복하지 못해 심각한 위기를 맞았다.

1920년대 초 경제적 위기와 노동자들의 파업 열풍은 사민당의 지도자들로 하여금 1917년 러시아에서 발생했던 사회주의혁명이 스웨덴에서도 가능할 것이라는 믿음을 갖게 만들었다. 그리하여 사민당 이론가였던 비그포르스는 재산의 사회화 정책을 초안하고 그것을 선거공약으로 내세웠으며, 또한 노동자들에게 직장평의회(work council)와 산업 민주주의에 관한 법 제정을 약속했다.[18] 그러나 비그포르스가 제시한 급진적인 정책은 대량실업 문제의 해결이라는 현실적인 요구를 외면한 비현실적이고 실현 불가능한 유토피아로 받아들여져 노조의 지지를 획득하는 데는 실패했다. 오히려 보수당들이 볼셰비키혁명의 위험성과 재산의 사회화에 대한 위협을 역선전해서 사민당은 1928년 선거에서 가장 큰 패배를 경험했다.[19] 사민당의 궁극적인 관심은 노동자들의 이해만을 고집하는 것이라고 인식해 농민들의 지지가 보수당으로 기울어짐에 따라 사민당이 참패한 것이다.[20]

1929년 10월 24일, '검은 목요일'에 뉴욕 주식시장의 붕괴로 시작된 최악의 경제공황은 미국, 영국, 독일, 프랑스, 벨기에, 일본, 스웨덴 등 발전된

---

18) Gøsta Esping-Andersen, *Politics against Market*(New Jersey: Princeton University Press, 1985), p. 85.
19) 사민당은 1924년 총선에서 41.1%의 지지율을 얻었지만, 1928년 총선에서는 37.0%의 지지를 받으며 4.1%의 지지율 하락을 경험했다. 1932년 총선에서 사민당은 41.7%의 지지를 얻었고, 1936년 45.9%로 지지율 상승을 경험했다. 1940년 총선에서는 53.8%로 사민당 역사상 가장 높은 지지율을 기록했다.
20) Sven Anders Soderpalm, "The Crisis Agreement and the Social Democratic Road to Power," *Sweden's Development from Poverty to Affluence, 1750~1970*(Minneapolis: University of Minnesota Press, 1975), pp. 263~264.

자본주의 국가들과 아르헨티나, 칠레, 브라질 등 남미의 여러 나라를 경제
위기로 몰아넣었다.[21] 국제시장의 의존도가 높은 스웨덴 경제는 또다시
실업률이 25% 정도로 급상승했고, 생산마비에 따른 경제위기에 봉착했다.
그 결과 자유주의적인 경제체제하에서는 주기적으로 반복되는 경제위기와
대량실업의 문제가 해결될 수 없다는 인식이 팽배하게 되었다.

　대공황의 원인에 대한 진단은 두 가지로 나타났다. 하나는 노동조합의
높은 임금 요구가 대량실업을 야기했다는 부르주아 정당의 진단이다. 지나
치게 높은 임금이 기업으로 하여금 작업에 가용한 모든 노동자를 고용하지
못하게 했기 때문에 대규모의 실업자가 발생했다고 본 것이다. 다른 하나
는 사회민주당의 비그포르스가 제시한 저소비(underconsumption theory)이
다. 비그포르스는 저임금과 고용확대 간의 경험적인 관계를 발견할 수 없
다고 주장하고, 오히려 임금을 높여 노동자들의 상품구매력을 증대해 생산
을 활성화함으로써 실업을 줄일 수 있다고 주장했다. 이것은 후에 사민당
이 집권했을 때 국가의 경제 개입을 통한 완전고용 정책으로 나타났다. 비
그포르스의 이론에 입각한 사회민주당의 경제정책은 초기에 제시했던 기
업의 사회화 대신에 국가가 개입함으로써 완전고용을 달성해 자본주의의
병폐를 개혁한다는 점진적인 자본주의 개혁이었다. 사적 부분(private
sector)에 의해서 경제문제가 해결될 수 없을 때, 국가의 개입은 필요하고
효과적이라고 보았던 것이다.

---

21) Charles P. Kindleberger, *The World in Depression* (Berkerly: California University
　　Press, 1973); Ronald Dore and Radha Sinha(ed.), *Japan and World Depression:
　　Then and Now*(New York: St. Martin Press, 1987); Rosemary Thorp(ed.), *Latin
　　America in the 1930s: The Role of the Periphery in the World Crisis*(London: St.
　　Martin Press, 1984) 참조.

대공황의 와중에 사회민주당은 1928년 선거를 비판적으로 분석해서 1932년 선거에서는 급진적인 개혁 대신 '실용적 개혁주의'를 내세워 41.7%의 지지를 얻어 최초로 다수당이 되었다.[22] 선거에서 승리한 사민당은 농민당과의 타협을 통해 연정을 구성하는 데 성공했다.[23] 사민당과 농민당은 전통적인 경제정책으로 경제위기를 해결할 수 없다는 데 인식을 같이 했다. 또한 사민당과 노동조합이 이전의 반농민적 태도에 대해 자아비판을 했고 동시에 농민당이 전통적으로 연대했던 보수당과의 결별을 선언함에 따라 사민당과 농민당 간의 연합이 이루어졌다. 이른바 '황소교역(cow trade)'이라고 불리는 사민당과 농민당 간의 협정은 농업위기와 실업을 동일한 국제적인 경제위기에 따른 것으로 파악하고 노동자와 농민의 구매력을 향상시킴으로써 두 가지 문제를 동시에 해결할 수 있다고 보았다. 구체적으로 사민당은 소농에 대한 재정대출을 통해 농업위기를 해결하고자 하는 농민당의 농촌정책을 받아들이고 농민당은 사민당의 실업해결정책을 인정한 것이다.[24] 전통적으로 친보수적·반민주적 성향을 보였던 농민당의 정책변화와 농민문제를 인정하고 농업노동자를 노조조직의 대상으로 인정한 사민당 간의 연합은 스웨덴에서 최초로 '민중연합(popular alliance)'을 이

---

22) Esping-Andersen, *Politics against Market*, pp.86~87 참조.

23) 사민당이 41.7%의 지지를 얻었지만, 또 다른 좌파 정당인 좌파당(Vänsterpartiet)이 3.0%를 얻는 데 그쳐 좌파 연정이 이루어지지 못했고, 14.1%를 얻은 농민당과의 연정을 통해서 의회 과반수 의석을 확보하는 데 성공했다. 농민당은 1932년부터 1957년까지 25년간 사민당에 우호적이었다. 그러나 1957년 농민당은 중도 우파 정당과의 연정을 택했고, 그 이후 계속해서 사민당에 적대적인 노선을 유지했다.

24) Leif Levin, "The Debate on Economic Planning in Sweden," *Sweden's Development from Poverty to Affluence, 1750~1970*(Minneapolis: University of Minnesota Press, 1975), pp. 282~302 참조.

룩한 셈이다.

수출을 위주로 하는 독점대기업은 낮은 임금을 관철하고자 했고, '자본파업'을 통해 사민당-농민당 연정을 약화하고자 했다. 그러나 1936년 선거에서 다시 사민당이 45.9%의 높은 지지율로 승리함에 따라 보수당은 약화되고 자본가들의 저항은 무력화되었다.[25] 또한 독일, 영국, 미국 등의 경제가 회복되어 국제경기가 나아짐에 따라, 스웨덴 내에서도 자본과 노동 간의 첨예한 대립은 점차 줄어들어 자본가들도 사민당의 경제정책을 받아들이게 되었다. 1938년 SAF과 LO 간에 맺어진 살트세바덴 협약은 자본가들이 사회민주당의 경제정책을 받아들이는 형태로 나타났다. 이 협정은 자본가들이 민주적인 절차와 사민당의 개혁을 받아들이는 조건으로 노조는 자본가들의 사유재산권을 인정한다는 것을 내용으로 하고 있다.

4. 사회민주당의 경제 정책: 완전고용과 인플레의 극복

대공황을 통해 집권에 성공한 사민당 경제정책의 합일점은 완전고용의 성취였다. 조세, 공공정책, 임금정책을 통해 경기순환을 막는 반경기순환적(anti-cyclical) 경제정책과 실업을 예방하는 완전고용정책을 주된 내용으로 하고 있다. 이는 지속적으로 강화되는 스웨덴 노동총연맹과 사민당 간의 협조를 통해 정책효과를 보장할 수 있었다.

1930년대 경기회복은 사민당 경제정책의 효과라기보다는 국제경제의

---

25) 보수당의 지지율은 계속 하락해서 가장 큰 보수당인 '스웨덴 보수당(Moderata samlingspartiet)'은 17.6%의 지지를 얻는 데 그쳤다. 보수당은 1928년 29.4%, 1932년 23.5%에 이어서 지속적인 지지율 하락을 경험했다.

회복에 따른 것이었다.26) 이미 이루어졌던 스웨덴 화폐의 평가절하와 이자율 인하 덕분에 국제경제의 회복은 스웨덴 경제회복으로 빠르게 전환되었다. 그리하여 사민당 집권 초기 24%에 이르렀던 실업률이 1938년에는 약 10% 정도로 감소되어 경제가 점차 안정되었다.

사민당은 소련이 취한 생산수단의 국유화를 포기하고, 대신 생산의 효율성을 증진하는 데 정책의 초점을 맞추었다. 사적소유를 부정하는 것이 아니라 거시경제 정책을 통해서 주기적인 경제침체와 실업이 해결될 수 있다는 입장을 취했다. 사민당 이론가인 군나르 미르달(Gunnar Myrdal)은 존 메이너드 케인스(John Maynard Keynes)가 제시한 유효수요이론 이전에 이미 유효수요를 조절해서 경기순환을 막을 수 있다는 이론을 제시했다. 1937년 사민당 정부는 경기순환을 연구하는 부서인 '경제연구소(Konjunk turinstitutet)'를 설립했다.27)

사민당 경제정책의 특징은 제2차 세계대전 이후의 경제정책에서 찾을 수 있다. 제2차 세계대전이 끝나면서 다른 나라들과 마찬가지로 스웨덴에 다시 경제공황이 올 것이라는 불안이 팽배했다. 독일의 해안 봉쇄로 시행되었던 통제경제가 해제되면서 노동자들은 전쟁 기간 동결되었던 임금의 인상을 요구했고 실업재발을 막기 위한 완전고용정책은 수립되지 않았다.

전후 경제정책과 관련해 두 가지 유사한 내용의 중요한 보고서를 꼽을 수 있다. 하나는 노벨 경제학상 수상자인 미르달이 의장인 '전후경제계획

---

26) Gourevitch, *Politics in Hard Times: Comparative Responses to International Crises*, p.134.

27) Jan Bolin, "Swedish industrial policy: from general policies to crisis management, 1950~1980," in Chritian Grabas and Alexander Nützenadel(eds.), *Industrial Policy in Europe after 1945: Wealth, Power and Economic Develpment in the Cold War*(New York: Palgrave Macmillan, 2014), p. 114.

위원회'에서 제출한 보고서이며 다른 하나는 노총과 사민당이 공동으로 제시한 「노동운동기 전후 프로그램」이다. 두 보고서는 공통적으로 전후 경기침체를 방지하기 위해 총수요를 확대하는 것을 기본 목표로 삼았다. 구체적으로 통제경제하에서 실시되었던 소비재 배급, 수입통제, 건축 제한을 폐지하는 대신, 공공부문의 확대에 의한 정부의 경제개입 강화를 주장했다. 「노동운동의 전후 프로그램」은 정부가 투자활동을 계획하고 집행하며 해외무역도 통제해야 한다고 주장했다. 두 보고서의 내용은 정부의 개입을 더 강화하는 것으로 특징지어졌다. 국유화 문제는 석유분배와 보험에 한정되어 논의되었지만, 정부의 경제 개입을 통한 새로운 경제조직의 도입과 사회주의적인 방향으로의 사회 재조직을 목표로 했다. 결국 두 보고서의 건의에 따라, 식량배급과 수입통제가 폐지되고 건축 제한은 약화되었으며 가격과 자본이동에 대한 통제는 잔존했다. 가격과 자본이동에 대한 통제를 통해서 물가안정과 완전고용이라는 두 가지 정책목표를 달성하고자 한 것이다.

이러한 사민당 정책에 대한 비판은 두 가지 입장에서 제기되었다.[28] 베르틸 올린(Bertil Ohlin)[29]과 같은 자유주의 경제학자들은 사민당의 '억압된 인플레' 정책이 경제안정화의 대가로 비효율적인 경제를 야기하고 자원의 배분에 나쁜 효과를 미친다고 주장했다. 한편 렌과 마이드너와 같은 노조 경제학자들은 노동비용의 안정화를 통해서만 달성되는 '억압된 인플레' 정

---

28) Assar Lmdbeck, *Swedish Economic Policy*(Berkery: University of California Press, 1974), pp. 31~33.

29) 올린은 스톡홀름 경제대학교 교수로 재직했고, 정치에 참여해서 인민당 당수를 지냈다. 그는 국제무역모델인 'Heckscher-Ohlin' 모델을 제시한 공으로 1977년 노벨경제학상을 수상했다.

책은 실패할 것이라고 지적했다. 상품수요가 커서 초과이윤이 존재하고 노동의 초과수요가 존재하는 상황하에서, 노조는 조합원들의 임금인상 요구를 막을 수 없고 또한 노동의 초과 수요에 대한 반응으로 단체교섭을 통해서 결정된 임금을 초과하는 임금유동(wage drift)이 생겨 기존의 정책으로는 임금 안정화가 이루어질 수 없다고 보았다.

사민당은 노동력의 초과수요가 있는 노동시장하에서도 임금상승은 결국 인플레를 유발하게 될 것이므로 노조가 스스로 임금인상 교섭을 자제할 것을 요구했다. 정부의 요구에 의해서 1949~1950년의 2년간 임금동결이 실시되었지만, 이에 대한 불만은 한국전쟁으로 나타난 국제적인 경제 호황하에서 1951년과 1952년의 폭발적인 임금상승으로 이어졌다. 이러한 조건에서 노동조합의 지도자들은 노동자들의 희생을 바탕으로 하는 임금동결은 결코 장기적인 노동운동의 발전에 도움이 되지 않는다고 판단하고, 임금인상의 억제가 인플레를 해결하는 유일한 해결책은 아니라고 주장하며 사민당의 요구를 거부했다.

사민당이 해결하려고 했던 인플레 억제와 완전고용의 문제는 결국 자본주의 경제체제하에서 화폐 임금인상률과 실업률이 반비례관계에 있다는 필립스커브(phillips curve) 현상을 제거하는 것이었다. 기존의 경제정책을 통해서는 사민당이 추구하는 목적을 효과적으로 달성할 수 없는 상황이었기 때문에, 사민당의 딜레마를 해결해 줄 수 있는 대안적인 경제정책이 스웨덴 노동총연맹에 의해서 제시되었다. 1951년 스웨덴 노동총연맹 회의에서 노조지도자와 경제학자들이 제출한 보고서인 「노동조합과 완전고용(Fackföreningsrörelsen och den fulla sysselsättningen)」[30]에 담긴 정책대안이

---

[30] 1951년 LO 전국대회에서 보고된 연구 보고서 「노동운동과 완전고용」은 1940년대 말 보고서 작성에 참여한 노조 경제학자 두 사람의 이름을 딴 '렌-마이드너 모델' 혹은

그것이었다. 보고서 작성자의 이름을 따서 렌-마이드너 모델(Rehn-Meidner model)이라고 불리는 이 정책대안은, 재정정책과 화폐정책을 통해 인플레 압력을 방지하기 위해서 초과수요의 발생을 피하고, 시장을 통해서 완전고용이 이루어지지 않을 때 정부가 선택적으로 고용을 촉진하는 적극적 노동시장정책(active labor market policy)의 실시를 주된 내용으로 하고 있다. 이 점에서 렌-마이드너 모델은 확장적 재정정책을 중심으로 하는 케인스주의와 큰 차이를 보였다. 케인스 모델이 경기불황을 벗어나기 위한 국가의 개입을 주로 논의하고 있지만, 렌-마이드너 모델은 호경기 인플레를 피하기 위해 국가와 노동조합이 임금을 적절하게 통제해야 한다는 것을 주된 정책내용으로 하고 있다.[31] 그리고 이 모델은 경제성장을 가속화하고 균등한

연구 책임자의 이름을 딴 '렌 모델'로 불렸다. 렌-마이드너 모델의 배경에 관해서는 다음을 참조. Lennart Erixson(ed.), The Swedish model's economic policies. Rehn-Meidner model's background, scope and relevance in the 21st century. Atlas academy, 2003.

[31] 렌-마이드너 모델에 대한 구체적인 설명은 렌나르트 에릭손(Lennart Erixon)에 의해서 잘 제시되었다. 그는 렌-마이드너 모델이 케인스 모델과 여러 가지로 다르다는 점을 강조한다. 케인스 모델은 경제 불황을 탈피하기 위한 정책이 주를 이루고 있지만, 렌-마이드너 모델은 과열된 경기를 막기 위한 정책을 담고 있다. 렌과 마이드너는 케인스 모델이 완전고용에 위협이 된다고 비판했다[Lennart Erixon, "A Swedish Economic Policy: The Theory, Application and Validity of the Rehn-Meidner Model," in E. Wadensjö and H. Milner(ed.), *Gösta Rehn and the Swedish Model at Home and Abroad*(Ashgate Ltd, 2001)]. 그리고 경제학사적 차원에서 렌-마이드너 모델에 제시된 이론과 기존 경제학 이론들과의 관계에 대해서는 다음을 참조할 것. Lennart Erixon, "A social innovation or a production of its time? The Rehn-Meidner model's relation to contemporaty economics and the Stockholm school," *The European Journal of the History of Economic Thought*, 18, Vol. 1(2008), pp. 85~125.

소득분배를 촉진하는 효과를 부차적인 내용으로 하고 있다.

구체적으로 렌과 마이드너의 제안은 세 가지이다. 재정정책, 임금정책, 노동시장정책이 그것이다.[32] 첫째로 제약적인(restrictive) 재정정책이 선택적인 노동시장정책과 결합되어야 한다고 보았다. 호황하에서 인플레 상태를 막기 위해 재화와 용역의 수요를 축소시키기 위한 직접세를 도입하고, 불황하에서 노동력의 수요가 줄어드는 것을 방지하기 위해 노동력 과잉 산업이나 지역으로부터 노동력 부족 산업이나 지역으로 노동력을 이동시키는 적극적인 노동시장 정책을 제시했다. 이 중에서 수요를 제약하는 정책은 노동력의 이동을 촉진하기 위한 수단(이사, 직업훈련 등)과 고용창출 등의 수단을 포함한다. 또한 이윤율이 재정정책을 통해서 통제되어야 한다고 주장했다. 지나치게 높은 이윤은 인플레를 유발하는 노동력 확보 경쟁을 낳을 수 있으며, 지나친 이윤은 소득과 재산의 불평등을 강화하기 때문에 엄격한 재정정책과 수요통제를 통해 기업의 이윤을 낮추고 노조의 몫을 증대할 수 있다고 보았다.

둘째, 노조도 '연대임금정책(solidaristic wage policy)'을 추구해야 한다고 주장했다. 연대임금정책이 노동자들 간의 소득 불평등을 약화할 뿐만 아니라 경제발전정책과 경제안정화정책에 기여한다고 보았다. 경제발전의 측면에서 이 정책은 연대임금이 부담이 되는 생산성이 낮은 기업들은 도태되거나 아니면 생존하기 위해서 생산성을 높여야 하므로 기업의 경쟁력을 전반적으로 높일 수 있다고 보았고, 생산성이 낮은 기업에 대해서는 정부보

---

32) Ministry of Labour, *The Labour Market and Labour Market Policy in Sweden*(Stockholm: Regeringskansliets Offsetcentral, 1988), pp. 13~15 및 Jan Johannesson, *Labour Market Policy and Labour Market Dynamics-The Swedish Case*(Stockholm; Regeringskansliets Offsetcentral, 1988), pp. 2~6 참조.

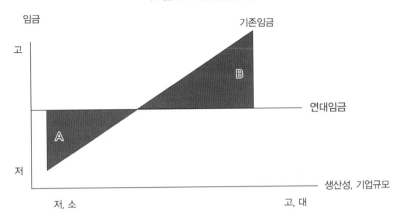

〈그림 2.1〉 연대임금정책

임금

고

기존임금

B

연대임금

A

저

생산성, 기업규모

저, 소   고, 대

조의 중단을 요구했다.

셋째, 생산성이 낮은 기업의 파산으로 나타나는 실업의 문제는, 오히려 동일노동 동일임금이라는 조건하에서 정부의 '적극적 노동시장정책'을 통한 노동시장 개입으로 해결할 수 있다고 보았다.

〈그림 2.1〉은 연대임금정책을 중심으로 한 렌-마이드너 모델의 핵심 내용이다. 연대임금을 통해 노동자들의 연대가 강화되는 것은 분명하지만 그 결과로 여러 가지 부작용이 발생하는데, 이러한 부작용을 적절한 정책을 통해서 해결하면 오히려 산업구조조정, 소득평등화, 경제발전에 도움을 주면서 완전고용과 인플레 방지를 달성할 수 있다는 것을 〈그림 2.1〉이 보여준다. 먼저 A는 생산성이 낮아 연대임금을 지불할 수 없어 도산하는 기업부분이다. 이 부분에서 발생한 실업자들은 노동력이 부족한 부분으로 이동시키는 정책으로 해결될 수 있다고 보았다. B 부분은 연대임금정책으로 오히려 생산성보다 낮은 임금을 줌으로써 초과이윤을 누리는 기업부분이다. B의 초과이윤은 직접세를 통해 이윤을 줄여 인플레의 가능성을 방지하는

재정정책의 대상이다.

결국 렌-마이드너 모델의 성공은 LO의 연대임금정책의 성공에 달려 있는 셈이며, 또한 LO와 사민당 간의 긴밀한 협조가 연대임금정책의 성공을 결정하는 요인이었다. 일찍부터 스웨덴 노조운동이 높은 조직률과 통일성을 확보했기 때문에 중앙화된 단체교섭을 통해서 연대임금정책의 실시가 상대적으로 쉽게 이루어질 수 있었다.[33] 기업의 경우 임금인상률을 둘러싼 경쟁적 파업을 피하기 위해 통일적인 단체교섭을 원했고, LO의 경우도 효율적인 노동운동을 발전시키기 위해 중앙화된 단체교섭을 통한 임금교섭을 시도한 것이다.

또한 연대임금정책의 부수효과로 나타나는 실업의 발생(〈그림 2.1〉의 A)을 해결하기 위해 렌-마이드너 모델은 정부의 적극적 노동시장정책을 요구했다.[34] 적극적 노동시장정책은 정부가 시장실패로 발생하는 실업의 문제를 실업보험을 통해서 사후적으로 해결하는 것이 아니라, 사전에 예방하는

---

33) 물론 연대임금정책이 노동조합들에 전폭적으로 받아들여진 것은 아니었다. 1930년대부터 연대임금정책의 실시가 제안되었으나 높은 임금을 받고 있는 노조들은 이러한 정책에 반대했고, 낮은 임금을 받는 노조들은 이러한 정책에 찬성함으로써 노조들 간의 이해갈등이 표명되었다. 그러나 전쟁 기간 중앙화된 단체교섭과 임금동결의 경험이 전후에 연대임금정책을 쉽게 받아들이게 만들었다. Rudolf Meidner, *Coordination and Solidarity: An Approach to Wage Policy*(Stockholm: LO, 1974), p. 32.

34) 소극적 노동시장은 시장실패를 치유하는 정책으로 실업보험이나 연금의 지급 등을 가리키는 한편, 적극적 노동시장은 노동수요를 증대해 시장실패를 사전에 예방하거나 노동의 공급과잉이 있을 경우 노동의 수요가 있는 산업, 직업, 지역으로 노동력을 이전하는 정책을 지칭한다(Gösta Rehn, "Swedish Active Labor Market Policy: Retrospect and Prospect," *Industrial Relations*, Vol.24, no.1(Winter, 1985), p. 62 참조).

정책을 지칭한다. 이 정책은 국가노동시장위원회(AMS)가 담당하며 구체적으로 고용의 창출, 직업교육, 재교육, 노동시장 정보 제공, 지역/직업이동 보조, 실업보험 급여 지급 등을 실시했다.[35] 노동시장 정책에 사용되는 예산은 1970년 GNP의 1.6%에서 1980년대 중반 GNP의 3.5%에 달할 정도로 경제정책의 핵심적인 부분으로 증액되었다. 노동시장 정책에 사용되는 GNP 비율은 영국과 동일한 수준이며 프랑스보다는 낮다. 그러나 노동시장 정책에 사용되는 예산은, 스웨덴과는 달리 영국이나 프랑스에서는 주로 실업이 발생할 때 현금 지급을 통한 생활보조의 형식으로 사용된다. 그 결과는 스웨덴에서 1950년대부터 지속적으로 3% 미만의 낮은 실업률로 나타났으며 1970년대 중반까지 연평균 실업률이 1.5%로 거의 완전고용 상태를 보여주고 있다. 1970년대 중반 이후에도 미국이나 영국의 실업률은 10% 내외의 수준을 보여준 반면, 스웨덴은 평균 2% 정도의 낮은 실업률로 거의 완전고용을 이루고 있다고 볼 수 있을 정도로 대단히 안정된 경제체제를 구축하는 데 성공했다고 볼 수 있다(〈표 2.2〉 참조).

경제안정의 또 다른 지표로 사용되는 인플레를 살펴보면, 1960년대의 경우 연평균 약 4.5%의 소비재 물가상승을 보여주었다. 실제로 물가상승은 다양한 요소에 의해서 결정되기 때문에 요소에 따른 분석이 필요하며 물가상승을 비용별로 구분했을 경우 〈표 2.3〉과 같은 결과를 보여주었다. 〈표 2.3〉은 간접세의 증가와 나머지 여러 요인이 1960년대 물가상승의 중요한 요인으로 나타났음을 보여주고 있다. 나머지 부분은 상품의 초과수요와 생산성 상승에 따른 임금의 상승을 포함하고 있다. 1960년대 연평균 물

---

35) 국가노동시장위원회(AMS)의 조직과 운영원리에 대해서는 Bo Jangenas, *The Swedish Approach to Labor Market Policy*(Uppsala: The Swedish Institute, 1985), pp. 18~22 참조.

<표 2.2> 주요 자본주의 국가들의 실업률(단위: %)

연도	오스트리아	캐나다	프랑스	서독	이탈리아	일본	영국	미국	스웨덴
1959	2.1	5.5	1.7	2.0	4.1	2.3	2.6	5.3	1.6
1964	1.4	4.3	1.3	0.4	2.3	1.2	2.3	5.0	1.5
1969	1.8	4.4	2.2	0.6	3.0	1.1	2.9	3.4	1.9
1973	2.3	5.5	2.6	0.7	3.2	1.3	3.1	4.8	2.4
1977	6.2	8.0	4.9	3.4	3.5	2.0	5.2	5.8	1.9
1980	6.0	7.4	6.3	2.8	3.8	2.1	6.8	7.0	2.0
1982	7.1	10.9	8.3	5.8	4.7	2.4	11.7	9.5	3.1
1984	8.9	11.2	9.8	7.7	5.8	2.7	12.8	7.4	3.1
1985	8.2	10.4	10.3	7.9	6.0	2.6	13.3	7.2	2.8

자료: 실업자는 현재 직업이 없으면서 지난 30일간 직업을 구하려고 한 사람만을 포함. "US BLS Monthly Labor Review". Greg J. Bamber and Russle D. Lansbury(ed.), *International and Comparative Industrial Relations*(London: Allen & Unwin, 1987), p.241에서 발췌 재인용.

<표 2.3> 소비자 상품가격 변화의 요인분석(1960~1971년, 단위: %)

요인 \ 연도	1959/ 1960	1960/ 1961	1961/ 1962	1962/ 1963	1963/ 1964	1964/ 1965	1965/ 1966	1966/ 1967	1967/ 1968	1968/ 1969	1969/ 1970	1970/ 1971
물가변동	3.9	2.2	5.0	3.4	3.8	6.2	4.7	3.1	2.0	4.6	7.0	7.5
간접세 증가	2.9	—	1.8	0.6	0.2	2.5	0.7	1.1	0.5	0.1	1.4	3.2
국제적 요인	-0.3	0.5	-0.2	0.7	0.8	—	—	-0.2	—	0.6	1.7	0.7
농산물 가격	0.2	—	0.9	0.7	0.3	0.3	—	0.1	0.2	0.5	—	0.5
주택가격	0.5	0.3	—	0.3	0.6	1.1	0.7	0.5	0.4	2.0	0.6	0.3
공공요금	0.1	0.1	0.3	0.1	0.3	0.1	0.5	0.4	0.1	0.3	0.3	0.8
식료품	-0.3	0.2	-0.1	-0.2	—	0.4	—	-0.1	—	0.3	0.3	0.1
나머지	0.8	1.1	2.3	1.2	1.6	1.8	2.8	1.3	0.8	1.0	2.7	1.9

자료: L. Jacobsson and A. Lindbeck, "Labor Market Conditions and Inflation- Swedish Experiences 1955~1967," T*he Swedish Journal of Economics*, I(1969), p. 67 및 "National Institute of Economic Research," *Konjunkturlaget- Natimalbudget*(각년호. Lindbeck, *Swedish Economic Policy*, p. 141에서 재인용).

가상승률 4.5%에서 나머지 부분이 차지하는 것은 연평균 1.5%로 나타났다. 이것은 나머지 부분이 모두 임금상승 요인이라고 가정했을 때, 임금상승이 연평균 1.5%의 물가상승 원인이 되었다는 것을 의미한다.

1950년대와 1960년대에 걸쳐 거시경제적인 지표를 통해 나타나는 스웨덴 경제의 안정성은 지속적인 경제성장과 사회적 불평등의 감소를 수반해 사민당 장기집권의 경제적 기초가 되었다. LO의 전투적인 임금정책과 사민당의 노동시장 정책은 생산성이 낮은 기업들의 희생을 통한 구조적인 경제 변화를 추구해서 생산성 향상에 기초한 경제성장을 이끌어내는 데 성공한 것이다. 사민당-LO의 헤게모니가 전후 스웨덴 경제 운영에 지속적으로 작용해, 1960년대 완전고용에 가까운 낮은 실업률과 낮은 인플레율을 동시에 유지하면서 지속적인 경제발전을 이룩하는 데 성공했다.

연대임금정책과 적극적 노동시장을 핵심으로 한 사민당 경제정책의 성공은 또한 스웨덴에서 노동조합의 힘을 강화했다. 연대임금정책은 노동시장에서 가장 취약한 노동자들에게 도움을 주어서 이들이 노동조합에 가입할 동기를 부여했다. 그 결과 양적인 차원에서 볼 때, 블루칼라 노동자들의 조직률은 1950년 50.2%에서 1970년에는 74.9%로 상승했고, 1980년에는 92.1%로 거의 모든 노동자가 노조에 가입한 상태가 되었다. 또한 질적인 차원에서 적극적 노동시장정책을 통한 국가의 노동시장 개입에 따라 노동력이 시장에 의해서 배타적으로 통제되는 상품으로서의 노동력이 아니라 정치적 논리에 의해서 통제되었다. 이런 의미에서 임금 노동자들의 노동력은 많은 부분 탈상품화(de-commodify)되었다고 볼 수 있다. 사회복지 정책과 더불어 적극적 노동시장정책은 노동시장의 상황에 의해서 생활과 고용이 결정되는 노동자들의 시장 종속성을 크게 약화한 것이다.[36] 결과적으로 기업의 노동자에 대한 힘은 잠재적인 실업의 위협에 기인하지만, 국가

개입에 의한 실업 위험의 감소는 자본과 노동 간의 힘의 균형에 변화를 가져와서 자본의 상대적인 힘을 약화했던 것이다.

이러한 변화는 스웨덴 사회의 전체 불평등 약화로 이어졌다. 적극적 노동시장정책이 실업을 줄이고, 시장을 통해서 해결될 수 없는 노동력 이동을 가능케 했기 때문에, 노동소득이 평준화되는 결과로 이어졌다. 최근 케르스틴 엔플로(Kerstin Enflo)와 요안 라몬 로세스(Joan Ramón Rosés)는 1860년부터 1980년까지 불평등이 줄어들다가 1980년 이후 불평등이 늘어났으며, 1940년부터 1980년까지 불평등이 급격히 줄어든 까닭은 시장적인 요인이 아니라 제도적인 요인으로, 경제 침체지역에서 경제 호황지역으로 노동력 이동을 촉진한 정부 정책의 결과라고 분석했다.[37]

5. 새로운 경제위기와 새로운 경제정책: 국제경제의 혼란과 사민당의 경제정책

1970년대 스웨덴 사민당의 경제정책은 국제 경제구조의 변화와 국내적인 요구로 해결해야 할 새로운 정책과제를 안고 있었다. 1970년대 세계경제는 석유파동으로 심각한 위기에 처했고 신흥공업국의 등장으로 기존의 국제경제 질서가 위협받았으며, 국내적으로는 LO가 제시한 자본의 사회화

36) Gøsta Esping-Andersen and Walter Korpi, "Social Policy as Class Politics in Post-War Capitalism: Scandinavia, Austria, and Germany," p. 183.

37) Kerstin Enflo and Joan Ramón Rosés, "Coping with regional inequality in Sweden: structural change, migrations, and policy, 1860~2000," *Economic History Review*, 68(1)(2015), pp. 191~217.

요구를 해결해야 하는 과제를 안고 있었던 것이다. 국제적으로는 스웨덴의 경제를 위기상황으로 몰아넣는 두 가지 도전을 겪었다. 하나는 1970년대에 두 차례에 걸친 석유파동에 따른 국제 경제의 침체로 나타난 인플레와 높은 실업의 위협이었다. 선진 자본주의 국가들 중에서 무역의존도가 가장 높은 스웨덴은 세계경제의 위기가 곧바로 국내경제의 위기로 전환되었다.[38] 1970년대 스웨덴의 연평균 인플레율은 유럽 OECD 국가들보다 약간 높았고 1980년대에도 연평균 인플레율 9%로 유럽 OECD 국가들보다 훨씬 더 높았다.

둘째로 1970년 중반부터 대두하기 시작한 신흥공업국(Newly Industrialized Countries: NICs)의 상품시장 진출은 기존의 발전된 국가 모두에 타격을 주는 새로운 요인이 되었다. 아시아의 한국, 대만, 홍콩, 싱가포르와 남미의 아르헨티나, 브라질, 멕시코는 1970년대에 석유파동에 따른 경제침체를 덜 겪고 기존의 산업국들과 세계시장을 두고 경쟁하게 되었다. 섬유, 의류와 같은 경공업 제품시장이 신흥공업국들에 의해 지배되기 시작했고, 좀 더 발전된 전자, 기계, 선박 산업도 신흥공업국들에게 위협받게 되었다. 1973년과 1978년 사이 EEC와 미국에서는 비 OECD 국가들로부터 수입하는 양이 13배나 증대했다.[39] 저임금에 기반을 둔 신흥공업국의 공산품은

---

38) 1983년의 경우 GDP에서 수출이 차지하는 비중을 보면, 미국 6.1%, 일본 13%, 영국 20%, 독일 26%, 스웨덴 30%로 스웨덴의 수출의존도가 가장 높았고, GDP에서 수입이 차지하는 비중도 미국 7.9%, 일본 11%, 영국 22%, 독일 23%, 스웨덴 28%로 스웨덴은 선진 자본주의 국가들 가운데에서 해외무역 의존도가 가장 높은 나라였다 [Bamber and Lansbury, *International and Comparative Industrial Relations*, p. 255 참조].

39) Robert Keohane, "The World Political Economy and the Crisis of Embedded Liberalism," in John Goldthorpe(ed.), *Order and Conflict in Contemporary*

상대적으로 높은 임금에 기초한 OECD 국가들의 공산품을 밀어내고 시장을 잠식하기 시작했다. 특히 한국과 브라질의 조선업 발전은 스웨덴의 조선업에 치명적인 영향을 미쳤다. 저임금에 기초한 한국과 브라질의 선박산업은 철강, 목재, 전자산업들과 연관성이 대단히 높은 선박산업의 침체를 가져와 스웨덴 경제 전체에 타격을 주었다.40)

국내적으로는 1950년대부터 실시한 연대임금정책이 초과이윤을 누리는 기업으로 자본 집중이 이루어져 독점화를 낳게 됨에 따라 기대하지 않은 독점자본의 발달이 생겨났다. 연대임금정책이 저임금 부문 노동자들의 임금을 높이는 방식으로 실시되었기 때문에 〈그림 2.1〉 B부분의 기업은 이전보다 더 적은 임금비용을 부담함으로써 초과이윤을 축적할 수 있었다. 1971년 금속노조에 의해서 제기된 이 문제는 1971년 LO의 임금정책위원회가 정식으로 LO 회의에 상정함으로써 LO가 해결해야 할 중요한 정책과제로 등장했다. LO 경제학자들을 중심으로 세 가지 목표 아래 초과이윤의 문제가 연구되었다. 이 세 가지는 연대임금정책에 기초한 임금정책의 보완, 자본 집중/집적의 저지, 생산에서 노동자들의 영향력 증대이다.41) 1975년 경제학자 마이드너는 보고서에서 스웨덴 노조운동이 임금의 차원을 넘어서 소유권의 문제를 다루어야 한다고 주장하고 임노동자기금을 이

Capitalism(Oxford: Oxford University Press, 1984), p. 32.

40) 1974년부터 1977년까지 스웨덴의 선박 생산은 절반으로 줄었고, 선박 생산의 감소에 따라 철강수요가 줄어들어 철강 생산도 30% 줄었다. 그리고 거의 모든 광산이 파산을 피하지 못했다. 1980년대 들어서 스웨덴의 거대 조선사들은 모두 문을 닫았다 [Lars Magnusson, An Economic History of Sweden(London: Routledge, 2000), p. 260].

41) Rudolf Meidner, Employment Investment Funds(London: Allen & Unwin, 1978), p. 15.

용해 생산수단을 사회화하는 안을 제시했다. 1976년 LO는 전국회의에서 마이드너의 연구보고서를 공식적으로 받아들이고, 마이드너 안이 지속적으로 초과이윤을 임노동자 투자기금으로 이전시킴으로써 경제활동을 단절시키지 않으면서 사회주의적인 경제 질서를 이룰 수 있는 현실적인 변혁전략이라고 보았다.

1970년대와 1980년대 경제위기의 해결을 둘러싼 정책대안들은 정반대의 해결 방식을 제시했다. 케인스 식 경제개입을 거부하면서 다시 자유주의적인 경제로 돌아가는 것이 현재의 문제를 해결해준다고 주장하는 '신자유주의'와 시장경제의 모순을 해결하기 위해서는 현재보다 더 강한 국가의 경제개입만이 현재의 위기를 해결할 수 있는 방안이라고 주장한 '신개입주의'가 그것이다. 신자유주의는 정부가 만성적인 실업과 높은 인플레를 해결하기 위해서는 인플레를 유발하는 복지지출의 감소, 공공부문의 재정지출 축소, 궁극적인 조세부담 경감을 통해 기업의 생산 활동에 대한 동기를 유발함으로써 경제위기를 극복할 수 있다고 보았다. 국가의 시장개입이 비효율적인 경제운영을 낳았기 때문에 정부의 역할은 단지 통화량의 엄격한 통제로써 충분하다고 본 것이다. 자유시장의 회복을 통한 경제위기의 해결은 1979년 영국의 대처 정부와 1980년 미국의 레이건 정부 경제정책의 기본원리였다.

신개입주의는 경제위기의 해결은 화폐임금과 임금상승의 통제에 있다고 보았다. 노동조합과의 협조하에 임금통제를 통해 물가와 수요를 통제함으로써 경제위기가 해결될 수 있다고 본 것이다. 강력한 소득정책을 통한 임금상승의 통제는 노동조합이 국가정책에 깊숙이 간여하게 하고 장기적으로 자본주의적인 시장을 사회주의적인 국가개입으로 대체하는 것을 목표로 함으로써 노동조합의 지지를 가정한 것이다. 노동조합은 기존의 단체교섭 대신에 정치적 교섭을 할 수 있게 됨으로써 정부의 파트너로 노조활동의 목표를 확대하게 되어 발전할 수 있을 것이라고 보았다.[42]

1976년 스웨덴 사민당은 1932년 집권 이래 44년 만에 처음으로 보수정당 연합에 의해 권좌에서 물러났다. 1976~1982년까지 6년간 정권을 잡은 보수연정이 영국과 미국에서와 같은 신자유주의 경제정책을 실시하는 것은 불가능했다. 사민당이 보수연합 정권(자유당 11.1%, 중앙당 24.1%, 보수당 15.6%)에 의해서 패배했으나 아직까지 사민당은 42.7%의 지지를 받은 다수당이었다.[43] 1976년 집권한 중도-우파 연합은 미국의 레이건 정책과 같은 신자유주의 경제정책을 시도하려 했으나 사회민주주의적 제도들 — 복지, 사회적 서비스, 기업자금 지원 등 — 의 철폐에 대한 저항으로 실행되지 못했다.[44] 또한 강력한 LO의 협조 없이는 어떠한 경제정책도 성공할 수 없는 제도적 기반 때문에 보수연합 정부는 사민당의 개혁정책을 전면적으로 역전시킬 수 없었다. 스웨덴 역사상 가장 규모가 컸던 1980년 총파업은 보수회귀에 대한 강한 저항으로 결국 기업이 물러섰다. 연립정당들 간의 이해대립으로 정부가 적극적으로 반노조적인 입장을 취하려고 하지 않았기 때문에 기업도 보수연합 정권의 지지에 의존할 수가 없었던 것이다.[45]

---

42) 신개입주의에 대한 이론적 논의는 John H. Goldthorpe, "Political Economy after the Postwar Period," in Charles Maier(ed.), *Changing Boundaries of the Political*(Cambridge: Cambridge University Press, 1987), pp. 382~397 참조.

43) Göran Ahme, Raimo Blom, Harri Melin and Jouko Nikula(ed.) *Class and Social Organization in Finland, Sweden and Norway*(Uppsala: Uppsala University, 1988), p. 93.

44) Gourevitch, *Politics in Hard Times: Comparative Responses to International Crises*, pp. 200~201.

45) Esping-Andersen, *Politics against Market*, pp. 112~113.

1970년대 사민당의 정책들은 기본적으로 두 가지로 구분된다. 하나는 실업 방지를 위한 입법화이며, 다른 하나는 노동자들이 경영에 참여하는 산업민주주의의 추진이었다. 실업 방지를 위한 입법화는 1974년에 제정된 고용안정법(Lagen om Anställningsskkydd: LAS)과 고용촉진법(Lag om vissa anställningsfrämjande åtgärder)으로 나타났다. 1974년에 제정된 고용안정법에서 피고용자는 평생 동안 고용되는 것을 원칙으로 삼았다. 제한된 기간 고용에 관한 계약은 계절노동, 임시직과 같은 특수한 경우가 아니고는 허용되지 않았고, 기본적인 고용계약은 종신계약이라고 규정했다. 평생 동안 고용되는 피고용자의 해고는 두 가지 객관적인 이유가 있을 때만 가능하다고 규정했다. 하나는 범죄 행위를 저질렀거나 다른 피고용자와 같이 일하는 것이 불가능한 경우, 능력 부족 등의 사유가 존재할 때이며, 다른 하나는 일이 부족해서 피고용자에게 할 일을 제공하지 못할 때이다. 그리고 해고의 객관성이 쟁점이 될 때, 노동법원이 이를 판단하도록 했다. 또한 고용안정법은 앞의 두 경우에도 고용자는 먼저 피고용자를 기업 내의 다른 업무로 이동시키도록 해서 가능한 한 해고를 금하도록 했다. 부득이한 해고의 경우 이 법은 연령과 근무연수에 따라 1개월 내지 6개월 전에 사전통지를 하도록 규정했다.[46)]

스웨덴에서 실시된 고용안정법에 의한 고용안정 정책은 일본의 대기업에서 실시되고 있는 종신고용제와는 두 가지 점에서 다르다. 첫째로 스웨덴의 경우 고용의 안정이 기업의 고용정책에 의해서가 아니라 국가의 강제

---

46) 법에 규정된 해고 사전통고 기간은 피고용자의 연령에 따라 피고용자의 연령이 25세 미만은 1개월, 25세부터 29세까지는 2개월, 30세부터 34세까지는 3개월, 35세부터 39세까지는 4개월, 40세부터 44세까지는 5개월, 45세 이상은 6개월이다. 실질적으로 이러한 사전 해고 기간의 규정은 기업에 의한 해고를 거의 불가능하게 만든 셈이다.

에 의해서 이루어지고 있다는 점이다. 일본의 경우 사기업의 경영 전략의 하나로서 평생고용제도가 이용되고 있는 반면, 스웨덴에서는 국가의 경제 정책의 하나로서 고용안정이 보장되고 있다.

둘째로 고용안정을 누리는 피고용자의 범위에서 매우 큰 차이가 있다. 스웨덴의 경우 계절노동이나 임시로 취업한 피고용자 이외의 모든 피 고용 자들이 고용안정법의 적용대상이 되지만, 일본의 경우 대기업만이 종신고 용제를 실시하므로 고용안정을 누리는 피고용자가 매우 제한되어 있다. 일 본에서 고용안정은 대기업에 의해서 주도되었기 때문에 대기업에 한정된 특수주의적(particularistic) 원리를 보였다면, 스웨덴의 고용안정 정책은 LO 와 사민당에 의해 주도되어 모두에게 적용되는 보편주의적인(universalistic) 원리에 기초할 수 있었다.

노조의 요구에 의해서 사민당이 추구한 두 번째 정책은 산업민주화 정 책이었다. 세계경제의 침체에 따라 양적인 임금문제보다는 작업장에서 작 업과 고용조건을 향상시키는 질적인 산업민주주의의 실현에 더 큰 비중을 두었다. 이것은 사민당과 함께 국민경제를 책임지고 있는 LO의 전략적 선 택이었다.[47] 경기침체로 임금인상을 중심으로 하는 노조운동은 국민경제 에 부정적인 영향력을 끼칠 수 있었기 때문에 전후 연대임금정책을 통한 노조운동이 제한적이었고, 또한 경제 상황이 나쁜 조건하에서 임금을 중심 으로 한 노조운동은 바람직하지 않은 것으로 인정되었기 때문에 좀 더 질 적인 차원에서 산업민주주의의 실현을 노조운동의 목표로 삼았다. 1974년 피고용인의 이사회 참여에 관한 법과 1977년 공동결정법이 의회에서 통과 되었다. 이중에서 가장 중요한 노동입법은 1977년의 공동결정법(MBL)이

---

47) 신광영, 「스웨덴 노동조합운동」, ≪동향과 전망≫, 4호(1989), pp. 241~243 참조.

다. 공동결정법에 의해 노조대표가 기업의 의사결정에 참여할 수 있게 되었다. 경영자와 노동자는 동일하게 기업의 정보를 획득할 수 있고, 기업은 인사이동, 조직개편, 신기술의 도입과 같은 생산 활동에 변화를 가져오는 사항에 대해서 노조와 심의해야 한다고 규정했다.[48] 독일에서는 경영참가를 노조 대신 직장평의회(work council)가 담당하고 있는 반면, 스웨덴에서는 노조가 경영참가를 하도록 법으로 규정했다. 그러므로 독일의 경우 노조가 담당하는 기능이 직장위원회와 구분되어 있어 노조의 힘이 제한되어 있는 것과는 대조적으로, 스웨덴은 노조가 기업 경영의 전체에 깊숙이 관여할 수 있다. 또한 1979년 제정된 남녀평등고용법도 고용에서 기업의 자율성을 제한하는 데 초점을 맞추었다. 경영권에 대한 제약이 1970년대에 집중적으로 이루어졌다.

1970년대 사민당과 LO의 경제정책은 국제경제의 침체라는 제약하에서 임금문제부터 작업장문제 해결을 위한 산업민주주의 전략을 취했다. LO의 주된 역할은 중앙집중식 단체교섭의 결과인 임금, 고용, 휴가 등의 전국적인 수준에서의 제도적 변화와 관련이 되어 있었다. 그 결과 개별 사업장 문제들이 소홀하게 다루어지면서 높은 결근율과 이직률 같은 문제들이 나타났고, 경영참가는 이러한 문제들을 해결하는 데 가장 좋은 전략으로 간주되었다. 사민당의 입장에서는 LO가 임금인상을 통한 인플레 가속화를 자제하며, 대신에 경영참가의 문제로 관심을 전환하는 것이 경제안정화의 차원에서 더 적절한 것으로 보았기 때문에 LO의 경영참가 요구에 호의적이었다.

1982년 사민당이 다시 집권함에 따라 사민당의 경제정책은 주로 1976년

---

48) Sten Edlund and Birgitta Nystrom, *Developments in Swedish Labour Law* (Stockholm: The Swedish Institute, 1988), pp. 46~58.

LO 전국회의에서 공식적으로 제출된 마이드너 플랜과 관련된 것이었다. 초기에 제시한 마이드너 플랜의 실질적인 기반은 연대임금정책의 의도하지 않은 결과인 자본의 집중/집적 현상의 수정이었고 이념적인 기반은 자본소유의 사회화를 통한 경제민주주의 실현이었다.[49] 이 계획은 1976년 이후의 논쟁을 통해 많은 내용 변화를 보였으나[50] 그 기본적인 개념은 정부가 기업 이윤의 일부를 노동자들에 의해 집단적으로 소유되는 기금으로 이전하고 이것을 사기업의 주식을 매입하는 데 투자한다는 것이었다. 기업들은 마이드너 플랜이 사유재산을 몰수해서 '기금사회주의(fund socialism)'를 추구하려 한다고 맹비난하고 사회 권력을 노조에 집중시키는 시도라고 선전했다.[51] 기업의 맹렬한 반대에 대한 반작용으로 LO 조합원들은 적극적으로 마이드너 플랜을 지지하며 마이드너 플랜은 스웨덴 정치에서 자본과 노동 간의 가장 첨예한 갈등의 상징이 되었다.

1982년 선거에서 사민당은 비판을 수렴해 LO와 함께 보충연금(ATP)을 0.2%로 증가해서 임노동자기금으로 이전하고, 이윤 공유의 형식으로 기업 초과이윤의 20%를 임노동자기금으로 이전하는 기금조성 방안을 확정했다.[52] 또한 기금은 초기의 전국 단일 임노동자기금의 형태가 아니라 5개의

---

49) 임노동자기금의 이념적인 논의는 다음을 참조. Bob Gustafsson, "Codetermination and Wage Earners' Funds," in John Fry(ed.), *Toward a Democratic Rationality* (Brookfield: Gower, 1986), pp. 86~109.

50) 임노동자기금을 둘러싼 논쟁에 대해서는, Heclo and Madsen, *Policy and Politics in Sweden*, 제6장과 신정완, 『복지자본주의냐 민주적 사회주의냐: 임노동자기금 논쟁과 스웨덴 사회민주주의』(사회평론, 2012)을 참조할 것.

51) 신정완, 같은 책.

52) 초과이윤율에 대한 계산은 다음과 같이 이루어졌다. 초과이윤=실제이윤-재투자 기금-조세-각종 면제액[Ministry of Finance, *Employee Investment Funds*(Stockholm, 1984), pp. 24~25 참조].

지역 연금으로 분할했다. 노조에 의한 단일연금체계 운영에 대한 자본가들의 강력한 반대를 받아들여 5개로 분할된 지역 연금체계로 결정된 것이다. 이 기금에 의한 기업주식의 소유는 8%로 제한되어 있어 초기의 마이드너 안보다는 약화된 내용을 담고 있다. 1984년부터 1990년까지 6년 동안 잠정적으로 실시하는 것으로 시작된 임노동자기금은 자본의 사회화를 추구하는 LO와 사민당 간의 연대에 의해서 현실화되었다.

　마이드너 플랜의 실행에서 사민당의 당면 과제는, 기본적으로 세계경제의 혼란 때문에 스웨덴 경제가 안고 있는 높은 인플레와 동아시아 신흥공업국들의 등장으로 높아진 실업률, 시장경쟁력 약화 등의 문제를 동시에 해결해야 한다는 것이었다. 사민당은 고용안정 정책이나 고용촉진 정책 등을 통해 실업을 예방하고 공공부문의 확대를 통한 경제 활성화를 계속적으로 추진했다. 정부지출이 전체 GDP의 2/3 정도 차지하는 스웨덴의 경우, 정부지출은 스웨덴 경제의 핵심적인 부문이다. 이러한 정부지출 수준은 OECD 국가들 중에서 가장 높은 것으로, 미국보다 무려 25% 정도가 높은 것으로 나타났다.[53] 시기적으로 스웨덴의 정부지출은 1970년대 GDP의 37.3%에 머물렀으나 1982년에는 63.5%로 크게 증가해 1970년대 경제위기로 일어난 정부지출의 확대를 쉽게 알 수 있다. 정부예산은 주로 조세를 통한 수입으로 이루어졌으며, 부가가치세 19%, 원천징수세(pay-roll tax) 36%, 법인세 52%, 개인소득세, 재산세, 상속세 등을 내용으로 하고 있다. 그러므로 조세율도 1970년 GDP의 48%에서 1982년엔 GDP의 61%로 증가했다.[54]

---

[53] Edward M. Gramlich, "Rethinking the Role of the Public Sector," *The Swedish Economy*(Hoover Institute, 1987), pp. 254~255.

[54] 일부 학자는 지나치게 높은 세율이 노동공급에 부정적인 영향을 미쳐 오히려 조세

저성장하에서의 계속적인 정부의 팽창적 지출은 재정적자를 확대했다. 재정적자의 폭발적인 증가는 1976~1982년까지의 보수연정에 의해서 이루어졌다. 1976년 GDP의 2% 정도의 재정적자가 나타났는데, 보수연정의 마지막 해인 1982년에는 13.5%로 증가해서 재정위기에 몰렸다. 집권한 사민당은 재정적자 해결책을 제시해야 했다. 재정적자의 해결을 둘러싸고 사민당 내에서 중대한 논쟁이 일어났고 일단의 경제학자에 의해서 제출된 재정지출 동결안은 LO의 반발을 불러일으켰다. LO의 지도자들은 사민당의 정책이 부르주아 정당들의 정책과 다를 바가 없다고 불평했다. 그럼에도 1982년 집권한 사민당은 재정지출의 동결, 불황산업에 대한 지원 중단, 국영 광산의 폐쇄, 주변국 화폐에 대한 스웨덴 크로나의 16% 평가절하 등을 단행했다. 그 결과 1985년 재정적자의 수준은 GDP의 5.7%로 감소해 재정적자의 위기가 극복되었다. 또한 1983년부터 국제경기가 회복됨에 따라 사민당의 정책들은 효과를 발휘하기 시작해서 무역수지 개선, 생산과 설비투자 증대, 기업이윤의 증대, 재정적자 감소가 이루어지기 시작했다.

1980년대 일어난 가장 중요한 변화는 사민당 경제정책의 제도적 기반인 노사관계의 급격한 변화이다. 즉, 1976~1982년의 기간 보수연정하에서 나타난 중앙화된 단체교섭 체계의 붕괴이다. 스웨덴경영자연맹(SAF)은 노동조합의 강력한 힘의 원천이 중앙화된 단체교섭에 있다고 보고 중앙화된 단체교섭에 공격을 시도했다. 1980년 총파업에서 기업이 굴복한 후, 스웨덴

총수입을 감소시킨다고 주장한다. 현재 스웨덴 임금소득 세율은 소위 '라퍼커브 (laffer curve)' 정상 오른쪽에 위치해 조세 총수입을 감소시키고 있다는 것을 제시하는 글로서는 다음을 참조. Charles E. Stuart, "Swedish Tax Rates, Labour Suply and Tax Revenues," Journal of Political Economy, Vol. 85, No. 5(Oct, 1985), pp. 1020~1038.

경영자연맹하의 가장 강력한 조직인 엔지니어링경영자협회(VF)가 산하 단체별 교섭을 요구했다. 특히 해외로 상품을 수출하는 기업들이 이에 적극적이었다. 1981년 LO와 스웨덴 경영자연맹 간의 단체교섭에서 LO는 VF의 위협 때문에 2년간 유효한 3%의 임금인상을 받아들였다. 1982년 SAF의 정관 개정과 함께 SAF 산하 단체들은 산하 단체별 단체 교섭 실시와 공장폐쇄를 SAF의 허락 없이 할 수 있게 되었다.[55]

분산된(decentralized) 단체교섭의 등장은 세 가지 요인에서 비롯되었다. 첫째는 스웨덴 자본주의가 고도로 발전함에 따라 스웨덴 경제구조, 계급구조, 노동시장 구조의 변화에 따른 LO가 가진 힘의 상대적인 약화에 기인한 것이다. LO는 제조업 노동자들을 중심으로 성장했지만, 1970년대부터 나타난 서비스 산업의 발달로 LO의 내부구조 변화와 화이트칼라 노조(TCO)의 발달이 일어나 과거와 같이 단체교섭과 정치에서 강력한 영향력을 행사할 수가 없었다. 1950년 전체 노조가입 노동자들의 82%를 차지했던 블루칼라 노조인 LO의 비중은 1980년 60%로 감소했다. 그 대신에 화이트칼라 노조인 TCO가 급성장해서 1950년 17%에서 1980년 32%로 비율이 높아졌다. 또한 전문직 종사자 노조인 SACO/SR도 1950년 1% 미만에서 7%로 증가했다.[56] LO와는 다른 형태의 노조운동을 해왔던 TCO와 SACO/SR의 성장은 LO의 지위를 상대적으로 약화하는 결과를 일으켰다. 특히 연대임금정책을 받아들이지 않았던 TCO의 성장은 화이트칼라 노동자와 블루칼라 노동자 간의 임금격차를 크게 만들었다.[57]

---

55) Scott Lash and John Urry, *The End of Organized Capitalism*(Madison: University of Wisconsin Press, 1987), p. 242.

56) Swedish Statistical Yearbook, 1951 및 1983/83에서 필자가 산출한 수치.

57) Kristina Ahlen, "Swedish Collective Bargaining under Pressure: Inter-Union Rivalry

둘째는 국가 공공부문의 지속적인 팽창으로, 경제활동 인구의 1/3을 구성하는 공무원 가운데 대부분을 차지하는 중앙과 지방의 여성 공무원들이 LO의 최대 노조 조합원으로 떠오름에 따라 LO 내에서 전통적인 사기업 산업부문 노조들의 영향력이 상대적으로 약화되었다.[58] 여성이 다수인 공무원노조가 금속노조보다 규모가 커졌고, 또한 더 큰 영향력을 행사함으로써 공공부문의 노조들이 단체교섭에서의 영향력을 행사하게 되었다.[59]

셋째는 1976~1982년 기간 보수연정이 자본가들에게 대 노조 공격의 호조건을 만들어주었다. 1970년대 LO와 사민당의 고용안정법, 공동결정법, 임노동자기금 등으로 기존 기업의 활동 폭이 꾸준히 축소되었던 것에 대한 반작용으로, 기업들이 적극적으로 LO와 SAF 간에 맺어진 기존의 관계들을 변화시키고자 했다. 특히 국제시장을 대상으로 하는 수출기업들은 가능한 한 국내적인 제약을 벗어나고자 기존 노사관계의 변화를 도모했다. 그중에서도 스웨덴 수출의 과반수를 담당하고 있는 금속산업경영자협의회는, 노

---

and Income Policies," *British Journal of Industrial Relations*, 27: 3(Nov. 1989), p. 338.

58) 2006년 블루칼라 노동조합총연맹인 LO의 46%가 여성이었으며, 사무직 노조인 TCO의 경우 여성의 비율은 62%에 달했고, 전문직 노조인 SACO에서 여성은 48%의 비율을 차지했다. 가장 조합원이 많은 LO 산하 노조인 공무원노조(Kommunals)는 조합원 수가 56만 3732명으로 금속노조 43만 3317명보다 훨씬 규모가 컸다(The Swedish Trade Union Confederation, *The Swedish Trade Union Confederation*(2006), p. 5]. 2000년 공무원노조의 반야 룬드비-베딘(Wanja Lundby-Wedin)이 LO 위원장으로 당선되어 여성 최초의 LO 위원장이 되었다. 그녀는 1994년 LO 부위원장으로 당선되었고, 2000년에 위원장으로 당선되어 2012년까지 LO 위원장을 맡았다. 그녀는 1981년 간호사로 공무원노조의 대표가 되었고, 2007년부터 2011년까지는 유럽노조총연맹의 위원장을 맡기도 했다.

59) Lash and Urry, *The End of Organized Capitalism*, pp. 238~240.

동력 부족 상태임에도 신규노동력이 산업노동을 기피했기 때문에 시장조건에 상응하는 임금 교섭을 내세우며 기존의 중앙화된 교섭을 탈피했다. 국내시장을 대상으로 하는 기업들은 기존의 LO-SAF를 중심으로 하는 중앙화된 단체교섭을 고집했다,

6. 신자유주의 세계화와 경제위기

사민당이 다시 정권을 탈환한 1982년은 영국의 마거릿 대처(Margaret Thatcher)와 미국의 로널드 레이건(Ronald Reagan)이 정치적으로는 신보수주의, 경제적으로는 신자유주의를 내세우며 전후 서구 자본주의 경제를 지배했던 케인스주의를 되돌리는 시기였다. 수요 중심의 케인스주의에서 공급 중심의 신자유주의 경제정책으로의 전환은, 전후 서구에서 형성된 국가의 시장 개입과 복지국가의 틀에 대한 도전으로 국가 대신 시장을 서구 경제위기를 극복할 수 있는 대안으로 내세웠다.

1980년대 스웨덴 경제는 안정을 되찾지 못했다. 1970년대 석유파동 이후 조선업이 해체되었고, 제조업마저 심각한 타격을 받으면서 불황이 시작되었다. 1976년에 최초로 권력을 장악한 보수정권은 경제 불황이 경기하강 국면의 문제라고 판단해서, 경기하강 국면에 대응하기 위해 재정 지출을 늘리고, 반복지 정권이라는 사민당의 비판을 의식해 오히려 복지지출을 확대했다. 보수당 정부는 제2차 석유파동에 대응하기 위해 1981년 9월 크로나 가치를 10% 절하해 경기침체에 대응했다. 그리고 경기불황으로 나타나는 실업의 증가를 막기 위해 고용 보조금을 기업에 제공하고, 도산하는 기업을 정부가 직접 인수했다. 이것은 정부 부채를 급격히 늘리는 결과를

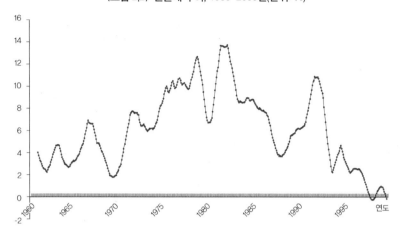

〈그림 2.2〉 인플레 추이, 1960~2000년(단위: %)

자료: Statistics Sweden(Peter Englund, "The Swedish Banking Crisis: The Causes and Consequences," Oxford Review of Economic Policy, 15. Vol. 3(1999), p. 28에서 재인용

가져왔고 동시에 인플레를 야기했다. 〈그림 2.2〉는 1970년대 말과 1980년 대 초 인플레가 대단히 심했다는 것을 보여준다. 사민당의 양대 정책 방향 이었던 '완전고용과 인플레 억제' 시대가 끝나고, 높은 실업률과 높은 물가 가 새로운 스웨덴 경제의 특징으로 자리를 잡기 시작했다.

1982년 9월 선거에서 권력을 되찾은 사민당은 셸-울로프 펠트(Kjell-Olof Feldt)를 재무장관으로 임명하고, 펠트에 의한 신자유주의 개혁을 시도했 다. 펠트는 1982년 9월 크로나를 다시 16% 절하해 수출경쟁력을 확보하고 자 했다. 1981년과 1982년 두 차례에 걸친 크로나 절하는 스웨덴의 수출 경쟁력을 높여 경기회복에 기여했다. 이어 펠트는 1983년 은행 대출과 관 련해 유동성 비율 제한을 폐지했고, 1985년 3월 이자율 상한제도 폐지에 이어 1985년 선거에서 재차 승리한 후, 11월 본격적인 금융시장자유화를 추진해 스웨덴 금융시장을 세계 금융시장에 통합시켰다. 이른바 '11월 혁

명'이라고 불리는 은행의 규제 철폐는 1950년대 도입된 은행의 대출 규제
인 대출한도 제도를 철폐해서 기업과 가계들이 은행 대출을 더 적극적으로
이용할 수 있게 했고, 은행도 금융시장을 장악하기 위해 공격적으로 대출
경쟁에 나설 수 있었다.[60] 대출 조건을 완화해 대출을 늘리기 위한 은행들
간 경쟁이 이루어지면서 즉각적으로 스웨덴 가구의 부채비율이 높아졌고,
대출을 통해 시중에 유입된 돈이 부동산으로 몰리면서 부동산 가격 폭등
현상이 나타났다. 민간 부문에서는 대출을 통해 부동산을 구입하고, 부동
산을 담보로 다시 은행 융자를 더 받는 방식으로 대출이 폭증했다.

급격한 대출 증가는 두 가지 점에서 문제로 인식되지 못했다. 하나는 미
래에 기대되는 부동산 가격 상승이 대출에 따른 비용을 상쇄했기 때문에,
부동산 가격이 급격히 오르는 상황에서 대출은 큰 문제로 인식되지 않았
다. 다른 하나는 스웨덴 조세제도가 실질적인 이자율을 마이너스로 만들어
은행 대출을 촉진시켰다. 주택 구입을 목적으로 한 대출에 대한 세금감면
제도로 실질 이자율은 1985년 이후 줄곧 마이너스였기 때문에 은행 대출
이 더욱 증가했다.[61] 스웨덴 가구들이 대출로 실질적인 비용을 지불하게
된 것은 1990년대 초 금융위기 때가 처음이었다.[62] 금융자유화가 1991~
1993 금융위기를 촉발한 최초의 원인이 되었지만, 그 이후의 여러 경제정
책이 금융시장과 부동산 시장의 과잉 열기를 효과적으로 막지 못했다. 중

---

60) Lars Jonung, *Financial Crisis and Crisis Management in Sweden: Lessons for Today*,
   ADBI Working Paper Series No. 165 (2009), pp. 2~4; Peter Englund, "The
   Swedish Banking Crisis: The Causes and Consequences," pp. 83~84.
61) 대학생들을 대상으로 한 주택 구입 지원과 학비 지원제도가 활성화되어 있었기 때문
   에 일반인들의 대출에 대한 부담이 대단히 적었다.
62) Peter Englund, "The Swedish Banking Crisis: The Causes and Consequences," p.
   83.

앙 정부의 통제가 약화되면서, 금융시장의 주체들은 각기 자신들의 입장에서 리스크를 안고 경제적인 이익을 추구하는 행위를 경쟁적으로 벌이면서, 거품경제가 만들어졌다.

더구나 상대적으로 높은 스웨덴의 이자율이 유지되는 상태에서 이루어진 1985년 금융시장 개방은 해외 금융자본의 유입을 촉진했다. 스웨덴 이자율이 1985년에는 국제금융시장과 5~6% 차이를 보여 투기적 금융자본의 스웨덴 유입이 이루어졌다. 1989년 외환시장 자유화가 이루어지면서, 스웨덴 금융시장은 세계 금융시장과 완전히 통합되었다. 그 결과, 세계 금융시장의 변화는 스웨덴 경제에 직접으로 영향을 미치게 되었다. 특히 1990년을 전후로 한 독일 통일과 동구권 국가사회주의 붕괴로, 경기불황이 예상되는 독일에서 경기호황 상태를 보였던 스웨덴으로 독일 금융자본이 유입되면서 스웨덴의 금융시장은 지나치게 과열되었다. 북유럽 국가들이 스웨덴의 금융위기와 유사한 금융위기를 동시에 겪을 수밖에 없었던 이유는 이러한 세계 경제체제의 변화에 따른 것이었다. 이는 유럽 내에서 이루어진 역사적 전환과 금융 자유화가 맞물리면서 나타난 위기였다.[63]

1991~1993년 스웨덴 금융위기 기간 중에 일어난 외환위기는 1992년 11월 고정환율제를 변동환율제로 바꾸면서 나타났다. 스웨덴 외환위기는 1992년 여름에 발생한 유럽 외환제도의 위기와 맞물려서 스웨덴 경제위기를 더 가속화했다. 스웨덴 중앙은행은, 고정환율제를 실시하면서 스웨덴

---

63) 1980년대 초 북유럽 금융시장은 세계 금융시장과 통합되었다. 금융시장 규제완화를 통해서 시작된 금융시장 개방은 거품경제와 거품붕괴로 금융위기로 이어지면서, 북유럽 금융위기가 비슷한 과정을 거치면서 나타났다. 구체적인 북유럽 금융위기에 관한 논의는 다음을 참조할 것. Lars Jonung, Jaakko Kiander and Pentti Vartia(eds.), *The Great Financial Crisis in Finland and Sweden: The Nordic Experience of Financial Liberalization*(Cheltenham: Edward Elgar, 2009).

〈그림 2.3〉 스톡홀름 주식시장의 주가지수(1982년 1월~1999년 12월)

→◆→ 주가지수   →■→ 은행   →▲→ 부동산

자료: Peter Englund, "The Swedish Banking Crisis: The Causes and Consequences," p. 87.

환율제도가 바뀔 것을 예상하고 발생한 환투기를 막기 위해 이자율을 1992
년 7월 12% 인상하고 이후에 또다시 13%를 인상했다. 이 조치는 오히려
경제주체들로 하여금 크로나 대신 외국은행에서 직접 대출을 선택하게 해
대출의 40% 이상이 국제금융기관으로부터 이루어졌다.[64]
    스웨덴 중앙은행장이었던 우르반 벡스트룀(Urban Bäckström)은 스웨덴
금융위기를 다음과 같이 요약했다.

금융시장 규제완화는 그 자체로 필요한 것이었지만, 확장적인 통화정책 조건을
의미했다. 더욱이 금융시장 규제완화는 인플레 기대 심리, 대출을 선호하게 만
든 조세제도, 해외 자산에 대한 투자를 제약하는 외환거래 통제가 유지된 채 이

---

64) 여기에는 단기 부채가 대부분을 차지했다[Peter Englund, "The Swedish Banking
    Crisis: The Causes and Consequences," p. 94].

루어졌다. 이러한 점들을 다룰 수 있는 좀 더 제한적인 경제정책이 부재한 상태에서, 더 자유로운 신용시장은 부채 증가를 낳았다. 민간 부문에서 GDP 대 부채 비율은 85%에서 135%로 높아졌다. 신용거래 시장의 주식과 부동산 가격의 상승이 일어났다. 1980년대 후반 부동산 자산 가격은 125% 증가했다. 투기적인 거품이 만들어졌다.[65]

1991년 11월 급격히 거품이 꺼지면서 경제가 위기 상태에 빠지기 시작했다. 은행에서는 부실이 발생해 GDP의 12% 정도에 해당하는 엄청난 규모의 부실대출이 이루어졌고 은행이 도산 위기에 몰렸다. 실물경제도 위기에 빠져 1990~1993년간 GDP는 6% 감소했고, 실업률은 3%에서 12%로 급증했으며, 복지수요의 폭증으로 정부 재정적자가 늘어 GDP의 12% 수준에 달했다. 경제위기는 1992년 11월 유로화 위기와 맞물려 더욱 심각한 상태로 치달았다.

보수연정은 금융위기를 맞아 야당과의 공조를 통해서 위기를 수습하기 위한 대응책을 모색했다.[66] 위기 대응은 크게 다섯 가지로 이루어졌다. 첫째, 스웨덴 정부는 1992년 9월 야당과 공동으로 114개 은행의 저축과 부채를 모두 책임지겠다고 선언했다. 1992년 12월 중앙은행과 의회가 공식적으로 정부의 정책을 승인했다. 이러한 정치적 합의가 투자자와 고객에게 신뢰를 제공해 은행을 안정시키는 데 기여했다.

---

65) Urban Bäckström, What Lessons Can Be Learned from Recent Financial Crisis? The Swedish Experience, *Sveriges Riksbank*(1997.8.29). http://www.riksbank. se/sv/Press-och-publicerat/Tal/1997/The-Swedish-Experience/

66) Carter Dougherty, "Stopping a Financial Crisis, the Swedish Way". *The New York Times*(2008.9.22).

둘째, 정부가 부실 은행을 인수하고, 1993년 5월 은행지원위원회(Bank stödnämnden)를 설립해서 스웨덴 금융시장에 대한 정보를 제공했다. 스웨덴 은행과 여러 금융기관의 재정 상태, 정부의 은행 구제에 관한 각종 정보를 투자자들에게 제공했다.

셋째, 정부가 여섯 개의 대형 은행 가운데 부실 규모가 큰 노르트방켄(Nordbanken)과 외타방켄(Götabanken)에 640억 크로나를 재정적으로 지원하고, 두 은행을 국유화했다. 두 은행의 부채는 자산관리회사인 세쿠룸(Securum)과 레트리바(Retriva)가 관리하도록 했다. 정부는 두 은행이 다시 민영화되었을 때 높은 가격으로 판매할 수 있었기 때문에 재정적인 이득을 취할 수 있었다.

넷째, 스웨덴 정부는 1991년 보험감독원과 은행감독위원회를 통합해서 금융지원기관(Finansinspektionen)을 설립했다. 금융지원기관은 부실은행을 구제하는 데 650억 크로나를 지원했고, 이중 98%가 노르트방켄과 외타방켄을 지원하는 데 사용되었다.[67]

스웨덴의 금융위기는 경제학자들과 세계 금융계가 기대했던 것보다 훨씬 빠르게 해결되었지만 혼란은 컸다. 스웨덴의 금융위기 극복 정책은 2008년 미국의 금융위기 극복에 참고할만한 모범 사례로 인식되었다.[68] 그러나 1994년에는 실업률이 14%로 치솟았고, 정부 부채는 GDP의 13%를

---

67) Finansinspektionen, History. http://www.fi.se/Folder-EN/Startpage/About-FI/Who-we-are/History/(검색일: 2015.2.24).

68) 1994~2004년 스웨덴의 생산성 증가율은 2.4%로 OECD 평균 생산성 증가율 2.2%보다 더 높았고, 제조업 생산성도 OECD 최고 수준을 보여주었다. 또한 경제성장률도 1960년대 이래 최고에 달했다[Richard B. Freeman, Birgitta Swedenborg and Robert Topel(eds.), *Reforming the Welfare State: Recovery and Beyond in Sweden*(Chicago: University of Chicago Press, 2010), p. 5].

차지해서 재정적자를 줄이기 위한 세율 인상과 예산 감축을 동시에 시도했다. 그 결과 개인당 소득이 하락해 1인당 GDP 수준이 세계 3위에서 16위로 내려앉았다. 1994년 재집권에 성공한 사민당 정부는 부채 수준을 GDP의 7% 수준으로 낮출 것을 목표로 재정지출을 삭감하는 과정에서 아동수당도 삭감시켰다.

전반적으로 금융위기가 스웨덴 경제정책에 미친 효과는 대단히 컸다. 일단 렌 모델로 대표되었던 스웨덴의 독특한 경제정책의 특색이 사라졌다.[69] 연대임금제도와 적극적 노동시장정책을 통한 완전고용, 인플레 억제를 주요 경제정책의 목표로 내세웠던 렌 모델 대신 인플레 억제만을 정책의 우선순위로 하는 통화정책 중심으로의 변화가 나타났다. 1993년 1월 변동환율제의 도입과 '인플레 허용 상한선'을 설정해서, 통화정책 위주로 경제안정을 도모하면서 중앙은행의 역할이 강화되었다. 1998년 중앙은행의 역할을 강화하는 법률이 제정되면서, 통화관리와 물가억제를 중앙은행이 정부와 독립적으로 담당하게 했다. 예산 책정도 이러한 원리에 기초해 이루어질 수 있도록 총액 예산을 먼저 정한 다음 세부적인 예산을 책정하는 총예산 선행 결정제, 예산수지 장기 목표의 정치권 합의와 3년간 공공지출한도 설정과 같은 의회 예산 결정 원리를 도입했다.[70] 또한 유럽연합(EU)에 가입해 제도적으로 유럽연합의 경제 규범을 받아들이는 정책적 변화를 도모했다.

---

69) 신정완, "1990년대 초 스웨덴의 금융위기: 원인, 진행경과와 스웨덴 모델에 미친 영향", 《스칸디나비아 연구》, 10(2009), 49~54쪽.

70) 이러한 물가안정화 정책은 성공적으로 이루어져서, 1990년대 중반 이후 노동조합과 기업 간에 이루어진 대부분의 단체교섭이 3년 정도의 적용기간을 보여줄 정도로 물가가 안정되었다. 신정완, 앞의 책, 52.

금융위기 시기에는 규제완화가 집중적으로 이루어졌다. 사민당 정부하에서도 규제완화가 시행되어서 1988년 철도의 수직적 분할이 세계 최초로 이루어졌다.[71] 1991년부터 사민당의 뒤를 이은 보수당 정부는 그보다 적극적으로 민영화를 추진했다. 민영화와 규제완화는 항공(1992), 통신(1993), 전화와 체신(1993), 신경쟁법(1993), 전기(1996) 등을 포함했다. 보수당 정부는 의회의 승인을 얻어 70개 국영기업 가운데 35개의 민영화를 추진했다.[72] 민영화의 규모는 유럽 전체 거래의 4%, 거래 건수의 6%를 차지할 정도로 큰 것이었다. 대표적으로 1991년 국영기업이었던 Vattenfall AB(스웨덴 전력),[73] AssiDomän AB(삼림관리), Telia AB(통신)와 Posten AB(우편) 등이 부분적으로 혹은 전체가 민영화되었다. 이어서 1992년부터 1994년 사이 Celsius Industries Corporation(방위산업체), Pharmacia AB (의약품회사)와 SSAB(철강회사)도 민영화되었다.

민영화는 사민당 정부하에서도 지속되었다. 1995년에는 금융위기로 국

---

71) 스웨덴 철도가 공공부문 정부기관인 철도관리를 담당하는 Banverket와 철도 서비스를 담당하는 Statens Järnvägar(SJ)로 수직적으로 분할되었다. 분할은 계획적으로 이루어진 것은 아니었지만, 이후 다른 나라에도 영향을 미치는 사례가 되었다[Jan-Eric Nilsson, "Restructuring Sweden's railways: The unintentional deregulation," *Swedish Economic Policy Review*, 9(2002), pp. 229~254].

72) 여기에서 사용된 스웨덴 민영화에 관한 자료는 2003년 비영리 연구기관인 Fondazione Eni Enrico Mattei(FEEM)가 출범시킨 '민영화 바로미터'(Privatization Barometer, PB)에서 발행한 것을 이용했다. '민영화 바로미터'는 OECD에 민영화 자료를 공식적으로 공급하는 기구이다. '민영화 바로미터' 웹사이트 주소는 다음과 같다. http://www.privatizationbarometer.net/atlas.php?id=11&mn=PM

73) Vattenfall은 스웨덴뿐만 아니라 북유럽과 스위스에서도 전력 공급을 담당하고 있어서 한꺼번에 민영화할 수 없었다. 1999년 Vattenfall은 스웨덴 전력의 절반 정도를 공급하는 수준으로 축소되었다. OECD, *OECD Economic Surveys: Sweden 2001*, (Paris: OECD, 2001), p. 100.

유화한 은행인 Nordbanken의 주식 30%를 정부가 매각했다. 1998년과 1999년 사이에도 에너지, 가스, 물을 공급하는 Stockholm Energi, Hassleholm Energi AB, Kramfors Fjarrvarme AB와 Norrkoping Miljo and Energi가 민영화되었다. 그 이후로도 민영화는 공공시설, 금융, 산업 영역에서 계속 이루어졌다. 대표적으로 2000년 Telia AB의 자본 20.9%의 매각과 2001년 3억 7700만 달러 규모의 Eniro AB의 부분 매각이 이루어졌다.

2006년 9월 선거에서 승리해 집권한 보수 연립정권은 민영화를 계속 추진하고자 했다. 2001년 이후 국영기업의 민영화가 2006년까지 중단되었으나, 스웨덴 중앙정부와 지방정부는 아직도 20만 명을 고용하는 공기업을 소유한 가장 큰 고용주이다. 보수당 정권은 210억 불 정도의 정부 재산을 매각하겠다고 선언했다. 그것은 SAS Group(스웨덴 항공)의 부분 국가 소유를 통해서 SAS에 연계되어 있는 Rezidor Hotel Group(호텔)의 매각으로 이루어졌다. 2007년 Telirsonera의 지분 8%를 매각해 지분율을 37.3%로 낮추었다. 2008년 미국 서브 프라임 모기지 사태 때문에 일어난 금융위기로 보수당은 민영화를 잠시 연기했다.[74]

규제 완화와 민영화는 경제영역뿐 아니라 교육과 의료, 노인 간병 서비스 같은 사회복지 분야에서도 동시에 시도되었다. 보수 연립정권은 교육, 복지와 의료 서비스 분야에서 민영화를 과감하게 추진했다. "경쟁을 복지 서비스 분야에 도입한다"라는 명분을 내세워 사민당 정부와 보수당 정부는

---

74) 수상 프레드릭 레인펠트(Fredrik Reinfeldt)는 은행 Nordea, 부동산 기업 SBAB, 통신사 TeliaSonera를 포함한 6개 기업의 민영화를 2010년으로 연기한다고 발표했다. 이들 6개 기업 주식의 판매 가격은 330억불(40조원)에 달하는 대규모였다[David Ibison, "Sweden privatization schedule faces delays," *Financial Times*, March 11, 2008].

복지의 시장화를 추진했다. 사민당은 병원 대기 시간을 단축하기 위해 조심스럽게 의료 서비스 민영화를 추진했으나, 보수당은 과감하게 복지 서비스 전체의 시장화를 추진했다. 특히 2007년 이후 의료 분야의 민영화는 의료 서비스에 대한 국민들의 불만에 근거해서 지속적으로 확대되었다.[75]

그러나 2004년 사민당-녹색당-좌파당 연립정부는 의료 민영화를 중단했다. 의료 서비스의 형평성이 훼손되고 있다는 판단하에 의료 민영화를 중단한 것이다. 그러나 2006년 총선에서 승리한 보수 연합정권은 민간 병원의 확대를 통한 의료 서비스 개선과 의료비용 절감을 내세워 의료 민영화를 계속 진행했다. 그러나 민간 병원의 의료 서비스 질이 기존의 공공의료와 차이가 없고, 비용을 절감하기 위해 환자의 불편을 증대하는 사건이 일어났으며, 민간 병원의 탈세가 드러나면서 의료의 민영화가 정치적 쟁점이 되었다.[76] 2014년 9월 선거에서 사회서비스 민영화 문제는 대단히 중요한 쟁점으로 부각되었다. 20년 이상에 걸친 민영화에 대한 스웨덴 유권자들

---

75) 대기 시간이 가장 큰 불만 사항이었다. 환자 대기 시간을 줄이기 위해 사민당 정부가 부분적으로 민간 병원을 허용했으나, 2004년에 추가적인 민영화를 중단시켰다[Jane Burgemeister, "Sweden bans privatisation of hospitals," *BMJ*, v. 328(Feb 28, 2004), p. 484]. 2013년 전체 의료비의 12%가 민간 의료보험에 의해서 지불되는 것으로 나타났다[https://sweden.se/society/health-care-in-sweden/(검색일: 2015. 3. 23)].

76) 보수당 정권하에서 스톡홀름에 있는 최고의 의료센터로 알려진 국립 카롤린스카 대학병원의 병상 500개가 상징적으로 지역의 민간회사가 운영하는 커뮤니티 병원으로 옮겨졌다. 그러나 민간의료 서비스의 질이 국립병원 의료 서비스보다 우수하다는 연구결과가 허위로 밝혀지는 사건이 발생했고, 비용을 줄이기 위한 민간 병원의 환자학대 사건과 스톡홀름의 대규모 민간 병원인 카피오 세인트 외란 병원(Capio St. Göran Sjukhus)에 대한 탈세 고발이 이어지면서 영리를 목적으로 하는 민간병원은 정치적으로 첨예한 이슈가 되었다. Randeep Ramesh, "Private healthcare: Lessons from Stockholm," *The Guardian*(December 18, 2012).

의 반응은 대단히 부정적이었다. 2014년 총선 직전 조사에 따르면, 스웨덴 유권자 열 명 중 일곱 명이 민영화를 부정적으로 평가하는 것으로 나타났다.[77] 정당들 사이의 입장 차이도 이윤을 목적으로 하는 민간 회사에 의해서 제공되는 사회서비스를 둘러싸고 첨예하게 부각되었다.[78]

금융위기 이후 이루어진 개혁은 대단히 포괄적이고 다양하게 이루어졌다. 거시적인 정책 개혁은 변동환율제와 인플레 상한 설정(1992), 유럽연합 가입(1994), 선거 주기를 3년에서 4년으로 연장(1994), 중앙정부 예산 수립 방식 변화(1997), 중앙은행 독립(1999), 공공예산 흑자 1% 목표(2000)를 포함했다. 조세와 재정개혁도 이루어져, 연금개혁(1999), 선물 및 상속세 폐지(2005), 부유세 폐지(2007), 근로소득세액공제제도(EITC) 도입(2007), 가구 서비스 면세제도 도입(2007) 등이 이루어졌다.

1980년대부터 탈규제, 민영화와 자유화를 내세운 다양한 정책이 도입되었음에도, 스웨덴 모델의 기본적인 특징인 낮은 불평등과 낮은 빈곤율은 그대로 유지되었다. 1960년대와 비교하면 불평등도 커졌고 빈곤율도 높아졌지만, 다른 산업 자본주의 사회들과 비교하면 불평등도 매우 낮은 수준이고 빈곤율로 그다지 높지 않다. 이러한 특징이 유지되는 가장 주된 이유는 경제위기 이후에도 적극적 노동시장정책과 보편적인 복지제도가 크게 훼손되지 않았기 때문이었다. 적극적 노동시장정책을 통해서 좀 더 많은 사람이 경제활동에 참여할 수 있도록 해, 일을 통한 경제적 자원의 확보를 우선으로 했다. 〈그림 2.4〉에서 볼 수 있듯이, 스웨덴은 여전히 노동시장

---

77) Richard Orange, "Free-market era in Sweden swept away as feminists and greens plot new path," *The Guardian*(September 14, 2014).

78) Karin Svanborg-Sjövall, "Privatising the Swedish Welfare State," *Economic Affairs*, 34. Vol. 2(2014), pp. 181~192.

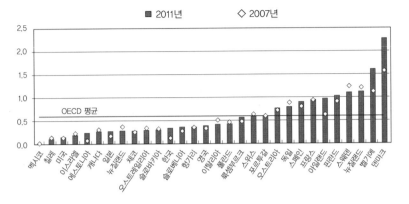

〈그림 2.4〉 2007년과 2011년 GDP 대비 적극적 노동시장정책 지출 비율(단위: %)

■ 2011년　　◇ 2007년

자료: John P. Martin, "Activation and Active Labour Market Policies in OECD Countries: Stylized Facts and Evidence on their Effectiveness," *IZA Policy Paper*, No. 84(2014), p. 6.

정책에 투입하는 재정의 비중이 높다. 또한 실업급여와 질병보험 수준에서 약간의 변화가 있었으나, 그러한 변화는 경제적인 상황에 따라서 가변적이 었고, 1993년도 낮아진 질병보험 수준은 1998년에 원상회복되었다. 전반 적으로 스웨덴 복지제도의 큰 골격이 경제위기를 거치면서 유지되었다는 점에서 스웨덴 모델이 와해되었다고 보기는 어렵다. 특히 금융위기를 거치 면서도 복지제도가 약화되거나 크게 후퇴하지 않았다는 점에서 스웨덴 복 지제도의 안정성과 지속성이 금융위기를 통해서 또다시 검증되었다고 볼 수 있다.

7. 맺음말

1932년 집권한 스웨덴 사민당은 사회주의 이념을 실현하고 대공황을 즉각적으로 해결하는 방식으로, 높은 실업률과 인플레를 방지하기 위한 재정정책과 노동시장정책을 통해 문제해결을 시도했다. 이것은 자유주의 경제정책에 대한 포기로서 국가의 경제개입을 내세우는 케인스 경제론에 기초한 것이었다. 스웨덴은 모든 국민에게 '인민의 가정(Folkhemmet)'이 되어야 한다는 이념하에 팽창적인 공공지출을 통해 수요를 확대해 실업을 해결하는 경제정책을 실시했다.

사민당의 독특한 경제정책은 제2차 세계대전 이후에 나타났다. 인플레와 실업률의 악순환을 극복하기 위해 노조에서 제시한 연대임금정책과 국가의 적극적 노동시장정책, 경제발전을 가능케 하는 경제 구조조정과 노동자들의 연대강화를 동시에 달성할 수 있는 경제정책이 채택되었다. 이러한 정책은 렌 모델로 구체화되어 전후 20여 년간의 전후 경제 호황기에 완전고용과 안정된 물가 관리를 주된 목적으로 집행되어 상당한 성공을 거두었다. 이 정책을 통해 노조의 조직력이 지속적으로 강화되었고 또한 사민당의 장기집권도 이루어졌다. 소위 '스웨덴 모델'이라 불리는 독특한 정치경제체제가 이 시기에 형성되었다.

두 차례에 걸친 석유파동으로 국제경제에 변동이 있었던 1970년대 초부터 사민당의 경제정책은 노조와의 협조하에서 질적인 변화를 보였다. 노조는 임금을 중심으로 한 노동운동이 어려운 조건하에서 기존의 임금을 중심으로 하는 양적인 요구보다는 노동통제, 경영참가 등의 질적 요구를 내세웠다. 노동과 자본 간에 이루어지는 타협인 1938년 살트셰바덴 협정을 통해 이루어진 경영권에 대한 불간섭의 원칙을 포기하고, 산업민주주의의 실현을 노조의 새로운 운동 목표로 삼았다. 사민당은 이를 적극적으로 받아들여 1970년대에는 노동과 자본 간의 관계에 국가가 개입하는 여러 노동입법이 이루어졌다.

1980년대 사민당의 경제정책은 새로운 제약 속에서 기존의 경제정책의 한계를 극복하고자 했다. 한편으로는 노조의 강력한 요구인 임금노동자기금의 실시와 다른 한편으로는 국제경제의 침체하에서 경제를 활성화시켜야 하는 과제를 해결하고자 하고 있다. 그러나 산업구조의 변화에 따른 노동시장구조의 변화로 기존의 LO-사민당 헤게모니를 위협하는 TCO와 SACO의 급성장, 공공부문 노조와 사기업 노조 간의 갈등, 독립적인 단체교섭을 요구하는 수출산업 노조들의 요구 등으로 중앙화된 단체교섭이 붕괴되면서, 1932~1976년까지 44년 사민당 장기집권 기간에는 존재하지 않았던 새로운 제약조건들이 나타났다. 이러한 새로운 제약조건하에서 사민당의 경제정책은 현재 분명한 정책적 대안을 제시하지 못했다.

1980년대 등장한 신자유주의 세계화의 흐름 속에서 노동시장 구조의 변화와 스웨덴 자본가들의 반사회민주적 개혁 요구가 기존의 LO-사민당의 헤게모니를 약화하고 있다. 1980년대 스웨덴 사민당의 경제정책은 이러한 변화된 구조적 조건하에서 한편으로는 정치적으로 권력 재생산에 필요한 정치적 필요와 국제경제의 변화에 따른 거시 경제적 안정을 도모하기 위해 물가 관리를 중심으로 경제를 운영했다. 이러한 과정은 1970년대까지 사민당이 추구했던 LO-사민당 연합에 기반을 둔 완전고용과 물가 관리를 중심으로 하는 경제정책과는 매우 다른 것이다.

2000년대 들어서 사민당의 딜레마는 1980년대 스웨덴 재무상이었던 펠트의 문제 제기에서 잘 드러나고 있다. 펠트는 기존의 사민당 경제정책이 정밀한 현실분석에 기초하지 않고 불확실하고 모호하게 가정된 스웨덴 자본주의 모델과 이에 대한 비판에 기초하고 있다고 지적하면서, "그러므로 우리는 사회주의의 가치, 목표와 양립할 수 있는 자본주의의 유형을 정의하려는 노력을 해야 한다"라고 주장했다.[79] 시장경제가 모든 문제를 해결할 수 없듯이, 계획경제도 모든 문제를 해결할 수 없기 때문에 구체적으로 어떠한 시장, 어떠한 계획이 필요한가에 대한 논의가 필요하다고 본 것이다. 그러나 펠트의 경제정책은 국가의 역할을 축소시키고 시장의 역할을 확대하는 신자유주의의 길로 나아갔고, 그것은 1990년대 초 스웨덴 경제의 위기로 귀결되었다. 이후 스웨덴 사민당은 과거 렌 모델과 같은 뚜렷한 대안을 찾지 못하고 있다.

스웨덴식 사회민주주의 경제모델의 일반적인 모델은 존재하지 않는다. 사회민주주의 이념은 어느 정도 고정되어 존재했으나 그것을 구현하는 구체적인 사회민주주의 경제모델은 고정된 것은 아니었고, 구체적인 정치적·경제적 조건하에서 이념을 실천적으로 현실화하기 위한 다양한 정책과 제도들로 나타났다. 그러므로 정치적·경제적 조건의 변화에 따라 새롭게 나타난 제약과 가능성하에서 당면한 경제문제를 해결하기 위한 경제정책들이 만들어졌다. 1930년대 대공황을 극복하기 위한 노동자·농민 연합에 기초한 케인스 식 경제정책, 1950년대 인플레와 실업을 동시에 극복하기 위한 노동시장 정책과 연대임금정책, 1970년대 두 차례 석유파동으로 인한 국제 불황하에서 산업민주주의를 실현하기 위한 입법화, 1980년대 국제적인 경기불황하에서 노조의 요구에 따른 임노동자기금 정책과 경제적 안정을 이루기 위한 재정정책 등 시대적으로 변화하는 조건에서 각기 다른 경제모델이 제시되었다. 1990년대에는 국제적으로는 세계화와 국내적으로는 변화된 계급구조, 노동시장 구조하에서 경제정책을 모색해야 했다. 1995년 이후 스웨덴은 EU에 가입하고 유럽의 경제와 통합되면서 스웨덴 정부의 정책 선택의 폭이 크게 줄어들었다. 특히 재정정책은 큰 제약을 받

---

79) Kjell Olof Feldt, "What Shall We Do with Capitalism?," *Inside Sweden*, no.3(July 1989), p. 5.

고 있다.

결론적으로 현재의 스웨덴 사회민주당의 경제정책들은 세계화 시대 세계경제의 변화에 따른 문제에 대응하기 위한 정책이며, 렌 모델에서 나타났던 사회민주주의 이념을 구현하는 독특한 정책과 제도는 기대하기 어렵다. 1995년 EU의 회원국가로 유럽 자유무역연합(EFTA)에 적용되는 정책에 영향을 받게 되었고, 자본의 이동을 포함한 세계경제 변화에 직접적으로 영향을 받고 있다.[80] 스웨덴 국가의 독립적인 정책적 역량과 정책의 효과도 과거와는 상당히 달라졌다. 그럼에도 스웨덴의 경제정책은 역사적인 경험과 스웨덴의 독특한 정치적 지형 속에서 영국이나 미국과는 큰 차이를 보이고 있다. 경로의존성이 강하게 작동하고 있기 때문이다. 그러므로 경제위기와 우파 정당의 집권을 거치면서도 노동시장제도, 복지제도와 조세제도들이 큰 변화를 겪지 않고 유지되고 있다. 홀과 소스키스의 자본주의 유형론이나 에스핑-앤더슨의 복지국가 유형론이 주장하는 것처럼, 서로 다른 사회경제체제나 복지체제가 수렴하지 않고 계속 차이를 보여주는 것은 국내적인 정치과정과 제도의 복합성 때문이다. 이러한 점은 스웨덴의 경제모델을 논의하는 데 스웨덴의 독특한 역사성을 무시한 채 특정한 시기의 스웨덴 경제모델만을 지나치게 과대평가하거나 과소평가하려는 시도 자체가 적절하지 않음을 의미하기도 한다.

---

80) 이미 1980년대 말 스웨덴의 해외직접투자는 1980년대 초에 비해서 300%가량 증가했다. 해외직접투자 액수는 1981년 3억 달러에서 1990년 22억 달러로 일곱 배 이상 늘었고, GDP에서 해외직접투자가 차지하는 비중은 세 배 정도 증가했다(OECD, *OECD Review on Foreign Direct Investment Sweden*(1993), p. 12).

3장

복지제도와 복지정치*

1. 머리말

이 장은 복지국가[1]의 전형으로 알려진 스웨덴 복지제도의 형성과정과
변화의 궤적을 살펴본다.[2] 구체적으로, 덴마크 출신 사회학자 에스핑-앤
더슨이나 스웨덴 출신 사회학자 발테르 코르피와 같은 열렬한 사회민주주
의자들에 의해서 사회민주주의 복지 자본주의의 전형으로 많이 소개된 스

---

* 이 장의 전반부는 신광영, 『스웨덴의 복지제도의 형성과 특징』(을유문화사, 1991),
   135~184쪽을 바탕으로 했다.

1) 복지국가에는 여러 가지 정의가 있지만, 여기에서는 오래전에 영국의 역사학자 아사
   브릭스(Asa Briggs)가 제시한 가장 고전적인 정의인 "시장의 역할을 교정하기 위해
   의도적으로 조직된 권력을 적어도 세 가지 영역(소득보장, 사회적 위험, 사회서비스)
   에서 사용하는 국가"라는 정의를 따른다[Asa Briggs, "The Welfare State in Histori
   cal Perspective," *European Journal of Sociology* 2(2), 1961, pp. 221~258].

2) 개괄적인 스웨덴 복지제도와 복지정책에 관해서는 다음을 참조할 것. 김인춘, 『스웨덴
   복지 정책의 경쟁력: 일하고 성장하는 복지』(아산정책연구원, 2012).

웨덴의 복지제도가 어떤 과정을 거쳐서 형성되었고, 그 이후 어떻게 변화했는지를 분석한다. 스웨덴 사회복지는 일부 사람이 생각하듯이 경제가 성장하면 자연적으로 형성되는 경제발전의 산물도 아니고 스웨덴 사람들이 특별히 정의롭거나 자비로워서 생긴 집단적인 심성의 산물도 아니다. 사회복지는 사회문제를 해결하기 위한 집합적인 노력과 정치적 투쟁 과정을 거쳐서 만들어진 근대의 산물이다. 인류가 출현한 지 수십만 년이 지난 후 아주 최근에 이르러서야 자신을 다양한 위험으로부터 보호하는 제도를 만들었고, 이러한 집단적인 안전망은 다양한 정치적 과정을 거쳐 구축되었다.

근대에 이르러 등장한 사회복지제도는 대체로 산업화를 이룬 나라들에서 먼저 등장했다. 개개인의 복지가 가족에게 맡겨진 전통사회나, 개인이 일하는 개별 기업이나 조직에 의해서 복지가 보장되는 것이 더 이상 가능하지 않은 상황에서 국가의 공적 역할을 통한 복지가 새롭게 등장했다. 왕조 국가 체제에서 국가가 국민을 지배와 착취의 대상으로만 간주했던 과거와는 달리, 국민은 국가 주권의 실질적인 주체라는 인식이 민주주의와 더불어 발전했다. 그리고 민주주의는 형식적인 주권자가 아니라 실질적인 주권자로서의 지위를 국민들에게 보장하는 공적인 제도로서 사회복지제도가 발전하는 데 핵심적인 역할을 했다. 그러므로 복지제도의 발전은 산업화 그리고 민주화와 밀접하게 맞물려 있는 제도적인 혁신의 결과물이라고 볼 수 있다.

그러나 사회복지제도는 매우 다양한 방식과 모습으로 등장했다.[3] 대표

---

[3] 미국의 역사학자 피터 볼드윈(Peter Baldwin)은 복지국가의 형성 과정에서 노동계급과 사회주의 운동의 공헌을 강조하는 사회적 해석(social interpretation)은 일부 국가나 일정 시기에만 적합하다고 주장했다. 북유럽의 사회민주주의적 복지국가의 형성도 노동계급과 좌파 정당 단독으로 이룬 것이 아니며 보편주의적이고 평등주의적인 복지

적으로 독일의 오토 폰 비스마르크(Otto von Bismark)는 1871년 독일 통일을 달성한 후, 산업노동자의 급증에 따른 사회주의 노동운동의 확산을 막기 위해 '사회주의 금압법'과 더불어 신문을 폐간시키는 등 억압적인 정책을 펴면서, 다른 한편으로 1882년 '의료보험', 1884년 '노령연금'과 1889년 '산재보험' 등을 도입했다. 비스마르크의 사회복지는 이른바 당근과 채찍을 동시에 사용해서 급진적인 노동운동의 확대를 막기 위해 복지를 도입한 전형적인 사례였다.[4] 그럼에도 정치적 조건이 다른 덴마크, 벨기에, 스위스 등지에서도 독일의 연금제도를 모방한 보험제도와 연금제도가 도입되었다.[5]

또 다른 경로는 전쟁 동원을 위한 복지제도의 도입으로, 이러한 대표적인 국가로는 영국을 들 수 있다. 영국에서 '복지국가(the welfare state)'라는 용어는, 독일을 '전쟁국가(the warfare state)'라고 부르고 전쟁을 일삼는 독일과 대비되는 좋은 국가라는 의미를 지니는 용어로써 제2차 세계대전 중에 등장했다. 캔터베리의 윌리엄 템플(William Temple) 대주교가 처음 이러한 용어를 사용했고, 청년들이 전쟁터에 나가 목숨을 걸고 지킬 만한 좋은 국가라는 의미에서 영국 청년들의 애국심을 고취하기 위한 논의가 복지국가였다.[6] 이러한 맥락에서 '요람에서 무덤까지'라는 현대 복지국가의 이념을

는 일부 부르주아지 집단에 의해서 이루어졌다는 점을 강조한다. 그러므로 역사적 이해가 중요하다는 입장이다[Peter Baldwin, "The Scandinavian Origins of the Social Interpretation of the Welfare States," *Comparative Studies in Society and History*, 3, Vol. 1(1989), pp. 3~24].

4) 가스통 V. 림링거, 『사회복지의 사상과 역사』(한울, 1991).
5) Asa Briggs, "The Welfare State in Historical Perspective," p. 230.
6) 1941년 복음주의 사회개혁가이자 성공회 목사였던 윌리엄 템플 대주교는 『기독교와 사회 질서(Christianity and Social Order)』라는 책에서 복지국가라는 용어를 처음으

제시한 「베버리지보고서(Beveridge Report)」는 1940년대 초 제2차 세계대전의 와중에서 독일의 폭격을 받고 있었던 런던에서 작성되었다. 베버리지보고서는 복지국가라는 용어를 사용하지 않았고 대신에 사회서비스 국가라는 용어를 사용했다.[7]

세 번째 경로는 스웨덴에서와 같이 아래로부터의 계급 역학에 의해서 복지제도가 도입되고 발전된 사례이다. 스웨덴에서 초기 복지제도는 자유주의자들에 의해서 도입되었다. 보수주의자들에 대한 자유주의자들의 도전으로 복지가 중심적인 쟁점 중 하나였다. 사회민주주의자들은 복지가 노동자들의 계급의식을 약화할 수 있는 아편과 같은 것이라는 견해를 그 당시도 그대로 유지하고 있었다. 그러나 사민당이 집권하면서 강력한 노동조합과 함께 오늘날 스웨덴의 복지제도를 구축했다.[8]

로 사용했다. 그는 인간의 모습이 하느님의 형상을 본받았지만, 그것이 동물적인 상태에 각인되었기 때문에 하나님의 모습과 동물적인 속성 간의 긴장이 존재한다고 주장하고, 인간의 존엄을 하느님과의 소통에서 찾았다. 기독교의 사회적 원리는 자유, 사회적 동료애(연대), 봉사라고 주장했다. 이를 실행하기 위해서 주택, 교육, 소득, 경제활동, 여가와 사상과 집회의 자유가 보장되어야 한다고 주장했다[William Temple, *Christianity and Social Order*(SCM Press, 1950), pp. 61~62].

7) 베버리지보고서의 공식 명칭은 '사회보험과 통합 서비스(Social Insurance and Allied Service)'였고, 보고서는 5대 악이라 부른 '결핍, 질병, 무지, 더러움, 게으름'에 대응하는 포괄적인 정책 가운데 하나로 사회보험을 내세웠다. 윈스턴 처칠(Winston Churchill)을 포함한 보수당 지도부는 베버리지보고서에 대해서 공개적인 지지를 표명하지 않았다. 베버리지 개인에 대한 불신을 가지고 있었기 때문이었다. 노동당 당수 어니스트 베빈(Ernest Bevin)도 베버리지보고서에 미온적인 태도를 보였다. 가족수당이 노조의 기능을 흡수해 노동조합의 역할을 약화할 수 있다고 본 것이다[Peter Weiler, *Ernest Bevin*(Manchester: Manchester University Press, 1993), pp. 139~141].

8) 에스핑-앤더슨은 유럽에서 계급동맹(class coalition)이 복지제도의 차이를 가져온 결정

역사적 형성과정보다는 국가가 보장하는 개인이나 가족의 기본적인 '복지 수준'과 복지를 제공하는 방법에 따라서도 복지제도나 복지국가는 여러 유형으로 분류된다. 예를 들어, 국가의 복지 개입이 일부 생활이 어려운 사람들을 대상으로 하는 '선별적 사회서비스'와 모든 국민을 대상으로 하는 '보편적 사회서비스' 같은 구분이나, '제도적 사회정책'과 '주변적 사회정책' 같은 구분은 복지 혜택의 대상을 중심으로 이루어진 유형의 구분이다.[9] 보편적 사회서비스는 '공적 서비스를 이용하는 데서 열등감, 빈곤, 수치심이나 낙인찍히는 느낌'을 주지 않는다는 점에서, 또한 결과적으로 자존감과 존엄을 유지해준다는 점에서 선택적 사회서비스보다 더 좋은 제도로 인정된다.

스웨덴의 복지제도는 보편주의적 원리를 바탕으로 하고 있어서 복지제도를 통한 재분배와 평등주의적 가치를 실현하는 동시에 높은 수준의 복지를 통해서 높은 수준의 삶의 질을 보장하는 제도로 널리 알려져왔다. "요람에서 무덤까지"라는, 베버리지가 내세운 복지국가의 원리가 영국보다 오히려 스웨덴에서 더 잘 구현되었다는 평가를 듣는 것도 스웨덴 복지제도가

적인 요인이라고 주장하고, 이를 통해서 복지자본주의가 자유주의, 보수주의(조합주의)와 사회민주주의 세 가지 유형으로 등장했다고 보았다[Gøsta Esping-Andersen, *The Three Worlds of Welfare Capitalism*, New Jersey: Princeton University Press, 1990, pp. 27~32].

9) 최초로 보편주의라는 용어를 복지국가 분류에 사용한 영국의 사회정책학자 리처드 티트머스(Richard Titmuss)의 논의는 그 후 복지국가 분류의 기본틀이 되었다[Richard Titmuss, "Universalism versus Selection," *Committment to Welfare* (London: Allen and Unwin, 1968)]. 스웨덴 사회학자 코르피도 '제도적 사회정책'과 '주변적 사회정책'을 구분하면서 사회정책 유형을 두 가지로 구분했다[Walter Korpi, "Social Policy and Distributional Conflict in the Capitalist Democracy: Preliminary Comparative Framework," *West European Politics* 3. vol. 3(1980)].

지니는 이와 같은 특징 때문이다.

스웨덴 복지제도의 형성과 변화 과정에 대한 이해는 복지제도가 지니는 정치적 성격과 경제적 성격에 대한 이해를 돕는다. 이를 통해서 스웨덴 사회 시스템이 어떤 제도적 토대와 정치적 조건하에서 형성되었는지를 이해하고, 이를 통해서 보수당 집권기에도 복지제도가 그대로 유지될 수밖에 없었던 조건이 형성되었음을 살펴본다.

2. 스웨덴 사회복지제도의 형성기

유럽의 역사에서 영국과 프랑스가 중심부 국가였다면, 유럽 동부와 북부 국가들은 주변부 국가였다. 스웨덴도 가장 낙후된 북방의 주변부 국가 가운데 하나였다. 인구폭발을 경험한 19세기 유럽의 다른 나라들과 마찬가지로 스웨덴도 인구가 폭발적으로 증가해서, 19세기 초 300만 정도에 지나지 않던 인구가 1900년에 이르러 510만으로 1.7배 증가했다. 농토는 제한이 되어 있었기 때문에, 이러한 인구증가는 농토의 분할과 농민의 빈곤화를 가속시켰다. 더구나 1860년대 말 흉년으로 대기근이 들어 식량난이 발생했고, 해외로의 이민이 농촌의 위기를 극복하기 위한 선택으로 등장했다. 빈곤에서 탈출하기 위한 대규모 해외 이민자는 19세기 말과 20세기 초까지 스웨덴 전체 인구의 25%가량에 이를 정도로 대단히 큰 비중을 차지했다.[10]

---

10) 해외 이민을 떠난 스웨덴인은 1851년부터 1910년까지 99만 8000명에 달했다[Clive Trebilcock, *The Industrialization of Continental Powers 1780~1914*(London: Longman, 1981), pp. 310~311].

스웨덴의 산업화는 19세기에 이르러 시작되었기 때문에 19세기 내내 농업이 주된 산업이었고, 본격적인 산업화는 일본과 거의 비슷한 시기인 1870년대에 시작되었다. 스웨덴 산업화의 특징 가운데 하나는 내수산업보다 수출산업을 중심으로 발전이 이루어졌다는 점이다. 국가가 철도, 통신, 우편 등의 사회 간접자본에 집중 투자를 했고, 1842년부터 의무교육을 도입해 양질의 노동력을 확보할 수 있었기 때문에, 기업은 생산설비 투자에 집중해 규모가 큰 기업들이 초기부터 등장했다. 이미 1872년 100명 이상의 피고용자를 고용한 기업에 종사하는 노동자들의 비율이 70% 가까이 되었다.[11] 농산물과 천연자원 수출에서 제조업 섬유, 펄프, 기계제품 등의 수출로 수출 상품이 바뀌면서 제조업의 발전이 가속화되었다. ABB나 에릭슨(Ericsson)과 같은 스웨덴의 대표적인 기업들이 이 시기에 창업되었다. 산업 노동자 수도 1870년 8만에서 1890년 30만으로 크게 늘었다.[12]

1868년과 1869년 대기근은 해외 이민자를 늘렸을 뿐만 아니라 국내적으로 빈민문제를 새롭게 쟁점화시키는 계기가 되었다. 1763년에 제정된 구빈법은 빈민들의 이동을 제한하는 법으로 주된 목적이 빈민 통제였다[13] 1847년에 개정된 구빈법은 구빈법을 자유화해 구빈을 권리로 인정하고,

---

11) 산업에 따라서 큰 차이가 있었지만, 1872년 69.3%의 노동자들이 100명 이상의 대기업에서 근무했다. 가장 높은 비율은 78%의 섬유산업이었고, 낮은 비율은 가죽과 고무제품으로 8.4%에 그쳤다[Lars Magnusson, *An Economic History of Sweden* (London: Roudledge, 2000), pp. 151~153].

12) Jorberg, Lennart, "Structural Change and Economic Growth in Nineteenth Century Sweden," in *Sweden's Development From Poverty to Affluence, 1750~1970* (Minnepolis: University of Minnesota Press, 1975), p. 114.

13) Alexander Davidson, *Two Models of Welfare: The Origins and Development of the Welfare States in Sweden and New Zealand, 1888~1988*(Stockholm: Almqvist & Wiksell International, 1989), p. 62.

공식적인 결정에 어필할 수 있는 권리를 인정했다. 그러나 대기근이 발생해 빈민구제 비용이 급격하게 증가하면서 빈곤 구제 대상의 축소가 필요하다는 견해가 등장했다.[14] 구빈법이 수혜를 받는 사람들을 게으르게 만들어 스스로 구빈 대상자에서 벗어나기보다는 빈곤 상태에서 머물러 있게 한다는 견해가 팽배해져 1871년에 개정된 구빈법은 구빈의 권리를 축소하고 구빈 대상자도 축소시켰다. 개정된 구빈법은 1918년에 수정될 때까지 유지되었다. 이 시기 구빈의 주체는 지역 마을(township)이었으며, 지역 마을은 구빈을 필요로 하는 사람들에 대한 의무가 아니라 국가에 대한 의무로 지역의 빈민들에게 복지를 제공했다.

1884년 자유주의 정치가였던 아돌프 헤딘(Adolf Hedin)[15]은 독일, 덴마크, 영국 등지의 사회입법을 연구해서 질병, 산업재해와 노인을 대상으로 하는 국가 보험을 요구하는 사회보험법안을 제안했다. 자유주의자였던 헤딘은 사회문제를 해결하기 위해서 국가보험제도를 도입하는 것이 불가피하다고 주장했다. 이에 대한 반대는 보수주의자들로부터 나왔다. 보수주의자들은 스웨덴과 같이 경제력이 낮은 나라에서 사회보험법안은 사치스러운 것이라고 비판하고 복지제도 도입에 반대했다.[16] 도시 자유주의 세력과 보수주의 세력 간의 대립은 사회주의 세력이 부각되기 이전에 중요한 정치적 균열을 대변했다.

---

14) Hugh Heclo, *Modern Social Politics in Britain and Sweden*(New Heaven: Yale University Press, 1974), p. 56.

15) 헤딘은 예테보리의 ≪아프톤블라데트(Aftonbladet)≫ 신문 발행인이며 동시에 자유주의적 성향의 정치가였다. 보통선거와 보편적인 징병제, 노동자들의 산재보험과 노령보험을 요구했다.

16) Sven Olsson, *Social Policy and Welfare State in Sweden*(Lund: Arkiv förlag, 1990), pp. 44~46.

사회개혁에 관한 논의는 1880년대 세 가지 대중운동의 발전과 더불어 정치 담론을 주도했다. 19세기 말에 등장한 자유종교운동, 절제운동과 노동운동은 모두 개혁을 내세운 운동들로 공통적으로 사회문제를 해결하기 위한 집단적인 운동이었다. 대중운동의 형태로 등장한 세 가지 운동은 운동의 이념과 인적 자원을 이어받으며 자유종교운동, 절제운동과 노동운동 순으로 단계적으로 전개되었다. 즉, 노동운동 자체도 이러한 대중운동의 발전 단계에서 나타났기 때문에 대중운동의 자원을 이어받았다.[17] 독일과 영국에서 유학을 하고 돌아온 구스타프 카셀(Gustav Cassel)은 스톡홀름대학교 경제학과 학과장으로 재임하면서 1902년 스웨덴에서 최초로 사회정책에 관한 책인 『사회정치(Socialpolitik)』를 집필했다. 카셀은 "사회정책의 이데올로기는 도그마가 제거된 사회주의와 자유주의"라고 주장했다.[18]

스웨덴에서 조직적인 사회복지 운동은 1903년 사회사업협회(Centralförbun det för Socialt Arbete: CSA)가 결성되면서부터 시작되었다. 사회사업협회는 절제운동의 영향을 받은 상류층 박애주의자들로 구성되었다. 대표적으로 귀족 출신 운동가인 코치(G. H. von Koch)는 1890년대에 영국을 방문하고 소비자협동조합을 중심으로 하는 개혁운동에 큰 감동을 받았다. 코치의 지도하에 사회사업협회는 빈민구제, 주택, 농업, 여성 야간 노동, 죄수

---

17) Göran Therborn, "A Unique History of Swedish Social Democracy," in Klaus Misgeld, Karl Molin, and Klas Åmark(eds.), *Creating Social Democracy: A Century of Social Democratic Labor Party in Sweden*(University Park: Pennsylvania State University Press, 1992), pp. 12~15. 미셸레 미셸레티(Michele Micheletti)는 이것을 시민사회 운동으로 재개념화해서 스웨덴 시민사회의 발달에 따른 정치 발전으로 해석하고 있다[Michele Micheletti, *Civil Society and the State in Sweden*(Aldershot: Avebury, 1995)].

18) Sven Olsson, *Social Policy and Welfare State in Sweden*, p. 62.

보호, 아동복지, 실업 등에 관한 전국적인 학술대회를 열어 사회개혁의 필요성을 역설했다. 그리고 전시회나 대중강연을 열어서 대중교육을 실시했다. 1906년에는 전국회의를 열어 1871년 개정된 구빈법의 재개정의 필요성과 실업보험의 도입을 만장일치로 결의했다.

1907년 국제적인 경기침체로 대량실업이 발생하면서 실업보험문제가 대두되기 시작했다. 자유주의자였다가 이후 사회민주주의자로 변신한 에드워드 오토 바브린스키(Eduard Otto Wilhelm Wavrinsky)는 실업보험에 관한 의회 조사를 요구했으나 보수주의자들과 농민 대표들에 의해서 부결되었고, 1909년 스웨덴 노동조합총연맹(LO)의 총파업으로 실업보험 논의는 보수주의자들에 의한 격렬한 반대에 부딪혔다. 실업보험안은 이데올로기의 차이를 분명하게 드러내는 계기가 되었다. 사민당은 노동자들을 빈곤으로부터 보호할 수 있을 것이라는 점에서 실업보험을 지지했다. 반면 자유주의자들은 비스마르크의 실업보험과 같이 실업보험을 통해서 급진적 노동운동을 포섭할 수 있을 것이라고 판단해 실업보험안을 지지했다.[19]

1911년 하원위원 선거에서 다수당이 된 자유당은 사회개혁 입법을 추진했다. 자유당은 1913년 보편주의적인 원리에 바탕을 둔 노령연금과 장애자보험을 법제화했다. 이것은 세계 최초의 보편주의에 기초한 노령연금 프로그램으로 노동자들만이 아니라 모든 국민을 대상으로 한 것이었다.[20] 또한

---

19) Hugh Heclo, *Modern Social Politics in Britain and Sweden*, p. 73.
20) 노령연금은 매우 낮은 수준이었고, 연금 수령 연령은 67세로 매우 높았다. 그리하여 1946년 6월에 노령연금이 개혁되었고, 1960년 강제적인 보충연금제도가 추가되었다. 1977년에는 노령연금 수급 연령이 65세로 낮춰졌다[Konrad Persson, "Social Welfare in Sweden", *Social Security*, 1949, April, pp. 16~24. Gerdt Sundström, *Old Age Care in Sweden, Yesterday, today……tomorrow*(Stockholm: The Swedish Institute, 1987), pp.9~12].

실업보험에 대한 조사를 위해서 실업보험조사위원회를 구성해서, 실업보험 법제화를 추진했다. 위원회는 덴마크, 독일, 프랑스, 벨기에, 영국의 실업대책을 조사했고, 벨기에 겐트 지역의 실업보험제도인 겐트제도를 스웨덴 실업보험제도로 제안했다. 겐트제도(Ghent system)는 노조가 자체적으로 도입한 실업보험에 국가가 공공기금으로 보조하는 실업보험제도였다.[21] 그러나 1914년 2월 국방력 강화를 요구하는 농민들의 시위로 자유당 정부가 위기를 맞았고, 3월에 실시된 총선에서 보수당이 정권을 장악하면서, 실업보험 논의는 정치권에서 일시적으로 사라졌다.

그러나 1914년 11월 발발한 제1차 세계대전으로 실업이 증가할 것을 우려한 보수당 정부는 실업위원회를 설치했다. 실업위원회는 실업자들이 시장 임금 이하의 임금을 받고도 일을 해서 생계를 유지할 수 있도록 하는 '노동을 통한 접근(arvetlinie)'을 내세웠다. 보수당 정부는 그것을 스스로 생계를 유지하도록 하게 함으로써 도덕적으로, 또한 경제적으로 좋은 제도라고 주장했다. 결과적으로 보수당이 도입한 노동을 통한 접근은 구빈법 전통에서 크게 벗어나지 않은 방식이었다.

---

[21] 겐트제도는 벨기에 겐트 지역에서 도입된 실업보험제도로 노동조합이 실업보험을 관리하고, 국가는 기금의 일부를 부담하는 제도이다. 노조의 '자립'과 책임 원리에서 겐트 의회는 노조가 관리하고 시가 재정을 일부 부담하는 실업보험제도를 도입했다. 이 제도는 국가는 실업보험을 직접 관리하지 않음으로써 인력을 줄일 수 있고, 노조는 실업보험을 관리함으로써 노동조합 조직률을 높일 수 있는 이점이 있는 것으로 알려졌다. 노조는 노동자들의 무임승차 문제를 해결하고, 노조에 대한 사회적·정치적 인정을 획득함으로써 정치적 영향력을 발휘할 수 있다는 점에서 노조의 발전에 유리한 제도로 알려져 있다[Kurt Vandaele, "A report from the homeland of the Ghent system: unemployment and union membership in Belgium," *Transfer* 4/06(2006), pp. 647~657].

이 시기 사회복지제도의 형성 과정에서 노동자들은 주체라기보다는 객체였다고 볼 수 있다. 지식인과 정치인들이 복지정책과 관련한 주도적인 역할을 했고, 노동자들은 복지와 관련해서 적극적인 요구를 하거나 정책 결정에 참여하지를 못했다. 그러나 1917년 러시아혁명은 스웨덴 노동자들에게 큰 영향을 미쳤다. 노동자들이 저임금과 실업보험제도에 불만을 품고 폭동과 시위에 가담했고, 스웨덴 군의 일부가 볼셰비키 혁명에 동조하려고 했다. 또한 사민당 내에서 급진파가 분당을 해서 사회민주주의 좌파당(Socialdemocratiska Vänsterpartiet)을 결성해서 1917년 가을 선거에 참여했다.[22] 1914년 농민 시위를 계기로 창당한 농민당도 최초로 1917년 선거에 참여했다. 이 선거에서 사회민주좌파당은 8%을 얻었고, 농민당도 8.5%를 얻어서 좌파와 우파 정당들의 표가 분산되었다. 이전 선거에 비해서 보수당의 표는 35.9%에서 24.7%로 하락했고, 사민당도 5.3% 포인트 하락한 31.1%의 지지를 얻었다. 그러나 사민당은 27.6%의 지지를 얻은 자유당을 제치고 제1당이 되는 데 충분했기 때문에, 사민당은 자유당과 연정을 구성해 최초로 행정권력을 확보할 수 있었다. 자유당-사민당 연정은 1921년 여성들의 투표권을 인정하는 평등선거를 도입해서 의회를 통해 민주주의를

---

22) 급진파는 군주제를 타파하기 위해 러시아혁명과 같은 혁명의 필요성을 역설했다. 사민당 내에서 급진파를 이끈 제스 헤이룬드(Zäth Höglund)는 사민당에서 분당해서 독자적으로 사회민주좌파당을 창당했고, 이후 1921년 당명을 스웨덴 공산당으로 바꿨다. 그는 저널리스트이자 반전운동가이자 정치인으로 1940년부터 1950년까지 스톡홀름 시장을 역임할 정도로 영향력이 컸다. 그러나 1967년 유로코뮤니즘으로 노선을 바꾸면서 다시 당명을 좌파 공산당으로 바꿨다. 1990년 동구권 국가사회주의 붕괴 후 스웨덴 공산당은 당명으로 좌파당(Vänsterpartiet)로 다시 바꿨다[Höglund, Zeth. *The Revolutionary Years, 1917~1921*. autobiography Vol. 3(Stockholm: Tidens förlag, 1956)].

제도화시키는 데 성공했다.

그러나 당시 사민당은 경제공황으로 나타난 대량실업 사태 속에서 실업
문제를 해결할 수 있는 대안을 마련하지 못했다. 1920년대 연평균 16.6%
의 높은 실업률이 지속되었지만 해결책을 제시하지 못했고, 사민당의 이론
가이자 사민당 정부에서 재무장관을 역임한 비그포르스는 국유화와 공장
위원회 설치를 선거공약으로 제시했다. 이러한 급진적인 정책은 오히려 유
권자들로부터 외면당했다. 사민당은 1924년 선거에서 41.4%의 지지를 얻
어 역대 최고의 지지율을 얻었지만, 1928년 선거에서 37.0%로 지지율 하
락을 경험한다.

3. 사민당의 새로운 노선: '인민의 가정'

이후 사민당 당수였던 페르 알빈 한손은 '인민의 가정'을 구호로 내세우
며 세 가지 정책 묶음을 도입했다. 첫째는 농산물 가격 안정을 위한 지원
정책이다. 경제적으로 타격을 받은 농민들을 정부가 지원해주는 정책으로
농민당과의 연정을 성공적으로 유지하는 데 필요한 정책이기도 했다. 둘째
는 경제위기로 나타난 실업에 대응하는 완전고용정책이다. 정부가 노동시
장에 개입해서 일자리 창출과 산업 활성화를 통한 고용증대를 이루는 것을
주된 내용으로 했다. 이 정책들은 비그포르스와 스톡홀름학파 경제학자들
이 발전시킨 정책들이었다. 셋째는 사회개혁으로 사회부 장관 구스타프 묄
러(Gustav Möller)[23]가 주도한 보편주의 원리에 기초한 개혁 정책이었다. [24]

---

23) 묄러는 오늘날 스웨덴 복지제도의 틀을 만든 인물로 평가된다. 그는 1924~1926년,
    1932~1936년, 1936~1951년에 걸쳐서 정부에 참여했으며, 1938~1939년 통상부 장관

사민당 집권 기간 스웨덴 경제는 회복국면에 접어들었다. 주된 이유는 독일의 히틀러 정권이 재무장을 시도하면서, 스웨덴의 수출이 호조를 보였기 때문이었으며, 또한 낮은 금리로 인해 투자가 활성화되면서 국내 경기가 살아났기 때문이었다.[25] 사민당은 시장임금 수준의 실업수당 지급, 정부의 노동시장개입을 통한 일자리 창출과 산업 활성화를 통한 실업 대책을 제시했다. 1932년 사민당은 41.7%의 높은 지지를 받았고, 12.7%의 지지를 받은 농민당과 이른바 적-녹 연합이라고 불리는 연정을 통해서 집권에 성공했다.

집권 이후 사민당-자유당 연정은 다양한 복지제도를 도입했다. 사민당-농민당 연합정부에서 사민당은 개혁 3인방이라고 부를 수 있는 수상 한손, 재무장관 비그포르스, 사회부장관 묄러가 요직을 차지하며 사민당 중심의 개혁을 주도할 수 있었다. 1934년 특별실업보험제도와 주택건설 지원, 자발적 실업보험제도, 1935년 퇴직자 기본연금 인상, 1936년 농촌노동자 노동시간 단축, 1937년 산모보험, 1938년 노동자 2주 유급 휴가제를 도입했다. 복지재정은 소득세, 상속세, 재산세의 세율을 높이고, 기업세는 낮추는 방식으로 조세 개혁을 하면서 조달하는 방법을 택했다. 1936년 선거에서

을 지낸 기간을 제외하고는 모든 기간 사회부 장관으로 재임했다. 어린 시절 가난한 가정에서 태어나 불우한 생활을 했고, 이후 고용주의 도움으로 교육을 받았다. 그래서 그는 복지 수혜자가 마음의 상처를 받아서는 안 된다는 견해를 견지했다[Bo Rothstein, "Att administrera välfärdsstaten: några lärdomar från Gustav Möller", *Arkiv för studier i arbetarrörelsens historia*(Lund : Arkiv, 1971), 1987(Nr 36/37)].

24) 묄러는 1928년 제안서에서 산재보험, 통합 의료보험, 보편적인 연금, 구빈법 폐지와 실업보험 도입을 주장했다.

25) Alexander Davidson, *Two Models of Welfare: The Origins and Development of the Welfare States in Sweden and New Zealand, 1888~1988*, p. 136.

사민당은 이전 선거보다 4.2% 포인트 더 높은 45.9%의 지지를 받아서 복지정책에 대한 국민들의 지지를 확인했다. 연정 파트너인 농민당도 14.4%의 지지를 받아서 적-녹 연정은 60% 이상의 높은 지지를 받았다.

1930년대는 산업 자본주의의 최대 '위기 시대'이자 국가의 개입을 통한 '개혁의 시대'였다. 1920년대부터 시작된 경제위기가 대공황으로 심화되면서 각국에서는 대량실업과 빈곤 문제가 심각한 수준에 이르렀고, 각국 정부는 이를 해결해야 할 과제로 안고 있었다. 극심한 경제위기하에서 각국은 국가의 경제개입과 복지를 통한 문제 해결을 추구했다. 전형적으로 자유방임적인 시장경제를 추구한 미국도 프랭클린 루스벨트(Franklin Roosevelt)의 뉴딜개혁을 통해 케인스주의적인 경제정책으로 전환했고, 새로운 사회복지제도를 도입해서 빈곤과 실업에 대응하고자 했다. 그에 따라 1935년 사회보장법과 '와그너법(Wagner Act)'이라고 불리는 노동조합법이 통과되었다.[26] 사회보장법은 퇴직연금, 실업보험, 장애자수당, 아동복지 등을 포함했다. 그러나 미국의 사회복지 개혁은 보수주의 세력에 의해서 끊임없이 방해를 받았다.

스웨덴에서 사민당-농민당 연정의 사회복지개혁은 자유당의 지지를 받아 의회 내에서 수월하게 이루어졌다. 자유당의 경제정책을 담당한 베르틸 올린(Bertil Ohlin)은 '사회적 자유주의(social liberalism)'을 내세우며 '사회주의 없는 계획경제'를 지향하며 국가 주도의 사회개혁에 동의했다.[27] 이러한 동의는 그 후 복지정책의 도입에 필요한 정치적 조건을 만들어 내는 데

---

26) 루스벨트의 개혁과 개혁의 위기에 대해서는 다음을 참조. 김진희, 『프랭클린 루스벨트: 제32대 미국 대통령』(선인, 2012), 제5장과 제6장.

27) Alexander Davidson, *Two Models of Welfare: The Origins and Development of the Welfare States in Sweden and New Zealand, 1888~1988*, p. 137.

큰 기여를 했다.

사민당 집권 초기 세 가지 중요한 정치적 변화가 이루어졌다. 첫째, 사민당과 농민당 간의 타협으로 사민당 장기집권의 정치적 토대가 마련되었다. 적녹연합(red-green coalition)은 1932년부터 1959년 사민당과 농민당 연정이 끝날 때까지 무려 27년 동안 지속되어 사민당의 장기집권을 통한 스웨덴 사회경제체제의 변혁이 가능했다.

둘째, 노동과 자본 간의 타협으로 1938년 살트세바덴 협약을 통한 LO와 SAF 간의 계급타협이다. 이것은 정부나 정치권의 개입이 없이 노동과 자본 간의 자발적인 타협을 통해서 노동현장의 안정성을 확보해 사민당이 안정적으로 여러 정책들을 실시하는 데 유리한 환경을 제공했다.

셋째, 의회 내에서 모든 정당이 실업문제를 해결하기 위한 노동시장정책과 실업보험정책에 원칙적으로 동의를 해서, 정당들 간 정책을 둘러싼 정치적 갈등을 최소화할 수 있었다. 구체적인 정책 내용과 재정조달 방법 등과 관련해서는 이견이 있었지만, 국가의 개입을 통해 실업문제와 복지문제를 해결해야 한다는 원칙적인 입장에 대해서는 보수당과 자유당이 모두 동의했다.

1930년대 스웨덴 사람의 다수는 대단히 어려운 삶을 살았다. 도시로 들어오는 이주자가 늘고, 주택이 부족해 주거문제가 대단히 심각했다. 스톡홀름 거주자의 절반 이상이 뒷마당에 변소가 딸린 방 한 칸짜리 집에서 살고 있었고 집세는 임금의 약 25%에 달했는데, 대단히 낮은 출산율은 이러한 열악한 환경 때문이었다.[28] 이러한 문제를 해결하고자 1936년 공공주

28) Alva Myrdal and Gunnar Myrdal, *Kris i befolkningsfrågan*(Stockholm: Bonniers, 1935)과 Alexander Davidson, *Two Models of Welfare: The Origins and Development of the Welfare States in Sweden and New Zealand, 1888~1988*, p.

택사업이 추진되었고, 스웨덴 최초의 공공건설회사인 HSB(Hyresgästernas Sparkasse-och Byggnadsförening)가 스톡홀름에서 만들어져서 공공주택 건설 사업을 추진했다.[29]

제2차 세계대전 시기의 경험은 스웨덴 복지정책에 새로운 조건을 만들었다. 한편으로 중립을 내세우며 전쟁에 참여하지는 않았지만, 전시 경제 체제를 운영하면서 정부가 임금과 물가, 생산을 통제하는 것을 국민들이 받아들였다. 스웨덴은 전쟁 당사국은 아니었고, 독일에 적대적이지 않았을 뿐만 아니라 1940년과 1941년 독일 군대에 두 번씩이나 길을 허용했다. 제2차 세계대전 기간 스웨덴 경제가 그다지 나쁘지 않았음에도 임금동결이 이루어졌기 때문에 전쟁이 끝나면서 임금인상 요구가 분출했다. 또한 전쟁 기간의 통제경제와 낮은 실업률은 자유주의 정치인들에게도 국가의 노동시장 규제가 지니는 장점을 인정하게 만들었다. 자유주의적 정치인들도 케인스주의를 받아들이게 되었고, 최종적으로 보수정당들이 모두 사민당의 노동시장 정책을 받아들이게 되었다.

사민당이 내세운 구체적인 전후 경제정책은 1944년 사민당 전당 대회에서 채택된 '전후 노동운동 프로그램(Arbetarrörelsens efterkrigsprogram)'에 제시되었으며, 주된 내용은 전쟁 기간에 경험한 경제운영의 성과를 살려서 '완전고용', '공평한 분배와 생활수준 향상', '효율성 증대와 경제 민주화'를 주된 내용으로 했다.[30] 이것은 사민당이 오랫동안 강조했던 마르크스의

137에서 재인용.

29) HSB는 이후 주택 협동조합(Housing cooperatives)로 발전해 현재는 세입자·주택소유주 협회, HSB협회, HSB전국연맹이라는 세 개의 조직으로 구성되어 있다. 현재 스웨덴에는 전국적으로 31개 HSB협회가 조직되어 있다. HSB는 '1인 1개 목소리'의 원칙을 내세워 세입자나 소유주들의 이해를 주택정책에 반영하고 있다. 에너지 절약과 재생에너지 정책 등에 영향력을 행사하는 중요한 주택 협동조합이다.

노선의 핵심인 '생산수단의 사회화(국유화)'를 포기하고, '경제에 대한 통제와 관리'를 당의 중심적인 노선으로 채택했다는 것을 보여준 것이다. 사회민주주의자들은 시장경제가 스스로 구조적인 문제를 극복할 수 있다는 것을 믿지 않았기 때문에, 국가의 시장 개입을 절대적으로 필요한 것으로 인식했다.

복지와 관련해 사회부 장관 묄러는 보편적인 복지 혜택을 강조해서, 모든 사람들이 연금과 질병 수당, 아동 수당을 받도록 제도 개혁을 시도했다. 이것은 이전의 자산 조사에 기초해 복지를 제공하는 방식을 전면적으로 바꾼 것이며, 비로소 전후 스웨덴 복지 모델의 특징인 보편주의에 근거한 복지제도가 부분적으로 도입되었다. 보편주의적 복지제도의 특징은 대상이 전체 국민이라는 점뿐이 아니고, 국민 모두 강제적으로 가입해야 한다는 점이다. 가입의 강제성과 대상의 보편성이 보편주의 복지제도의 핵심적인 내용이다.

4. 전후 스웨덴 복지 체제

유럽의 다른 국가들과 마찬가지로, 스웨덴에서도 제2차 세계대전 후부터 1970년대 중반까지는 이른바 스웨덴식 사회복지제도가 완성되고 성숙 단계를 거치면서 복지국가의 황금기라고 부를 수 있는 시기였다. 사회민주주의 복지체제의 전형으로 분류되는 스웨덴 복지제도는 제2차 세계대전

---

30) 비그포르스에 의해서 준비된 '전후 노동운동 프로그램'의 내용에 관해서는 다음을 볼 것. Alexander Davidson, *Two Models of Welfare: The Origins and Development of the Welfare States in Sweden and New Zealand, 1888~1988*, p. 141.

이후에 이르러서 오늘날의 틀을 갖추었다.

오늘날 스웨덴 복지체제는 보편주의(universalism)에 기초한 복지국가의 대표적인 사례로 받아들여진다. 보편주의는 복지를 누릴 수 있는 권리가 모든 국민에게 사회적 시민권으로 받아들여지고, 개인의 시장 능력이나 소득에 관계없이 스웨덴 국민이면 누구나 복지 혜택을 누리게 되는 복지제도의 원리를 의미한다.31) 그러므로 평등을 복지정책의 주요 이념으로 내세우며, 빈곤층만을 대상으로 하는 것이 아니라 중산층까지를 포함하는 것이 특징이다. 보편주의적 복지체제는 정치적으로 북유럽 사회민주당들에 의해서 도입되었기 때문에 사회민주주의 복지체제로 분류되지만, 우파 정당들에 의해서도 받아들여졌다는 점에서 집권 정당의 성격과 복지제도의 성격이 일대일로 일치하는 것은 아니다. 앞에서도 살펴본 것처럼, 1913년 세계에서 가장 먼저 도입된 보편주의적인 원리에 기초한 연금제도는 자유당에 의해 도입되었다. 그리고 구체적인 사회민주주의 혹은 보편주의 복지체제는 스칸디나비아 지역에서도 약간씩 차이를 보이고 있다.

비교적인 차원에서 볼 때, 스웨덴의 복지제도는 앞에서 언급한 보편주의 이외에도 크게 네 가지 요소를 추가적인 특징으로 하고 있다. 첫째, 복지제도가 개개인들의 생애과정과 맞물려 설계되어 있다. 출생부터 노령기까지 아동복지, 가족복지, 실업보험과 노령연금, 장애자 보험, 의료보험 등 사회보험과 연금제도를 통해서 개인의 생애과정 전체를 복지제도가 뒷받침하고 있다.

둘째, 스웨덴 복지제도는 맞벌이 부부를 가족 모델로 전제해서 복지제

---

31) Richard Titmuss, "The Social Division of Welfare," Essays on the Welfare State (London: Unwin, 1958); Gøsta Esping-Andersen, *The Three Worlds of Welfare Capitalism*(New Jersey: Princeton University Press, 1990), pp. 27~29.

도를 설계했다. 유럽 대륙의 복지제도가 남성가장가구 모형(male bread winner family model)을 가족 모형으로 전제하고 있지만, 스웨덴의 가족 모형은 맞벌이 부부 가족(dual earner family)을 전제로 하고 있다. 이것은 여성의 경제활동을 촉진하고 그것을 뒷받침하는 가족복지제도가 설계되어서 일-가족의 양립과 양성평등이 복지제도의 주요 원리로 기능하게 만들었다.

셋째, 복지정책과 노동시장정책이 맞물려 일과 복지가 연계되어 있다. 그러므로 일을 통한 복지정책과 노동시장정책, 조세정책이 한 묶음으로 설계되어 있어서 '복지 서비스의 탈상품화를 통한 노동력의 상품화'를 추구하고 있다.

넷째, 포괄적인 복지 서비스에서 요구되는 재정을 본인의 기여가 아니라 국가의 세금을 통해서 조달하는 것이 특징이다. 복지국가 유형에 따라서 복지재정을 확보하는 방식도 차이를 보인다. 보편적인 복지서비스 재정은 조세를 통해서 이루어지기 때문에 사회민주주의 복지체제는 조세를 통한 복지재정 확보를 특징으로 하며, 조합주의 복지체제는 복지 혜택을 받는 당사자들의 기여에 의해서 재정을 확보하는 경향이 있다. 또한 자유주의적 복지체제는 부유층에서 세금을 걷어 빈곤층을 돕는 방식의 소득이전을 특징으로 한다.[32] 스웨덴에서 중앙정부는 간접세를 통해서 징수를 하고, 21개 카운티와 290개 지역은 직접세를 통해서 재정을 조달하고 있다.

그러나 스웨덴의 모든 복지제도가 앞에서 언급한 네 가지 조건을 모두 만족시키는 것은 아니었다. 공공의료 서비스, 아동보육 서비스, 노인 돌봄

---

32) 세금과 기여가 완전하게 분리되어 있는 것은 아니지만, 복지재정의 주된 방식은 복지체제의 유형에 따라서 다르다[Nathalie Morel, Joakim Palme, "Financing the Welfare State and the Politics of Taxation," in *The Routledge Handbook of the Welfare State*, ed. by Bent Greve(London: Routeldge, 2012), pp. 400~409].

서비스, 교육 서비스와 같은 공적인 방식으로 제공되는 사회서비스는 전형적으로 보편주의적인 복지제도들이라고 볼 수 있다. 자산조사(means-test)를 받지 않고, 누구나 앞의 서비스를 국가로부터 받을 수 있다. 공공서비스에 소요되는 재정은 세금을 통해서 조달하고, 시장이 아니라 공공기관이 서비스를 제공하는 역할을 담당한다. 서비스를 제공하는 주체가 중앙정부와 시와 코뮌(kommun)으로 나뉘어 있기는 하지만, 기본적으로 공공기관이 사회서비스를 국민들에게 제공한다는 점에서 보편주의적 복지제도의 대표적인 예라고 볼 수 있다.

연금, 부모보험, 실업보험, 질병보험, 장애보험 등의 사회보험은 보험 혜택을 누리는 사람이 재정의 일부 혹은 전부를 담당하지만, 운영은 국가에 의해서 이루어진다는 점에서 비스마르크 사회보험제도의 전통을 따르고 있다고 볼 수 있다. 개인이나 가족이 겪을 수 있는 다양한 사회적 위험에 대한 집단적 대응이라는 점에서 사회적 위험 관리 제도라고 볼 수도 있다. 그러나 연금의 경우처럼 기본 연금이 동일하게 주어진다고 할지라도, 보충연금(ATP)과 같이 연금 가입 기간과 소득 수준에 따라서 보충연금의 수준이 달라지기 때문에 연금은 사회서비스와는 달리 어느 정도의 불평등을 전제로 하고 있다.

사회부조와 주택 수당은 스웨덴에서도 전적으로 자산-조사에 근거해 이루어진다. 주택 수당은 자녀가 있는 가족들에게만 배타적으로 제공되며, 사회부조는 전통적인 자산-조사에 기초해서 제공된다. 즉, 가난한 사람들만이 주택 수당과 사회부조의 혜택을 받을 수 있다. 또한 질병수당도 소득과 연계해서 지급이 되지만, 소득의 상한선을 설정해 일정 수준을 넘지 못하게 하고 있다.[33]

스웨덴 복지제도는 1970년대 후반부터 부분적으로 정체를 보이기 시작했으나, 대체로 큰 변화는 없었다. 다른 북유럽 복지국가들과 같이 1970년 대 후반부터 1980년대 초까지 스웨덴에서도 보수연정이 이루어져 정치적인 변화가 크게 이루어졌다. 점차 보수정당들이 신자유주의를 내세워 사민당 사회복지정책에 반대하기 시작하면서, 사민당은 공세적이기보다는 수세적인 입장을 취하기 시작했다. 전반적인 경제 불황과 더불어 복지국가에 대한 도전이 보수정당들에 의해서 이루어지기 시작한 것이다. 그러나 스웨덴에서 실질적인 복지제도의 변화는 거의 없었다. 복지제도의 변화보다 복지 혜택을 받을 수 있는 조건과 복지 혜택의 수준이 수시로 조정되었을 뿐이다. 복지 혜택의 수준은 1990년과 1991년에 최고에 달했고, 주택수당도 더 관대해져서 수혜자가 두 배로 늘었다.[34]

〈표 3.1〉은 지난 30년간 주요 OECD 국가들의 복지지출 추이를 보여준다. 복지지출 추이는 복지수요의 증가와 감소에 따라서 변하는 것이기 때문에 정확하게 복지제도의 발달 수준을 보여주는 것은 아니지만 전반적인 추세를 보여줄 수 있다. 1980년대 스웨덴의 경우 전체 GDP의 1/4 정도가 복지에 지출되었다. 이러한 추세는 1980년대와 1990년대에 강화되어 1995년에는 GDP의 31.8%가 복지에 지출되었다. 2000년대 들어서 약간 줄어들기는 했지만, 1980년대보다는 높은 수준을 유지하고 있다고 볼 수 있다.

복지지출이 지속적으로 높아지고 있는 나라들은 유럽 대륙 국가들과 일본이다. 이들은 인구 고령화로 연금지출이 계속 커지기 때문에 지난 30년간 복지지출이 꾸준히 증가하는 추세를 보이고 있다. 영국, 미국, 캐나다와 같은 앵글로색슨 국가들의 경우와 북유럽 국가들을 비교했을 때 복지지출

---

33) Joakim Palme and Irene Wennemo, *Swedish Social Security in the 1990s: Reform and Retrenchment*(Välfärdsprojecktet, 1998), pp. 10~11.
34) 같은 책, 12~14쪽.

연도\국가	1980	1985	1990	1995	2000	2005	2010
스웨덴	26.0	28.2	28.5	31.8	28.2	28.7	27.9
덴마크	24.4	22.9	25.0	28.7	26.0	27.3	29.9
캐나다	13.2	16.4	17.6	18.4	15.8	16.2	17.8
독일	21.8	22.2	21.4	25.9	26.2	27.0	26.8
프랑스	20.2	25.8	24.9	29.0	28.4	29.5	31.7
영국	16.3	19.2	16.3	19.2	18.4	20.2	22.8
미국	12.8	12.8	13.1	15.0	14.2	15.5	19.3
일본	10.3	17.5	21.9	22.9	20.8	21.1	22.4
한국	—	—	2.8	3.2	4.8	6.5	9.0
멕시코	—	1.7	3.2	4.2	5.8	6.5	7.8

자료: OECD.StatExtracts(2015.2.28.)

비율은 큰 차이를 보이고 있다. 에스핑-앤더슨이 조합주의 복지자본주의 모델이라고 부른 유럽 대륙 국가들과 스칸디나비아 국가들 간의 복지지출 비율의 격차는 거의 사라졌다.

5. 복지제도의 조정과 복지정치

1990년과 1991년 걸쳐서 이루어진 스웨덴 조세개혁은 서구 산업사회에서 가장 광범위하게 이루어진 조세 개혁이었다. 소위 '세기의 조세 개혁(å arhundradets skattereform)'이라고도 불리는 이 조세개혁은, 〈그림 3.1〉에서 볼 수 있는 것처럼 한계소득세율을 대폭 낮추고, 대신에 세금 공제 범위를 대폭 축소해 전반적으로 세금 기반을 확충하고자 한 것이었다. 구체적으로 보면, 근로소득세율을 낮추고 고소득자들의 세율 구간을 폐지하는 대신,

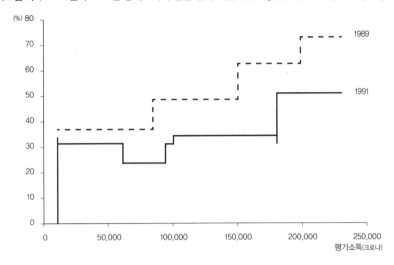

〈그림 3.1〉 1989년과 1991년 평가소득 수준별 한계 세율의 변화[단위: 평가소득(크로나), %]

자료: Jonas Agell, Peter Englund and Jan Södersten, "The Swedish Tax Reform: an Introduction," *Swedish Economic Policy Review*, 2(1995), p. 221.

기업소득세, 부가가치세, 피고용자 혜택 세금 부과, 부동산과 자본 이득에 세금을 부과해 조세 기반을 대폭 확충하고자 했다.[35)]

그러나 결과적으로는 새로운 세금 제도로 정부의 조세 수입에서는 GDP 의 6% 정도에 해당하는 대규모 수입 감소가 나타났고, 또한 새로운 세금 제도는 개별 가구들의 저축을 부추겨 1991년부터 1993년 사이에 소비가 약 5%나 줄어드는 결과를 가져왔다.[36)] 더구나 1991년부터 시작된 금융위 기로 경제침체가 더욱 심화되었고, 고소득자 세율 구간을 폐지해서 세금이

---

35) Jonas Agell, Peter Englund and Jan Södersten, "The Swedish Tax Reform: An introduction," *Swedish Economic Policy Review*, 2(1995), pp. 219~228.

36) Jonas Agell, Peter Englund and Jan Södersten, "The Tax Reform of the Century: The Swedish Experiment," *National Tax Journal*, 49(4)(1996), p. 643, 650.

줄어들었기 때문에 전반적으로 소득 불평등이 증가하는 결과가 나타났다. 이러한 변화는 이후 정부의 재정 적자가 더욱 커지면서, 세금 인상이 불가피해지는 상황을 만들었다.

1990년대 들어 보수당 정권과 사민당 정권을 거치면서 복지제도와 관련해 전반적으로 여러 복지 프로그램에서 양적 조정과 더불어 탈규제와 민영화가 부분적으로 이루어졌다. 먼저, 양적 조정은 복지 혜택의 수준과 관련해 상시적인 조정이 이루어졌다. 예를 들어, 1993년 산업재해의 규정이 더 엄격하게 바뀌었다. 산업재해 수당은 직전 소득의 100% 수준이었으나, 질병수당 수준인 80%로 낮춰졌다. 그리고 1994년 보수연정은 식구가 5명 이상인 가족에게 제공했던 가족수당을 삭감했다. 보수당 정권하에서 가장 큰 변화가 일어난 분야는 실업보험이었다. 1993년 실업수당의 소득 대체율이 90%에서 80%로 축소되었다. 그리고 1980년대 없어진 5일간의 실업수당 수령대기 기간을 되살렸으며, 핵심적으로 실업보험에 강제 가입하도록 했다. 실업보험의 피보험자는 월급의 1.5%를 실업보험에 납부하도록 했다.

1994년 다시 집권에 성공한 사민당은 보수당 집권기 늘어난 재정 적자를 축소하기 위해 지출 삭감과 세금 인상을 동시에 추구해야 했다. 1995년 사민당 정부는 질병보험 수준과 수당 수령 날짜를 조정해, 질병수당의 임금 대체율을 80%에서 75%로 낮추고, 수당 수령을 하루 후에 하는 것으로 조정했다. 그러나 1997년 말 질병수당의 임금 대체율은 다시 80%로 높아졌다. 또한 1997년 1월 질병수당을 4주간 받을 수 있게 수당 수령 기간을 연장했지만, 1998년 4월 다시 2주로 단축했다.[37] 아동수당과 관련해서도 매월 750크로나씩 지급되었던 것을 1996년 640크로나로 축소했고, 다시

---

37) Joakim Palme and Irene Wennemo, *Swedish Social Security in the 1990s: Reform and Retrenchment*, pp. 27~28.

1997년 750크로나로 인상했다.[38] 실업수당의 경우에도 동일한 패턴을 보여주었다. 1996년 1월부터 실업수당은 월급의 75% 수준으로 하향 조정되었으나, 1996년 겨울 실업수당 수준은 다시 80%로 상향조정되었다.[39]

1990년대 가장 첨예한 복지 쟁점은 연금개혁이었다.[40] 연금개혁에 대한 논의는 1984년부터 시작되어 2001년 의회를 통과해서 연금법이 개정되기까지 무려 17년이 소요되었다(〈표 3.2〉 참조). 1984년 사민당이 다시 집권하자, 사민당은 곧바로 각계를 대표하는 인사들로 연금위원회(Pensionsberedningen)를 만들어 기초연금과 추가연금 제도를 골격으로 하는 기존의 연금제도를 검토하도록 했다.[41] 기존의 보충연금제가 제 기능을 하지 못했고, 인구 고령화로 노인인구가 계속해서 증가했기 때문에 연금제도에 대한 개혁을 목적으로 연금위원회를 출범시켰다. 1990년 연금위원회는 보고서를 제출했고[42], 연금위원회가 제출한 안보다 훨씬 포괄적인 개혁 요구를

---

38) 그러나 아동수당을 둘러싸고 연정 파트너였던 좌파당과의 갈등이 커지면서 정치적 변화가 나타났다. 1994년 사민당이 제안한 아동수당의 축소에 좌파당이 동의하지 않았기 때문에, 사민당은 1995년 좌파당과의 연정을 포기하고 대신에 중앙당과의 연정을 시도했다. 같은 책, 29쪽.

39) 같은 책, 31쪽.

40) 스웨덴 연금개혁에 관한 뛰어난 국내의 논의는 다음을 볼 것. 주은선, 「연금개혁의 정치: 스웨덴 연금제도의 금융화와 복지정치의 변형」(한울, 2006). 북유럽 국가들 내의 연금개혁에 관한 비교적인 논의는 다음을 참조. Olli Kangas, Urban Lundberg, Liels Ploug, "Three Routes to Pension Reform: Politics and Institutions in Reforming Pensions in Denmark, Finland and Sweden," *Social Policy & Administration*, 44(3)(2010): pp. 265~283.

41) 연금위원회는 모든 정당, 노동조합, 경영자 단체, 연금수령자 조직의 대표를 포함하고, 연금보험 부처, 정부 각 부처, 학계 대표를 포함했다.

42) SOU, Allmän Pension Huvudbetänkande av pensionsberedningen(1990), p. 76.

시행 정권	날짜	내용
개혁 1기(사민당 정부): 1984~1991년	1984년 10월	연금개혁위원회 구성
	1990년 11월	연금개혁위원회 보고서 제출(SOU 1990: 76)
개혁 2기(보수당 정부): 1991~1994년	1991년 11월	연금작업위원회 구성(의회 내 정당대표들로 구성)
	1992년 9월	연금작업위원회 개혁 원칙 제시
	1993년 연말	연금작업위원회 재구성 (좌파당과 신민주당 배제)
	1994년 1월	연금제도에 5개 정당 합의(좌파당과 신민주당 반대)
	1994년 2월	연금작업위원회 최종 보고서 제출(SOU 1994:20)
	1994년 4월 20일	정부 '연금개혁(안)' 의회 제출(Prop: 1993/94: 250)
	1994년 6월 8일	사민당과 4개 보수정당 합의로 연금개혁 가이드라인 의회에서 채택
	1994년 6월 23일	의회에서 채택된 5개 정당 연금개혁 원칙 합의에 근거해 세부안 준비위원회 구성
개혁 3기(사민당 정부): 1994~2001년	1995년 1월 1일	노령연금 1% 개인 기여금 부과 채택
	1995년 6월 28일	장관 비망록,『연금 개혁안: 소득연계 연금』
	1995년 예산안	개혁 실행 1997년 1월로 연기
	1997년 예산안	개혁 실행 1999년 1월로 연기
	1996년 3월	긴급 사민당 회의: 5개 정당 합의안에 대한 비판 고조. 광범위한 당내 연금개혁 논의 집단 구성, 약 500개 서면 비판이 접수됨
	1996년 12월	당내 비판 때문에 사민당은 5개 정당 재협상 요구. 고용주 연금 기여에서 고용주와 비고용자 동량 기여로 바뀌는 것을 강하게 비판. 5개 정당 합의 붕괴 위험
	1997년 9월	사민당 전당대회 연금 재논의. 전당대회는 5개 정당 합의 무효화. 그러나 당 지도부가 계속해서 연금개혁 집행 집단과 일을 하도록 허용
	1998년 초	총임금을 올리기보다 피고용자 질병보험 납부액을 폐지. 감세와 연금 기여금 인상 교환 논쟁. 보수정당은 개인 기여율을 2%에서 2.5%로 올릴 것을 주장
	1998년 6월 8일	새로운 연금개혁안 의회 통과. 몇 가지 재정 문제는 그대로 남음
	2001년 5월	최종적인 연금개혁법 의회 통과

자료: Martin Schludi, *The Reform of Bismarckian Pension Systems: A Comparision of Pension Politics in Austria, France, Germany, Italy and Sweden*(Amsterdam: Amsterdam University Press, 2005): pp. 100~101.

보고서에 대한 논평자들이 제시했다. 1991년 보수당 정권이 등장하면서, 일곱 개 정당 대표들로 연금개혁 작업팀이 만들어졌다. 1992년 8월 연금개혁 작업팀은 미래 개혁 원칙을 제시했고, 1994년 12월 보수연정에 참여한 네 개 정당(보수당, 자유당, 중앙당, 기독교 민주당)과 사민당은 연금개혁을 위한 제안서에 합의했다. 1994년 4월 중순까지 이 안에 대한 의견을 수렴하는 과정을 거쳐서 제안서가 1994년 5월 의회에 제출되었다.[43] 1994년 6월 8일 다섯 개 정당이 의회에서 통과시킨 연금개혁 가이드라인은 다음과 같은 원칙을 담았다. ① 기존의 기본연금, 보충연금, 연금보조로 이루어진 연금체계를 점진적으로 단일 노령연금으로 대체. ② 노령연금은 장애연금이나 유족연금과 독립적으로 운영. ③ 경제상태와 경제정책과 무관하게 자체적으로 재정 조달. ④ 연금액수는 생애소득(lifetime earnings)에 따라 결정. ⑤ 연금의 절반 개인 부담.[44]

새로운 연금제도는 개인의 기여와 퇴직 후의 혜택과의 연계성을 강화하는 것이 특징이었다. 좌파당과 신민주당(Ny Demokrati)이 배제된 상태에서도 협상에 참여한 5개 정당들 간에 이견이 첨예하게 대립했다. 개별 적립금 체계를 보충연금으로 끌어들이는 보수당 안과 보충연금에서 연금 급여 상한선을 넘는 소득에 대해서 기여금을 낮추자는 사민당 안을 둘러싼 갈등이 제기되었다. 또한 연금 기여액을 고용주와 피고용자가 반반씩 나누는 안에 대해서도 보수정당들과 사민당 간의 이견이 좁혀지지 않았다. 최종적으로 정당들 간의 합의 안에서 부르주아 정당들은 개별 적립금 체계를 도

---

43) Ministry of Health and Social Affairs, *Pension Reform in Sweden: A short summary*(Stockholm: The Cabinet Office and Ministries, 1994), p. 5.
44) 같은 책, 11~12쪽.

<표 3.3> 공적 연금의 변화 내용

		개혁 이전(1990년 기준)	개혁 이후
구조		기초연금(AFP)+보충연금(ATP)+ 최저보충(STP)	NDC+PPR+보장성연금(guaranteed pension)
급여	소득비례연금 산정 기준	30년 중 최고 15년(확정급여)	평생소득(확정기여)
	기초/보장연금 급여 공식	최소정액	최소정액, 단, 소득에 따른 감액
	포괄범위	기초연금 소득비례연금 모두 보편적	소득비례연금은 보편적 기초연금은 선별적
	물가연동	CPI에 매년 연동	인플레이션과 실질임금에 따른 조정
재정	소득비례연금	고용주: 13% 피용자: 0%	고용주: 9.25% 피용자: 9.25% *피용자 기여 도입
	기초/보장연금	고용주: 7.45% 피용자: 0%	일반조세

자료: 주은선, "연금개혁 정치의 특성: 스웨덴에서 자유주의 연금개혁은 어떻게 가능했는가?" 사회복지연구, 25(2005), 204쪽.

입하는 데 성공했고, 사민당은 보충연금 연금 급여 상한선 소득에 대한 기여금을 경감시킨다는 안을 관철하는 데 성공했다.[45] 결과적으로 스웨덴 노령연금은 보편주의 원리 상실, 연금의 개인화와 금융화를 특징으로 하는 신자유주의적 연금제도로 개혁되었다(<표 3.3> 참조).[46]

1990년대는 복지제도의 변화와 함께 복지를 둘러싼 태도와 담론의 변화가 더 두드러졌다. 미국과 영국에서 이루어진 탈규제와 민영화, 시장화가

---

45) 18.5%의 연금 기여액 중 2%를 우대 적립금 펀드(premium reserve fund)에 넣을 수 있도록 했고, 보충연금 연금 급여 상한선을 넘는 소득에 대해서 50% 줄여주는 안으로 타협이 이루어졌다[Martin Schludi, *The Reform of Bismarckian Pension Systems: A Comparision of Pension Politics in Austria, France, Germany, Italy and Sweden*(Amsterdam: Amsterdam University Press, 2005), p. 102].

46) 주은선, 「연금개혁 정치의 특성: 스웨덴에서 자유주의 연금개혁은 어떻게 가능했는가?」, ≪사회복지연구≫, 25, 2005.

부분적으로 스웨덴에서도 이루어졌다. 그리고 그것을 뒷받침하는 보수당의 담론은 '선택의 자유'였다. 이러한 담론들은 이미 1980년대 '새로운 공공관리(new public management: NPM)'를 내세우며 보수당 정부에 의해서 도입되었다. NPM 운동은 공공행정에 경쟁과 시장적 요소를 도입하는 신자유주의적 속성을 지녔고, 1990년대 보수당 정부에 의해서 본격적으로 복지개혁에 도입되었다. 복지 소비자로서의 선택은 공공복지 이외에 사적 복지 공급자들을 전제로 하는 것이며, 복지의 민영화를 포함한 것이었다. 의료, 노인 간병, 교육과 같은 영역에서 민영화가 부분적으로 이루어지면서, 전통적인 스웨덴 복지의 제도적 기반에서 변화가 일어났다. 그러나 실제적인 변화보다 '선택의 자유', '경쟁', '효율성', '민영화'와 같은 신자유주의 경제 담론들이 복지 논의에도 들어오기 시작했다는 점이 큰 변화라고 볼 수 있다. 그리하여 복지 논의가 사회정의나 연대보다 복지의 생산적 기능을 강조하면서 이루어지기 시작했다. 파울라 블롬퀴비스트(Paula Blomqvist)가 '선택혁명(choice revolution)'이라고 부른 신자유주의 담론이 복지 정책 논의에 들어와 의료 서비스 정책 논의에서도 의료 불평등이나 사회적 연대가 아니라 소비주의와 개인의 선택이 정책 논의의 핵심이 되었다.[47]

1980년대 사민당 정부의 복지개혁은 환자들로 하여금 국립 병원들 중에서 선택을 할 수 있도록 했다. 반면에 1990년대 보수 연립정부의 복지개혁은 국립 병원과 민간 병원들 간 경쟁을 통해 환자가 병원을 선택할 수 있도

---

47) Paula Blomqvist, "The Choice Revolution: Privatization of Swedish Welfare Services in the 1990s," *Social Policy & Administration* 38(2), 2004, pp. 139~155; Mio Fredriksson, Paula Blomqvist and Ulrika Winblad, "The trade-off between choice and equity: Swedish policymakers' arguments when introducing patient choice," *European Social Policy*, 23(2): pp. 192~209.

록 민간 병원을 도입했다. 유명한 카롤린스카 대학병원의 병상 500개를 지역 민간병원으로 이전해 민간병원이 의료 서비스를 제공하도록 했다.

복지의 민영화는 특히 노인 간병 분야에서 가장 집중적으로 이루어졌다. 1992년 보수당 정부는 '애델 개혁(Ädel-reformen)'이라고 불리는 노인 돌봄의 민영화를 추진했다.[48] 이것은 노인 간병의 책임을 카운티에서 지역(municipality)으로 '분권화'하는 것으로 노인 간병을 중앙정부가 관리하는 병원이 아닌 지역의 시설로 이전하는 것과 노인 간병을 '탈의료화(de-medicalization)'하는 것을 주된 목적으로 했다.[49] 노인 간병은 스웨덴 공공 부문의 중심적인 영역이었지만, 보수 연립정권이 등장하면서 경쟁을 통해 노인 간병의 질을 높이고 노인들의 선택의 폭을 넓히는 것을 목적으로 민간업체가 노인 간병을 담당할 수 있도록 민영화가 시도되었다. 노인 간병 서비스와 재정 부담을 모두 카운티 정부가 담당해왔지만, 사회서비스법을 통해서 지방정부가 담당하도록 바꾸었다. 노인 간병의 민영화는 노인 간병을 공공 기관이 아닌 외부 민간 기관에게 외주(contracting out)하거나 민간 기관이 노인 간병을 직접 담당하게 하는 것을 의미한다. 또한 노인 간병을 의사나 간호사가 담당하는 의료가 아니라 아닌 간병인들이 담당하는 사회서비스로 바꿈으로써 의료재정 부담을 줄이는 것을 목표로 했다. 그 결과 병원의 병상은 크게 줄어, 1988년에 인구 1000명당 병상이 12개였던 것이 1998년에는 4개로 줄어들었다.[50] 반대로 노인 간병을 담당하는 사설 기관에 종사

---

48) 애델 개혁에 관한 자세한 논의는 다음을 참조[Grazyna Andersson and Ingvar Karlberg, "Integrated care for the: The background and effects of the reform of Swedish care of the elderly," *International Journal of Integrated Care*, 1(1)(2000), pp. 1~10].

49) 2013년 스톡홀름에는 150개 노인홈이 있고, 그 중 90%가 민간 노인홈이다. 민간 노인홈은 네 개 사설회사(Attendo care, Carema, Aleris, Förenade Care)가 운영한다.

하는 간병인은 1993년 1%에 지나지 않았으나, 2000년에는 13%로 늘었다. 매년 1%씩 증가한 셈이다.[51]

스웨덴 복지제도의 변화를 둘러싼 평가는 두 가지로 나뉜다. 첫째, 스웨덴식 복지국가가 와해되었다는 주장이다. 보편주의적 복지제도의 전형이었던 스웨덴에서 교육, 의료, 노인 간병 등에서 민영화가 이루어지고 시장화가 촉진되어 스웨덴 복지국가 모델이 해체되었다는 관점이다. 평등과 연대의 가치가 약화되고, 복지의 불평등이 일어나며, 경제력이 큰 사회집단이나 지역에서 질 높은 복지 혜택을 누리게 되면서 보편주의적 복지 이념이 약화되었다는 것이다.

다른 견해는 이러한 변화가 스웨덴 사회복지제도의 와해나 붕괴를 의미하는 것은 아니라는 입장이다. 복지제도가 부분적으로 변했지만 스웨덴 사회체제의 특징인 낮은 불평등, 낮은 빈곤율, 높은 경제활동참여율 등은 그대로 유지되고 있기 때문에 스웨덴 복지모델의 해체는 일어나지 않았다는 것이다. 보수연정이 2006년부터 2014년까지 집권을 했지만, 영국이나 미국과 같은 복지제도의 위축은 나타나지 않았다. 2009년 약국의 민영화가 허용되었고, 병원의 민영화가 지속되었지만, 의료의 민영화는 2014년 현재 10% 정도에 머물고 있다. 90%의 의료 서비스가 공공 의료기관에 의해서 제공되고 있다는 점에서 전반적인 의료의 민영화가 진행되었다고 보기는 어렵다. 그 결과 스웨덴 복지모델은 여전히 영미권이나 유럽 대륙 국가

---

50) Andersson and Karlberg, "Integrated care for the: The background and effects of the reform of Swedish care of the elderly," p. 6.

51) Ragnar Stolt and Ulrika Winblad, "Mechanisms behind privatization: A case study of private growth in Swedish elderly care," *Social Science & Medicine*, 68(2009), p. 905.

들과 뚜렷한 차이를 보이고, 그 차이는 더 커진다는 것이다.[52] 이 입장은 전반적으로 복지제도의 조정이 이루어진 것이라고 보았다.

금융위기를 겪으면서 보수당 집권기 복지제도의 큰 변화가 예상되었지만, 변화의 폭은 크지 않았다. 또한 이후 재집권한 사민당은 보수당 집권기의 정책을 크게 바꾸지도 않았다. 전반적으로 탈규제, 재정적자 축소, 인플레 억제, 복지 혜택 축소, 균형 예산 등의 정책 기조가 1990년대의 주된 정책 이슈가 되었다. 그러므로 렌 모델로 대표되는 사회민주주의 황금기의 주된 목표였던 완전고용과 재분배(평등)는 더 이상 사민당의 주된 관심사가 아니었다. 1990년대 스웨덴에서 이루어진 정책 변화는 공기업 민영화, 연금의 개인화, 교육과 의료 서비스 분야에서 공공서비스 민간 공급자 허용 등이었다. 그럼에도 전반적인 복지제도의 틀은 크게 바뀌지 않았다. 복지제도는 강한 경로의존성을 지니고, 복지수혜를 받는 유권자들의 반발이 커질 수 있기 때문에 큰 틀에서 변화가 이루어지지는 않았다. 단지 부분적인 조정이 이루어졌을 뿐이다. 한마디로 '복지 축소 없는 자유화(liberalization without retrenchment)'가 이루어진 것이라고 볼 수 있다.[53]

〈표 3.4〉는 1980년부터 2010년 사이의 복지관련 지표의 추이를 보여준다. 미국의 경우, 1980년 가족복지 지출은 GDP의 0.7%에 그쳤다. 스웨덴의 경우는 3.8%로 5배 이상 지출비율이 높았다. 이것은 보육, 탁아 및 출산 관련 복지지출을 모두 포함하고 있다. 스웨덴의 경우 맞벌이 가구를 복지

---

52) Francis G. Castles and Herbert Obinger, "Worlds, Families, Regimes: Country Clusters in European and OECD Area Public Policy," *West European Politics*, 31(2)(2008), pp. 321~344.

53) Bergh Anders and Gissur O. Erdingsson, "Liberalization without Retrenchment," *Scandinavian Political Studies*, 32(1)(2008), pp. 71~93.

<표 3.4> 주요 복지관련 지표의 추이, 1980~2010년(단위: %)

	가족복지(%)		지니계수		빈곤율		ALMP
	1980년	2010년	1985년	2010년	1985년	2010년	2010년
스웨덴	3.8	3.6	.209	.269	.033	.091	1.17
덴마크	2.8	4.0	.221	.252	.060	.060	2.00
독일	2.0	2.3	.251	.286	.056	.088	.95
프랑스	2.5	3.0	-	.303	-	.079	1.14
캐나다	0.7	1.2	.293	.319	.118	.119	.33
영국	2.3	4.1	.309	.341	.067	.100	.41
미국	0.7	0.8	.340	.380	.179	.174	.14
일본	0.4	1.2	.304	.336	.120	.160	.28
한국	-	0.7	-	.310	-	.149	.32
멕시코	-	1.4	.452	.466	-	.204	.01

자료: OECD.StatExtracts(검색일: 2015.3.13).

정책의 전제로 하기 때문에, 여성이 가족복지 서비스를 받음으로써 여성들의 경제활동참여가 활발하게 이루어질 수 있는 조건이 마련될 수 있다. 스웨덴과 유사한 지표의 추이를 보여주는 곳이 덴마크이다. 사회민주주의 복지국가들에서는 가족복지 지출 비중이 매우 높게 나타났다. 이러한 추세는 21세기에 들어서도 그대로 유지되고 있다. 2010년 스웨덴의 가족복지 지출은 GDP의 3.8%를 차지했고, 덴마크는 4.0%를 보여주었다. 이러한 수치는 미국의 0.8%에 비해 5배 정도 높았다.

적극적 노동시장정책에 사용하는 지출도 여전히 큰 격차를 보여주고 있다. 미국, 영국과 캐나다 3개국이 공통적으로 적극적 노동시장에 대한 관심이 적기 때문에 적극적 노동시장 지출도 매우 낮은 수준이다. 국가의 노동시장 개입이 적기 때문에 2010년에 이르러서도 미국의 적극적 노동시장

〈표 3.5〉 여성경제활동참가율과 출산율

	여성경제활동참가율 (2010년)	출산율 (2010년)	담세율 (2010년)
스웨덴	77.8	1.98	43.1
덴마크	76.1	1.88	46.5
독일	71.0	1.39	35.0
프랑스	66.1	2.02	41.6
영국	70.5	1.93	32.8
미국	70.2*	1.93	23.7
일본	68.5*	1.39	27.6
한국	56.7	1.23	23.2

참고: *는 2009년 자료. 담세율은 GDP에서 조세수입이 차지하는 비중
자료: 여성경제활동참가율은 U.S. Census Bureau, Statistical Abstract of the United States: 2012, p.857에서, 출산율 자료는 OECD (2015), Fertility rates (indicator), doi: 10.1787/8272fb01-en(Accessed on 21 March 2015)에서 참고. 담세율은 OECD 통계(www.oecd-library.org) 웹사이트 참고.

관련 지출은 스웨덴의 1/8, 덴마크의 1/15 정도밖에 되지 않았다.

맞벌이 가구 모형을 가족복지의 기본 모형으로 해서 여성들의 경제활동을 촉진하고, 적극적 노동시장정책을 통해 여성들의 경제활동을 적극적으로 지원하기 때문에 스웨덴 여성들의 경제활동참가율과 출산율을 대단히 높다. 〈표 3.5〉에서 볼 수 있듯이, 2010년 여성 경제활동참가율은 OECD 국가들 중에서 가장 높고, 출산율도 1.98명으로 프랑스 다음가는 수준으로 OECD에서 두 번째로 높았다. 한국과 비교하면, 한국은 여성의 경제활동참가율도 낮고 출산율도 낮은 국가인데, 그러한 근본 원인은 낮은 가족복지이다. 가족복지는 외형적으로 역의 관계를 보이는 것으로 인식된 여성의 경제활동참가율과 출산율과의 관계를 정의 상관관계로 변화시키는 스웨덴의 비법이라고 할 수 있을 것이다.

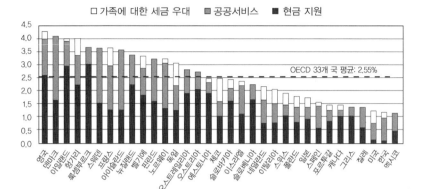

〈그림 3.2〉 OECD 회원국들의 가족복지지출 비율과 구성비(단위: %)

□ 가족에 대한 세금 우대   ■ 공공서비스   ■ 현금 지원

OECD 33개 국 평균: 2.55%

자료:　SocialExpenditureDatabasepreliminarydata(www.oecd.org/social/expenditure.htm),　September 2014.

　　정치적으로 복지제도의 안정성은 복지제도에 대한 일반 국민의 지지에 달려 있다. 특히 세계화로 경제적 불안정이 커지기 때문에 복지재정 문제가 자주 대두되고 있어서, 복지재정에 필요한 세금 부담과 관련된 국민들의 태도가 복지제도의 안정성을 유지하는 데 중요하다. 이러한 점에서 본다면, 스웨덴 국민들의 스웨덴 복지제도에 대한 지지는 매우 견고하다고 볼 수 있다(이 주제에 대한 본격적인 논의는 제10장을 참조). 무엇보다도 복지정책에 소요되는 재정에 필요한 재원을 마련하기 위해 개인들이 세금을 부담하는 것에 대한 국민적 지지가 지속적으로 높아졌다. 〈표 3.6〉에서 볼 수 있듯이, 최근 의료 및 건강 복지를 위한 개인들의 세금 부담에 대해서 스웨덴 국민들의 지지는 오히려 과거보다 더 높아졌다. 의료 및 건강 보호나 연금과 노인 간병을 포함한 노인지원을 위한 세금 부담에 찬성하는 의견이 70%를 넘고 있다. 개인들이 부담하는 세금을 통해서 복지재정을 확보하는 것에 대한 광범위한 지지가 있다는 것을 보여준다.

〈표 3.6〉 복지정책에 소요되는 세금에 따르는 개인의 부담

다음가 같은 항목에 소요되는 세금을 부담할 의지	1997년	2002년	2010년
의료 및 건강 보호	67	65	75
노인지원(연금 및 노인 간병)	62	60	73
유자녀 가족 지원 (아동수당, 아동보호)	42	39	51
사회부조	29	25	40
초중등 교육	62	61	71
고용정책	40	31	54
응답자 수(명)	(1290)	(1075)	(3800)

자료: Stefan Svallfors, "A Bedrock of Support? Trends in Welfare State Attitudes in Sweden, 1981~2010," *Social Policy and Administration* 45(7)(2011), p. 812.

복지제도에 대한 대중적 지지의 견고함 때문에, 2000년대 들어서 스웨덴 보수정당들도 복지에 대한 지지로 당론을 바꿨다. 대표적으로 보수정당들 가운데 가장 거대한 정당인 보수당은 2004년 이전 당의 중심적인 이데올로기였던 '미국식 신자유주의'를 버리고 새로운 당의 이념으로 '친노동, 친복지(pro labor and pro welfare)'를 새롭게 내세웠다. 노동과 복지에 대한 반대를 앞세워서는 선거에서 승리할 수 없다는 판단하에 당내 고령의 보수 정치인들이 앞세웠던 '반노동, 반복지' 대신 젊은 세대 보수 정치인들은 '친노동, 친복지'를 당의 새로운 노선으로 정했다. 보수정당이 신자유주의 우파에서 중도로 전환하게 된 것은 스웨덴 유권자들의 정책 선호가 강하게 영향을 미쳤기 때문이었다. 그리하여 사회민주주의뿐만 아니라 신자유주의를 내세우는 정치권에서도, 공통적으로 복지가 단순히 예산 지출로 그치는 것이 아니라 생산에 기여하는 요소라는 '사회투자 관점'을 복지제도의 개혁 논의로 받아들이는 새로운 관점이 등장했다.[54]

스웨덴 복지제도에 대한 더 근본적인 비판은 여성주의자들로부터 이루어졌다. 다이앤 세인스버리(Diane Sainsbury)는 스웨덴 복지국가의 유형론적 논의나 특징을 다루는 논의들이 복지국가의 젠더 차원을 소홀히 다루었다고 비판한다.[55] 복지제도가 남성과 여성에게 동일한 영향을 미치는 것으로 전제하고 있어서, 복지제도가 젠더 관계를 반영하고, 또한 젠더 관계를 지속시키는 차원을 간과하고 있다는 비판했다. 에스핑-앤더슨의 복지자본주의 논의에서도 복지제도가 고용과 관련해서 논의되고 있지만, 여성을 중심으로 돌봄노동이 이루어지는 돌봄 분야가 완전히 빠져 있다고 비판했다.[56] 그녀는 에스핑-앤더슨의 논의가 남성가장가구 모형을 출발점으로 해서 젠더 차원을 간과하고 있다고 비판하고, 사회적 권리의 가족화와 개인화 여부를 드러내기 위해 대안적인 사회정책 모델로 남성가장가구 모형과 개인 모형을 제시했다. 남성 가장 모형은 가족법, 노동법, 세법 등을 통해서 결혼을 강조하고, 남성과 여성의 엄격한 분업을 강조하며, 남성의 완전고용을 통해서 부인과 자녀의 부양이 의무라고 전제한다는 것이다. 개인 모형에서는 여성 가장 가구가 사회적 권리를 부여받는 방식과 정도를 복지제도 논의에 포함시킬 수 있다고 보았다.

페미니스트 연구자들의 문제 제기는 앤 숄라 올로프(Ann Shola Orloff)의 논의에 잘 정리되어 있다. 그것은 기존 복지국가 논의에서 간과된 젠더 차

54) Jane Jenson, "A New Politics for the Social Investment Perspective," in Bengt Larsson, Martin Letell and Håkan Thörn(eds.), *Transformation of the Swedish Welfare State: Social Engineering, Governance and Governmentality*(New York: Palgrave Macmillan, 2012), pp. 71~85.

55) Diane Sainsbury, *Gender, Equity and Welfare States*(Cambridge: Cambridge University Press, 1996).

56) 같은 책, 37쪽.

원을 논의의 중심으로 만드는 것이다. 구체적인 질문은 다음과 같다. 복지제도가 가족과 사회에서 양성 평등을 촉진하는 데 도움을 줄 것인가 아니면 복지제도가 남성과 여성의 위계적인 분리를 고착화하는 데 도움을 줄 것인가?[57] 스웨덴의 복지제도는 여성의 노동시장 참여를 촉진했지만, 지불되지 않는 돌봄노동과 노동시장에서의 분리를 통해서 가족 내에서 보호를 제공하는 여성의 역할을 강화했다.[58]

6. 맺음말

독일 사회학자 피터 플로라(Peter Flora)가 언급했듯이, 오늘날 전 세계로 확산되고 있는 '복지국가'는 역사적으로 국민국가(nation state), 대중 민주주의(mass democracy), 산업자본주의(industrial capitalism)와 더불어 근대 유럽의 발명품이다.[59] 이것은 복지국가가 현대 유럽의 경제적·정치적·사회적·문화적 환경 속에서 만들어진 새로운 제도라는 것을 의미한다.

복지국가 스웨덴은 20세기 스웨덴의 정치경제와 이념의 역사 속에서 형성되었다. 사실, "요람에서 무덤까지"를 내세웠던 베버리지의 이념은 영국보다는 스웨덴에서 제대로 구현되었다. 사회민주주의 복지국가의 대표적인 예로 언급되는 스웨덴 복지제도는 전체 사회체제와 분리해서 독립적으

---

57) Ann Shola Orloff, "Gendering the Comparative Analysis of Welfare States: An Unified Agenda," *Sociological Theory*, 27(3)(2009), pp. 317~343.

58) Jane Lewis and Gertrude Åström, "Equality, Difference, and State Welfare: Labor Market and Family Policies in Sweden," *Feminist Studies* 18(1)(1992), pp. 59~87.

59) Peter Flora, *Growth to Limits: The Western European Welfare States since World War II*(Berlin: Walter de Gruyter & Co. 1985), xii.

로 발전된 것은 아니었다. 스웨덴 복지제도의 두드러진 특징은 복지정책이 노동시장정책과 연계해서 제도화되었다는 점이다. 복지제도는 개인들이 일을 통해서 스스로 복지의 자원을 확보할 수 있는 환경을 마련하기 위해, 일-복지의 연계 속에서 설계되었다. 테르보른이 정확하게 지적한 것처럼, 복지정책과 노동시장정책이 맞물려 시장으로부터의 이탈(market exit)을 추구한 것이 아니라 시장에 대한 헌신(market loyalty)을 통해 시장의 강화를 추구했다.[60] 이것은 복지 서비스의 '탈상품화'와 '탈가족화'를 통해서 이루어졌다. 보육과 탁아를 민간에 맡기거나 가족에 맡기지 않고 공공 사회서비스를 통해 국가가 담당하면서, 아이를 둔 남성과 여성이 경제활동에 참여할 수 있는 기회를 확대하고 더 많은 사람이 경제활동에 참여할 수 있었다. 세계에서 가장 높은 여성의 경제활동참여율은 보편적인 복지제도의 효과였다. 그리고 그것이 스웨덴의 지속적인 경제성장과 복지제도의 안정성을 확보할 수 있는 비결이었다.

스웨덴 복지는 여러 단계를 거쳐서 진화해왔다. 복지제도는 특정 정당이나 특정 정치인이 단독으로 만든 것이 아니라 다양한 정치적 과정을 거쳐서 만들어진 공동의 산물이다. 복지정치는 정당뿐만 아니라 노동조합과 경영자 단체 그리고 일반 시민들의 이해관계가 복잡하게 얽혀 있는 장이다. 여기에서 중요한 것이 복지제도를 설계하는 이념이다. 초기 자유주의자들에 의해서 도입된 보편적인 연금제도는 민족주의 이념을 바탕으로 한 것이었다. 전후 사회민주당에 의해서 주도된 복지개혁에는 평등과 연대라는 당의 이념이 반영되었다. 그리고 보수정당들에 의해서 주도된 복지개혁

---

60) Göran Therborn, "'Pillarization' and 'Popular Movements', Two Variants of Welfare State Capitalism: the Netherlands and Sweden," in Francis G. Castles(ed.), *The Comparative History of Public Policy*(London: Polity Press, 1992), pp. 225~226.

은 '개인의 자유'와 '선택의 자유'라는 자유주의적인 이념을 토대로 했다. 정책 담론으로 나타나는 다양한 가치와 이념들은 고정된 것은 아니며, 정치역학에 따라서 새롭게 재구성되고 또한 새롭게 만들어지기도 한다.

1980년대 복지국가에 대한 논의가 신좌파의 국가론에 크게 영향을 받았다면, 1990년대 등장한 복지국가 논의는 여성주의적 관점에 크게 영향을 받았다. 복지제도에 내제된 가부장제적인 가치와 이념들이 비판의 대상이 되면서, 복지제도에 관한 논의가 크게 달라졌다. 한편으로는 1980년부터 신자유주의적인 틀에서 복지국가를 비판하는 논의가 정치적으로 대두되었지만, 다른 한편으로는 페미니즘에 기초한 새로운 복지국가 비판이 제기되었다. 평등주의의 문제가 계급과 계층 차원의 문제를 넘어서 젠더 차원으로 확대된 것이다.

스웨덴의 복지제도는 변화를 거듭하고 있지만, 앵글로색슨 국가들의 복지제도와는 큰 차이를 보이고 있다. '복지 축소 없는 자유화'는 스웨덴식 복지제도의 변화를 압축적으로 보여준다. 세계화와 더불어 사회정책과 제도들이 수렴할 것이라는 예상과는 달리, 각국의 복지제도들은 각기 다른 궤적을 보여주고 있다. 이것은 제도가 지니는 정치적 속성뿐만 아니라 국민의 지지와 관료제적 관성 등에서 강한 경로의존성을 보여주고 있기 때문이다. 그러므로 '스웨덴식'이라는 수식어가 붙을 수 있는 제도적 특성들이 지속적으로 유지되고 있다. 이것은 또한 다른 지역에서 스웨덴의 복지제도를 모방하는 것이 쉽지 않음을 함의하는 것이기도 하다.

스웨덴 복지제도의 변화는 역사가 정치적 이념의 산물이자 또한 경제적 조건이나 사회적 조건과의 상호작용을 통해서 만들어진 산물이라는 것을 보여준다. 민주주의 제도가 발전하고 또한 고령화와 저출산과 같은 인구변화와 함께 현재와 미래의 다양한 위험(실업, 질병, 장애, 노령, 빈곤 등)에 국가가 정책과 제도를 통해서 집단적으로 대응하는 것이 복지국가라고 볼 수 있다. 그러므로 복지국가는 스웨덴에서 확인할 수 있듯이, 한편으로는 이해관계를 첨예하게 반영하고 있지만, 다른 한편으로 인간과 사회에 대한 가치관을 반영하고 있다는 점에서 특정 시대의 집합적 선택의 산물이라고 볼 수 있다.

제4장
교육과 사회이동

1. 서론

"평균적인 OECD 국가들과 비교해서, 스웨덴은 부유하고, 건강하고, 교육이 잘된 사회이다."[1] 스웨덴이 부유하고 건강해서 일본과 함께 세계에서 평균 수명이 가장 긴 장수국가라는 것은 잘 알려졌지만, 교육이 잘된 사회라는 사실은 잘 알려져 있지 않다. 스웨덴에서는 오래전부터 공식, 비공식 교육기관을 통해서 평생 교육을 받는 것이 하나의 문화로 자리를 잡았다. 유치원부터 평생교육기관에 이르기까지 대단히 포괄적인 교육이 제도화되어 있고, 교육을 받는 인구도 많다. 대학진학률은 높지 않지만, 성인교육(folkbildning)을 통해서 평생교육이 이루어지는 것이 특징이다. 성인교육은 1860년대 덴마크의 성인교육에서 영향을 받아서 전국으로 확대되었다. 유치원 교육부터 성인교육에 이르기까지 모든 교육이 국가적인 사업으로

---

1) Nicaise, Idea, Gøsta Esing-Andersen, Beatriz Pont and Pat Tunstall. "Equity in Education Thematic Review: Sweden Century Note"(OECD, 2005), p. 5.

다루어지고 무료로 이루어진다.

오늘날 강조되는 것은 고등교육이다. 고등교육은 전문적인 교육을 하는 것이기 때문에 개인적인 차원에서 자아실현 및 소득과 연관되어 있지만, 사회적인 차원에서 인적 자본 육성과도 관련되어 있다. 보통 고등교육이 강조되는 사회에서 고등교육을 받으려는 동기를 부여하기 위해 고등교육을 받은 사람과 그렇지 못한 사람 간의 소득격차가 강조된다. 그러나 스웨덴의 경우 20대 중반의 40% 정도가 대학에 진학하지만, 대졸자와 고졸자 간의 임금격차는 대단히 적다. 그러므로 임금격차를 통한 대학 진학 동기 부여는 스웨덴에서는 상대적으로 강하게 작용하고 있지 않다. 고등교육 진학자 비율의 경우, 남성보다 여성의 비율이 훨씬 높아서 2007년 여성의 51%가 대학에 진학한 반면, 남성은 37%만이 대학에 진학해 고등교육에서 남녀 성비가 역전된 지 오래되었다.

자본주의 사회에서 공통적으로 관찰되는 현상은 교육 수준에 따라서 계급이 달라진다는 사실이다. 근대적인 교육제도가 도입되면서 신분이나 혈통에 의해서 계급이 결정되는 것이 아니라 교육에 의해서 결정된다는 사실 자체가 오늘날 불평등 체제의 중요한 특징으로 간주되고 있다. 즉, 오늘날 계급은 귀속적으로 결정되기보다는 개인의 노력이나 능력에 의해서 결정되는 성취적 요소를 지니고 있으며, 이러한 주장은 주로 교육을 통한 계급 이동의 가능성이 높다는 사실에 근거하고 있다. 그러나 이것은 정도의 문제이지 계급이동이 개인의 노력에 의해서 자유롭게 이루어지고 있다는 의미는 아니다.

스웨덴에서 교육과 계급의 문제는 세 가지 차원에서 다루어졌다. 첫째는 교육기회의 평등 차원이다. 교육이 경제적인 보상과 밀접하게 연관되어 있다는 점에서 교육기회의 평등은 보상의 불평등을 해결하는 1차적인 조건으로 간주되었다. 모든 사람에게 평등하게 교육기회를 부여하기 위해서 무상 의무교육과 함께 무상 고등교육제도가 도입되었다. 고등교육이 무상으로 주어지기 때문에 나이가 들어서도 대학교육을 받을 수 있어서 학생들의 평균 연령이 매우 높다. 대학생의 1/3 이상이 30대이고, 10% 정도는 40대에 속한다.[2]

둘째는 결과의 평등 차원이다. 교육을 마친 이후 경제활동상에서 교육수준에 따른 보상의 불평등이 발생한다. 교육 수준에 따라 보상의 격차가 커지는 경우 전체적으로 사회 불평등이 심화된다. 불평등을 완화하기 위한 2차적인 장치는 보상의 격차를 줄이는 것이다. 그런데 보상의 격차는 노동시장에서 발생하기 때문에, 노동조합이 노동자들 사이의 임금격차를 줄이려는 목적으로 단체교섭을 하는 것이 우선적으로 필요한 일이다. 그리고 정부가 할 수 있는 일은 조세를 통해서 실질적인 가처분 소득의 격차를 줄이는 것이다.

셋째는 이념적 차원이다. 교과과정을 통해서 평등 이념과 평등주의적 사회적 가치를 확산시키는 이념적 차원은 계급 불평등뿐만 아니라 젠더 불평등, 장애인/비장애인 불평등, 인종 불평등 등 다양한 불평등에 대한 인식을 수정하고 평등주의적 가치를 확산시키는 교육에서 대단히 중요한 부분을 차지하고 있다.

이 글은 스웨덴에서 계급과 교육과의 관계가 어떠한 이념과 제도를 통해서 다루어졌고, 그 결과가 불평등 정도에 어떻게 영향을 미쳤는가를 살펴본다. 현대 사회에서 교육이 계급과 불평등에 큰 영향을 미치는 요인이라는 점에서 스웨덴 사례는 여러 가지 이론적이고 정책적인 함의를 보여준

---

2) Högskoleverket, *Swedish Universities and University Colleges*(2010), p. 30.

다. 주로 다른 사회와의 비교를 통해서 스웨덴이 어떤 특징을 지니고 있는지를 살펴보겠다. 마지막으로 신자유주의 세계화의 영향으로 나타난 교육을 둘러싼 정당들 간의 갈등을 살펴본다.

2. 스웨덴의 교육

유럽 여러 나라와 마찬가지로 스웨덴에서도 상류층을 위한 대학교육이 가장 먼저 제도화되었다. 스웨덴에서 가장 오래전에 설립된 웁살라대학교(Uppsala University)는 1477년에 설립되어 교회의 사제 교육을 담당했다. 그 다음으로 오래된 룬드대학교(Lund University)가 1688년에 설립되었으며, 주로 의학과 자연과학의 교육을 담당했다. 이 시기 대학은 상류층의 자녀 교육기관이었고, 일반 대중의 교육은 19세기 이전까지는 이루어지지 않았다.

나폴레옹 시대에 프랑스에서 의무교육 제도가 도입된 이후, 이 제도는 유럽 여러 나라로 확산되었고, 스칸디나비아 지역에서는 1809년 덴마크, 1827년 노르웨이에서 의무교육이 시작되었다. 스웨덴의 의무교육은 이들 국가보다 훨씬 늦은 1842년에 이르러서야 시작되었다. 당시 의무교육 기간은 4년이었고, 1882년에 6년으로 확대되었다. 초기 의무교육 도입 과정에서 자유주의 개혁론자와 보수주의자들 사이에 커다란 논쟁이 발생했다. 개혁주의자들은 민주사회가 제대로 기능하기 위해서 무지와 문맹이 극복되어야 하고 이를 위해서 교육이 필요하다고 주장한 반면, 보수주의자들은 교육을 받게 되면 젊은이들이 과도한 희망을 갖게 되어 불만 세력이 된다고 반대했다.[3] 그러나 최종적으로 의회에서 학교법이 통과되면서, 의무교육은 국가의 책임이 되었고, 지역의 교구가 적어도 하나 이상의 학교

(folkskola)를 만들어 교육을 담당하게 했다. 1936년에 의무교육은 7년으로 확대되었다. 오늘날 의무교육은 10년으로 되어 있다.

19세기 스웨덴 의무교육은 스웨덴 국가 형성과 밀접하게 관련되었다. 교과과정에 스웨덴어와 민족주의적인 스웨덴 역사 교육이 포함되었고, 이를 통해서 스웨덴 국민을 만드는 것이 교육의 가장 중요한 목표 가운데 하나였다.[4] 또한 이 시기에는 산업화에 따라 기술인력의 수요가 증가하면서 자연과학, 기술과 같은 과목이 교과과정에 포함되었다. 스웨덴에서 산업자본주의가 발달하면서, 이에 조응하는 의무교육이 동시에 이루어졌다.

그러나 상류층 교육기관으로서의 대학과 대중교육으로서의 초등학교 체제로 구성된 이중구조의 교육제도가 20세기 초에 하나의 일관된 교육제도로 통합되었다. 20세기 들어서 초등교육, 중등교육과 대학교육이 하나의 제도적인 틀로 통합되면서 모든 스웨덴 아동이 초등교육을 의무적으로 이수하고, 그다음 단계의 학교로 진학하는 제도적인 통일이 이루어졌다. 고등학교는 의무교육은 아니지만 모든 교육비용이 무료이며, 오늘날 98%의 중등교육 이수자들이 고등학교에 진학한다. 그리고 고등학교 졸업자들 가운데서 일부가 대학에 진학하게 된다. 이중구조를 보였던 교육제도가 20세기 들어서 일관된 교육제도로 통합되었던 것이다.

스웨덴의 고등교육은 제2차 세계대전 이후에 크게 확장되었다. 대표적으로, 스톡홀름대학교(1960년)나 예테보리대학교(1954년)과 같은 스웨덴의 대규모 대학들이 전후 전문대학에서 대학으로 승격되면서 만들어졌다. 그

---

3) Franklin D. Scott, *Sweden, The Nation's History*(Carbondale: Southern Illinois University Press, 1988), p. 352

4) Byron Nordstrom, The history of Sweden(Westport: Greenwood Publishing Group, 2002), pp. 83~84.

리고 스웨덴 대학교의 절반 이상이 1964년 이후에 설립되었다.[5] 결과적으로 이전의 전문대학들이 4년제 대학으로 개편되면서 대학수가 크게 늘어났다. 현재 스웨덴에는 14개 국립대학교, 21개 국립전문대학교, 15개 사립대학교가 고등교육을 담당하고 있다. 대학 수가 늘어난 만큼 대학에 입학하고자 하는 학생 수도 늘었다. 2009년 고졸자의 과반수가 대학에 진학하기를 원할 정도로 대학이 대중화된 것이다. 스웨덴 고등학교에 재학 중인 여학생의 65%, 남학생의 51%가 대학 진학을 원하는 것으로 나타나 성별 격차가 크게 나타나고 있지만, 이제 대학은 많은 학생들이 접근할 수 있는 대중적인 교육기관이 되었다.[6]

스웨덴 고등교육의 또 다른 특징은, 고등교육이 청년들뿐만 아니라 중장년층도 대상으로 하고 있다는 점이다. 실업 후 재교육을 대학에서 받는 중년이나 30대 이후에 대학에 입학하는 사람들이 자유롭게 대학교육을 받을 수 있도록 지원하고 있다. 그리하여 대학졸업자의 평균 연령이 대단히 높은 것이 스웨덴 고등교육제도의 특징이기도 하다(〈표 4.1〉 참조). 대학 등록금은 거의 없으며, 고등교육을 받는 기간 반일제/전일제 학생들에게 주당 1,489크로나의 대부금과 680크로나의 수당이 12학기 동안 제공된다. 정부 지원은 연령이 높아질수록 줄어드는데, 45세부터 점차 줄어들고, 54세부터는 지원이 이루어지지 않는다.[7] 2009년 전문대 이상의 고등교육을 이수하고 졸업한 졸업자의 34.4%가 30세 이상의 고령자였다. 2009년 30세 이상

5) Guy Neave, "Patterns," *A History of the University in Europe* Vol. 4(Cambridge: Cambridge University Press, 2011), pp. 47~51.

6) Statistiska centralbyrån 2010, Tema: Utbilding, Gymnasieungdomars studientresse lä sårt 2009/10, p. 6.

7) studiemedel, http://www.csn.se/en/2.135/2.624/2.625/2.700/

〈표 4.1〉 대학졸업생 나이 분포(단위: %)

국가	21세 이하	22~ 23세	24~ 25세	26~ 27세	28~ 29세	30~ 34세	35세 이상	미상	전체
오스트리아	0	6	21	26	16	14	7	10	100
벨기에	1	66	24	3	1	1	1	2	100
체코	3	28	44	12	4	3	4	2	100
에스토니아	4	39	24	12	5	6	6	5	100
핀란드	0	15	31	22	10	9	8	5	100
프랑스	7	37	30	7	4	4	3	8	100
독일	0	4	19	29	19	16	7	5	100
이탈리아	0	5	26	31	16	11	5	6	100
노르웨이	0	16	27	22	10	10	10	5	100
스페인	9	34	30	12	5	3	2	7	100
스웨덴	0	7	20	20	12	16	25	0	100
영국	21	42	10	3	2	4	16	2	100

자료: Kenny Petersson, *Graduates from Higher Education in Europe*(www.scb.se/statistik/UF/UF05 12/REFLEX_Sweden.doc(검색일: 2015.2.1)]

의 고연령 졸업자 비율이 영국 15.9%, 독일 15.4%, 호주 15.5%, 스페인 1 0.6%, 캐나다 9.0%였다는 점을 고려하면, 스웨덴의 고등교육제도가 다른 나라에 비해 나이가 많은 사람들에게도 열려 있음을 알 수 있다.[8]

비교적인 관점에서 본다면, 스웨덴의 고등교육제도는 중앙정부에 의한 규제를 상대적으로 강하게 받고 있다. 오랜 기간 국가가 평등을 교육의 목 적으로 제시하고 교육정책을 추진해왔다. 미국처럼 학교가 입학생 수나 학 교 운영에 정부의 규제를 받지 않는 나라들과는 달리, 스웨덴에서는 정부 가 대학 정원을 통제하고 있다. 정부가 학교의 재정뿐만 아니라 졸업에 필 요한 학점과 같은 세부적인 부분에도 영향을 미치는 것이다.[9] 그러므로

---

8) OECD, "OECD Education at a Glance 2011"(Paris: OECD, 2010), p. 68.

9) Jan O. Jonsson and Robert Erikson, "Sweden: Why Educational Explanation Is Not

국가는 교육정책을 통해서 불평등을 약화할 수 있는 수단을 가지고 있기 때문에 국가의 교육정책이 스웨덴 사회에서 중요한 역할을 하고 있다.

그러나 중앙정부에 의한 교육규제는 1991년 보수당 연합 정부하에서 한 차례 크게 약화되었다. 이른바 '시장원리에 따른 교육개혁'이 보수당 정부에 의해서 이루어지면서 고등교육기관과 개인 모두의 자율과 선택을 강조하는 분권화 개혁과 시장화 개혁이 이루어졌다.[10] 분권화는 중앙정부에서 지방정부로 규제를 이전하고, 학위제도 국제화로 국제수준에 맞게 학위제도를 개혁하는 내용이었다. 시장화는 사립학교를 인가해서 공립학교와는 다른 방식으로 운영되는 학교를 인정한 것을 가리킨다. 학부모가 자녀를 교육할 기관을 공립학교와 사립학교 중에서 선택할 수 있게 했다.

1991년과 1994년 사이 보수정당들이 집권하면서 공립학교의 수업료의 85%를 정부로부터 지원받고 나머지는 학부모로부터 받는 사립학교들이 등장했다. 보수당 정권은 공립학교가 교육을 독점하고 있다고 비판하고, 학부모와 학생의 자유로운 학교 선택을 강조했다. 즉, 사립학교의 등장은 교육 시장의 국가 독점을 깨뜨리는 것이라고 주장했다.[11] 1991년 60여개 정도이던 사립학교는 그 이후 크게 늘어 2009년과 2010년에는 709개로 11

Successful for Equality-Theory and Evidence," in Yossi Shavit et al.(eds.), *Stratification in Higher Education: a Comparative Study*(Stanford: Stanford University Press, 2007), pp. 113~139

10) Anders Björklund, Melissa A. Clark, Per-Anders Edin, Peter Fredriksson and Alan B. Krueger, *The Market Comes to Education in Sweden*(New York: Russel Sage Foundation, 2005), ch. 4.

11) Anne West, "Academies in England and independent schools(fristående skolor) in Sweden: Policy, Privatisation, Access and Segregation," *Research Papers in Education* 29(3)(2014), p. 333.

배 이상 늘었다.[12] 물론 스웨덴은 사립학교는 정부의 감독과 통제를 받고 등록금도 공립학교와 동일하다는 점에서 다른 나라의 사립학교와는 많이 다르다. 중앙정부와 의회가 교육의 목적과 가이드라인을 정하고, 큰 틀 안에서 중앙정부와 지방정부가 교육의 내용과 자원의 분배에 관한 책임을 진다.[13] 1990년대 이후 이루어진 교육개혁이 효율성을 높이기 위한 것이지만, 평등이라는 오랜 교육의 목표는 그대로 유지되고 있기 때문에 스웨덴 교육개혁은 하나의 실험으로 받아들여지고 있다.

교육의 시장화는 교육을 통해 시민권과 민주적 가치를 육성하는 사회민주주의적 교육이념과는 전혀 다른 교육이념에 기초한다. 경쟁과 수월성을 내세우는 교육의 시장화는 교육 사업을 이윤을 얻기 위한 투자의 하나로 인식하고, 학교의 시장화를 불러일으킨다는 점에서 스웨덴 초중등교육의 이념 전환을 가져올 수도 있다. 교육의 시장화로 자유학교(free schools)라고 불리는 사립학교는 대부분 기업이 영리를 목적으로 운영하고 있어서 그 폐해가 나타나기 시작했다. 사립학교가 이윤을 학교에 재투자하도록 하는 입법안을 의회가 준비하기 시작했다.

최근의 한 연구는 사립학교의 등장으로 점차 학교의 분리(segregation) 현상이 나타나기 시작했다고 보고하고 있다. 주로 부모의 학력이 높을수록, 그리고 이민자 자녀일수록 사립학교에 입학할 가능성이 큰 것으로 알려졌다. 보수당 정부는 거주지에서 가장 가까운 학교에 입학하는 방식에서 도

---

12) Suzzane Wiborg, Education and Social Integration. *Comprehensive Schooling in Europe*(New York: Palgrave MacMillan, 2009), p. 11.

13) Carl le Grand, Ryszard Szulkin and Machael Tahlin, "Education and inequality in Sweden: A literature review," in R. Asplund and E. Barth(eds.), *Education and Wage Inequality in Europe*(Helsinki: ETLA/EDWIN, 2005), p. 323.

시 전체에서 학교를 선택할 수 있도록 하고 학교는 학생들의 성적을 선발 기준으로 삼으면서, 학교 선택은 학생의 능력, 가족배경, 이민자 지위 등에 영향을 받고 있다.14)

3. 계급과 교육

불평등과 관련해 교육과 계급이 연계되는 방식은 출신계급(부모계급)에 따라서 자녀의 교육성취가 달라지고, 자녀의 교육성취에 따라서 자녀의 현재 계급이 달라진다는 단순한 관계를 바탕으로 하고 있다. 〈그림 4.1〉은 이러한 관계를 그림으로 보여준다. A는 부모의 계급과 자녀의 교육 간 관계를 보여주는 것이며, B는 자녀의 교육과 자녀의 계급 간 관계를, 그리고 C는 결과적으로 나타나는 부모의 계급과 자녀 계급 간의 관계를 보여준다.

스웨덴의 평등주의는 A, B, C에 모두 개입하고 있다. A에서는 부모의 계급이 자녀의 교육에 영향을 미치지 못하도록 전체 교육과정이 무료로 이루어진다. 그러므로 부모의 계급에 따라서 자녀가 교육을 받을 기회나 교육성취에서 차이를 보인다면, 그것은 부모의 경제적인 문제라기보다는 문화자본과 같은 비경제적인 요인에 의해서 영향을 받기 때문이다. 대체적으로 B의 문제, 즉 자녀의 교육 수준에 따라서 자녀의 계급이 달라지는 것을 인정하는 경향은 능력주의 혹은 업적주의(meritocracy)에서 두드러진다. 미국과 같이 능력주의 이데올로기가 지배적인 사회에서 B는 중요한 문제로 대

---

14) M. Söderström and R. Uusitalo, "School Choice and Segregation: Evidence from an Admission Reform," *Scandinavian Journal of Economics* 112(2010), pp. 55~76.

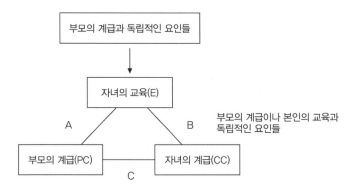

〈그림 4.1〉 부모의 계급과 자녀 교육의 관계

부모의 계급과 독립적인 요인들

자녀의 교육(E)

A

B

부모의 계급이나 본인의 교육과
독립적인 요인들

부모의 계급(PC)

자녀의 계급(CC)

C

두되지 않는다. 능력에 따른 불평등은 당연한 것이고, 그것은 능력 있는 사람을 필요한 직업으로 더 끌어들이기 위한 동기부여 기능을 한다는 것이다. 그러나 스웨덴에서는 B도 평등한 사회를 구현하는 문제와 관련해서 중요하다. 교육이 자녀의 계급과 관련한 결정력이 크고, 계급 간의 경제적 격차가 대단히 크다면, 당연히 B도 문제로 다뤄질 수 있다. 또한 학력에 따른 격차가 과도한 경우, 분배적 정의의 문제가 제기될 수 있다. C의 문제는 세대 간 계급이동의 문제이다. 세대 간 계급이동이 활발하게 이루어지는 개방사회가 되어야 자녀의 계급이 부모의 계급에 영향을 덜 받게 된다.

20세기 들어서 거의 모든 사회에서 교육기회가 확대되었다. 즉, 부모세대의 교육기회에 비해서 자녀세대의 교육기회가 크게 증가했다. 스웨덴에서도 20세기 중반부터 의무교육의 확대가 이루어졌고, 더 많은 인구가 고등교육을 받을 수 있게 되어 고등교육의 대중화가 이루어졌다.[15] 그렇다

---

15) Richard Breen and Jan O. Jonsson, "Explaining Change in Social Fluidity: Educational Equalization and Educational Expansion in Twentieth-Century

면, 의무교육의 확대와 고등교육의 대중화가 교육 평등에는 어떤 영향을 미쳤는가? 즉 A가 어떠한 방식으로 작동했는가를 확인하는 것이 필요하다. 고등교육의 기회는 증가했지만, 학생의 가족배경이 학업성취에 영향을 미쳐서 부모가 노동계급인 자녀들이 비노동계급 자녀들에 비해서 낮은 학업성취를 보였는가? 스웨덴의 평등주의적 교육이 부모의 사회계급이 자녀의 진학이나 학업성취에 긍정적인 영향을 미쳐서 부모의 계급이 자녀의 교육성취에 미치는 영향이 줄어들었는가? 이러한 질문은 스웨덴뿐만 아니라 모든 서구 사회에서 오랜 논쟁거리로 남아 있다.[16] 왜냐하면 교육기회의 증가에 따른 대학 진학률 증가가 곧 계급불평등의 약화로 이어지지는 않았기 때문이다. 브린이 주장하는 것처럼,[17] 교육수준이 전반적으로 증가했지만, 출신배경에 따라서 교육을 받는 상대적 기회가 다르다는 현실은 크게 변하지 않았다.

그렇다면 스웨덴에서도 동일한 현상이 나타났는가? 스웨덴에서도 노동계급 출신 학생의 대학 진학률은 지속적으로 증가했다. 1995년부터 2005년까지 고등교육 진학자 수는 50% 증가했다. 그리고 부모의 계급과 자녀

Sweden," *American Journal of sociology*, 112(6)(2007), pp. 1775~1810.

16) Peter Blau and Otis Dudley Duncan, *American Occupational Structure*(New York: Free Press, 1967); John H. Goldthorpe. "Class Analysis and the Reorientation of Class Theory," *The British Journal of Sociology*, 47(3)(1996), pp. 481~505; Walter Muller, Paul Luttinger, Wolfgang Konig and Wolfgang Karle, "Class and Education in Industrial Nations," *International Journal of Sociology*, 19(3)(1989), pp. 3~39; Yossi Shavit, Richard Arum, Adam Gamoran and Gila Menachem et al., *Stratification in Higher Education: a Comparative Study*(Stanford: Stanford University Press, 2007).

17) Richard Breen, "Educational Expansion and Social Mobility in the 20th Century," *Social Forces*, 89(2)(2010), pp. 365~388.

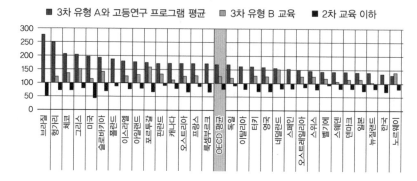

<그림 4.2> OECD 교육수준별 임금소득격차(고졸=100)

■ 3차 유형 A와 고등연구 프로그램 평균　▨ 3차 유형 B 교육　■ 2차 교육 이하

자료: OECD, *OECD Education at a Glance 2011*, p. 140

의 학업 성취의 관계는 지속적으로 약화되었다.[18] 스웨덴에서는 고등교육
기관이 확대되고 동시에 교육의 평등화가 이루어져서 노동계급 자녀들이
대학에 진학할 수 있는 기회가 꾸준히 증가했을 뿐만 아니라, 교육기회가
출신 계급과 연관되는 정도는 지속적으로 낮아졌다.[19] 자녀의 교육성취에
영향을 미치는 요인은 부모의 계급보다 부모의 학력이라는 점에서 경제적
자원보다 학력과 같은 문화적 자원이 자녀의 교육성취에 중요하다.[20] 스
웨덴에서는 교육기회가 확장되면서 새로운 교육 기회가 특정 계급에 한정
되어 주어진 영국과는 달리 모든 계급에게 평등하게 주어졌기 때문에, 스

---

18) Robert Erikson, and Jan O. Jonsson, *Ursprung och utbildning(Origin and education)*(Stockholm: Fritzes, 1993).

19) Richard Breen and Jan O. Jonsson, "Explaining Change in Social Fluidity: Educational Equalization and Educational Expansion in Twentieth-Century Sweden."

20) Robert Erikson, and Jan O. Jonsson, *Ursprung och utbildning(Origin and education)*.

웨덴은 교육의 유동성이 계급유동성을 증진한 대표적인 사례로 간주되고 있다.[21] 즉, 교육기회가 확대되면서 동시에 학생의 출신 계급과 학업 성취와의 관계가 약화되어 교육이 계급이동을 촉진하는 효과를 낳았다.

그렇다면 스웨덴에서는 고등교육이 확대되면서 교육 유동성이 증가했는데, 실제 교육의 효과는 어떻게 나타났는가? 교육이 경제적 보상과 관련해 어떤 효과를 나타냈는가? 먼저, 교육에 대한 보상과 관련해 교육이 소득에 미치는 일차적 효과인 임금 프리미엄 혹은 소득 프리미엄은 스웨덴에서 매우 작게 나타나고 있다. 다른 서구 사회들에 비해서 덴마크, 노르웨이와 함께 스웨덴에서 교육의 임금 프리미엄은 상대적으로 낮은 편이다. 〈그림 4.2〉는 OECD 국가들에서 교육수준별 임금소득격차를 보여준다. 2009년 고졸자 임금소득을 기준으로 했을 때, 스웨덴의 대졸자 임금소득은 1.33배였다. 그 비율은 미국 1.87배, 영국 1.71배, 독일 1.68배, 프랑스 1.61배로 나타나서, 스웨덴 대졸자의 임금 프리미엄이 상대적으로 낮다는 것을 알 수 있다.[22] 단적으로, 스웨덴은 덴마크(1.3배), 노르웨이(1.26배)와 함께 학력별 임금격차가 낮은 사회에 속한다.

학력 간 소득격차가 크면 클수록, 고등교육을 받으려는 학생들도 늘어난다고 보는 경우가 많다. 소득격차가 교육을 더 받게 만드는 동기부여로 기능하기 때문에, 학력에 따른 소득격차는 교육에 대한 강한 동기부여로 작용한다는 것이다. 스웨덴 사례는 이러한 일반적인 상식과 어긋나는 대표

21) Richard Breen, "Educational Expansion and Social Mobility in the 20th Century."; Richard Breen and Jan O. Jonsson, "Explaining Change in Social Fluidity: Educational Equalization and Educational Expansion in Twentieth-Century Sweden."; Jan O. Jonsson, "Education, social mobility, and social reproduction in Sweden: patterns and changes," *International Journal of Sociology*(1993), pp. 3~30.
22) OECD, *OECD Education at a Glance 2011*(Paris: OECD, 2011), p. 139

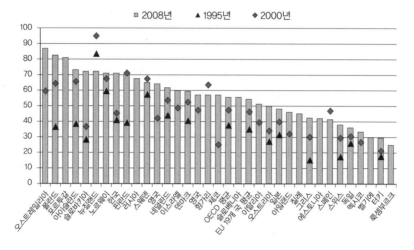

〈그림 4.3〉 OECD 대학진학률 추이(단위: %)

참고: 전문대학교 입학자를 포함했으며, 대학진학률 순위는 2008년 4년제 대학교 입학자 비율 순위이다.
자료: OECD. Table A2.4. See Annex 3 for notes(www.oecd.org/edu/eag2010)

적인 사례이다. 〈그림 4.3〉에서 볼 수 있듯이, 2008년 스웨덴의 대학 진학률은 독일이나 영국보다 더 높은 것으로 나타났다. 학력 간 임금격차가 더 적음에도 대학 진학률은 더 높게 나타나고 있어서, 대학 진학이 단순히 졸업 후에 얻는 임금수준에 의해서만 영향을 받는 것은 아니라는 사실을 잘 보여준다. 학력 간 임금격차가 낮은 이유는 개인의 학력보다는 다른 요소가 임금결정에 중요한 영향을 미치기 때문이다. 개인의 학력과 경력이 임금에 미치는 영향력은 계속해서 줄어들고 있다는 사실에서도 이러한 점을 확인할 수 있다. 패널 조사인 생활수준조사(the Level of Living Survey) 분석 결과는 학력과 경력이 임금결정에 미치는 효과를 R^2로 측정했을 때, 1968년 0.430에서 1981년에는 0.367로, 그리고 2000년에는 0.287로 계속해서 줄어들었다.[23] 이러한 점은 학력 대신에 다른 요인들이 임금수준에 영향을 더 미치게 되었다는 것을 의미한다.

또 다른 이유는 교육의 확대와 직업의 변화 사이의 불일치이다. 일반적으로 과거에는 저학력, 저숙련 노동자들이 지배적이었고, 그것이 직업구조와 일치했다. 그러나 오늘날 학력이 급속히 높아지면서 직업구조의 변화를 능가하는 빠른 학력의 상승이 일어났다. 높은 학력을 필요로 하는 직업의 증가는 상대적으로 적어서 학력의 효과가 임금 프리미엄으로 나타나지 않는 결과가 나타났다.

대학진학률은 공급차원에서 개인이나 가족의 경제력이나 진학 동기뿐만 아니라 국가적 차원에서의 지원과 노동시장 수요, 그리고 문화에 의해서도 영향을 받는다. 스웨덴의 경우 학력에 따른 임금 프리미엄이 크지 않음에도 대학진학률이 상대적으로 높은 이유는, 앞에서 언급한 대학진학을 촉진하는 국가의 교육정책과 복지 혜택이다.

그러나 소득에 미치는 계급 효과를 통제한 이후의 교육 효과는 흥미로운 결과를 보여준다. 먼저, 교육의 경제적 효과를 분석하는 임금함수 분석에서 교육 1년 증가에 따른 소득의 증가는 미국에서보다 스웨덴에서 더 큰 것으로 나타났다.[24] 〈그림 4.2〉에서 대학교육의 임금 프리미엄이 스웨덴

---

23) Carl le Grand, Ryszard Szulkin and Machael Tahlin, "Education and inequality in Sweden: A literature review," p. 345; C. le Grand, R. Szulkin and M. Tåhlin in Asplund, R. & E. Barth(eds.), *Education and Wage Inequality in Europe: A Literature Review*. ETLA The Research Institute of the Finnish Economy, Series B212(Helsinki, 2005).

24) Erik Olin Wright, *Class Structure and Income Determination*(New York: Academic Press, 1979); Stephen Van Zandt Winn, "Social Class and Income Returns to Education in Sweden: A Research Note," *Social Forces*, 62(4)(1984), pp. 1026~1034.

보다 미국에서 훨씬 크게 나타났지만, 계급을 고려한 경우 역전되는 것으로 나타났다. 이미 이것은 계급의 효과를 통제했을 때, 교육에 대한 보상이 미국보다 스웨덴에서 더 크다는 것을 의미한다. 미국의 경우 계급과 교육의 상관관계가 높기 때문에, 교육의 효과가 계급의 효과로 나타나 계급을 통제한 후의 교육 효과가 낮아지지만, 스웨덴의 경우 교육과 계급의 상관정도가 낮아서 계급을 통제한 이후에도 교육의 효과는 크게 떨어지지 않아 나타난 결과이다.

대학교육이 대중교육이 되면서, 대학교 학위는 개인의 잠재적인 능력이나 역량을 보여주는 지표로서 제대로 작용하지 못한다. 그보다는 대학의 질적 차원인 대학 서열이 더 중요하게 받아들여진다. 고용주가 피고용자를 채용할 때 대학졸업장에 큰 의미를 부여하지 않는 경우, 대학졸업장은 취업과 임금결정에 중요한 요소로 작용하지 못한다. 영국에서 교육의 효과가 지속적으로 감소하는 요인은 교육에 대한 고용주의 평가가 낮아지고 있기 때문이다.[25] 그러나 그보다 근본적인 이유는 대학졸업자 수가 급격하게 늘어나고 있다는 것이다. 졸업생의 능력이 문제가 아니라 대학졸업생의 희소성이 크게 떨어지고 있기 때문이다.

노동시장에서 교육에 대한 순수한 경제적 보상이 미국보다 스웨덴에서 더 크지만, 결과적으로 스웨덴의 소득불평등 정도는 미국보다 더 낮다. 주된 이유는 높은 교육에 근거해서 높은 경제적 보상을 받는 사람의 비율이 적기 때문이다. 다시 말해서, 단순히 교육과 보상의 관계의 문제가 아니라 교육별 인구분포가 문제가 된다. 이것은 임금함수에 포함된 교육변수의 계

---

25) Michelle Jackson, John H. Goldthorpe, Colin Mills, "Education, Employers and Class Mobility," *Research in Social Stratification and Mobility*, Vol. 23(2)(2005), pp. 3~33.

수값이 아니라 교육을 받은 인구비중이 문제가 되기 때문이다.[26) 저임금을 받는 인구규모와 고임금을 받는 인구규모가 최종적으로 전체 인구의 소득 불평등에 영향을 미친다.

또한 스웨덴의 경우 피고용자들에게 중요한 소득결정요인은 집단적 노사관계이다. 노동시장에서 임금이 개인 수준에서 결정되는 것이 아니라 집단적 노사관계를 통해서 이루어지는 경우 임금의 동질성은 더 커지게 된다.[27) 즉, 특정한 조건에서 동일한 임금을 받는 피고용자들이 증가하기 때문에, 개인적인 특성 차이에 따른 임금의 차이가 크게 발생하지 않는다. 단체교섭을 통해서 어떤 요인을 임금교섭에서 중시할 것인가가 결정되기 때문에, 단체교섭 결과에 따라서 임금소득에 영향을 미치는 요인이 달라질 수 있다. 생산성의 차이를 가져오는 요인들에 따른 임금의 차이를 노조가 인정하는 경우, 생산성의 차이를 낳는 경력이나 교육에 따른 임금격차가 발생하게 된다.

---

26) Gary Fields, "Accounting for Income Inequality and Its Change: A New Method, with Application to the Distribution of Earnings in the United States," *Worker Well Beding and Public Policy*, 22(2003), pp. 1~38; A. F. Shorrocks, "Inequality decomposition by factor components," *Econmetrica* 50(1982). pp. 193~211; Yun Myeong-Su, "Earnings Inequality in USA, 1969~99, Comparing Inequality Using Earngins Equations," *Review of Income and Wealth*, 52(1)(2007), pp. 127~177.

27) Richard Freeman and Lawrence Katz(eds.), *Differences and Changes in Wage Structures*(Chicago: The University of Chicago Press, 1995); Jonas Pontusson, David Rueda and Chritopher R. Way, "Comparative Political Economy of Wage Distribution: The Role of Partisanship and Labor Market Institutions," *British Journal of Political Sciences* 32(2002), pp. 281~308; David Rueda and Jonas Pontusson, "Wage Inequalites and Varities of Capitalism," *World Politics*, 52(2000), pp. 350~383.

4. 교육과 계급이동

스웨덴의 계급이동 체제는 여러 연구자에 의해서 상대적으로 개방적이라고 평가되었다. 사회이동은 흔히 부모 세대와 자녀 세대 간의 직업이동이나 계급이동을 포함한다. 엄밀한 의미에서 직업이동과 계급이동은 다른 것이지만, 대체로 직업에 기초해 계급을 구분하고, 계급이동을 많이 분석하기 때문에, 계급이동과 사회이동은 상당히 중첩되는 개념이라고 볼 수 있다. 그러므로 사회이동의 연구는 주로 직업이동이나 계급이동을 통해서 이루어지고 있다. 그러나 경제학에서 이루어지는 소득이동 분석도 사회이동에 포함될 수 있다.

스웨덴의 사회이동은 다른 서구 자본주의 사회들에 비해서 대단히 활발한 것이 특징이다.[28] 남성 사회이동은 영국이나 독일보다 스웨덴에서 훨씬 높았다. 〈그림 4.4〉은 영국, 독일과 스웨덴에서 부모의 계급과 자녀 계

---

28) Richard Breen and Jan O. Jonsson, "Explaining Change in Social Fluidity: Educational Equalization and Educational Expansion in Twentieth-Century Sweden." Richard Breen and Ruud Luijkx, *Social Mobility in Europe between 1970~2000*(Oxford: Oxford University Press, 2004), p. 49; Jan O. Jonsson and Colin Mills, "Social Mobility in the 1970s and 1980s: A Study of Men and Women in England and Sweden," *European Sociological Review*, 9(3)(1992), pp. 29~248; Robert Erikson, John H. Goldthorpe and Luciene Portocarero, "Social Fluidity in Industrial Nations: England, France and Sweden," *The British Journal of Sociology*, 33(1)(1982), pp. 1~34; Robert Erikson and John H. Goldthorpe, *The Constant Flux. A Study of Class Mobility in Industrial Societies*(Oxford: Clarendon Press, 1992); Robert Erikson and John H. Goldthorpe, "Intergenerational Inequality: A Sociological Perspective," *Journal of Economic Perspectives*, 16(3)(2002), pp. 31~44.

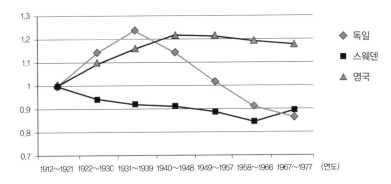

〈그림 4.4〉 코호트에 따른 출신 계급과 현재 계급의 연관정도

자료: Richard Breen, "Educational Expansion and Social Mobility in the 20th Century," p. 377.

급의 결합 정도를 연령 집단인 코호트(cohort)별로 분석한 결과를 보여준
다. 스웨덴의 경우, 부모-자녀 계급 결합이 지속적으로 낮아지고 있다. 영
국의 경우 역으로 젊은 세대일수록 부모-자녀 계급결합이 더 커지고 있다.
이것은 영국에서 부모의 계급과 자녀의 계급이 달라지는 정도가 줄어들고
있다는 것을 의미한다. 또한 스웨덴보다 계급이동이 적은 독일도 점차 젊
은 세대로 갈수록 계급이동이 커지는 것으로 나타났다. 독일의 경우, 전체
적으로 계급이동의 비율이 스웨덴보다는 낮지만, 1931~1939년 이후에 태
어난 코호트부터 점차로 계급이동이 활발해지고 있다는 것을 보여준다.

왜 이러한 차이가 존재하는가? 많은 연구는 사회민주주의 사회에서 계급
이동이 더 활발함을 밝히고 있고, 평등주의적 가치를 내세우는 여러 정책
효과가 불평등을 약화할 뿐만 아니라 계급이동을 촉진하는 효과를 낳았다
고 보았다.[29] 사민당 장기집권을 통해 교육기회의 평등이 이루어졌고, 교

---

29) Robert Erikson, John H. Goldthorpe and Luciene Portocarero, "Social Fluidity in
Industrial Nations: England, France and Sweden."

육을 통해 사회이동을 증가시키는 지속적인 효과가 나타난다고 볼 수도 있다. 교육, 노동시장, 노사관계와 복지와 관련된 사회제도들이 개인의 일과 보상에 영향을 미치기 때문에, 자본주의 유형[30]이나 복지국가 유형[31]에 따라서 불평등 정도[32]도 다르고 또한 사회이동 정도도 달라진다.[33]

계급 간 소득불평등과 관련해 스웨덴에서 발견되는 중요한 특징은, 세전 소득을 기준으로 보면 스웨덴의 계급불평등이 매우 심하다는 것이다. 스웨덴의 세후 소득불평등 수준은 상대적으로 매우 낮은 편이다. 2000년대 중반 스웨덴의 소득 지니계수는 0.23으로 덴마크와 더불어 유럽에서 불평등 정도가 가장 낮은 수준이었다.[34] 그러나 세전 소득불평등은 0.43으로 다른 유럽 국가들에 비해서 크게 낮지는 않다. 이러한 사실은 세금을 통해서 재분배가 상당한 정도로 이루어져서, 불평등이 크게 완화되었음을 의미한다. 즉, 노동시장 내에서 계급불평등이 약화된 양상을 보이기보다는

---

30) David B. Grusky and Robert M. Hauser, "Comparative Social Mobility Revisited: Models of Convergence and Divergence in 16 Countries," *American Sociological Review*, Vol. 49, Issue 1(Feb., 1984), 19~38; Peter Hall and David W. Sockice. Varieties of Capitalism: the institutional foundations of comparative advantage (Oxford: Oxford University Press, 2000).

31) Gøsta Esping-Anderson, *Three Worlds of Welfare Capitalism*(New Jersey: Princeton University Press, 1990).

32) David Rueda and Jonas Pontusson, "Wage Inequalites and Varities of Capitalism."

33) Erik Olin Wright and Mark Western, "The Permeability of Class Boundaries to Intergenerational Mobility Among Men in the United States, Canada, Norway and Sweden," *American Sociological Review*, 59(4)(1994), pp. 606~629; Erik Olin Wright, Class Counts: Comparative studies in class analysis(Cambridge: Cambridge University Press, 1997), ch. 5; Richard Breen, *Social Mobility in Europe*(Oxford: Oxford University Press, 2004), ch. 1.

34) OECD, *OECD Education at a Glance 2011*(Paris: OECD, 2011).

정부의 조세정책, 복지정책과 교육정책 등을 통해서 불평등이 상당 부분 완화되고 있음을 시사한다.

앞에서 살펴본 바와 같이, 부모 세대의 소득불평등과 자녀 세대의 교육 불평등은 밀접한 관련성을 보인다. 그러나 교육을 복지의 일부로 보는 유럽에서처럼, 교육 불평등이 소득불평등과의 관련성을 낮추는 교육정책을 통해 교육이 가족배경에 의해서 영향을 받는 정도는 약화될 수 있다. 물론 작고한 프랑스 사회학자 피에르 부르디외(Pierre Bourdieu)35)가 주장하는 것처럼 가족의 문화자본 차이까지를 상쇄할 수는 없지만, 적어도 교육기회 차원에서 부모의 경제적 지위가 끼치는 영향력은 상대적으로 많이 차단이 되고 있다고 볼 수 있다.

오늘날 계급이동은 대체로 교육을 통해서 매개되기 때문에, 계급이동은 경제적 불평등과 교육제도에 크게 영향을 받아 국가 간 차이를 보인다. 불평등이 심하고 빈곤율이 높으면 교육기회의 불평등이 크기 때문에, 교육을 통한 계급이동은 적게 나타난다. 복지정책과 교육정책은 잦은 교육이동 (educational mobility)을 낳고, 잦은 교육이동은 잦은 직업이동(occupational mobility)을 낳기 때문에, 스칸디나비아 사회들에서 부모의 계급과 자녀의 계급 간의 결합정도는 미국보다 낮게 나타난다.36)

---

35) 부르디외는 프랑스 중간계급의 계급 재생산은 가족문화를 통해서 이루어진다고 주장했다. 그는 중간계급의 가족문화와 노동계급의 가족문화가 매우 다르다고 지적하며, 중간계급의 가족생활을 통해서 획득하게 되는 보이지 않은 역량을 '문화자본 (cultural capital)'이라 부르고 그것을 통해서 중간계급 자녀들이 학교에서 높은 성적을 올릴 수 있다는 것을 밝히고 있다[Pierre Bourdieu, "Cultural Reproduction and Social Reproduction". In Karabel, 1. and Halsey, A. H., eds, *Power and Ideology in Education*(Oxford: Open University Press, 1977)].

36) Emily Beller and Miachael Hout, "Welfare states and social mobility: How

<표 4.2> 부모와 자녀 소득 상관계수 국가 간 비교

영국	0.271
미국	0.289
서독	0.171
핀란드	0.147
캐나다	0.143
덴마크	0.143
스웨덴	0.143
노르웨이	0.139

자료: Blanden, Gregg and Machin(2005: 6)

사회이동의 또 다른 지표로 경제학에서 자주 사용되는 세대 간 소득이동의 경우에도 스웨덴은 영국과 미국에 비해서 훨씬 높은 이동을 보여준다. 〈표 4.2〉에서 볼 수 있듯이, 세대 간 소득 상관계수는 미국에서 가장 높게 나타났고, 그다음 높은 국가는 영국이었다. 이에 비해 스칸디나비아 국가들에서 세대 간 소득상관계수는 영국과 미국의 절반 정도로 낮았다. 이것은 스칸디나비아 국가들에서 세대 간 소득의 상관관계가 그다지 크지 않다는 것을 의미한다. 즉, 소득이동으로 측정한 사회이동이 영미권보다 스칸디나비아에서 상대적으로 더 크다는 것을 알 수 있다.

---

educational and social policy may affect cross-national differences in the association between occupational origins and destinations," *Research in Social Stratification and Mobility*, 24(4)(2006), pp. 353~365; Robert Erikson and John H. Goldthorpe, "Intergenerational Inequality: A Sociological Perspective."

5. 결론

교육과 계급 간의 관계를 연구하는 다양한 학문 분야에서 스웨덴은 다른 스칸디나비아 국가들과 함께 중요한 이론적인 질문의 대상이 되어왔다. 사회민주주의 체제에서 교육 불평등은 약화되는가? 더 나아가 사회민주주의 체제에서 부모의 계급과 자녀의 계급 사이의 결합 정도는 다른 사회 체제보다 낮은가? 자녀 세대의 교육 불평등과 자녀 세대의 계급불평등의 관계는 영미식 자유주의 체제보다 사회민주주의 체제에서 더 낮은가? 이러한 질문들은 사회민주주의 체제가 평등주의를 중요한 정치적 가치로 내세우고 교육정책, 노동시장정책, 임금정책과 복지정책 등 복합적인 정책을 통해 기회의 평등과 결과의 평등을 증진하기 위해 노력했고, 이러한 노력이 실질적으로 유의미한 차이를 만들어냈다고 믿기 때문에 제기된 질문들이었다. 스웨덴은 오랫동안 사회민주주의 사회체제를 실험한 대표적인 사회이다. 이러한 사회에서 사회적 배경과 자녀들의 교육, 그리고 자녀의 교육과 계급 간의 관계가 어떻게 나타났는지를 분석하는 것은 하나의 역사적 실험을 분석하는 것이라고 보아도 무방하다.

교육과 계급과의 관계에 관한 경험적인 연구를 통해 밝혀진 스웨덴의 특징은 크게 세 가지이다. 먼저 스웨덴의 경우 교육성취에 부모의 계급이 미치는 영향이 매우 작다. 교육을 복지정책의 일환으로 모든 국민을 대상으로 하고 있기 때문에, 계급에 따른 진학의 차이가 다른 사회보다 훨씬 작은 것이다. 특히 영국이나 미국과 비교해서 교육 불평등이 현저하게 작다. 물론 아직도 계급에 따른 교육 차이가 존재하지만, 그 정도가 교육비를 본인이 부담하는 영국이나 미국에 비해서 훨씬 작다는 것이다.

둘째, 교육에 따른 임금격차가 크지 않다는 점이다. 그것은 노동시장 진출 이후에도 교육수준에 따른 임금격차가 크지 않다는 것을 의미하며, 제도적으로 노사 간의 단체교섭을 통해 임금이 결정되기 때문에 개인적인 차원에서 교육수준에 따른 차이가 임금에 미치는 영향력이 그다지 크지 않다. 그러나 스웨덴에서도 교육에 따른 차이가 없는 것은 아니다. 예를 들어, 계급의 소득격차를 통제했을 때 교육의 회수율은 오히려 미국보다 스웨덴에서 높게 나타났다.

셋째, 교육기회의 평등을 강조해온 사회민주당의 오랜 집권으로 부모 세대 계급불평등이 자녀 세대의 교육 불평등으로 이어지고 또 그것이 자녀 세대 계급불평등으로 이어지는 인과 고리가 크게 약화되었다. 기회의 평등과 결과의 평등으로 요약되는 사회민주주의 교육정책, 복지정책과 노동시장정책으로 계급이동이 가장 활발하게 이루어지고 있다고 볼 수 있다. 그리고 임금의 결정도 개인의 속성보다 집단적인 수준인 노사 간 교섭을 통해 이루어지기 때문에 임금 불평등이 덜하다.

한국에서 스웨덴에 관한 논의가 최근 많이 이루어지고 있다. 여기에는 주로 복지정책과 관련한 논의가 많다. 스웨덴 사회민주주의는 복지정책만으로 사회체제를 구축한 것은 아니다. 선거마다 교육은 중요한 정치적 쟁점으로 부각되었다. 그러나 스웨덴의 교육제도가 지니고 있는 구조적인 특징에 관한 논의는 많지 않다. 그럼 점에서 스웨덴의 교육과 계급 간의 관계에 관한 논의가 더 활발하게 이루어질 필요가 있다. 이를 통해 계급불평등을 완화하면서 동시에 스웨덴 경제를 뒷받침하고 있는 스웨덴 교육제도가 역사적으로 어떻게 변해왔고 또 어떠한 기능을 하고 있는지를 이해를 할 수 있을 것이다. 그리고 그것을 통해서 전반적인 스웨덴 사회민주주의 체제에 대한 더 심화된 이해가 이루어질 수 있을 것이다.

제2부

계급과
노동조합운동

제5장
계급타협의 형성과 위기

1. 서론

이 장에서는 1930년대 스웨덴 계급타협의 형성 과정을 살펴보고, 1980
년대 계급타협의 위기를 다루고자 한다. 서구에서 계급타협의 형태는 역사
적으로 두 가지로 나타났다. 하나는 노사관계 수준에서 노동과 자본 사이
의 타협을 통한 이해 조정 체계인 단체교섭의 제도화로 나타났다. 다른 하
나는 정치적 수준에서 노동, 자본, 국가 삼자 사이의 이해를 정책적으로 조
정하는 사회적 조합주의(social corporatism)이다. 유럽의 사회적 조합주의는
의회를 우회해서 조직된 노동, 자본과 국가 사이의 이해를 조정하는 새로
운 정치적 과정으로 이해되어왔다.[1] 그러므로 사회적 조합주의는 국가가

---

1) Suzanne Berger(ed.), *Organizing Interests in Western Europe: Pluralism,
   Corporatism, and the Transformation of Politics*(Cambridge: Cambridge University
   Press, 1981); Alan Cawson, *Corporatism and Political Theory*(Oxford: Blackwell,
   1986). G. Lembruch and P. Schumitter(eds.), *Patterns of Corporatist Policy*

매개하거나 국가가 개입된 계급타협의 한 형태로 볼 수 있다. 사회적 조합주의에서 국가 정책을 매개로 해서 노동과 자본의 이해가 조정되는 방식으로 노동계급과 자본가계급 간의 타협이 이루어진다.

여기에서 제기되는 두 가지 핵심적인 문제는 계급관계와 국가의 성격에 관한 것이다. 첫째로 계급관계의 성격에 관한 문제는 계급타협의 두 주체인 노동계급과 자본가계급의 타협이 어떻게 가능했는가 하는 문제이다. 구체적으로 이러한 문제는 산업자본주의 사회에서 보편적으로 나타나는 계급대립이 어떤 조건에서 또는 정치적 국면에서 계급타협으로 '전환'되었는 가라는 문제이다. 그리고 국가의 성격에 관한 문제는 어떤 정치적 혹은 정책적 조건에서 노동계급과 자본가계급의 타협이 용이하게 이루어질 수 있는가 하는 것이다. 이 문제는 정권의 성격과 직접적으로 관련된다. 정권의 성격에 따라서 계급타협은 촉진될 수도 있고 약화될 수도 있기 때문이다. 대체로 좌파정당들이 집권했을 때 조합주의적 계급타협이 나타났지만, 네덜란드의 예에서 볼 수 있는 것처럼 반드시 그러한 것도 아니었다.[2] 이러한 사실은 계급타협이 매우 독특한 정치적 조건뿐만 아니라 역사적으로 특수한 계급관계 속에서 나타날 수 있다는 사실을 보여준다.

스웨덴은 1980년대 이전까지 잘 조직된 노동계급과 자본가계급 사이의 계급타협을 통해 안정적인 경제체제를 구축한 경우로서 성공적인 계급타협 모델의 전형으로 자주 언급되었다. 노동과 자본의 상호 인정과 조직적

Making(London: Sage, 1982); Philippe C. Schumitter, "Democratic Theory and Neo-Corporatist Practice." *Social Research* 50(1983), pp. 885~928; Peter J. Williamson, *Varieties of Corporatism: A Conceptual Discussion*(New York: Macmillan, 1985)

2) Colin Crouch, *Industrial Relations and European State Traditions*(Oxford: Clarendon Press, 1992).

차원에서의 제도화된 단체교섭을 통해 임금 및 노사문제를 공동으로 조정하는 전통이 형성되었다. 또한 국가, 노동, 자본 간의 삼자 합의에 기초한 조합주의적 계급타협이 이루어져 국가가 매개하는 노동과 자본의 이해 조정 체계가 성공적으로 기능한 사례로 언급되어왔다. 그러나 1970년대 중반 이후 계급 간 대립과 갈등이 심화되면서 스웨덴 계급타협의 위기 혹은 종언이 부각되기 시작했다. 1970년대 석유파동으로 유럽 대부분 국가들에서 재정적자가 크게 증가하고 실업률이 높아지면서, 제2차 세계대전 이후 안정적으로 유지되었던 서구 정치경제체제의 위기, 보수 세력의 공세 및 사회적 갈등으로 비롯된 전후 유럽 체제의 종언을 주장하는 입장들이 등장하기 시작하면서 스웨덴 모델의 위기 혹은 해체에 대한 논의도 등장했다.[3] 이와 같이 스웨덴 사례는 서구 자본주의 사회에서 가장 성공한 계급타협의 모델로부터 위기에 처한 계급타협으로 전환된 전형적인 모델로 인식되고 있다.[4]

---

[3] Erik Lundberg, "The Rise and Fall of the Swedish Model." *Journal of Economic Literature*(March 1985); Andrew J. Taylor, *Trade Unions and Politics: A Comparative Introduction*(London: Macmillan, 1989); Michele Micheletti, "Swedish Corporatism at a Crossroads: The Impact of New Politics and New Social Movements," in Lane, Jan-Erik(ed.), *Understanding the Swedish Model*(Portland: Frank Cass, 1991), pp. 144~165; Janas Pontusson, *The Limits of Social Democracy: Investment Politics in Sweden*(Ithaca: Cornell University Press, 1992); Assar Lindbeck, "The Swedish Experiment." *Journal of Economic Literature*, 35:3(1997).

[4] 구조적 수준에서나 제도적인 수준에서 서구 사회의 위기론은 여러 형태로 나타났다. 복지국가의 위기론[James O'connor, *The Fiscal Crisis of the State*(New York: St. Martin's Press, 1973); Jürgen Habermas, *The Legitimation Crisis*(New York: Beacon Press, 1982)] 혹은 사회민주주의의 위기론[Fritz W. Scharpf, Crisis and *Choice in European Social Democracy*(Ithaca: Cornell University Press, 1987); Herbert Kitschelt, *The Transformation of European Social Democracy*(Cambridge:

이 장은 스웨덴 모델 일반이 아니라 계급타협의 형성 조건과 계급타협의 유지 조건에 초점을 맞추어 1920년대부터 1980년대까지 스웨덴에서 이루어진 계급타협의 형성 과정과 존속, 그리고 위기를 이론적인 수준에서 논의하고자 한다. 산업자본주의 사회에서 시도된 노동의 계급타협은 계급타협의 수준을 임금을 매개로 하는 노사관계 수준의 계급타협과 산업민주주의나 소유권을 대상으로 하는 정치적인 수준의 계급타협으로 구분될 수 있다. 스웨덴의 경우 노사관계 수준의 계급타협에는 성공했지만 정치적인 수준의 계급타협에 실패함으로써 노사관계 수준의 계급타협도 동요하고 있음을 논의한다. 역사적인 계급타협이라고 불리는 1938년의 살트셰바덴 협약을 계기로 형성된 노동과 자본의 타협 이후 거의 40년간 계급타협이 유지되었지만, 1970년대 들어 스웨덴 노총(LO)이 전통적인 노조운동의 요구와는 다른 집합적 소유나 산업민주주의 같은 새로운 목표를 추구하면서 전통적인 타협적 노사관계가 약화되기 시작했다. 또한 1980년대 들어 스웨덴 경총(SAF)이 1938년 타협의 핵심적인 내용인 중앙교섭을 거부함으로써 계급타협의 제도적인 틀이 흔들리고 있다. 여기에서는 스웨덴의 경제정치적 수준의 계급타협이 이루어진 조건에 대해서 논의하고, 계급타협이 1970년대 초까지 계속해서 유지될 수 있던 조건을 살펴본다. 그다음 1970년대 후반부터 정치적 수준의 계급타협이 성공하지 못했고, 더 나아가 30년 이상 유지되었던 노사관계 수준의 계급타협도 불안정하게 되었음을 논의한다.

이 글은 스웨덴 사례를 토대로 계급타협에 관한 이론적 논의를 모색하는 데 초점을 맞추고 있다. 그러므로 스웨덴 사례는 이론적 논의를 전개하

Cambridge University Press, 1994)], 조합주의 위기론[John Goldthorpe(ed.), *Order and Conflict in Contemporary Capitalism*(Oxford: Clarendon Press, 1984)]이 대표적인 예이다.

기 위한 역사적인 사례 수준에서만 다루어질 것이다. 먼저 계급타협과 관련된 개념들을 논의한다. 계급타협이 많이 언급되고 있지만 이론적인 수준에서 체계적으로 다루어지지는 못했기 때문에, 이 글에서는 먼저 계급, 계급타협, 조합주의 개념에 대해서 논의한다. 그다음 계급타협의 성립 조건에 관한 기존의 논의를 살펴보고, 기존의 논의가 국민국가 틀 내에서 이루어지는 게임을 전제로 하고 있기 때문에 세계화로 국민국가의 틀이 약화되면서 나타난 계급타협의 위기를 이해하는 데 한계가 있음을 지적한다. 그다음 1938년 살트셰바덴 협약으로 이루어진 스웨덴 계급타협의 형성과정과 임노동자기금안을 둘러싼 계급타협의 위기 과정을 간략하게 역사적으로 살펴볼 것이다. 그다음 계급타협의 형성 조건과 위기 조건을 다룬다. 임노동자기금안이 살트셰바덴 협약과는 다르게 노동은 크게 이익을 얻지만, 자본은 일방적으로 손해를 보는 영합게임(zero sum game)으로 게임의 규칙을 변화시키려고 한 것이었기 때문에 자본가계급의 저항을 불러일으키는 결과를 낳았다는 점을 논의한다. 그리고 임노동자기금안을 둘러싼 논쟁이 전개되면서 가시화된 계급타협을 약화하는 조건으로서의 산업구조의 변화와 세계화를 다룬다. 여기에서 산업구조의 변화로 화이트칼라 노동자들의 확대가 미친 영향과 세계화로 국가와 노동에 대한 자본의 교섭력이 증가하면서 나타난 구조적 불확실성의 증대와 계급타협의 위기를 다룬다. 마지막으로 여기에서 제시된 논의를 종합하고 이러한 논의의 이론적 함의를 분석한다.

2. 계급과 계급타협

계급타협에 관한 논의는 주로 노동계급이 혁명적 투쟁 대신에 기존 체제를 받아들이고 자본가계급과의 타협과 이해 조정을 통해 계급이해를 실현하려는 태도를 중심으로 이루어지고 있다. 체제 도전 세력으로서의 노동계급과 체제 수호세력으로서의 자본가계급 사이의 타협으로 계급타협이 인식되고 있는 것이다. 그러므로 마르크스주의 논의에서 계급투쟁, 계급형성, 계급구조에 관한 논의는 있어도, 계급타협에 관한 논의는 거의 없었다.[5] 단지 규범적인 수준에서 노동조합이나 좌파 정당의 타협적 태도를 비판하기 위해, 계급타협이라는 용어가 자주 사용되었을 뿐이다.

자본주의 사회에서의 계급은 분석 수준에 따라서 다르게 분석될 수 있다.[6] 여기에서는 논의의 대상으로 하는 계급타협의 문제를 분석하기 위해, 자본주의적 생산체제에서 나타나는 사회적 분업 수준에 따라서 크게 자본가와 노동자 계급만을 논의 대상으로 한다.[7] 자본가계급은 생산수단을 소

---

5) 계급구조에 관한 논의는 대표적으로 Erik Olin Wright, *Class, Crisis and the State* (London: New Left Review, 1976)를 참조. 계급투쟁에 관한 논의는 다음을 참조. Jon Elster, *Making Sense of Marx*(Cambridge: Cambridge University Press, 1985); Ira Katznelson, "Working Class Formation: Constructing Cases and Comparison" in Ira Katznelson and Aristide Zolberg(eds.), *Working-Class Formation*(New Jersey: Princeton University Press, 1986)

6) Erik Olin Wright, *Classes*(London: Verso, 1985), ch. 1; Erik Olin Wright, *Class Counts*(Cambridge: Cambridge University Press, 1997).

7) 자본가계급과 노동계급만이 아니라 농민과 쁘띠부르주아지도 계급타협의 주체가 될 수 있다. 계급타협의 내용은 임금과 작업 환경이 아니라 국가 수준에서 제공되는 복지를 포함할 수 있다. 인도 케랄라 지역의 노동계급이 주도한 재분배와 복지를 중심으로 한 계급타협에 관한 논의는 다음을 볼 것. Patrick Heller, "From Class Struggle

유하고 타인의 노동력을 구매해 이윤을 목적으로 경제활동을 하는 사람들이다. 노동자 계급은 생산수단을 소유하지 못해서 타인에게 노동력을 제공하면서 반대급부로 임금을 취득하는 사람들이다. 이러한 계급구분은 사회경제적 범주를 바탕으로 한 것이다.

그러나 계급타협의 문제가 더 구체적인 수준에서 논의되기 위해, 계급은 동일한 이해에 기초해 만들어진 조직과 정치적 행위 수준에서 다루어진다. 조직되지 않은 노동자나 자본가의 경우 경제적인 차원에서는 계급관계에 의해 경제적 행위의 내용과 이해관계가 결정되지만, 정치적 차원에서는 집단적인 행위를 통해 각기 다른 계급의 행위와 이해에 영향을 미치지 못하기 때문에 계급으로서의 정치권력을 갖지 못한다. 그러므로 자본주의 사회에서 사회경제적 계급으로서 계급 구조와 계급의 규모가 유사하게 나타나더라도, 조직 정도에 따라서 사회마다 계급의 정치권력은 크게 달라진다.

계급타협은 노동계급과 자본가계급이 대립적인 이해관계 속에서 계급의 이익을 배타적으로 추구하는 경우 나타나는 갈등적 대립 대신, 특정한 협약을 통해 지속적으로 상호 이해를 보장하고 극대화할 수 있는 '이익 교환을 통한 협력(cooperation)'이 나타나는 경우를 지칭한다.[8] 계급타협에

---

to Class Compromise: Redistribution and Growth in a Southern Indian State," *The Journal of Developmental Studies* 31(5)(1955), pp. 645~672.

[8] 여기에서 계급타협은 긍정적 계급타협(positive class compromise)을 의미한다. 계급타협이 두 계급 간 힘의 균형을 이룬 결과로 손해를 줄이기 위해서 타협에 이르는 부정적 계급타협(negative class compromise)과는 달리, 긍정적 계급타협은 계급타협의 주체들이 동시에 이익을 증대할 수 있는 정합게임이 가능하다는 점을 고려해서 이루어진 타협이다. Erik Olin Wright, "Working Class Power, Capitalist Class Interests, and Class Compromise," *American Journal of Sociology* Vol. 105(4)(2000), pp. 957~1002..

관한 논의는 계급타협의 주체와 관련하여 크게 세 가지 수준에서 다루어질 수 있다. 첫 번째는 정치적 수준에서 사회계급을 대변하는 정치조직으로서 계급 정당들 사이의 타협을 중심으로 계급타협을 논의하는 경우나, 서구의 사회민주주의 정당들과 같이 계급정당들이 선거에서 다른 계급의 지지를 얻어내기 위해 계급정당의 속성을 약화하는 선거 참여와 선거 전략을 논의하는 경우이다.[9] 좌파 정당이 혁명 대신 개혁을 택하는 경우, 개혁주의적 좌파정당들이 계급타협적 노선을 택한다고 보는 것이다.[10] 예를 들어, 노

---

9) Adam Przeworski, "Social Democracy as a Historical Phenomenon," *New Left Review* No. 122(1980), pp. 27~58; Adam Przeworski, *Capitalism and Social Democracy*(Cambridge: Cambridge University Press, 1985); Adam Przeworski and John Sprague, *Paper Stones: The History of Electoral Socialism*(Chicago: Chicago University Press, 1986); 조돈문·신광영, 「스웨덴 모델의 미래: 사회민주당의 계급연합 전략과 지지기반의 변화」. ≪산업노동연구≫, 제3권, 제2호(1997).

10) 혁명과 개혁의 문제는 이론적으로도 정치적으로도 모호하게 전개되었다. 근본적으로 마르크스 역사이론의 내적인 긴장과 관계가 있다. 생산관계 대 계급투쟁 중심의 역사이론의 문제이다. 생산관계를 중심으로 법칙적으로 역사를 인식하는 경우, 혁명은 필연적으로 도래할 것이기 때문에 현재 노동계급의 조건을 개선하기 위해 개혁적인 노선을 택하건 택하지 않건 그것은 문제가 되지 않는다. 그러나 계급투쟁을 중심으로 역사발전을 인식하는 경우, 현재의 모든 정책과 노선은 계급투쟁과의 관계 속에서 평가되기 때문에 개혁적인 노선은 반계급적이라는 비판받을 수 있다. 현실적으로 개혁 노선은 개량주의, 즉 기존 체제에 순응하는 것으로 인식되어 큰 비판을 받았다. 마르크스의 사적 유물론에서는 자본주의 극복은 혁명을 통해서만 가능하다. 그러나 이와는 달리 마르크스는 국가권력을 장악하는 방법에서 혁명을 통한 방법과 선거참여를 통한 방법을 구분하고 있어서 선거를 통한 국가권력 장악과 국가권력 장악 이후 국가에 의한 사회주의 이행의 가능성을 언급하고 있다. 스티븐스(Stephens, 1979: 83~88)는 자유주의적 개혁과 사회주의적 개혁을 구분하고, 자유주의 개혁은 노동자들의 계급의식을 흐리게 하지만 체제를 바꾸는 효과가 있는 사회주의 개혁의 성공은 노동자들의 계급의식을 강화하기 때문에 연속적인 개혁의 성공이 혁명적인 결과를 가져온다고 보아서, 혁명과 개혁의 이분법적인 구분을 비판하고 있다.

동계급을 대변하는 좌파정당과 농민을 대표하는 정당 사이의 타협이나 좌파 정당과 우파 정당 사이의 타협이 계급타협으로 인식되었다. 선거를 통해 사회주의를 실현하려는 서구의 좌파 정당들이 다른 계급의 지지를 확보해야 선거에서 다수당이 될 수 있으며, 이를 위해서는 계급정당으로서의 계급성을 약화해야 한다는 선거사회주의의 딜레마도 계급타협과 관련된 문제이다.[11] 그러나 단순한 정당의 연합이나 연정의 형태로 나타나는 정치적 타협이 계급타협이 되기 위해서는 이해가 상충되는 정책의 조정과 수용을 통해서 계급이해의 교환이 이루어져야 한다.

두 번째는 노사관계 수준에서 조직 노동자와 자본가 단체 사이에 이루어지는 타협을 중심으로 계급타협을 논의하는 것이다.[12] 이러한 수준의 계급타협은 노동시장에서 노동자 조직과 자본가 조직 사이의 상호 이익을 장기적으로 보장해주는 협약을 통해서 가능하다. 협약은 노자 간의 이해를 조정하고 결정하는 규칙을 공동으로 결정할 것을 포함한다. 이는 좌파 학자들에게 관료적 통제[13] 혹은 헤게모니적 통제[14]로 불린 것으로, 자본과 노동이 공동으로 규칙을 정하고 이러한 규칙에 공동으로 제약을 받는 협약

---

11) Adam Przeworski and John Sprague, *Paper Stones: The History of Electoral Socialism*, ch. 2.

12) 찰스 메이어(Charles Maier)는 더 구체적으로 '합의에 의한 임금결정(consensual wage deter mination)'을 조합주의의 핵심으로 다루고 있다(Charles Maier, "Preconditions for Corporatism." in John H. Goldthorpe(ed.), *Order and Conflict in Contemporary Capitalism*(Oxford: Clarendon Press, 1984); Colin Crouch, *Industrial Relations and European State Traditions;* 안재홍, 「스웨덴모델의 형성과 노동의 정치경제」. ≪한국정치학회보≫ 제29집, 제3호(1995), 493~523쪽; Erik Olin Wright, "Working Class Power, Capitalist Class Interests, and Class Compromise."].

13) Richard Edwards, *Contested Terrains*(New York: Basic Books, 1976).

14) Michael Burawoy, *The Politics of Production*(London: Verso, 1985).

을 통해 노사관계를 공동으로 규율함을 의미한다. 노동조합이 자본가들의 이윤 추구와 경영권을 인정하고, 또한 자본가들도 노동조합을 인정해서 노동조합과의 단체교섭을 제도적으로 받아들여 공동으로 노사관계를 규제해 나가는 것을 포함한다.

　세 번째는 개인적인 수준에서 이루어지는 계급타협이다. 이것은 개인의 계급의식 수준의 문제[15]나 행위 수준의 문제[16]에서 다루어질 수 있다. 의식수준의 계급타협 문제는 계급 성원들이 이데올로기적으로 혁명적 의식 대신에 비혁명적 의식 혹은 체제 적응적 의식을 갖게 되는 경우를 지칭한다. 행위 수준의 계급타협 문제는 계급성원들이 계급이익을 실현하는 방법과 관련해서 기존의 체제가 계급이해를 극대화할 수 없는 체제이지만, 이러한 체제를 받아들이고 기존 체제 내에서 물질적인 이익을 극대화하는 경우이다. 예를 들어, 노동자들이 자신의 이익이 극대화될 수 있는 사회주의 체제 대신에 이윤을 중심으로 조직된 자본주의 경제체제를 받아들이고 단기적으로 물질적 이익을 증진하려는 의식을 갖고 있는 경우로, 이는 노동자들의 체제 수용으로 나타났다.[17] 개인적인 수준에서 계급타협은 주로 혁명적인 의식보다는 개혁주의적 의식의 형태로 나타난다. 즉, 혁명적인 의식 대신에 타협적인 의식을 갖게 되는 경우 개인적인 수준에서의 계급타협이 논의될 수 있다.

---

15) Antonio Gramsci, *Selections from the Prison Notebook*(New York: International Publishers, 1971); Adam Przeworski, "Social Democracy as a Historical Phenomenon."

16) Jon Elster, Making Sense of Marx, pp. 345~349; Adam Przeworski, Capitalism and Social Democracy; Erik Olin Wright, "Working Class Power, Capitalist Class Interests, and Class Compromise," pp. 13~17.

17) Adam Przeworski, *Capitalism and Social Democracy*, pp. 177~182.

오늘날 사회과학에서 이루어지는 계급타협에 관한 경험적·역사적 논의들은 주로 국가의 역할과 관련해 이루어지기 때문에, 대체로 첫 번째와 두 번째 수준에서 이루어지고 있다고 볼 수 있다.[18] 예를 들어, 아담 셰보르스키[19]는 계급타협의 정치적·경제적 조건으로 쌍방독점의 정도, 노사관계의 제도화, 국가에 의한 타협의 강제력 증대, 일상적인 투자 위험을 제시하고 있다. 그러나 정치적 수준, 노사관계 수준, 개인적 수준의 계급타협은 서로 연관되어 있기 때문에 이들 수준을 독립적으로 다루는 것은 비현실적일 수 있다. 즉, 특정 수준의 계급타협이 다른 수준의 계급타협에 영향을 미칠 수 있는 복합적인 인과적 과정이 현실적으로 존재한다.

정치적 수준의 계급타협으로서 조합주의

조합주의(corporatism)란 경제적인 이익집단이 정부의 정책과정에 참여하는, 정부와 경제 집단과의 관계를 제도화시킨 체제를 의미한다. 이익집단의 이해가 의회 제도를 통해서 정치 과정에 투입되는 전통적인 방식이아니라 직접 정부 정책에 투입되는 방식이기 때문에, 조합주의는 민주주의를 위협하는 체제로 비판을 받기도 했다. 전후 서구에서 형성된 조합주의

---

18) Przeworski, *Capitalism and Social Democracy*; Andrew J. Taylor, *Trade Unions and Politics: A Comparative Introduction*; Janas Pontusson, *The Limits of Social Democracy: Investment Politics in Sweden*; Wolfgang Streek, 1992. *Social Institutions and Economic Performance: studies of industrial relations in advanced capitalist economies*(Newbury Park: Sage Publication, 1992); Herman Schwartz, "Social democracy going down or down under: Institutions, internationalized capital, and indebted state." *Comparative Politics*, 30, 3(1998), pp. 253~272.

19) Adam Przeworski, *Capitalism and Social Democracy*, p. 184.

는 이전의 조합주의와는 다른 신조합주의(neo-corporatism) 혹은 사회적 조합주의(societal corporatism) 혹은 교섭 조합주의(bargained corporatism)로 불리기도 했다.[20]

　조합주의를 중심으로 계급타협을 논의하는 경우는 조직된 노동과 조직된 자본이 거시경제 결정 과정에 참여해서 정부와 공동으로 경제를 관리하는 새로운 형태의 '교섭된 통치(bargained governance)'를 의미한다. 교섭된 통치는 거시경제 정책 결정 과정에서 조직된 이해가 반영될 뿐만 아니라 정책의 집행 과정에서 조직된 이해집단의 책임과 기능도 중요하게 작동한다. 그러므로 거시경제 정책의 결정과 집행에 정부와 조직된 사적 부문의 조직들이 공동으로 참여한다는 의미에서, 국가와 시민사회의 경계가 불분명해지고 사적 조직들이 유사 정부조직(quasi-governmental organization)처럼 기능한다. 교섭된 통치는 조직된 집단의 저항이나 불만 표출로 발생하는 통치의 불안정 혹은 노사관계의 혼란을 피할 수 있다는 점에서 정치적 안정과 산업평화를 이룰 수 있는 정치체제로 인식되었다.[21]

---

20) Philippe C. Schumitter, "Still the Century of Corporatism." *Review of Politics*, 36(1)(1974), pp. 85~131; Philippe C. Schumitter, "Interest Intermediation and Regime Governability in Contemporary Western Europe and North America." in Suzanne Berger(ed.), *Organizing Interests in Western Europe: Pluralism, Corporatism, and the Transformation of Politics*(Cambridge: Cambridge University Press, 1981); Wyn Grant, *The Political Economy of Corporatism*(London: Macmillan, 1985); Colin Crouch, *Industrial Relations and European State Traditions.*

21) Colin Crouch and Wolfgang Streek(eds.), *Political Economy of Modern Capitalism* (Thousand Oaks: Sage, 1997); David Gordon, *Fat and Mean*(New York: The Free Press, 1996); Lane Kenworthy, *In search of national economic success: competition and corporation*(Beverly Hill: Sage, 1995). Walter Korpi, "Faces of inequality:

조합주의 형태의 계급타협은 실제로 노동시장에서 노동과 경영의 타협 뿐만 아니라 국가가 노동과 경영의 이해를 조정하고 정책적으로 이를 집행하는 것이기 때문에 '정치적 과정'을 포함하고 있는 형태의 계급타협이다. 조합주의는 노동-자본-정부의 삼자위원회를 통해 계급타협이 유지되고 있기 때문에, 단체교섭을 통해 임금과 노동조건에 관한 타협을 바탕으로 하고 있는 노사관계 영역에서의 계급타협과는 다르다. 단체교섭이 노동시장과 노동과정에 내재된 이해 대립을 타협을 통해서 해결하는 계급타협이라면, 조합주의는 거시경제 수준에서 조직된 계급적 이해의 조정과 타협을 이끌어내는 계급타협이다. 노사관계에서 노동과 자본 간의 계급타협제도가 존재하지 않는 상황하에서도 거시경제 차원에서 강제적으로 계급적 이해를 조정하고 타협하는 사례는 파시즘이나 국가조합주의에서 발견된다 (나치즘이나 동아시아의 권위주의 체제가 대표적인 예이다). 또한 거시경제 차원에서, 계급타협이 이루어지지 않은 상태에서 노사관계에서만 노동과 자본 간의 계급타협이 이루어지는 사례도 자유주의 정치체제에서 나타난다(미국의 경우가 대표적이다).

Gender, class, and patterns of inequalities in different types of welfare states" *Social Politics* (2), pp. 127~191; Wolfgang Streek and Phillipe C. Schmitter, "Community, Market, State: and Associations? The Prospective Contribution of Interest Governance to Social Order," in Wolfgang Streek and Phillipe C. Schmitter(eds.), *Private Interest Government: Beyond Market and State*(London: Sage), pp. 1~29.

3. 계급타협의 성립 조건

마르크스의 이론에서 계급타협은 존재하지 않는다. 전통적인 해석에서 노동계급과 자본가계급의 이해는 양립할 수 없기 때문이다. 노동계급의 개량주의적 성향이나 비혁명적인 의식은 지배계급인 자본가계급의 이데올로기를 받아들여서 허위의식을 갖게 된 것이거나, 자본가계급의 억압적 지배에 의한 결과로 본다. 마르크스와는 달리 안토니오 그람시(Antonio Gramsci)는 노동계급의 의식을 좀 더 복합적인 수준에서 다루면서, 지배를 받은 사람들의 자발적 복종에 기반을 둔 '동의에 의한 지배'를 헤게모니로 개념화하고, 노동계급의식이 생산관계뿐만 아니라 '상식'이라고 불리는 관행과 문화에 영향을 받아 복합적으로 형성된다고 주장했다.[22] 동의에 의한 지배가 시민사회 속에서 문화와 관습을 통해 만들어진 개인들의 의식에 자리를 잡고 있다고 본 것이다. 그러나 그람시의 논의는 개인수준에 그치고 있다. 노동조합이나 정당도 지배계급의 헤게모니에 의해서 영향을 받을 수 있다는 점을 언급하지 않는 것이다. 또한 노동계급 조직이 혁명적인 성향을 지닐지라도 현실적인 조건에서 나타나는 구체적인 전략적 행위의 결과로 자본가계급과의 협조적 관계를 선택할 수도 있다는 점을 인식하지 못했다.

계급타협은 어떻게 나타나는가? 우리는 계급타협의 과정을 중심으로 계급타협을 두 가지로 구분할 수 있다. 하나는 타협적 의식에 기초한 경우이고 다른 하나는 전략적 선택에 기초한 경우이다. 노동조합이나 정당 지도부가 타협적 의식을 가지고 있고, 자본가계급 조직도 타협적인 태도를 보이는 경우 노동계급과 자본가계급 사이에 계급타협이 이루어질 수 있다.

---

22) Gramsci, *Selections from the Prison Notebook*.

그러나 이러한 경우 지도부의 변동에 따라서 타협이 철회될 수도 있기 때문에 안정된 계급타협 체제로 뿌리내리기 어려운 상황도 기대할 수 있다. 계급타협이 전략적 선택의 결과로 나타나는 경우, 전략적 선택에 영향을 미치는 요소들이 변하지 않는 한 전략적 선택의 결과인 계급타협은 안정적일 수 있다. 즉, 노조나 정당이 혁명노선을 택하고 있음에도 주어진 제약 속에서 계급타협을 전략적으로 선택했기 때문에, 선택에 영향을 미친 제약 조건이 동일하다면 계급타협의 유지를 더 용이하게 기대할 수 있다.

그보다 본질적인 차원에서 계급타협의 문제는 의식의 문제가 아니라 전략적 선택의 문제이다. 대립적·적대적 이해관계를 인식하고 있는 행위 주체들이 전략적 선택의 형태로 어떤 요구를 포기하고, 다른 요구를 얻어내거나 다른 수준의 요구를 내세워 협력을 하는 것이 계급타협이다. 갈등 대신에 협력을 선택하는 이유는 다양하다. 계급투쟁을 통해서 원하는 것을 얻을 수 없거나, 얻을 수는 있어도 그 과정에서 비용이 너무 크기 때문에, 혹은 시간이 오래 걸려서 투쟁 대신 타협을 선택할 수 있다. 또한 전쟁과 같은 외적인 위협 때문에 계급 간 대립이 전체의 안전에 부정적인 영향을 미칠 수 있는 경우에도 내부에서 갈등 관계에 놓여 있는 집단들 사이에 타협이 만들어질 수 있다.

전략적 선택에서는 시간의 고려가 매우 중요하다.[23] 여러 조건이 장기적으로 지속될 것인지, 아니면 단기적인 현상인지에 대한 판단이 현재의 행위 선택에 영향을 미치기 때문이다. 현재 계급타협을 촉진하는 조건이 장기적으로 존속되지 않을 조건이라면 계급타협은 가능하지 않을 것이다.

---

23) France Traxler and Brigitte Unger, "Governance, Economic Restructuring and International Competitiveness," *Journal of Economic Literature*, 28(1)(1994), pp. 1~23.

비용과 이익의 행렬(pay-off matrix)이 변하지 않은 경우, 기대되는 행위 선택도 변하지 않지만 그 행렬이 바뀌는 경우에는 동일한 선택이 이루어지는 게임을 기대할 수 없다. 이것은 프란츠 트랙슬러(Franz Traxler)와 브리기테 웅거(Brigitte Unger)가 구조적 불확실성(structural uncertainty)이라고 부른 것으로서, 게임의 결과를 전혀 예측할 수 없는 경우 과거의 선택이 미래에도 계속될 것이라고 예측하는 것이 불가능해지는 상황을 지칭한다. 세계화가 이러한 구조적 불확실성을 크게 하는 중요한 요인이다. 이러한 시간 차원의 문제는 갈등/타협 주체들에게 기대되는 행위와도 관련이 있다. 만약 상대 계급의 행위를 어느 정도 예측/기대할 수 없거나, 선택의 결과가 불확실할 경우라면 특정 계급의 행위선택은 매우 어렵게 된다. 이것은 기대되는 행위의 일관성 혹은 신뢰(confidence)의 문제이기도 하지만, 행위 선택에 영향을 미치는 조건과도 관련이 있다. 그러므로 각 행위 주체들이 보여주는 행위 선택의 일관성과 계급을 둘러싼 상황의 확실성이 모두 중요하다.

  1980년대 발전된 계급타협과 관련된 논의는 전략적 선택에 영향을 미치는 조건이나 선행조건을 중심으로 전개되었다. 계급의 조직력을 강조한 논의는[24] 산업자본주의에서 노동계급의 권력자원이 확대되어 자본가계급과 대등한 수준의 권력을 행사할 수 있게 될 때, 계급타협이 이루어질 수 있다고 보았다. 대표적으로 발테르 코르피는 스웨덴 노동운동을 분석하면서 자본가들이 시장의 자유화를 원하기 때문에, 노동계급이 자본가계급과 대등한 계급 능력을 갖게 되었을 때만 계급타협이 이루어질 수 있다고 보았

---

24) Walter Korpi, *The Working Class in Welfare Capitalism*(London: Routledge, 1981) 및 *The Democratic Class Struggle*(London: Routledge, 1983); Julia O'connor, Gregg M. Olsen and Walter Korpi(eds.), *The Power Resource Theory and the Welfare State: A Critical Approach*(Toronto: University of Toronto Press, 1998).

다.[25] 그러므로 그는 계급 간 힘의 균형이 깨졌을 때, 계급타협은 유지되기 어렵다고 보았다.

메이어는 계급타협의 선행조건으로서 경제적인 차원에서의 국가위기와 정치적인 차원에서의 사회민주주의 정당의 집권을 제시하고 있다.[26] 그는 유럽의 조합주의는 작은 규모의 경제나 국제시장에 의존해서, 경제가 취약한 경우 국가적 위기를 강화하지 않는 방식으로 계급갈등을 해결하려는 시도가 이루어져 조합주의적 타협이 등장했다고 보았다. 더욱이 사회민주당이 집권했을 때, 노사관계 안정을 통한 경제성장 정책을 추진하고 다양한 복지정책을 통해 노동조합의 요구를 충족할 수 있기 때문에 조합주의를 더 선호하고 유지하고자 한다는 것이다. 전후 유럽 국가 가운데 조합주의 체제를 보여주고 있는 나라는 사회민주당이 정권을 장악하거나 정권에 참여하고 있는 국가들이었다.

셰보르스키[27]는 두 가지 차원에서 계급타협의 조건을 논의하고 있다. 하나는 정당수준의 계급타협으로 사회민주당의 개혁주의 노선으로의 전향과 관련된 것이다. 사민당의 개혁주의는 다른 계급 성원들의 지지를 얻어야 선거에서 승리할 수 있다는 선거상의 제약과 집권 후에도 계속해서 정권을 유지하기 위해서는 자본가계급의 투자에 의존할 수밖에 없다는 경제적 제약에서 유래한다는 것이다. 다른 하나는 노사관계 수준에서 노동계급과 자본가계급 사이에 물질적 이익의 극대화를 추구하는 합리적 행동을 가

---

25) Korpi, *The Working Class in Welfare Capitalism*.

26) Charles Maier, "Preconditions for Corporatism."

27) Adam Przeworski and Michael Wallerstein, "The Structure of Class Conflict in Democratic Capitalist Societies," *American Political Science Review* 76(1982), pp. 215~238; Adam Przeworski, *Capitalism and Social Democracy*.

정해서 계급타협의 조건을 밝히고 있다. 노동계급은 자본가계급이 경제성장, 고용증대, 적정 수준의 소비를 가능케 하는 방식으로 투자할 것이라고 기대하고 또한 자본가들로 하여금 투자 결과로 획득하는 이윤을 인정할 때 계급타협이 이루어진다고 보았다. 자본주의 사회에서 계급타협의 핵심은 노동자들의 미래에 기대되는 물질적 복지가 자본가들의 현재 이윤이 연관되어 있다는 것을 인정함에 있다.[28]

자본주의 사회에서 나타난 계급타협은 주로 임금을 중심으로 이루어졌다. 경제위기와 같은 부합게임(negative sum game)의 가능성이 존재하는 경우, 기대되는 물질적 손실을 막기 위해 방어적으로 계급타협이 등장할 수 있고, 이와 반대로 미래에 정합게임의 가능성이 확실히 존재하는 경우, 기대되는 물질적 이익을 극대화하기 위해서 계급타협이 등장할 수도 있다. 그러나 계급타협 성립 조건과는 달리 일단 계급타협이 이루어진 이후에는 경제성장이 지속적으로 이루어졌을 때만 계급타협이 유지가 될 수 있었다. 메이어의 주장이 부합게임에 기초한 방어적 계급타협에 초점을 맞추고 있다면, 셰보르스키의 논의는 정합게임에 기초한 긍정적인 계급타협에 초점을 맞추고 있다.

두 가지 형태의 계급타협 논의가 전제로 하고 있는 것은 실제로 에스핑-앤더슨이 주장하고 있는 조직적 조건이다. 계급이 조직화되지 않았을 때에는 계급타협의 여지가 없기 때문이다. 이러한 점에서 계급의 조직화와 집중화는 계급타협의 필수적인 조건이다. 그리고 부합게임이나 정합게임의 가능성은 객관적인 조건보다는 계급 주체의 인식과 판단에 따라서 달라질 수 있기 때문에 상대적인 조건이 될 수 있다.

---

28) Adam Przeworski, *Capitalism and Social Democracy*, p. 180.

그러나 그보다 본질적으로, 계급타협은 노동조합과 자본가들의 상호의 존성에 대한 인식을 가능케 하는 조건이 형성되었을 때 비로소 이루어졌 다. 자본주의 사회에서 계급관계는 대립적 상호의존성이라는 이중적 속성 을 지니고 있기 때문에 대립적인 속성만을 강조하는 경우 타협은 불가능하 며, 반대로 상호의존성만을 강조하면 계급갈등은 나타나지 않는다. 이해 대립을 인정하면서 동시에 상호 간의 이해를 증진하는 것이 대립 대신에 타협을 통해서 가능하다고 인식할 때 계급타협은 가능해진다. 그러므로 경 제위기가 일어났거나 무역의존도가 높은 작은 규모의 국가들에서처럼, 노 동과 자본 간의 상호의존성이 노동과 자본 모두에게 공통적으로 인식되었 을 때만 계급타협이 가능하다.

　　그리고 임금을 중심으로 하는 계급타협은 경제적으로 정합게임이 가능 한 조건에서만 유지될 수 있다. 경제침체로 정합게임이 불가능할 경우, 기 존의 계급타협은 유지되기 어렵다. 그러나 정합게임이 가능한 경우라도 노 동이 임금 이외에 새로운 요구를 추가하면 기존 계급타협에 동요가 나타난 다. 예들 들어 노동계급이 경영참가나 공동결정과 같은 산업민주주의 혹은 소유권 공유를 요구할 때, 이러한 요구들을 받아들여도 정합게임이 가능하 다고 자본가들이 판단했을 때만 이러한 요구들은 받아들여질 수 있었다. 그러므로 임금을 중심으로 하는 계급타협이 노사관계 수준의 계급타협이 라고 한다면, 경영권과 소유권을 중심으로 하는 계급타협은 노동과 자본 간의 게임의 규칙을 변화시킨다는 점에서 체제 수준의 계급타협이다. 코르 피, 마이어 및 셰보르스키의 논의는 주로 노사관계 수준의 계급타협을 논 의하고 있기 때문에, 20세기 후반 서구 계급타협의 위기에 대한 이해를 높 이는 데 한계를 보인다. 20세기 서구에서 나타난 계급타협과 계급타협의 위기는 두 수준의 계급타협이 구조적으로 서로 다른 속성을 지녔음을 보여주고 있다. 그리고 서구 사회민주주의자들의 딜레마는 노동시장의 변화나 세계화와 같은 경제 환경의 변화로 두 수준의 계급타협이 동시에 이루어지기 어려운 조건이 강화되고 있다는 사실에서 연유한다. 경제의 세계화로 노사관계 수준의 계급타협마저 동요되고 있기 때문에 정치적 수준의 계급타협인 조합주의도 와해되는 경향을 보이고 있다.

4. 스웨덴의 계급타협

20세기에 형성된 스웨덴의 계급타협 모델은 오랜 기간에 걸쳐서 형성되었다. 19세기 말 노동운동의 요구는 임금상승과 노동시간 단축이었기 때문에, 노조운동은 주로 노동시장문제와 참정권에 초점을 맞추어 전개되었다. 20세기 중엽 이루어진 계급타협과 20세기말에 나타난 계급타협의 위기는 각기 스웨덴 국내외의 정치적 변화, 경제위기의 장기화, 계급조직의 발전과 분화라는 결과로 나타났다.

계급타협 형성기의 정치적 변화

스웨덴의 20세기 초는 대중운동의 시대였다. 3대 대중운동인 자유교회운동, 절제운동, 노동운동이 활발하게 전개되어 인구의 상당 부분이 대중운동에 가담했다.[29] 자유교회운동은 국가교회에 반대하는 기독교도의 운

---

29) 1920년 인구 590만 명 가운데 3대 대중운동에 참여한 사람은 15세 이상의 성인에서 84만 명에 달했다. Sven Lundkvist, "Popular Movement and Reforms, 1900~1920," in Steven Koblik(ed.), *Sweden's Development From Poverty to Affluence,*

동이었고, 절제운동은 지나친 음주가 사회문제가 되면서 금주를 운동 목표로 내세웠으며, 노동운동은 노동조건의 개선과 노동자 권력 증대에 목적이 있었다.[30] 이들 세 가지 운동이 각기 다른 목적을 가지고 있었으나, 공통적으로 기존의 사회가 개혁되어야 한다는 견해를 공유했기 때문에 매우 강한 개혁 요구가 형성되었다. 또한 이들은 정치적 참여를 통한 사회개혁을 추구했다.

대중운동은 두 가지 점에서 스웨덴 정치 발전에 크게 기여했다. 첫째로 대중운동은 모든 성인남녀의 참정권을 요구하는 참정권 운동으로 발전했다. 정치참여를 통한 사회개혁운동은 선거권이 노동자와 여성에게 주어지지 않았기 때문에 실질적인 효과를 거둘 수 없었다. 투표권 개정은 헌법을 개정해야 가능했기 때문에 자연스럽게 개헌 문제가 대두되었다. 둘째로 주류 판매의 전면적인 금지 여부를 지역에서 투표를 통해 결정하도록 해서 지역주민 모두가 투표에 참가할 수 있었다. 이것은 제한된 유권자만이 투표를 할 수 있었던 일반적인 선거와 대조를 이루었다. 사민당과 자유당이 주류 판매 전면 금지를 지지하고 보수당이 반대하면서 대중운동과 정당 간의 대립구도가 분명하게 드러났다. 그 결과 보수적인 정치의식을 가지고 대중운동에 참여한 시민들이 사민당이나 자유당으로 지지정당을 바꾸는 경우가 나타났다.

1917년과 1918년은 스웨덴 역사상 가장 극적인 해였다. 식량 부족과 러시아혁명의 열기가 확산되면서 파업, 시위, 소요가 전국을 휩쓰는 와중에 보수주의자들이 보통선거권 요구를 받아들였고, 최초로 사민당이 내각에

1750~1970(Minneapolis: University of Minnesota Press, 1975), p. 180.

30) Michele Micheletti, *Civil Society and State Relations in Sweden*(Aldershot: Avebury, 1995), pp. 32~39.

참여했다. 1917년 러시아혁명이 진행되면서, 남성과 여성의 참정권을 보장하는 정치개혁이 더 적극적으로 시도되었다.[31] 스웨덴이 러시아혁명의 분위기에 휩싸이면서 사민당 내부에서 혁명에 동조하는 집단이 등장했고, 사민당 노선에 반대해 사회민주주의 좌파당을 건설했다.[32] 그러나 노동운동 지도부는 총파업의 실패 경험 때문에 오히려 혁명적인 노동운동에 반대하는 태도를 보였다.[33] 이러한 상황에서 남녀평등 선거권에 관한 의제가 의회에 제출되었으나 통과되지 못했다. 그 이듬해인 1918년 가을, 독일이 전쟁에서 패하면서 보수주의 세력은 크게 약화되었고, 더욱 거세진 혁명적 사회분위기 속에서 헌법이 개정되어 보통선거권이 성인남녀에게 주어졌

---

31) 러시아혁명은 스웨덴의 바로 옆 나라에서 일어난 사건이었기 때문에 스웨덴에서도 엄청난 센세이션을 불러일으켰다. 1917년 4월 중순 혁명의 와중에 러시아를 방문하고 돌아온 사민당 지도자 칼 얄마르 브란팅은 보편선거권의 필요성을 강조했다. 러시아혁명은 시민적 자유와 보편선거권을 거부함으로써 평화적인 변화라는 자연적 길을 막았기 때문이다. 그는 러시아혁명을 차르 독재체제를 무너뜨린 민주주의혁명으로 인식했다[Tim Tilton, *The Political Theory of Swedish Social Democracy* (Oxford: Clarendon Press, 1991), p. 20].

32) 북유럽 사회 모두는 러시아혁명에 영향을 받아서 급진 좌파가 사회민주당에서 떨어져 나갔다. 노르웨이나 핀란드의 경우 사민당 내 급진파가 떨어져나가면서 사민당의 다수를 흡수했으나, 스웨덴의 경우는 사민당 내 소수만이 좌파사회당에 가담해서 사민당의 지배력이 유지되었다. 이때는 스웨덴 사민당이 위기에 처한 시기였다 [Carl-Göran Andrae, "The Swedish Labor Movement and the 1917~1918," in Steven Koblik(ed.), *Sweden's Development From Poverty to Affluence, 1750~1970* (Minneapolis: The University of Minnesota Press, 1975), p. 229].

33) 스웨덴 노총은 1909년 총파업의 실패로 총파업에 대해서 대단히 조심스러운 태도를 취했다. 결국 노조지도부는 좌파 사회주의자들이 요구하는 총파업에 반대했다. 좌파 사회주의자들은 독자적으로 노동자들과 함께 전국노동자평의회(Workers' National Council)를 구성했으나, 실질적인 활동을 하지 못하고 그 영향력이 쇠퇴했다[Carl-Göran Andrae, "The Swedish Labor Movement and the 1917~1918," pp. 232~239].

다.[34] 대중운동이 요구하는 개헌이 주로 사민당의 주도하에서 이루어지면서, 실질적으로 사민당이 대중운동의 정치적 채널 역할을 하게 되었다. 또한 이 과정에서 사민당은 노동자 정당뿐만 아니라 대중정당의 성격도 가지게 되었다.

사민당의 지지는 국면적인 상황에 따라서 크게 변화했지만 대체적으로 증가 추세를 보였고, 특히 보통선거가 실시되면서 사민당이 가장 큰 수혜자가 되었다. 사민당이 농민당과 연정을 통해 집권한 1932년 이후 1976년까지 44년 동안 장기집권에 성공함으로써 스웨덴 사회는 사민당이 잡았던 정책 헤게모니의 결과로 독특한 사회민주주의 체제로 굳어지게 되었다.

사민당의 정책은 경제성장을 통한 복지사회 구현이라는 생산주의적 패러다임(production paradigm)에 근거하고 있다. 사민당이 내세운 '인민의 가정' 모델은 경제적 풍요에 바탕을 둔 평등과 연대를 모색한 것이기 때문에 사민당의 정책 기조는 성장 경제에 바탕을 둔 것이었다. 물론 이러한 노선은 현실적인 문제들(경제위기, 인플레, 실업, 빈곤 등)을 해결하는 과정에서 형성된 측면도 있다. 일단 국가 경제에 책임을 지고 있는 집권 정당으로서 당연히 경제문제를 해결하는 것이 당면 과제였기 때문이다.

노동계급의 전략과 선택

스웨덴 노동계급 조직은 1898년 스웨덴 노총이 창립되면서 조직적으로 발전하기 시작했다. 사민당이 주도해서 LO를 조직했지만, 공식적으로 사민당과 LO는 독립적인 조직으로 발전했다.[35] LO는 1902년과 1909년 보통

---

34) Sven Lundkvist, "Popular Movement and Reforms, 1900~1920," p. 191.
35) 1900년 LO 조합원이 3년 이내 사민당에 가입해야 한다는 강제조항이 삭제되었고, 사

선거를 요구하며 총파업을 주도했으나, 모두 성공하지 못하고 조직의 쇠퇴를 경험했다. 1908년 역사적 타협 직후에 발생한 1909년 총파업은 LO 집행부의 반대에도 청년사회주의자들이 주도한 파업이었고, 이에 기업이 공장폐쇄로 대응하면서 파업이 시작된 지 서너 달 후에 결국 LO도 공식적으로 총파업을 선언하게 되었다.[36) 총파업이 장기화되면서 LO의 가입자는 줄어들었고, 또한 파업에 참가하고 있는 노동자들에 대한 재정적 지원이 어려워지면서 일부 노동조합이 해체되자 LO는 총파업을 철회했다. 이듬해 보수로 회귀하는 사회분위기 속에서 보수당이 의회에 SAF의 요구가 포함된 단체협약법률안을 제안했으나, 자유당의 반대로 통과되지는 못했다.[37)

1917년 무렵에는 LO 조합원 수가 약 20만 명에 이르러 1907년의 조직력을 회복했으나[38), 러시아혁명과 함께 LO 내에서 이념적인 갈등이 폭발하

민당 대표가 LO 집행위원에 임명되는 제도도 폐지되었다. 물론 사민당 재정의 대부분이 LO에서 제공되었기 때문에 사민당과 LO는 정치적·재정적으로 결합되었지만, 사민당이 노동운동에 관여하지는 않았다. LO는 독자적인 노동운동 조직으로 활동했다.

36) Berndt Schiller, "Years of Crisis, 1906~1914," in Steven Koblik(ed.), *Sweden's Development From Poverty to Affluence, 1750-1970*(Minneapolis: The University of Minnesota Press, 1975), pp. 208~217.

37) 이 법률안은 단체협약, 개인계약 및 노동법원 설치, 자유노동, 십장의 노조가입불허, 동조파업(공장폐쇄) 인정 등을 내용으로 하고 있다. 자유당은 농민들이 노사분규로 발생하는 피해를 입지 않도록 자본가들이 대규모로 공장을 폐쇄하는 것에 반대했다. 이 법률안은 농업노동자들에게도 적용될 수 있기 때문에, 농민을 지지기반으로 하는 자유당이 이 안에 적극적으로 반대했다. 결국 하원에서 통과되었으나, 상원에서 부결되어 입법화되지 못했다[Berndt Schiller, "Years of Crisis, 1906~1914," in Steven Koblik(ed.), *Sweden's Development From Poverty to Affluence, 1750~1970*, pp. 214~216].

38) LO의 조합원 수는 1907년 20만 명, 1909년 10만 명, 1917년 20만 명, 1925년 45만 명, 1941년 100만 명, 1973년 180만 명으로 1917년 이후 지속적으로 증가했다[Franklin

며 노동운동의 분열이 나타났다. 1919년 국제공산주의 조직인 제3차 인터내셔널(코민테른)이 만들어지면서 LO의 개혁주의 노선에 반대하는 혁명주의자들은 1926년 LO 조직 내부에서 노조통합위원회를 결성해서 통일전선 전략을 추구했다. 그러나 코민테른의 잦은 전략의 변화로 노조통합위원회의 영향력은 점차 줄어들어, 1930년대 들어서는 LO의 개혁주의적 노선이 지배적 노선이 되었다.[39]

LO의 구체적인 정책은 1917년 시작된 사민당의 연정 참여와 세계적인 대공황으로 나타난 경제위기에 크게 영향을 받았다. 사민당이 연정에 참여하면서 사민당은 노사분규에 책임을 져야 했다. 1920년 건축업체들이 사민당이 주도한 주택정책안에 반대해 작업장을 폐쇄하면서 분규가 시작되었다. 정부 위원회가 만들어져 중재안을 제시했으나 노동자들은 거부했고, 정부가 직접 안을 가지고 개입하자 노조지도부가 이에 격렬하게 반대했다. 이 사건으로 사민당은 1920년 선거에서 크게 실패했다. 사민당 집권시기인 1933년 공산주의자들에 의해서 조직된 건축노동자 파업은 사민당의 위기 극복안을 가로막는 것이었다. 사민당 정부가 개입해 중재안을 제시했으나 노동자들이 거부했고, 사민당 정부가 다시 수정된 안을 제시했으나 이번에는 고용주들이 거부했다. 정부가 고용주들의 이해를 반영하는 새로운 안을 제시하고 분쟁 해결을 위해서 강제 중재안을 내세우자, 노조 지도부가 할 수 없이 이를 받아들였다. 이를 계기로 사민당은 경제위기를 극복하기 위해 노사분규에 대해서는 부정적인 견해를 갖기 시작했고, 노조도 사민당이 집권함에 따라 사민당에게 정치적으로 어려움을 주는 노사분규에

D. Scott, *Sweden: The Nation's History*(Carbondale: Southern Illinois University Press, 1988), p. 418].

39) Walter Korpi, *The Democratic Class Struggle*, ch. 9.

대해서 부정적인 태도를 취하기 시작했다.[40]

LO의 노선은 1920년대 경제위기하에서 크게 변화하는 모습을 보였다. 가장 큰 변화는 자본가들이 주도하는 생산합리화를 받아들인 것이다. LO는 실업문제를 해결하고 실질임금의 하락을 막기 위해 경제성장이 필요하다는 점을 인정하고, 이를 위해 생산합리화를 받아들이기 시작했다.[41] 그리고 생산증대를 위해 노사분규를 줄이는 것이 필요하다는 견해에 동의하면서 1928년 정부가 제안한 산업평화회의에 LO 의장이 참가해 SAF 대표와 생산합리화, 산업평화, 경제성장을 모색하기 위한 보고서를 공동으로 작성했다. 이것은 대공황으로 노동과 자본 모두가 피해를 입는 부합게임을 피하기 위한 방어적인 선택이었다.

1938년 살트셰바덴 협약으로 알려진 '기본 협약'은 국가를 배제한 상태에서 노동과 자본 간에 2년 동안의 대화를 통해서 이루어졌다. 이 협약은 LO와 SAF가 각기 노동조합과 경영권을 인정하고, 국가의 개입 없이 노동과 자본이 협상을 통해서 자율적으로 분쟁을 해결한다는 것에 관한 LO와 SAF의 합의였다.[42] 살트셰바덴 협약은 자본과 노동의 타협을 통해 양자가 이익을 누릴 수 있다는 정합게임의 가능성을 인정한 긍정적인 계급타협이

---

40) Amark, Klas, "Social Democracy and the Trade Union Movement: Solidarity and the Poltics of Self-interest," in Klaus Misgel, Karl Molin & Klas Amark(eds.), *Creating Social Democracy*(University Park: Pennsylbania State University Press, 1989), pp. 72~73.

41) 안재홍, 「전간기 스웨덴 노동계급의 집단행동과 정치체제 변동」, ≪국가전략≫, 제4권 1호(1998), 188~189쪽.

42) Folke Schmidt, *Law and Industrial Relations in Sweden(2nd) edition*(Stockholm: Almguist & Wiksell International, 1977), p. 31; Lennart Forseback, *Industrial Relations and Employment in Sweden*(Uppsala: The Swedish Institute, 1980), p. 12

었다. 이러한 긍정적 계급타협이 이루어짐으로써 기본 협약에 뒤이어 '산업안전에 관한 합의(1942년),' '직장평의회(work councils)에 관한 합의(1946년)', '생산성 향상을 위한 시간 동작 연구에 관한 합의(1948년)'가 이루어졌다. 노사관계의 두 주체인 노동과 자본 사이에서 협약이 이루어졌고, 그 결과 국가의 개입은 노사관계 영역 대신에 복지 영역에 집중되었다.[43]

계급타협 체제의 성립을 계기로 LO의 노선이 예전보다 노조 조직을 확대하면서 안정적으로 노동자들의 실질임금 증대와 고용안정에 초점을 맞추었다. 사민당이 지속적으로 집권함에 따라 LO는 사민당과의 정책 공조를 통해 LO의 요구를 관철하고자 했다. 렌 모델이라고 불리는 LO 경제학자 요스타 렌이 제시한 '노동운동과 완전고용'은 이러한 LO의 요구를 반영하는 것으로서, '연대임금 정책'과 정부의 '적극적 노동시장정책'을 주된 내용으로 하고 있다.[44] 연대임금정책은 한편으로는 경쟁적으로 임금이 상승함으로써 나타나는 인플레를 막을 뿐 아니라, 노동자들 사이의 임금불평등을 줄여 노동계급이 동질성을 높이자는 목적을 가지고 있었다. 그리고 연대임금정책에서 발생하는 실업에 대해 국가가 개입해서 해결하는 정책을 요구했기 때문에 노동-국가 사이의 정책적 연대를 전제로 하고 있었다.

전후 LO가 노사정이 참여하는 조합주의를 받아들인 것은 국가로부터 정책적으로 지원을 받는 것이 필요하다는 인식에서뿐 아니라, 전쟁 기간에 형성된 국가, 노동, 자본의 협력 경험을 토대로 하고 있다. 전쟁 기간 LO와 SAF는 중앙집중적인 단체교섭을 중단하고, 대신에 정부가 참여해서 임금을 조정하는 안을 받아들였다. 이것이 스웨덴 사회적 조합주의의 출발이었

---

43) Folke Schmidt, *Law and Industrial Relations in Sweden(2nd) edition*.

44) Gösta Rehn, "Swedish Active Labor Market Policy: Retrospect and Prospect." *Industrial Relations*, 24(1984), p. 66.

다. 노동과 자본의 대표가 정부의 각종 위원회에 참여해 노동과 자본의 이해를 대변하고, 갈등적인 이해를 조정해서 정책화하는 이익 대표 체계가 형성된 것이다. 이것은 1938년 기본협약을 통해 형성된 노사관계 수준의 계급타협이 1950년대 들어서서 정치적 수준의 계급타협으로 확대되었다는 것을 의미했다.

자본가계급의 대응과 선택

스웨덴 계급타협 모델에서 중요한 행위자는 1902년에 설립된 스웨덴 경총(SAF)이다. 설립 당시부터 스웨덴 경총은 기업들 사이의 경쟁을 줄이고, 장기적으로 예측을 가능하게 하는 노사관계와 계산을 가능하게 하는 노동시장 교섭을 받아들였다.[45] 1905~1908년 사이 스웨덴 자본가들은 노동자들의 요구에 공동으로 대응하기 위해 전국적인 단체교섭을 요구했지만 LO가 이를 받아들이지 않았다.[46] 그러나 이러한 경총의 태도는 LO와의 갈등관계 속에서 일관된 형태를 가지고 있었던 것은 아니었고, 갈등을 통해서 점차 독특한 속성을 보여주기 시작했다. 1906년, 이른바 12월 타협이 전형적으로 이러한 변화를 보여주고 있다. 12월 타협은 1906년 SAF가 '노동의 자유' 조항을 포함한다는 조건으로 단체협약을 받아들인 타협이었다.[47] 노동의 자유는 SAF가 조합원 여부에 관계없이 노동자를 자유롭게 고용하고 해고할 수 있으며, 작업을 시킬 수 있다는 조항으로 실질적으로는 '자본

---

45) Klas Åmark, "Social Democracy and the Trade Union Movement: Solidarity and the Poltics of Self-interest," p. 62.

46) Franklin D. Scott, *Sweden: The Nation's History*, p. 416.

47) 노동의 자유 조항은 SAF 정관 제23조에 속했다. 이후에 제32조로 바뀌었다.

의 자유' 조항이었다. 12월 타협은 노동자들의 결사의 권리를 인정하고 노조활동과 관련해서 해고할 수 없도록 한다는 조건에서 노동의 자유를 받아들였다. 이러한 타협은 SAF 지도부와 보수진영의 분열을 가져와 SAF 지도부가 전면 개편되는 결과를 낳았다. 그 결과로 이전보다 호전적이고 비타협적인 지도부가 형성되었다.[48)

조직적으로 기업들 간의 경쟁을 줄이고 노조에 공동으로 대응하기 위해 중앙집중적인 형태를 취하는 스웨덴 경총이 만들어졌다. 스웨덴 경총은 단체교섭의 효율성을 높이기 위해 노동조합도 전국적인 수준에서 중앙집중적인 조직형태로 변하도록 노조에 요구했다.[49) 1909년 총파업 과정에서 스웨덴 경총이 총파업에 공장폐쇄로 대응하면서, 영국과 마찬가지로 산업 전체에 적용되는 협약의 원칙을 LO가 받아들이도록 준비했다.[50) 물론 이러한 협약은 LO가 반대했기 때문에 1938년 살트셰바덴 협약이 체결되기까지는 만들어지지 못했다. 또한 본격적인 중앙교섭으로 특징지어지는 전후의 단체교섭은 SAF가 이미 주장하고 있었던 임금평준화 요구를 LO가 연대임금정책을 추진하면서 제도화된 것이다.[51)

스웨덴 계급타협의 한 축을 형성하는 자본가계급의 높은 집중성과 통제

---

48) Berndt Schiller, "Years of Crisis, 1906~1914," in Steven Koblik(ed.), *Sweden's Development From Poverty to Affluence, 1750~1970*, pp. 203~204.

49) Peter Swenson, "Bring Capital Back In, Or Social Democracy Reconsidered," *World Politics* Vol, 43(1991), pp. 513~544; Colin Crouch, *Industrial Relations and European State Traditions*, p. 114.

50) Berndt Schiller, "Years of Crisis, 1906~1914," in Steven Koblik(ed.), *Sweden's Development From Poverty to Affluence, 1750~1970*, p. 214.

51) James Fulcher, *Labour Movements, Employers and the State: Conflict and Co-operation in Britain and Sweden*(Oxford: Clarendon, 1991).

력은 다른 자본주의 사회와 비교해서 상대적으로 소수의 대기업 중심으로 경제체제가 형성되었기 때문에 가능했다. 스웨덴 경총은 회원 기업에 제재를 가할 수 있는 권한을 가졌기 때문에, 매우 높은 수준의 조직적 동원력을 가지고 있었다. 한편으로는 중앙집중적인 자본가계급 조직이 계급타협을 이끌어내는 데 긍정적인 기여를 했지만, 다른 한편으로는 계급타협의 와해에도 결정적인 역할을 했다. 즉, 노동조합이 기존의 계급타협에 기초한 자본가계급의 이해를 위협하는 공세를 보였을 때, 자본가계급 조직이 체계적인 대응을 보일 수 있었던 이유를 바로 수직적으로 통합된 자본가계급 조직의 효과적인 동원에서 찾을 수 있다. 1970년대 LO의 공세가 강화되면서 SAF도 또한 조직적으로 더욱 통합되는 결과를 가져와 1938년에 형성된 살트셰바덴 협약에 기초한 스웨덴 계급타협 체제를 약화하는 결과를 낳았다. 1980년대 들어서 중앙교섭제도가 붕괴하기 시작해, 1984년에는 중앙교섭제도가 완전하게 붕괴해서 대신에 산별교섭이 이루어졌다.[52]

1970년대 LO의 공격적인 개혁 시도가 좌절된 가장 핵심적인 원인은 자본가계급이 이를 적극적으로 수용하지 않았을 뿐만 아니라 더 나아가 이러한 시도에 강력하게 저항한 것이다. 노동계급의 이익은 크게 증진되지만, 자본가계급의 이익은 크게 훼손되는 방식으로 1970년대 개혁안들이 추진되었다. 1975년 LO의 임노동자기금안과 1974년 공동결정안은 1938년 이

---

52) 1991년 SAF가 중앙교섭을 거부하면서 임금교섭은 중앙-산별-기업 수준에서 산별-기업 수준으로 분산되었다. 또한 1991년 재계는 노동계, 정부와 함께 1948년부터 참여해온 노동시장정책을 담당하는 핵심적인 조직인 국가노동시장위원회(AMS)에서 탈퇴해 노동시장 정책과 관련한 노사정 합의는 더 이상 불가능해졌다[Scott Lash and John Urry, *The End of Organized Capitalism*(Madison: The University of Wisconsin Press, 1987); 이헌근, 「임금협상의 정치경제학: 스웨덴의 새로운 실험?」. ≪스칸디나비아연구≫, 창간호(2000), 123~129쪽].

래 유지되었던 소유권과 경영권에 대한 직접적인 위협으로 인식되었기 때문에, 자본가들의 적극적인 저항과 역공세가 나타나기 시작했다. 그러나 공동결정안에 대한 자본가들의 저항은 그다지 크지 않아서 1976년 의회에서 입법화되었다. 자본가 조직뿐만 아니라 우파 정당, 중도파 정당, 좌파 정당 모두가 공동결정안을 적극적으로 반대하지 않았다.[53] 그러나 임노동자기금안에 대한 태도는 정반대로 나타났다. 임노동자기금안은 사적 소유권을 위협하는 제도로 인식되었기 때문이었다. 자본주의 체제에서 자본가들의 힘은 투자 및 고용에 영향을 미치는 정책을 결정할 수 있는 데서 유래한다. 그리고 이러한 힘은 소유권에 기초하고 있다. 소유권을 위협하는 노동조합의 요구에 대응해서 자본가들이 대규모 시위와 저항운동을 전개했고, 이는 임노동자기금안에 대한 정당 차원의 반대로 이어졌다.[54] 자본가 조직뿐만 아니라 입법 과정에서 우파 정당과 중도파 정당들이 모두 반대했다. 임노동자기금안이 각기 다른 자본가계급 분파들(자본가, 쁘띠부르주아지, 주식소유자) 사이의 이해 차이를 넘어서 SAF를 중심으로 일치된 자본가계급의 투쟁을 불러일으키는 계기를 제공했다.[55] 자본가계급은 자본 공유(capital sharing) 대신에 개별 기업 차원에서 가능한 이윤 공유(profit sharing)

53) Janas Pontusson, *The Limits of Social Democracy: Investment Politics in Sweden*, pp. 227~228.

54) 1982년 11월 스웨덴 국회의사당 앞에서 임노동자기금안에 대한 반대 시위가 전개되었고, 이는 8만 명 정도가 참여한 스웨덴 역사상 가장 큰 시위였다.

55) SAF와 산업연합이 공동으로 발간한 연구보고서인 「기업이윤, 자본조달, 임노동자기금(Foretagsvinster, Kaitalforsorjning, Lontagarfonder)」에서 자본가들의 계급적인 이해가 잘 드러나 있다. 이 보고서에 따르면, 임노동자기금안은 주가 하락을 일으켜 기존 주주들의 주식 가치를 큰 폭으로 하락시켜서 재산을 몰수하는 효과를 불러온다는 것이다.

를 대안으로 제시했다.[56)]

　사민당을 제외한 모든 정당이 임노동자기금안에 반대하는 '연합전선'을 형성해 사민당이 의회에서 고립되면서, 결국 사민당도 LO의 임노동자기금안 원안을 지지할 수 없게 되었다. 이러한 상황에서 1983년 약화된 임노동자기금안이 통과되었지만, 자본가도 노동자도 만족하지 않는 기형적인 임노동자기금법이 만들어졌다.[57)] 결국 1991년 보수당이 집권하면서 임노동자기금은 학술연구기금으로 전환되어 사라지게 되었다. 자본가들은 그보다 적극적으로 기존의 계급타협 체제를 해체하는 방향으로 공세를 취하기 시작했다. 1970년대 이후 지속된 경제침체로, 1980년대에 들어서 자본가계급은 노동과 국가에 대한 압력을 증대할 수 있었기 때문에 노동조합의 급진적인 요구에 저항했을 뿐만 아니라 기존의 계급타협을 와해하는 적극적인 공세도 취할 수 있었다.

　1992년 초 SAF가 모든 정부 위원회에서 철수해서, 정치적 수준에서 이루어진 조합주의적 계급타협은 사실상 막을 내렸다.[58)] 그리고 새로 집권

56) Richard B. Peterson, "Swedish Collective Bargaining-A Changing Scenes," *British Journal of Industrial Relations*, 27: 3(1987), pp. 330~346; Sven Steinmo, "Social Democracy vs. Socialism: Goal Adaptation in Social Democratic Sweden," *Politics and Society*, 16:4(1988), pp. 431~432. 신정완, 「임금노동자기금 논쟁을 통해 본 스웨덴 사회민주주의 딜레마」(서울대학교 경제학부 박사학위 논문, 1998), 187~194쪽.

57) 보수적인 유권자뿐만 아니라 LO 조합원 가운데서도 국회에 제출된 정부의 임노동자기금안에 대해서 44%가 반대했고, 찬성은 28%에 그쳤다[Lief Lewin, *Ideology and Strategy: A Century of Swedish Politics*(Cambridge: Cambridge University Press, 1988), p. 296].

58) Anders Kjellberg, "Sweden: Can the Model Survive?" in Anthony Ferner & Richard Hyman(eds.), *Industrial Relations in the New Europe*(London: Blackwell, 1992), p. 100; Bo Rothstein and Jonas Bergström, *Korporatismens fall och den svenska*

한 우파 정당이 민간이 참여하는 정부 위원회 자체를 해체했다. 또한 중앙 집중적인 SAF 조직 자체를 변화시켜 SAF가 개별 기업의 단체교섭과 단체 행동에 관한 최종적인 의사결정조직으로서의 역할을 포기하게 되었다. 더 이상 정부와 노조가 상대할 자본가계급 조직 자체가 기능적으로 존재하지 않게 되는 상황이 벌어진 것이다. SAF는 민영화와 탈규제를 요구하면서 정부 위원회로부터 탈퇴함으로써 정부에 더 직접적으로 압력을 가할 수 있게 되었다. 사민당이 집권한 경우에는 SAF가 적극적으로 자본의 이해를 관철하기 위해 사민당 정부의 정책에 대해서 대대적인 광고와 홍보를 통한 비판을 전개하기 시작했다. 자본가계급은 조합주의 계급타협과 노사관계 수준의 계급타협의 조직적 기반을 와해하면서 이제 국가와 노동계급에 대해서 더 적대적인 태도를 취하기 시작했다.

5. 스웨덴 계급타협의 성립과 위기의 원인

스웨덴 계급타협은 정치적 조건으로서의 사민당 집권과 경제적 조건으로서의 경제위기라는 복합적인 국면에서 이루어졌다. 사민당 집권이라는 정치적 조건은 사민당과 독립적으로 존재하지만, 사민당의 핵심 기반이라고 할 수 있는 LO의 책임성을 높이는 결과를 가져왔다. 사민당은 재집권을 위해 경제적 안정과 성장을 이루어야 하고, 이를 위해서 노사분규는 바람직하지 않은 것으로 인식되었다. 이는 사민당이나 LO 지도부가 점차 공유하기 시작한 공동의 정치적 이해였다. 그러나 사민당의 요구가 LO의 정책

modellens kris(Stockholm: SNS Förlag, 1999); Joakim Johansson, *SAF och den svenska modellen*(Uppsala: Acta Universitatis Upsaliensis, 2000).

으로 나타난 것은 아니었다. 사민당과 LO의 관계는 때로는 갈등적이었다. 이것은 노동시장과 노동과정에서 노동자들에게 혜택을 극대화하려는 노조와 선거에서 유권자들의 지지를 극대화하려는 사민당 사이의 이해 차이에서 유래한다.

1930년대 경제적 위기는 계급대립이 노동자와 자본가 모두에게 불이익을 가져오기 때문에 모두에게 이익을 가져다줄 수 있는 대안을 모색하도록 하는 계기를 제공했다. 경제위기의 원인과 해결방안이 계급에 따라서 또한 시기적으로 다르게 인식되었기 때문에 이해를 공유하게 되기까지 오랜 시간이 걸렸다. 1908년 12월 타협이 1938년 살트셰바덴 협약으로 발전하기까지 30년이 걸렸다. 그러므로 계급타협은 공황과 같은 경제위기에 따른 기계적인 과정의 산물이 아니라 이해 대립과 갈등을 통한 경험에서 도출된 새로운 현실 인식의 산물이었다.

스웨덴 계급타협은 역사적으로 노사관계 수준의 계급타협에서 정치적 수준의 계급타협으로 진화했다. 살트셰바덴 협약을 통해서 이루어진 계급타협의 형태는 노동과 자본 간에 이루어진 노사관계 수준의 계급타협으로 양자주의(bipartism)였다. 국가를 배제시킨 상태에서 스웨덴 노총과 경총 사이에서 이루어진 계급타협이었기 때문에, 계급타협의 내용은 임금과 노동조건에 한정되었다. 국가가 개입한 삼자주의(tripartism)로서의 조합주의적 계급타협은 국가의 이익과 노동계급의 이익이 다르지 않다는 인식이 이루어진 전간기 경험을 바탕으로 1950년대 들어서 이루어졌다.[59] 국가가 매개된 형태로 이루어진 계급타협은 노사문제뿐 아니라 복지정책, 조세정책, 주택정책, 산업정책 등과 같은 국가 정책과 행정을 포괄하는 광범위한 내

---

59) Colin Crouch, *Industrial Relations and European State Traditions*, p. 178.

용을 대상으로 했다. 즉, 노사관계 수준의 계급타협에서 정치적 수준의 계급타협으로 계급타협의 성격이 변하면서, 노동과 자본의 이해가 모든 국가 정책에 반영되는 거버넌스 구조(governance structure)의 변화가 이루어졌다. 이러한 변화는 같은 시기 덴마크와 노르웨이에서도 나타났다. 제도적 혁신을 통한 계급 이해의 조정 방식이 달라지면서, 사회적 조합주의로 불리는 정치적 수준의 계급타협이 이루어져 1970년대 초반까지 유지되었다.

1970년대 후반부터 시작된 스웨덴 계급타협의 동요는 정치적 수준의 계급타협을 추구한 노동조합의 급진화에 대한 자본 측 역공세의 결과였다. 역설적으로 노동조합이 노사관계 수준의 계급타협을 넘어서는 산업민주주의와 사회적 소유권의 제도화를 추구했을 때, 자본 측의 저항으로 기존의 계급타협 자체도 동요하게 되는 결과가 나타났다. 더구나 경제 상황이 악화되면서, 자본의 저항은 수동적인 방어에 그친 것이 아니라 공격적인 역공세로 나타나 스웨덴 계급타협 모델은 일차적으로 조합주의의 해체를 거쳐서 노사관계 수준의 계급타협조차 퇴보하는 상황을 보여주고 있다. 즉, 1970년대 두 차례에 걸친 석유파동으로 스웨덴 경제가 침체하기 시작하는 상황에서 경영권과 소유권에 대한 스웨덴 노총의 공세가 시작되었기 때문에, 자본가계급은 경영권과 소유권과 관련된 LO의 요구를 강력하게 거부했을 뿐만 아니라 더 나아가 1980년대 들어서 노사관계 수준에서 이루어진 계급타협도 거부하려 했다. 이는 전통적인 중앙교섭의 거부를 통해 임금교섭의 유연성을 높이려 한 SAF의 시도로 나타났다. 중앙교섭을 거부함으로써 LO의 연대임금정책이 흔들리기 시작했고, SAF의 중앙교섭 거부로 노사관계 수준에서 형성되었던 계급타협마저 크게 약화되었다.

계급타협의 위기를 촉진한 조건은 국내적인 조건과 국제적인 조건으로 나눠질 수 있으며, 이러한 조건들이 시기적으로 거의 동시에 나타났다. 국내적인 조건은 산업구조의 변화로 일어난 노동운동 내부의 변화와 이에 따른 선거 경쟁 구도의 변화에서 유래한다. 노동운동의 변화는 전통적인 블루칼라 노조의 상대적 약화와 화이트칼라 노조의 발전이다. 제조업 노조 조직인 LO와 화이트칼라 노조조직인 TCO는 각기 다른 정치적 노선과 활동전략을 택하고 있으며, 1944년에 조직된 TCO가 점차 커지면서 사민당을 포함한 모든 정당이 선거에서 TCO 조합원들의 지지를 얻기 위해 심한 경쟁을 벌이게 되었다.[60] 노동자들의 경영참여를 주된 내용으로 하는 공동결정법과 관련해 LO와 TCO는 공동전선을 폈지만, 소유권과 관련된 임노동자기금안에 대해서 LO와 TCO는 입장을 달리 했다. TCO는 임노동자기금안에 대해 중립적인 태도를 취했다. 공식적으로 사민당과 조직적으로 연결되어 있는 LO와는 달리, TCO 조합원들의 구성이 매우 이질적이기 때문에 특정 정당과의 연계를 거부하고 있었다. 그리하여 선거에서 TCO 조합원들의 지지를 잃지 않기 위해, 사민당도 LO가 원래 제시한 임노동자기금안을 적극적으로 지지하기 어려운 상황을 맞이했다. 1976년에 44년 만에 처음으로 선거에서 패한 사민당은 1982년 선거에서 재집권에 성공했지만, LO 조합원 이외의 지지 세력을 확보해야 하는 과제를 안고 있었기 때문에 사민당이 과거처럼 LO를 지원할 수는 없었다. 이러한 변화가 1980년대 사민당과 LO와의 관계가 악화되는 결과를 낳았다. 이른바 '장미전쟁'으로 불리는 사민당과 LO와의 갈등이 임노동자기금, 조세개혁, 공공부문 개혁, 에너지 정책 등 주요 쟁점들을 둘러싸고 지속되면서, 사민당과 LO의 관계는 크게 악화되었다.[61]

---

60) Janas Pontusson, *The Limits of Social Democracy: Investment Politics in Sweden*, p. 228.

61) Göran Therborn, "Swedish Social Democracy and the Transition from Industrial to

또한 1970년대 공공부문의 확대, 화이트칼라 노조의 성장과 블루칼라 노조의 정체로 일어난 노동조합의 구조적 변화로 노동조합들 사이의 이해 대립과 갈등이 크게 심화되었다.[62] 특히 사적 부문 블루칼라 노조인 LO와 사적 부문 화이트칼라 단체교섭 카르텔인 PTK 간의 대립이 심화되었다.[63] 과거 LO와 SAF의 교섭이 중심으로 이루었고, 공적 부문 노조들도 이것을 기본 교섭 내용으로 받아들였으나, 1980년대 이후 임금교섭에서 LO의 지도력이 크게 약화되었다.[64] 이것은 SAF가 LO와 PTK를 상대로 임금 유동 부분에 대한 보상을 둘러싸고 교섭을 하면서, LO와 PTK 간의 이해 갈등을 촉발하면서 시작되었다.[65] 또한 LO 내에서도 여성들이 다수를 차지하고 있는 공공부문 노조가 가장 큰 규모의 LO 회원노조가 되면서 공공부문과

Postindustrial Politics," in Frances Fox Piven(ed.), *Labor Parties in Postindustrial Societies*(London: Polity Press, 1991); Michele Micheletti, "Swedish Corporatism at a Crossroads: The Impact of New Politics and New Social Movements," in Lane, Jan-Erik(ed.), *Understanding the Swedish Model*(Portland: Frank Cass) pp. 144~165.

62) Scott Lash and John Urry, The End of Organized Capitalism, pp. 238~252; Gösta Rehn and Birger Viklund, "Change in the Swedish Model," in Guido Baglioni and Colin Crouch(eds.), *European Industrial Relations: The Challenge of Flexibility* (London: Sage, 1990), pp. 315~318; Anders Kjellberg, "Sweden: Can the Model Survive?," pp. 117~118.

63) 사적 부문 노동자들 가운데 140만 명 정도가 LO에 의해서 대표되고, 50만 명 정도가 PTK에 의해서 대표되었다. PTK는 사적 부문 화이트칼라 봉급 생활자 교섭 카르텔로 전문직 노조인 SACO의 10개 산업과 화이트칼라 노조인 TCO의 17개 산업 노조, 전체 27개 산별노조로 구성된 교섭 카르텔이다.

64) Rehn and Birger Viklund, "Change in the Swedish Model," pp. 312~313.

65) N. Elvander, *Den svenska modellen, Loneforhandlingar och imkomstpolitik 1982~1986*(Stockholm: Almnna forlaget, 1988).

사적부문 사이의 갈등이 심화되었고, 전통적으로 사회 개혁을 주도했던 LO의 금속연맹이 독자 노선을 취하기 시작했다.[66] 그 결과 1980년대 중반 이후 스웨덴의 중앙교섭 체계가 크게 흔들리기 시작했다.[67] 1980년대 들어서 노동시장 구조의 변화로 LO의 상대적 위치가 약화되기 시작했고, LO 산하의 노조연맹들 사이에서 갈등이 더욱 심화되었던 것이다. 이것은 한편으로는 LO 조직력의 상대적 약화와 연대의 절대적 약화를 의미했다. 노동계급의 힘이 결합력(associatonal power)에 있다는 점을 인정한다면, 이러한 변화는 노동계급이 지닌 힘이 약화되는 것을 의미했다.

국제적인 조건은 세계화라고 불리는 전 지구적 자본주의 체제의 형성이다.[68] 1980년대 들어서 스웨덴 계급타협 위기는 제2차 세계대전 이후 1970년대 초까지 지속되었던 국제경제 환경의 변화로 가속화되었다. 세계화로 불리는 새로운 경제 환경은 한편으로 스웨덴 기업의 다국적화가 이루어지면서, 스웨덴 기업의 국내 고용이 대폭 줄어들었다. 다른 한편으로는

---

66) 1999년 현재 지방공무원노조 조합원 수는 63만 3567명으로 금속연맹 조합원 수 42만 2874명보다 무려 21만 명 이상 더 많아서 LO 내에서 가장 큰 영향력을 행사하고 있다(Statistik Alsbok 99': Table 226). 지방공무원노조의 경우 51만 1151명이 여성으로서 지방공무원노조의 85% 이상을 차지하고 있는 반면, 금속연맹의 경우 여성은 8만 8053명에 지나지 않았기 때문에 여성관련 문제들에 각기 다른 입장을 취해왔고, 이 때문에 이들 노조 사이에 커다란 갈등이 존재했다.

67) 1983년 Volvo, Saab, ABB 등 대기업으로 이루어진 엔지니어링경영자협회(VF)와 LO의 금속산업연맹(LO-Metall)이 LO와 SAF에 의해서 주도되었던 중앙교섭을 탈피해 독자적인 산별교섭을 시도했다. 이후 1989년까지 세 차례 중앙교섭이 이루어졌으나, 산별교섭과 기업별교섭이 더 빈번하게 이루어졌다.

68) Stuart Wilks, "Class Compromise and the International Economy: The Rise and Fall of Swedish Social Democracy," *Capital & Class*, 58(1996), pp. 89~105; Rob Lambert, "Globalization and the Erosion of Class Compromise in Contemporary Australia," *Politics & Society*, 28(2000).

스웨덴 제품의 국제 경쟁력이 하락하면서, 전통적인 산업 부문의 고용이 줄어들어 실업률이 급증했다. 스웨덴 기업의 다국적화는 스웨덴 기업의 해외 투자로 나타났다. 1965~1969년 국내 투자 총액의 16%에 머물렀던 해외 직접투자가 1970~1974년 18%, 1975~1979년 23%로 증가했다.[69] 특히 거대 제조업 부문에서 국내 투자가 급격하게 줄어들고, 해외 생산이 급증해 제조업 고용이 크게 위축되었다.[70] 다른 한편 동아시아 신흥공업국과 같이 세계 시장에서 새로운 경쟁국이 등장해 시장경쟁이 더욱 강화되면서 상대적으로 스웨덴의 경쟁력은 약화되었다. 세계화의 영향은 무역의존도가 높은 스웨덴 경제에 즉각적으로 나타나 1970년대 완전고용 수준에서 1990년대 8%~10%대의 실업률로 스웨덴 경제가 위기상태에 빠졌다. 지속적인

---

69) Janas Pontusson, *The Limits of Social Democracy: Investment Politics in Sweden*, p. 108. 1980년대 중반부터 1990년대 중반까지 스웨덴에서 해외로 투자된 액수와 해외에서 스웨덴에 투자된 액수는 다음과 같다. 1986년 26,520/6,785백만 크로나, 1987년 30,363/4,096백만 크로나, 1988년 45,775/10,179백만 크로나, 1989년 65,685/ 11,664백만 크로나, 1990년 85,747/12,092 백만 크로나, 1991년 42,370/38,194백만 크로나, 1992년 2,388/-302백만 크로나, 1993년 10,571/28,623백만 크로나, 1994년 51,023/48,776백만 크로나였다. 2013년 스웨덴의 해외직접투자액은 2012년에 비해 60% 증가한 12조 크로나에 달했다[Statistics Sweden, Direct Investment 2013(http://www.scb.se/en_/Finding-statistics/Statistics-by-subject-area/Financial-markets/General-statistics/Balance-of-Payments-BoP/Aktuell-pong/215216/Behallare-for-Press/379624/, 검색일: 2015.2.20)].

70) Arthur Gould, "Sweden: The Last Bastion of Social Democracy" in V. George and P. Taylor-Gooby(eds.), *European Welfare Policy-Squaring the Welfare Circle* (London: Macmillan, 1996); P. Trehorning, *Measures to Combat Unemployment in Sweden: Labor Market Policy in the Mid-1990s*(The Swedish Institute, 1993), p. 23. 1990년부터 1994년 사이 제조업 부문의 일자리 축소는 25만 개로, 축소된 일자리 57만 5000개의 가운데 43.5%를 차지했다[European Parliament, *Social and Labour Market Policy in Sweden*(Social Affair Series W-13. 7, 1999)].

경제 불황으로 소비가 위축되고, 기업 구조조정이 일어나 제조업 부문 실업이 증가했으며, 결과적으로 LO의 교섭력도 크게 약화되었다. 이러한 위기는 1930년대 위기와는 달리 자본가계급에게 더 큰 권력을 제공하는 계기가 되었다. 결과적으로 이러한 조건은 정부와 노조의 교섭력을 약화했고, 반면에 자본의 교섭력은 크게 강화되었다. 이것은 계급 간 권력의 균형을 깨는 새로운 조건을 만들어냈고, 자본가들의 공세가 강화되고 계급타협이 와해되는 계기를 제공했다.

세계화와 관련된 또 하나의 선택은 스웨덴의 EU 가입 문제였다. 1995년 EU 가입 문제가 첨예한 정치적 이슈였을 뿐만 아니라 노동운동 진영에서도 갈등이 두드러지게 나타났다. 사적부문의 노동자들을 중심으로 하는 LO는 EU 가입에 협조적이었다. LO는 사적부문의 고용을 유지하기 위해 사기업이 원하는 EU와 협력적 관계를 유지하고자 했기 때문이다. 반면 공공부문 노조는 EU 가입에 반대했다. 공공부문 노조는 사기업의 이해와 관계가 없었고, EU 회원국들 가운데 공공부문이 작은 회원국이 많아서 공공부문의 축소가 우려되었기 때문이었다.[71]

6. 결론: 스웨덴의 계급타협의 이론적 함의

이 장에서는 계급타협에 관한 논의에 필요한 개념적인 수준의 논의와 이를 바탕으로 스웨덴 사례에서 계급타협과 그것의 위기 과정을 살펴보았다. 이 장에서 제시된 스웨덴 계급타협에 관한 논의는 계급타협과 조합주

---

71) Christine Ingebritsen, The Nordic States and European Unity(Ithaca: Cornell University Press, 1998).

의에 관한 논의와 관련해 몇 가지 중요한 함의를 지닌다.

살트셰바덴 협약으로 가시화된 계급타협은 이미 오래전부터 시도된 다양한 타협과 대결의 경험을 바탕으로 형성된 '역사적인 합리적 행위'에 기초하고 있다. 역사적 합리성은 과거의 행위 결과가 현재의 행위 선택에 영향을 미칠 때 나타난다. 이것은 일반적으로 합리적 선택이 단지 '미래의 기대되는 결과를 고려해 현재의 행위 선택이 이루어지는 것'을 가정하는 것과는 달리 현재의 선택 자체가 미래뿐만 아니라 과거에 의해서도 영향을 받는다는 점을 보여준다. 즉, 미래에 기대되는 자신의 행위나 상대방의 행위는 누적된 과거의 행위 결과에서 도출할 수밖에 없다는 점에서 합리적 행위에 대한 논의는 '미래를 고려한 현재의 선택'이 아니라 '과거의 선택에 영향을 받는 미래에 대한 평가와 현재의 선택'으로 확대되어야 한다.

1930년대 스웨덴식 계급타협은 노동계급에 의해서 일방적으로 강요된 것도 아니고 자본가계급에 의해서 유도된 것도 아니다. 또한 국가의 개입에 의해서 이루어진 타협도 아니었다. 스웨덴 계급타협은 1920~1930년대 경제위기와 사민당 집권이라는 경제적·정치적 환경 속에서 일차적으로 노사관계 차원에서 노조와 자본가 조직 사이의 타협으로 나타났다. 국가의 개입을 배제한 상태에서 노동과 자본 사이의 자율적인 계급타협이 이루어졌다. 제2차 세계대전 이후에 나타난 사회적 조합주의 형태의 계급타협과는 다른 노사관계 수준의 계급타협이었다. 그러므로 계급타협의 문제를 정치적 차원과 노사관계 차원으로 구분하는 것이 중요하다.

노사관계 수준에서 이루어진 계급타협은 점차 행정 영역으로 확대되어 노동-자본-국가 사이의 삼자위원회를 통해 거시경제 정책을 공동으로 결정하고 집행하는 정책적 타협으로 진전되었다. 즉, 계급타협이 노동과 자본 양자 간의 '단체교섭'에서 노동, 자본, 국가 삼자 사이의 '정책교섭'으로 진전되었다. 계급타협이 정책교섭으로 진전되었을 때, 계급타협은 일반적으로 사회적 조합주의로 불린다. 그러므로 사회적 조합주의는 계급타협의 한 형태이지, 계급타협과 동일한 것은 아니다.

계급타협의 유지는 두 가지 조건에 의해서 가능했다. 하나의 조건은 코르피가 주장하는 것처럼, 계급타협에 참여하는 계급조직들의 높은 조직력과 통합력의 유지이다. 거시경제 수준에서 이루어지는 정책 타협안이 실질적인 효과를 갖기 위해서는 임금결정에 대한 상급조직들의 영향력이 갖추어져야 한다. 스웨덴에서 이는 높은 노조 조직율과 중앙집중식 조직 구조를 갖는 LO와 이에 상응하는 강력한 자본가 조직인 SAF에 의해서 가능했다. LO와 SAF가 모두 하위 조직에 대한 제재의 기능을 갖고 있기 때문에 두 조직은 매우 강력한 동원력을 지녔다. 1970년대 중반 이후 나타난 계급타협의 와해 과정은, 한편으로는 TCO와 SACO와 같은 화이트칼라 노조가 발전하면서 LO가 노동시장에서 독점적인 지위를 상실하기 시작했고, 또한 SAF가 의도적으로 중앙집중적인 조직을 분해하는 과정에서 노동계급과 자본가계급 조직의 통합력은 크게 떨어졌다. 이러한 결과가 스웨덴 계급타협 위기의 조직적 원인이었다.

또 다른 조건은 타협에 참여하는 계급들이 공동으로 혜택을 누릴 수 있다는 확신과 기대이다. 스웨덴에서 노사 간 평화적인 관계는 노동과 자본 사이 힘의 균형, 정치적으로는 사민당 지배, 경제적으로는 지속적인 경제성장을 통해서 유지될 수 있었다. 임금을 매개로 하는 노사관계 수준의 계급타협이 노동과 자본 사이의 상호이익을 증대하는 정합게임이 가능하다는 판단하에서 성공했다. 그러나 1970년대 스웨덴 노총의 공세적인 정책들은 자본가계급에게 전혀 이익을 가져다 줄 수 없는 영합게임을 강요하는 것으로 인식되었기 때문에, 자본가들의 집단적인 저항이 발생했고, 결과적으로 정치적인 수준의 계급타협이 약화되었다. 더 나아가 경제가 악화되면서 노사관계 수준의 계급타협 제도에 대한 자본가들의 반격이 시도되었다. 1970년대에는 공동결정법이나 임노동자기금이 노동계급 계급투쟁의 일환으로 전개되었다면, 1980년대에는 중앙집중식 단체교섭의 거부를 통해서 노동시장 유연성 증대와 같은 신자유주의적 요구를 관철하기 위한 자본가계급의 투쟁이 전개되었다. 석유파동으로 인한 경제위기하에서 노동계급의 공세가 시작되었기 때문에, 노동계급이 시도한 정치적인 수준의 계급타협은 성공하지 못했다. 더욱이 자본가들의 역공이 시작되면서 오랜 기간 유지되었던 노사관계 수준의 계급타협마저도 동요하는 결과가 나타났다. 비공식적인 채널들이 임금교섭, 지역 수준의 조정과 노동시장 정책 형성 과정에서 작동하고 있지만, 자본가계급의 저항으로 공식적인 제도와 계급타협적인 문화와 규범은 사라졌다. 탈조합주의화(decorporatisation)가 지속적으로 이루어지면서, 스웨덴은 사회적 조합주의 국가로 분류되기 어려운 상태에 이르렀다.[72]

그리고 계급타협에 관한 기존의 논의들이 국민국가 틀 내에서 이루어진 계급갈등과 계급타협을 다루고 있기 때문에, 세계화로 국민국가 틀이 약화되고 있는 상황에서 이루어지는 계급타협의 위기를 이해하는 데 한계를 보이고 있다. 1930년대 경제위기를 겪으면서 형성된 스웨덴 계급타협은 1970년대 중반 이후의 경제위기로 오히려 와해의 길을 걸었다. 자본이 국민국가 틀 내에서 노동과 함께 위기를 극복하는 전략 대신에 해외 생산을 높여 위기를 극복하는 세계화 전략을 시행함으로써, 계급타협 대신에 계급타협으로부터의 이탈이 이루어졌다. 국가도 노동도 자본의 이동을 통제할

---

72) Lindvall and Sebring, "Policy Reform and the Decline of Corporatism in Sweden," *West European Politics* 28(5)(2005), pp. 1057~1074.

수 있는 효과적인 수단을 상실하기 시작하면서 20세기 후반 경제위기는 1930년대 경제위기와는 달리 계급타협의 해체를 촉진했다. 세계화로 구조적 불확실성이 증대하는 상황하에서 스웨덴 자본가계급이 기존의 게임에서 이탈하는 상황이 벌어져 계급타협은 위기에 처하게 되었다.

결론적으로 스웨덴과 같은 민주적 자본주의 틀 내에서 사회주의 노동운동이 추구하는 목표가 궁극적으로 임금을 매개로 하는 노사관계 수준의 계급타협을 넘어서 소유권과 경영권을 대상으로 하는 자본주의체제 수준의 개혁이라고 한다면, 사회주의 노동운동은 구조적 딜레마를 안고 있다고 볼 수 있다. 한편으로 사회주의 노동운동은 혁명적인 노동운동을 이미 포기했기 때문에 기존의 체제를 거부하는 것이 불가능하다. 다른 한편으로 기존 체제를 받아들인 이후에도 세계화와 경제체제의 변화로 기존의 제도적인 틀 내에서 사회주의 노동운동이 추구하는 목표를 추구하는 것이 어려워졌다. 스웨덴 계급타협의 형성과 와해는 현대 자본주의 체제에서 사회주의 노동운동이 직면하고 있는 딜레마를 잘 보여주는 사례이다.

제6장

노동운동의 성과와 한계

1. 머리말

19세기에 본격적으로 등장한 노동운동은 노동자들의 저항과 투쟁으로 시작되었지만, 점차 노동자들의 노동조합 조직화를 중심으로 전개되었다.[1] 산업혁명이 시작된 영국에서 노동자들의 조직은 1825년 조합법(The Combination Act)이 제정되기 이전까지 불법적인 조직으로 탄압의 대상이 되었다. 프랑스 혁명 이후 집단적인 조직이나 모임을 두려워한 윌리엄 피트(William Pitt) 영국 정부는 1799년 노동자들의 조직을 불법으로 규정하고 탄압했다. 그러나 러다이트 운동을 포함한 노동자들의 파업이 계속되자,

---

[1] Ronald Aminzade, "Capitalist Industrialization and Patterns of Industrial Protest," *American Sociological Review*, 1984 Vol. 49; Friedrich Lenger, "Beyond Exceptionalism. Notes on the Artisanal Phase of the Labour Movement in France, England, Germany and the United States", *International Review of Social History*, Vol. XXXVI(1991-1); Louise A. Tilly and Charles Tilley(eds.), *Class Conflict and Collective Action*(London: Sage, 1981)

영국정부는 1825년 조합법을 제정해 노동조합을 인정했지만 노동조합의 파업과 단체교섭권을 인정하지 않는 포섭 전략을 택했다. 1871년에 이르러서야 노동조합법(Trade Union Act)이 제정되어 노동조합이 합법적인 조직으로 인정받았다.

이 시기는 대부분의 산업자본주의 사회에서 노동조합 운동이 활성화되기 시작한 시기였다.[2] 서유럽과 미국에서 지역 수준의 노동조합이 결성되기 시작했고, 19세기 후반에는 전국적인 노동조합 조직이 등장했다. 스웨덴에서는 1870년대 근대적인 노조가 만들어졌지만, 최초의 전국적인 노동조합 조직은 1886년 스웨덴 출판노동자조합(Svenska Typografförbundet)과 스웨덴 체신노동조합(Svenska Postmannaförbundet)이 결성되면서 만들어졌다. 1898년에는 스웨덴노동조합총연맹(LO)이 만들어져서, 블루칼라 노동계급의 중심적인 조직으로 활동하기 시작했다.

노동조합은 산업혁명이 시작된 이후 상당히 뒤늦게 등장했다. 조직노동조합은 1차적으로 영리 추구를 목적으로 만들어진 기업에 고용된 노동자들이 만드는 2차적인 조직이다. 그러므로 이윤을 목적으로 하는 기업이 존재하지 않는다면 노동조합도 조직도 존립 불가능하다. 이러한 개별 기업 의존성을 극복하기 위해 노동조합들은 특정 기업의 울타리를 벗어나 전국적으로 직업별, 혹은 산업별로 조직을 확장해왔다. 이런 의미에서 전국적인 노동조합 조직의 등장은 노동운동의 발전 정도를 보여주는 지표라고 볼

---

[2] 이 시기 전국적인 수준에서 조직된 노동조합운동은 대표적으로 1834년 영국에서 조직된 노동조합총연맹인 GNCTU(Grand National Consolidated Trade Unions)와 1968년 TUC(Trade Union Congress), 1866년 미국의 노동기사단(Knight of Labor)을 들 수 있다[Sidney Webb and Beatrice Webb, *History of Trade Unionism*(London: Longmans and Co., 1920), ch. 1].

수 있다.

기존의 사회과학자들은 노동자들의 집단적인 조직이나 행동이 근원적으로 어렵다고 보았다. 이른바 '죄수의 딜레마(Prisoner's dilemma)'라는 개별 노동자들이 갖는 선택의 한계로 거대한 노조조직이나 집단행동은 불가능한 것으로 보았다.[3] 이는 개인들의 사회적 선택이 역사적 경험과 제도적 장치에 의해 크게 영향을 받는다는 사회적 사실을 간과한 논리적 전개였다. 한편 비판적인 사회학자들도 노조조직은 자본가들의 조직과는 달리 동원하는 자원이 자발적 참여 행위이기 때문에 구조적인 제약을 받아 노조조직의 성장과 활동은 적어도 자본주의 사회에서는 지속적으로 유지되기 어려운 것으로 보았다.[4] 이들은 노조조직과 활동을 노조조직의 내적인 특성에서 살펴보았기 때문에 노조가 지속적으로 성장하고 노조운동이 노동계급운동으로 발전하는 것을 전망할 수 없었다.

개인의 합리적 선택에 기초한 무임승차 문제는 역사적으로 노동조합 조직률의 편차가 왜 국가별로 크게 나는지, 그리고 왜 역사적으로 노동조합 조직률이 큰 변화를 보이는지를 설명하지 못한다. 〈표 6.1〉에서 볼 수 있듯이, 오늘날 발전된 산업사회에서 가장 두드러진 차이점 가운데 하나가 노동조합 조직률이다. 〈표 6.1〉에 제시된 주요 산업국은 산업구조나 직업구조에서 대단히 큰 차이를 보이진 않지만, 노조 조직률은 극단적인 편차를 보이고 있다. 2013년에는 10% 정도의 노조 조직률을 보여주는 나라가

---

3) 대표적으로 경제학자 맨커 올슨(Mancur Olson Jr)의 *Logic of Collective Action*(Basic Books, 1964)은 개인주의적 합리성에서 출발해서, 조직이 커질 때, 무임승차 문제가 더 강하게 작용해서 집합행동이 이루어지는 것이 더 어렵다는 점을 밝히고 있다.

4) Claus Offe and Helmut Wiesental, "Two Logics of Collective Action", *Political Power and Social Theory*, Vol. 1(1980).

<표 6.1> 노동조합 조직률(1960~2013년, 단위: %)

연도\n국가	1960	1965	1970	1975	1980	1985	1990	1995	2000	2005	2010	2013
영국	38.8	38.7	43.0	42.0	49.7	44.2	38.1	33.1	30.2	28.4	26.4	25.4
독일	34.7	32.9	32.0	34.6	34.9	33.9	31.2	29.2	24.6	21.7	18.6	17.7
미국	30.9	28.2	27.4	25.3	22.1	17.4	15.5	14.3	12.9	12.0	11.4	10.8
일본	32.9	35.3	35.1	34.5	31.3	28.8	26.1	24.4	21.5	18.8	18.4	17.8
덴마크	56.9	58.2	60.3	68.9	78.6	77.5	74.6	75.9	73.9	70.7	67.0	66.8
스웨덴	72.1	66.3	67.7	74.5	78.0	81.3	80.0	83.1	79.1	76.5	68.2	67.7
한국	—	11.6	12.6	15.8	16.8	12.4	17.2	12.5	11.4	9.9	9.7	—

자료: OECD. Stat(검색일: 2015.2.19).

있는 반면, 거의 70%에 근접하는 나라들도 있다. 그리고 〈표 6.1〉에 포함된 일곱 개 국가에서 노조 조직률은 시기적으로 대단히 큰 변화를 보이고 있다. 1960년부터 2013년 사이에 미국의 노동조합 조직률은 30.9%에서 17.7%로 13.2% 줄어들었지만, 같은 기간 덴마크의 노조 조직률은 거의 10%가 증가했다.

노동조합 가입은 개인의 선택이지만, 개인의 노조 가입은 여러 요인에 의해서 결정된다. 노동조합 조직은 노동조합의 사회정치적 영향력, 노동조합과 관련된 제도(실업보험, 고용보호, 조합비와 혜택 등에 영향을 미치는 제도), 사회정치적 환경, 노동계급 정당의 영향력과 같은 거시적인 환경에 영향을 받는다. 또한 개별 노동자는 자신이 일하는 작업장 수준에서 노조에 대한 경영자의 태도와 작업장 내 노동자 문화 등에도 영향을 받는다. 즉, 개별 노동자는 진공 속의 노동자가 아니라 구체적인 정치적·사회적 상황 속에 놓여 있는 구체적인 개인이다.

이 장은 20세기의 가장 성공적인 노동조합 운동의 전형으로 간주되는 스웨덴의 노조운동과 노조전략들을 분석하고, 21세기 산업 자본주의의 진화를 맞이해서 스웨덴 노조운동이 직면하고 있는 문제들을 논의한다. 이를 통해 노조와 노조운동에 대한 분석이 노조의 조직적인 특성이나 추상화된 노동자들의 개인적인 성향(선택)에 기초하기보다는 노조와 자본가 집단, 혹은 노조와 국가 간의 관계 속에 노조를 위치 지음으로써, 노조운동의 성격이 더욱더 선명하게 이해될 수 있다는 것을 보여주고자 한다. 즉, 노동자 집합체로서의 노조를 관계적인 관점을 통해 살펴봄으로써, 또한 노조의 전략에 영향을 주는 역사적으로 축적된 노조의 투쟁 경험과 자본가나 국가로부터의 제약들을 살펴봄으로써 스웨덴의 노조운동의 성격을 총체적으로 이해할 수 있다는 점을 보여주고자 한다. 이는 또한 노조운동의 결과를 원론적으로 평가하는 데서 오는 오류를 피할 수 있는 길이기도 하다.

2. 스웨덴의 경제구조와 노조

스웨덴의 산업화는 19세기 초부터 시작되었다. 영국의 산업화에 비해서 1세기 이상 뒤늦게 산업화를 경험했다는 점에서 후발 산업국이라고 부를 수 있다. 그러나 경제사학자 알렉산더 거센크론(Alexander Gerschenkron)이 주장한 것처럼, 뒤늦게 산업화를 한 나라들은 최신의 기술을 활용할 수 있고 또 최신의 기술을 도입할 수 있는 대규모 기업이 중심이 되어, 스웨덴의 산업화의 속도는 영국보다 훨씬 빨랐다.5) 철광·석탄·목재산업을 중심으로

---

5) 거센크론은 후발 산업국들은 선발 산업국들과는 큰 차이를 보이며 산업화가 진행된다고 주장하고, 그 주된 이유를 최신 기술과 값싼 노동력을 활용하는 거대 기업에서 찾고 있다. 그리하여 경제성장의 속도는 선발 산업국들과 비교해서 훨씬 빠르다는 점을 강조하고 있다(Alexander Gerschenkron, *Economic Backwardness in Historical*

한 경제성장은 농업을 중심으로 하는 전통적 산업의 쇠퇴를 동반했다. 영국의 산업화 과정은 봉건주의하에서 오랫동안 발전한 길드 중심의 수공업 생산의 점차적인 몰락과 근대적 산업생산의 성장을 겪은 반면에, 스웨덴은 농업 중심의 산업구조에서 제조업을 중심으로 한 산업구조로의 전환을 아주 짧은 기간에 경험했다.

19세기 말 무렵 스웨덴의 경제구조는 1차 산업이 주류를 차지하고 있었고 장인적인 방식의 소상품생산과 근대적 산업생산으로 이루어졌다. 1870년 경제활동인구의 75%가 농업이 주류인 1차 산업에 종사했고, 경제활동인구의 9%만이 제조업과 수공업에 종사했다. 같은 시기 영국에서는 15%의 경제활동인구만이 농업에 종사했고 43%의 경제활동인구가 산업과 수공업에 종사함으로써 선발 산업국인 영국과 후발 산업국 스웨덴의 대조적인 경제구조를 보여준다. 수공업과 산업은 주로 탄광과 목재를 중심으로 천연자원이 풍부한 곳에서 발달했고, 이 때문에 산업들 간의 지역적 분업이 이루어졌으며 작은 규모의 산업도시들이 발달했다. 즉, 근대적 산업생산도 이 시기에서는 분산되어 발달함으로써 거대한 산업도시의 성장을 일구지 못했다.

산업화가 시작되자 노동자계급은 노조와 정당을 조직하기 시작했다. 에드워드 톰슨(E. P. Thompson)이 분석한 영국의 경우와 마찬가지로, 스웨덴에서도 최초 노조는 1870년쯤 수공업자와 숙련공 등을 중심으로 조직되었다.[6] 이 노조들은 장인적 생산의 핵심인 길드가 해체되고 생계비가 급등함에 따라, 숙련공들이 약화된 기술을 통한 노동 통제의 회복과 실질임금

Perspective: A Book of Essays(New York: Fredrick A. Fraeger, 1962), pp. 7~11].

6) E. P. Thompson, The Making of English Working Class(New York: Pantheon Books, 1963).

의 보장을 위해서 노조를 조직하기 시작했다. 1880년대에는 노조운동이 수공업자나 숙련공뿐만 아니라 일반 단순 노동자들에게까지 확산되었다. 또한 지역적으로 분산된 노동자들을 조직화하기 위한 전국적인 노조조직이 등장했다. 1886년에 인쇄공과 우편노동자들이 스웨덴에서는 최초로 전국적인 노조를 조직했고, 1890년대에는 전국적인 노동조합 조직이 노조의 일반적인 유형으로 등장했다. 1990년대에 이르러 노조원은 약 7만 명 정도로 성장했고 이는 전체 임금노동자의 15~20%에 해당했다.[7]

19세기 말의 스웨덴 노조운동은 경제구조에 의해서 심하게 제약받았다. 근대적 산업생산이 전일적으로 이루어지지 않았고 생산의 지역적 분업에 의해 대규모 산업도시가 형성되지 않음에 따라 노조는 직업과 기술에 기초한 직업별 노조(craft union)를 중심으로 형성되었다. 동일한 직업이나 특수한 기술노동자들을 중심으로 공동의 이익을 추구하는 직업별 노조는 조직원리상 동일한 기업에 복수의 직업별 노조가 존재할 수 있었고, 각 직업별 노조들은 전국적인 조직을 갖는 것이 일반적이었으므로 통일된 노조운동을 효과적으로 전개하는 것이 불가능했다. 이는 수공업적 생산으로부터 대규모 산업생산으로의 이행기에 더 현실적인 노조운동이 당면한 과제였다. 이 문제는 성장한 전국적인 노조들의 연맹이 만들어졌을 때 더욱더 크게 부각되었다.

급격하게 성장한 전국적인 노조들의 운동을 조정하는 중앙조직이 필요하다는 인식은, 정치정당들이 노조들을 조정하고 조직적으로나 재정적으로 지원하는 것이 불가능하다는 1897년 제5차 스칸디나비아노동자대회 보고에서 잘 나타났다. 즉, 노조조직들이 다양한 직업·산업에서 등장했기 때

---

7) T. I. Johnston, *Collective Bargaining in Sweden*(Harvard University Press, 1962), p. 24.

문에, 전국적인 수준에서 노동조합 운동을 조정하고 노동운동을 지원할 수 있는 중앙 차원의 노조 연맹의 필요성이 부각되었다. 1898년 8월에 세워진 스웨덴노동조합총연맹은 이러한 노동운동의 통일적인 조정 필요성에 기초한 것이었다.

LO는 각각의 산업부문의 전국노조들로 구성되었고 3단계의 위계로 조직되었다. LO의 최상층에는 최고의 권위를 갖는 의회(congress)가 있고, 그다음에는 대표자회의(representative assembly)가 존재하며, 그다음에는 의회에서 뽑은 세 명과 사민당에서 뽑은 두 명으로 이루어진 다섯 명의 집행부가 있다. 초기 LO의 기능은 각 노조의 상황을 파악하고 자본가들이 취하는 대 노조 공격으로부터 노조들을 방어하는 소극적인 것이었다. 모든 파업과 공장폐쇄가 집행부에 보고되었는데, 집행부는 노조조직에 대항해 노조원을 해고하거나 공장을 폐쇄하는 자본가들에게 공동으로 대응함으로써 노조운동을 조정하는 역할만을 했다.

LO의 소극적인 역할은 LO 내부 조직상의 문제점에 기인한 것이었다. LO가 가졌던 내부 조직상의 문제는 LO에 가입되어 있는 노조들의 성격이 다양하기 때문에 이 노조들을 조정·통제할 수 있는 실질적인 힘을 갖는 것이 어려웠던 데 있었다. 즉, 노조들이 직업이나 기술에 기초해 조직되어 있기 때문에 각 직업별 노조들의 이해를 LO가 통일적으로 대변하는 것이 어려웠다. 그러므로 LO는 모든 산하 노조가 직면하고 있는 자본가들의 공격으로부터 노조를 방어하는 방어적 전략에 중점을 두지 않을 수 없었다. 이는 스웨덴의 경제구조에 기인한 것이었으며, 이후 경제구조가 변함에 따라 LO의 전략과 각 노조들의 조직원리도 변화했다.

스웨덴의 경제는 19세기 말부터 제1차 세계대전까지 급격히 성장했다. 생산성의 증가는 유럽에서 가장 높았고 산업생산도 급격히 증가해서, 1860

년에는 유럽 주변부 13개 국가들의 1인당 평균 GNP보다 28%가량 낮았으나 1910년에는 1인당 평균 GNP가 19% 정도 높아졌다. 또한 사업체들은 점차 주식회사로 조직되었고, 1872년에는 약 45%의 노동자들이 주식회사에 고용되었다. 그리고 주식회사에 고용된 노동자의 비율은 1912년경에는 약 80%로 증가했다.[8] 급격한 경제성장과 생산조직의 변화는 다른 유럽의 국가들에서는 찾아 볼 수 없을 정도로 짧은 시간에 이루어졌다.

이러한 급격한 경제구조와 생산조직의 변화는 노조운동에 크게 영향을 미쳤다. 그리고 노조의 조직유형의 변화는 노조전략에도 영향을 미쳤다. 초기 노조유형은 직업별 노조가 지배적인 형태였으나, 점차로 근대적인 공장제 생산이 도입되면서 산별 노조의 형태로 변화했다. LO의 조직전략은 1912년 이전까지는 직업별 노조였다. 직업별 노조는 직업이나 기술에 기초한 노동자들의 정체성(identity)에 기초한 것으로 근대적인 산업생산이 일반화되기 이전에 나타나는 노조유형이었다. 그러나 급격한 산업생산의 발달은 기존의 직업별 노조에 기초한 노조운동에 장애를 낳았다. 한 기업체 내에 복수의 직업별 노조가 존재함으로써 노조활동에 지장을 초래했으며 기업의 규모가 커지면서 이러한 문제는 더욱 심화되었다. 이에 대처하기 위해 LO는 1912년 LO대회에서 산별노조를 주된 조직원리로 채택했다. 물론 LO의 전략 변화가 바로 산하 노조조직의 변화로 이어지지는 못했다. 기존의 직업별 노조들의 저항이 강했기 때문에 산별 노조의 비중은 점차적으로 증가했다. 1890년 지역노조의 2/3가 직업별 노조였다. 1908년 LO에 가입된 노조들 중 산별이 46%였고 직업별이 26%였으나, 1923년에는 산별이 64%로 증가했고 직업별은 20%로 감소했다. 제2차 세계대전 후인 1953년

---

8) Scott Lash and John Urry, *The End of Organized Capitalism*(University of Wisconsin Press, 1987), p. 153.

에는 산별이 78%, 직업별이 10%로 나타나 직업별 노조의 쇠퇴가 뚜렷하게 나타났다. 1970년대에 이르러 직업별 노조 유형은 5% 이하로 감소해 거의 소멸되었다.[9] 이러한 추세는 제2차 세계대전 이후에 가속화된 자본의 집중과 집적에 영향을 받기도 했다. 독점자본화에 따른 생산조직의 거대화는 직업별 노조의 상대적 비중을 약화했다.

스웨덴의 경제발전은 수출을 중심으로 하는 산업 발전에 의존했다. 스웨덴은 유럽의 주변부 국가로서 철광·석탄·목재를 원료로 하는 산업생산으로 유럽 대륙에 완제품을 수출하는 수출경제에 의존했다. 산업 부르주아지의 성장은 수출경제에 기반을 두었으며 지주나 국가 관료와의 동맹관계는 상대적으로 약했다. 스웨덴에서는 독일에서 볼 수 있었던 대지주 계급인 융커와 같은 지주계급이 성장하지 못했으며, 또한 기존의 지주계급에 의존했던 스웨덴의 국가 관료조직도 지주계급의 경제적인 힘이 약화됨에 따라서 독일과 같은 국가 관료로 성장하지 못했다. 즉, 스웨덴의 산업 부르주아지는 상대적으로 기존의 국가나 지주계급과 독립적으로 성장했으며, 스웨덴 국가는 상대적으로 사회적인 기반이 취약한 셈이었다. 농업생산에서 지주계급에 의한 대규모 농업보다는 가족농업(family farm)이 중심이 되었고 지주계급의 정치적인 힘이 경제적인 힘에 의해 재생산되지 못함으로써 지주계급의 상대적 약화는 계급 역할에 크게 영향을 미쳤다.

스웨덴의 노조운동에 영향을 미친 경제적인 요인은 스웨덴의 자본주의 발달과정이 제국주의적 경험을 갖지 않는다는 것이었다. 노동자들이 제국주의의 혜택을 입거나 피해를 받지 않음으로써 지속적인 이해가 유지될 수 있었으며, 노조운동의 에너지가 국제적인 정치보다는 국내적인 노동자들

---

9) Walter Korpi, *The Working Class in Welfare Capitalism*(London: Routledge & Kegan Paul, 1978), p. 64,

의 문제에 집중될 수 있었다. 스웨덴이 제국주의체제에 편입이 되지 않았다는 점은 스웨덴의 노조운동이 기존의 마르크스주의 이론에 덜 영향을 받으며 독자적으로 발전할 수 있었던 계기도 되었다. 이것은 스웨덴 노조운동의 특징인 실질적이고 실천적인 개혁주의적 성향으로 나타났다. 유럽의 좌익이 겪었던 구조적이고 이데올로기적인 충격이 스웨덴에서는 부재했기 때문에 노동운동은 이데올로기에 기초한 대립이나 갈등을 겪지 않고 발전했으며 이론적이기보다는 구체적인 실천에 치중했다.[10]

스웨덴의 초기 산업 부르주아지들은 외국시장의 팽창이나 원료의 확보보다는 자국 내의 생산조직에 중점을 두었고, 또한 수출을 위주로 했으므로 자본가들의 이해가 동질적이어서 자본가 조직이 일찍 형성되었다. 스웨덴경영자연맹(SAF)은 1902년에 설립되어 노조를 파괴하기 위해 기업이 전략인 공장폐쇄 등에 필요한 재정적 지원을 했고, 자본가들을 결집하고 그들 사이에 연대를 강화하는 핵심적인 자본가계급의 전위조직으로 활동해왔다.[11] SAF는 1902년에 노조들이 노동자들이 참정권을 요구하며 일으킨 전국적인 파업에 대한 자본가들의 대응으로 형성되었다. SAF는 주로 독과점 자본을 중심으로 결성되었으며, 자본가계급을 노동자계급에 대립하는 집단으로 부각함으로써 결과적으로 노조조직의 필요성을 노동자들에게 고취하는 효과를 낳았고, 결과적으로 노조들의 중앙 집중화를 가속화하는 데 기여했다.

---

10) 스웨덴 좌파에 대한 분석은 다음 글 참조. Göran Therborn "The Swedish Left", *New Left Review*, I/34(1975), pp. 50~59.

11) SAF는 2001년 스웨덴 산업 연맹(Sveriges Industriförbund)과 통합해 스웨덴 기업 총연맹(Svenskt Näringsliv)으로 탈바꿈했다.

3. 노조정치와 전략

전전의 노조운동과 전략

초기의 노동운동과 좌파 정치운동은 분리되지 않았다. 1889년에 창당한 사회민주주의 노동자당(약칭 사민당, Sveriges socialdemokratiska arbetareparti, SAP)은 노조의 후원 아래 발전했으며, 사회민주당은 노조가 조직이 되지 않은 사업장에서 노조를 조직하는 데 핵심적인 역할을 담당했다. 사회민주당 창당에 관계한 70개 조직 가운데 50개 조직이 지역노조였고, 사회민주당은 1898년 LO가 탄생되기 이전까지 노조운동을 조정하고 노동운동에서 주도적인 역할을 담당했다. LO가 창립된 이후에도 사민당과 노조는 LO의 집행위원회를 통해 조직적으로 연결되었다. 즉, 5인의 집행위원 중 2명이 당에서 선출된 인물로 구성하도록 규정되어 있었다. 또한 LO 회의에서 LO에 가입한 노조들은 3년 이내에 사회민주당에 가맹해야 한다고 결정함으로써 초기의 노조운동과 정당과의 관계는 조직적인 차원에서 밀접하게 연결될 수밖에 없었다.

그러나 공식적으로 LO와 사민당 간의 관계는 노조들의 반발에 의해 수정되었다. 1900년 LO에 가입한 노조가 3년 이내에 사민당에 가맹해야 한다는 강제적인 규정이 폐기되었고, 대신에 LO 회의는 LO에 가입한 노조들이 각 지역의 사민당 조직에 가입하도록 해야 하며 지역조직을 통해 전국적인 당 조직과 연계되어야 한다는 선언문을 채택했다. 또한 공식적인 당 대표가 LO 집행위원에 임명되는 것도 폐기되었다. 1909년에는 1900년 LO 회의 선언문도 폐기되었다. 공식적 LO의 강령이나 규칙에서 다른 조직과의 연계는 폐기된 셈이었다. 그러나 이것이 LO와 사민당 간의 실질적인 협력을 부정하는 것을 의미하지는 않았다. 이후 LO 회의에서 사민당과 노조 간의 관계는 자연스러운 것이고 유지되어야 한다는 입장이 견지되었다. 더구나 노동자계급을 대표하는 정치정당이 여러 개일 때, 특정 정당과의 공식적인 연계는 정당화될 수 없다는 의견이 지배적이었다. 그럼에도 1936년 LO회의에서 LO가 사민당의 선거자금을 지원하고 사민당만이 LO의 재정적 지원을 받을 자격이 있다고 결정함으로써 LO와 사민당 간의 관계는 정치적·재정적으로 긴밀하게 유지되었다. 하지만 초기와는 달리 노조운동은 사민당과 일정한 거리를 두고 발전했다.

사민당의 간섭을 배제한 LO 중심의 노조운동은 노동과 자본 간의 관계에 매우 큰 영향을 미쳤다. 1932년 최초로 사민당이 집권한 이후에도 LO는 노동운동에 대한 사민당정부의 개입을 반대했다. LO는 노동문제는 국가보다 노조가 더 잘 다룰 수 있다고 보았기 때문에 사민당이 노조운동에 개입하는 것을 반대했다. LO는 사민당은 직접 노조운동이나 노사관계에 개입하는 것보다 경제정책을 통해서 간접적으로 개입해야 한다고 주장했다. 이후 사민당정부는 실업을 근절하고 경제를 안정시키기 위해 노동시장정책과 재정정책에 초점을 맞추었다.

초기의 LO 전략은 경제투쟁보다는 정치투쟁에 관한 것이었다. LO는 1902년에 모든 노동자의 참정권을 인정하는 보통선거 제도를 요구하며 전국적 파업을 시도했다. 보통선거의 요구는 노동자들뿐만 아니라 농민과 자유주의자들에 의해서도 이루어졌으며, 반동세력의 아성이었던 의회에서 선거개혁이 좌절되면서 보통선거가 노조운동의 당면 과제로 부각되었다. 선거제도의 개혁이 정당과 국가에 의해 논의가 시작되자 노조는 정치투쟁보다는 노조원의 복지향상을 위한 경제투쟁으로 전환했다.

LO는 1909년 8월 임금인상을 요구하며 총파업을 단행했다. 스웨덴경영자연맹(SAF)은 LO의 총파업에 공장폐쇄로 대항했다. LO 집행부는 의료·가스·수도·발전소와 청소 노동자들을 제외한 모든 산하 노조에 파업을 지시했는데, 점차 파업은 LO에 가입되어 있지 않은 독립노조들에까지 파급되어 거의 5주간 모든 생산이 중단되었고, 파업 참가자는 30만에 이르렀다. 9월 말에 정부가 개입해서 강제 중재를 시작했을 때, 스웨덴경영자연맹의 기본적인 주장들이 관철되자 LO는 이를 거부했다. 총파업의 실질적 효과가 무력화되자 LO에 가입했던 조합원 수가 반감했다. 스웨덴경영자연맹은 공장폐쇄를 계속하면서 LO에 탈퇴하는 조건으로 노동자들이 일에 복귀하는 것을 허용함으로써 LO를 공격했다. LO의 조합원 수는 1912년 이후에 점차 회복되어 러시아혁명이 일어난 1917년 무렵에는 총파업 이전의 노조원 수를 확보했다.

1917년의 러시아혁명은 노동운동 내부의 이념적 갈등을 표출하게 한 직접적인 원인이 되었다. 사민당에서 분리해 나간 사회민주주의 좌파당은 사회민주청년연맹(the Social Democratic Youth League)을 중심으로 노동자들의 시위를 주도했고 보통선거, 제헌의회 설치, 징병제 폐지, 임금인상, 대토지 소유자들의 토지 국유화를 요구하는 선언문을 발표했다. 의회와 정부는 이러한 요구를 즉각 정책화해서 가능한 노동자혁명을 예방하려 했고 보수주의 세력은 좌익의 요구에 타협하지 않을 수 없었다. LO는 파업에 의존하지 않고 러시아혁명의 효과로 자본가들과 정부로부터 중요한 사회조직의 변화를 가져올 수 있었다. 1920년대의 공황과 1930년대 초의 대공황은 노동운동에 부정적인 효과를 가져와 자본가들은 임금인하를 요구했고, 이에 대항한 노조들의 파업은 가장 활발하게 진행되어 사민당이 집권한 1952년까지 스웨덴은 유럽의 산업국가 가운데 파업이 가장 많은 나라였다.[12]

스웨덴의 노조운동은 다른 나라의 노조운동과 마찬가지로 노조운동의 방향 설정과 국가나 자본가와의 관계 규정에서 변화를 겪었을 뿐만 아니라 노조운동의 근본적인 전략과 전술에 대한 노조조직 내부의 갈등도 겪었다. 의회와 국가기구를 통한 개혁을 추구하는 기존의 LO 노선에 반대해 의회 밖에서 계급투쟁을 통한 사회주의의 실현을 목표로 하는 생디칼리스트 (Syndicaliste) 노조들이 LO내에 생겨났다. 생디칼리스트들은 1917년 사민 당의 노선에 반대하며 사민당 좌파가 만든 사회민주주의 좌파당과 같이 LO 조직 내에 LO 노선에 반대하는 스웨덴노조반대(the Swedish Union Opposition)를 결성해서 노조운동의 방향 전환을 시도했다. 1919년 제3차 인터내셔널이 형성되면서 개혁주의와 혁명주의 간의 갈등은 더욱더 심화 되었다. 사회민주당에 의해 대표되는 개혁주의적 사회주의는 사회개혁의 필수조건으로 정치적 민주주의를 인정한 반면에, 공산당에 의해서 대표되 는 혁명적 사회주의는 부르주아 민주주의를 중요한 것으로 인정하지 않았 다. 1912년에 코민테른이 개혁주의적 노조들이나 사회민주주의자들과 구 체적인 사안에 따라 공동보조를 취하는 '통일전선' 전략을 제시했으나 스 웨덴의 공산주의노조와 당은 1926년에 노조통합위원회(the Committee for Union Unity)를 결성하면서 통일전선에 기초한 노조활동을 시작했다. 1923 년 코민테른은 자본주의의 위기가 왔다고 판단하고 위기상황에서는 통일 전선의 형성보다는 노동자계급의 독자적인 운동을 통해 변혁을 시도해야 한다고 주장했다. 그리하여 노조통합위원회는 LO 지도부에 비판을 가했고 LO 지도부와 노조통합위원회는 대립했다. 이 대립을 통해 노조통합위원회 는 LO 밖에서 새로운 노조를 결성하고자 하는 집단과 LO 내에 잔류하고자 하는 집단 간의 분열이 일어났고, 1934년 코민테른이 파시즘의 성장에 대

---

12) E. Shorter and C. Tilly. *Strikes in France, 1830~1968*(Cambridge University Press, 1974), p. 333.

항한 '인민전선' 전략을 내세웠을 때 급진적인 노조들은 노선의 잦은 변경으로 혼란을 겪어 점차 영향력을 잃었다. 1943년 코민테른이 붕괴해서 스웨덴 공산당이 독자적인 전략을 취할 수 있었을 때 공산당의 지지기반은 점차 증가해서 1944년과 1946년 선거에서 10% 이상의 지지를 받았다. 또한 공산당은 노조 선거에도 참가해 스웨덴에서 가장 큰 노조였던 스웨덴금속노조에서 44%의 지지를 받아 노조집행부에서 힘을 행사할 수 있었다. 그러나 혁명주의적 노선은 전후의 스웨덴 경제가 성장하고 안정됨에 따라서 지지기반을 넓히지 못하고 오히려 지지기반을 잃어 1950년 이후에는 공산당이 스웨덴 금속노조에서 5% 미만의 지지를 받게 되었다.[13]

비록 급진적인 노조운동과 공산당의 활동은 LO와 사민당 내에서 주도권을 장악하면서 전체 노조운동의 방향을 크게 바꾸는 결과를 만들지는 못했지만, 지속적으로 기존노조와 정당의 전략과 목표에 비판을 가해서 LO와 사민당의 성격을 혁신적인 방향으로 변화시키는 역할을 했다. 특히 개혁주의적 정책에 대한 무조건적인 비판이 아닌 특정 사안들에 대한 비판과 반대는 노조원들로부터 지지를 얻어 LO의 전략 변화에 영향을 미침으로써 스웨덴 노조운동사에 중요한 역할을 한 셈이다.[14]

LO의 전략상 변화는 1932년 사민당이 42%의 지지를 얻어 농민당과의 연정을 구성함으로써 일어났다. 첫째로, 국가기구를 사민당이 장악함으로써 LO도 국가경제 운용에 책임을 져야 한다는 판단 아래, 사민당 집권하의

---

13) Korpi, *The Working Class in Welfare Capitalism*, 제9장 참조.
14) 코르피는 개혁주의 정책에 대한 노조 내의 반대집단을 두 가지로 구분했다. 하나는 개혁주의 정책에 대해 무조건적으로 반대하는 근본적인 반대이고, 다른 하나는 특정한 사안에 따라 반대하는 사안 반대였다. 그는 근본적인 반대보다는 사안에 따른 반대가 LO의 노선 선정에 훨씬 중요한 영향을 미쳤다고 보았다.

경제에 타격을 주는 것을 피하기 위해 파업에 의존하던 종래의 전략을 바꿔 국가기구를 통해 노동자의 이익증대를 꾀했다. 사민당의 성공이 LO에도 도움이 된다고 판단했기 때문에, 사민당에 협조적인 태도를 보였다.

둘째로 1932년 전후 세계경제가 대공황에 빠지면서 노동자와 농민들이 가장 크게 타격을 받아 구조적으로 사회를 개혁하는 것이 요구되었기 때문에, LO는 농민조직과 연합해 사민당의 대대적인 개혁 작업을 지지했다. LO의 기본적인 전략은 사민당의 장기집권으로 성공했으며 노동자들의 현실적인 요구를 LO가 충족함으로써 LO의 조합원 수는 꾸준히 증가했다.

셋째로 노조운동이 강화되고 사민당을 중심으로 한 사회주의 세력이 의회의 다수가 됨에 따라 스웨덴경영자연맹은 LO와 타협해 스웨덴의 단체교섭과 산업평화의 기초가 된 LO와 SAF 간의 기본협약인 살트셰바덴 협약을 1938년에 맺었다. 이 협약은 국가의 간섭을 배제하며 협상에 의해서 노자 간의 쟁의를 해결한다는 LO와 스웨덴경영자연맹의 공통의 이해에 기초한 것이었다.[15] 이러한 타협은 노동운동이 자본주의 체제 내에 흡수되어 일어난 것이라기보다는 강력한 노동운동의 결과였다.

제2차 세계대전 이전 스웨덴의 노조운동은 노조운동을 통한 사회주의 사회로의 이행에 초점을 맞추었다기보다는 노조운동의 기반을 확충하는 데 주력했다. 즉, 노조가 일부 소수의 노동자만을 조직하는 초기의 노조운동에서 노동대중을 노조조직으로 끌어들여서 노조의 정치적·경제적 역량을 증대하는 데 주력했다. 노조조직의 확대는 노동자들을 조직화하는 것을 의미하며, 이는 노조가 노동자들을 위해 어떤 혜택을 줄 때만 가능하다. 그

---

15) Folke Schmidt, *Laws and Industrial Relations in Sweden*(Alruguist & Wiks ell International, 1977), p. 31; Lennart Forseback, *Industrial Relations and Employ ment in Sweden*(The Swedish Institute, 1980), p. 12.

혜택은 정치적으로는 참정권의 확대와 경제적으로는 임금인상 및 노동자들의 빈곤문제 해결이었고, 그것을 달성하기 위해서 전국적인 총파업을 단행하기도 했다. 사민당이 국가기구를 장악한 1932년까지 스웨덴은 노동쟁의의 빈도가 유럽에서 비교적 높은 국가 중의 하나였으나, 정치에서 노동계급과 자본가계급 간 힘의 균형이 노동자계급에 유리하게 되자 노동쟁의는 최소화되고 대신 LO와 국가 간의 공공정책 협상을 통한 노동자들의 이익 증대를 도모할 수 있었다.[16]

4. 제2차 세계대전 이후의 노조운동

스웨덴의 급격한 산업자본주의의 발달은 산업·기업·직업 간의 불균등한 발전을 불러왔다. 이 불균등 발전은 노동자계급 내의 분화를 심화했다. 독점자본이 지배하는 산업이나 독점기업에 종사하는 노동자들은 높은 임금을 받았으며 중소기업이나 수공업에 종사하는 노동자들은 낮은 임금을 받았다. LO 산하 노조들 내의 임금격차의 심화는 불균등 발전의 결과였으며 노동자의 연대를 가로막는 중요한 장애가 되었다. 이것은 노조의 조직률이 계속 증가하는 중에도 조직화된 노동자들 내의 분화를 가져와 궁극적으로 노조의 조직력을 약화했다. 일부 노조와 노조 지도자들은 임금격차의 심화

---

16) 발테르 코르피와 마이클 샬레브(Michael Shalev)는, 다원주의론이 주장하는 것처럼 단체교섭 등의 제도적 장치가 마련됐을 때 노동쟁의가 줄어든 것이 아니라, 노동자계급이 동원할 수 있는 정치적·조직적 자원 분배에서의 변화가 1932년 이후 스웨덴에서 노동쟁의가 급격히 감소한 원인이라고 주장했다. 다음 글 참조. "Strikes, Industrial Relations and Class Conflict in Capitalist Societies", *British Journal of Sociology,* Vol.30(1979), pp.164~187.

가 장기적으로 노동운동에 치명적인 결과를 초래할 것이라고 우려해서, LO는 노조들의 임금교섭을 조정하고 노동자들의 연대의식을 고취하기 위한 연대임금정책(a solidaristic wage policy)을 제시했으나, 1936년과 1941년 LO 회의에서 비현실적이라는 이유로 거부되었다.

LO의 운동 전략에 제약을 가져다준 다른 하나의 요소는 전후의 경제위기였다. 전쟁 기간의 엄격한 중앙통제가 사라지고 전쟁의 호황이 끝남에 따라 극심한 인플레가 경제를 위협했고 실업이 크게 증가하기 시작했다. LO 산하의 노조들은 전쟁 기간 억제되었던 임금인상을 단체교섭의 핵심적인 항목으로 내세웠으며, 이에 대해 사민당정부는 LO가 임금인상을 억제해서 인플레의 가속화를 막아야 한다고 요구했다. LO의 의장인 악셀 스트란드(Axel Strand)는 사민당 정부의 임금인상 중지 요구는 받아들일 수 있는 장기적인 해결책이 아니라고 주장하며 정부의 요구를 거절했다. 노동자들의 희생하에 경제가 안정되는 것은, 결코 장기적으로 노동운동에 득이 되지 않는다고 노조 지도자들은 보았던 것이다. 반면 사민당은 인플레는 결과적으로 실업률을 증대해 사민당의 지지기반을 급격히 약화할 것이라고 판단해 LO의 사회적 책임을 요구했다.

1946년의 LO 회의는 임금정책에 대한 연구를 노조 경제학자들에게 요구하고, 이에 기초해 노조의 전략을 세우기로 결정했다. 1951년 LO 회의에 보고된 연구결과는, 임금정책은 국가경제를 고려해야 하지만 노동운동만으로 전체적인 경제를 안정화할 수 없다고 보았다. 연구결과에 따르면 기업의 초과이윤을 줄여 인플레를 유발하는 노동력의 수요증대를 통제하고 조세를 통해 구매력을 억제함으로써 인플레를 방지하며, 이로 인해 발생하는 실업을 국가가 노동시장에 개입함으로써 완전고용을 추구해야 했다. 소위 렌 모델[17]이라 불리는 1951년 LO 회의 보고서의 내용은 또 한편으로 인플레를 유발하는 노조 간의 경쟁적 임금인상 요구를 줄이기 위해 LO가 산하 노조들의 임금정책을 조정해서 통일된 임금정책을 추구하는 것이 요구된다고 밝혔다. 연대임금정책이라고 불리는 이 정책은 LO의 임금정책이 동일한 일에는 기업에 관계없이 동일한 임금을 받는다는 '동일노동 동일임금' 원칙에 기초하고 있어 낮은 임금에 의존했던 기업의 파산은 불가피하기 때문에, 이에 대응해 국가가 실업자가 된 노동자들을 노동력이 부족한 산업이나 지역으로 이동시키는 '적극적 노동시장정책'을 실시해야 한다고 주장했다. 렌 모델은 소위 '필립스커브'라고 알려진 인플레와 실업률의 악순환을 국가의 재정정책과 노동시장정책을 통해서 극복할 수 있으며 노조의 연대임금정책은 노동시장정책의 성공에 필수적이라는 것을 보여주고 있다.[18] 임금이 효과적인 연대임금정책에 의해서 모든 산업이나 기업 혹

---

17) 렌은 시장경제의 실패에 대한 치유책으로서의 국가의 실업보험이나 연금보조 등을 수동적인 노동시장정책이라고 부르고, 실업을 사전에 방지해서 완전고용을 목표로 국가가 일자리를 창출하거나 노동시장구조를 개편하는 등의 예방적 활동을 적극적 노동시장정책이라고 불러 노동시장정책을 두 가지로 구분했다. 렌의 다음 글을 참조 [Gösta Rehn, "Swedish active labor market policy: Retrospect and prospect," *Industrial Relations,* Vol. 24(1985), pp. 62~89].

18) 윌리엄 필립스(William Phillips)는 실업과 명목 임금 변화가 역의 관계를 보여준다는 것을 영국 경제를 장기적으로 분석해 밝혔다[A. W. Phillips, "The Relationship between Unemployment and the Rate of Change of Money Wages in the United Kingdom 1861~1957," *Economica* 25(100)(1958), pp. 283~299]. 1960년대 여러 학자에 의해서 인플레와 실업 간의 역의 관계는 타당한 것으로 밝혀졌지만, 1970년대 연구자들은 높은 실업률과 높은 인플레를 특징으로 하는 미국 경제 분석을 통해서 필립스커브가 항상 타당한 것은 아니라는 결론을 내렸다[James Forder, "The historical place of the 'Friedman-Phelps' expectations critique". *European Journal of the History of Economic Thought* 17(3)(2010), pp. 493~511]. 신케인스주의 경제학자들은 단기적으로 실업률과 인플레가 역의 관계를 보이지만, 장기적으로 반드

은 지역에 적용되었을 때, 노동력의 이동은 훨씬 쉬워져서 정부의 노동시
장정책이 용이하게 집행될 수 있었다.[19]

LO의 연대임금정책에 기초한 경제안정화 안은 필요한 노동력의 공급이
차별적 임금에 기초한 유인에 있다는 전통적인 경제학 이론을 부정하는 것
이다. 또한 적극적 노동시장정책의 강조는 노동시장이 신고전경제학에서
가정하는 것처럼 동질적이고 수요와 공급에 탄력적인 것이 아니라 이질적
이고 산업·지역·직업에 의해 분절되어 있고 수요와 공급의 불일치가 심하
다고 본 것이다. 그러므로 완전고용을 위해서는 국가의 선택적 개입이 필
요하다고 보았다. 결국 경제의 안정과 합리화는 노동자들의 일방적인 희생
하에 이루어질 수 없으며 생산성이 낮아 정해진 임금을 줄 수 없는 기업의
희생을 의미했다.

LO의 연대임금정책은 1950년대 후반부터 실시되었는데 개별 노조들이
담당했던 단체교섭을 LO의 집행부로 집중함으로써 실질적으로 LO와 스웨
덴경영자연맹이 단체교섭을 하게 했다. 그리하여 노동자계급 내의 임금격
차를 줄이면서 노동자계급의 연대성을 고양하는 데 중요한 역할을 했고,
사민당정부가 렌 모델을 경제정책으로 정식 채택함에 따라 LO가 스웨덴
경제의 기본원리를 결정짓는 조직으로 부상했다. 1970년대에 이르러 LO
가 블루칼라 노동자의 95% 이상을 조직화했을 때 연대임금정책은 거대해
진 LO의 조직력을 유지하는 원동력이 되었다. 또한 이 덕분에 임노동자 간
의 임금격차가 자본주의 국가들 가운데 가장 낮게 나타남으로써 LO의 연

시 그런 것은 아니라는 점을 밝히고 있다[Olivier Blanchard, Jordi Galí, "Real Wage
Rigidities and the New Keynesian Model". *Journal of Money, Credit, and Banking*
39(s1)(2007), pp. 35~65].

19) Gösta Rehn, "Swedish active labor market policy: Retrospect and prospect," p. 66.

대임금정책은 성공한 셈이었다.[20]

적극적 노동시장정책이 정부의 경제정책으로 등장하자 정부는 국가노동시장위원회(AMS)를 설립해서 핵심 국가기구로 승격시켰다. 국가노동시장위원회는 지역사무소와 중앙사무소로 구성되어 있는데, 관료적 국가기구와는 달리 공식교육이나 지적인 능력보다 작업 경험이나 노조 경험이 국가노동시장위원회 직원의 자격으로 인정되었기 때문에 노조 출신 가운데 상당수가 국가노동시장위원회에 들어갈 수 있었다. 국가노동시장위원회의 자원은 국회의 통제를 일체 받지 않으므로 부르주아당은 국가노동시장위원회를 '국가 내의 국가'라고 비난했다. 이는 국회 승인 등의 절차로 노동시장의 조절을 위한 재정적 지원이 지연되므로 완전고용을 경제 과제로 한 사민당과 노조는 독립적인 기관이 필요하다고 보았기 때문이었다. 기존의 국가기구가 귀족적·봉건적 조직형태였던 데 비해서, 국가노동시장위원회는 보편적 지식보다 조직 목표에 대한 헌신에 기초한 노동자계급의 조직으로 인식되었다.[21]

연대임금정책의 기대하지 않은 효과 가운데의 하나는, 지불 능력보다 낮은 연대임금을 노동자들에게 지불한 초과이윤이 대기업들에서 나타났다는 것이었다. 연대임금정책이 주로 저임금 집단의 임금을 높이는 형식에 중점을 두었기 때문에, 상대적으로 높은 이윤을 누린 기업들은 지불 능력에 기초한 임금보다 더 낮은 임금을 줌으로써 자본축적을 가속화할 수 있

---

20) OECD 임금불평등 통계에 의하면 1979년 스웨덴의 산업임금의 분산 계수는 12.8로 영국의 20.4, 캐나다의 23.2, 미국의 26.8 및 일본의 34.0에 비해 매우 낮았다[OECD, *Employment Outlook*(1985), p.90].

21) Bo Rothstein, "The Success of the Swedish Labour Market Policy: the Organizational Connection to Policy", *European Journal of Political Research,* Vol. 13(1985), pp. 153~165.

게 되었다. 1960년대 경제 호황기에 대기업들은 초과 이윤을 누릴 수 있어서 스웨덴에서 자본의 집중도는 더욱 심해졌다.

1971년 LO의 임금정책위원회가 초과이윤을 줄여 자본의 집적을 막아야 한다고 LO 회의에서 제기함으로써 초과이윤의 문제는 중요한 사회문제로 등장했다. 1971년 LO 회의의 결정에 따라 LO 경제학자들은 ① 연대임금정책에 기초한 임금정책의 보완, ② 자본의 집적 저지, ③ 경제 과정에 대한 피고용자의 영향력 증대라는 세 가지 목표 아래 초과이윤의 문제를 연구했다.[22] 1975년 가을에 루돌프 마이드너에 의해서 제시된 이 보고서는 노조운동이 임금을 넘어서 자본의 소유권 문제를 다루어야 한다고 주장하고, 주요 생산수단의 집단적 소유를 제안했다.[23] 그 방법으로서 스웨덴에서 100명 이상을 고용하는 기업들은 이윤의 10% 내지 30%를 노조가 관리하는 임노동자기금에 새로 발행한 주식의 형태로 매년 이전해야 한다는 것이었다. 이른바 마이드너 플랜이라고 불리는 이 보고서는 현재의 경제성장속도가 유지된다면, 가장 이윤이 높은 기업들이 20년 혹은 30년 내에 임노동자의 통제에 들어오며 50년 내지 60년 후에는 스웨덴의 경제가 사유재산이 극소화되어 본질적으로 사회주의 경제가 될 것이라고 예측했다.

1976년 LO 회의는 마이드너 플랜을 공식적으로 받아들였고, 노조원들은 열렬한 지지를 보냈다. 임노동자기금은 현재의 스웨덴 자본주의 질서를 근본적으로 바꿀 수 있는 가능한 방법으로 인식되었다. 즉, 임노동자기금

---

22) Rudolf Meidner, *Employment Investment Funds*(George Allen & Unwin, 1978), p. 15.

23) 임노동자기금은 사회민주주의자들 사이에서 완전히 새로운 견해는 아니었으며, 전에도 자유주의자들 사이에서도 유사한 의견들이 제시되었다[Lief Lewin, *Ideology and Strategy: A Century of Swedish Politics*(Cambridge: Cambridge University Press, 1988), pp. 278~279].

이 급격한 국유화나 사유재산의 타파가 불가능한 정치구조하에서 노동자들의 단순한 복지 증진을 넘어 사회주의로 나아가는 현실적인 전략으로 받아들여진 것이다. 마이드너 플랜은 1976년 LO 회의에서 정식으로 노조의 정책으로 채택된 이후 스웨덴경영자연맹의 끈질긴 반대에도 1983년 12월 국회에서 임노동자기금법으로 통과되었다.[24) 이 법은 원래의 마이드너 플랜에 수정을 가한 것으로 기업들은 인플레를 고려해 고용주가 국민연금에 내는 비용의 0.2%를 기금으로 배정하는 것이다. 임노동자기금은 5개의 지역기금으로 이루어져 있다. 각 기금은 1990년까지 정해진 기업 주식을 8%까지 소유할 수 있으며, 1900년에 기금 모금 방법과 운용을 재평가하는 것으로 입법화되었다.[25)

1970년대에 들어서 LO의 전략 변화는 세계 경제위기의 여파로 노동시장정책이 새로운 일자리 창출보다는 기존의 일자리를 보존하는 데 중점을 두어야 한다고 보고 사민당과 협조해 일련의 노동입법을 시도한 데서 보인다. 1970년대 초의 석유파동과 세계경제 질서의 재조정으로 인한 전 세계적인 경기침체는 수출경제에 의존하는 스웨덴에 많은 경제적 문제를 유발했다. 섬유·철강·선박·자동차 등 주요 전통산업이 신흥공업국가와 벌이는 경쟁에 취약함을 드러냈다. 특히 한국과 브라질의 조선업은 저임금을 이용해 스웨덴의 조선업에 직접적인 타격을 주었고 조선업의 침체는 철광·제

24) 임노동자기금안을 둘러싼 정치적 갈등은 다음을 참조할 것. Brian Burkitt and Phillip Whyman, "Employee Investment Funds in Sweden: Their Past, Present and Future," *European Business Review* 94(4)(1994), pp. 22~29; Lief Lewin, *Ideology and Strategy: A Century of Swedish Politics*, ch. 9.

25) Richard B. Peterson, "Swedish Collective Bargaining: A Changing Scene," *British Journal of Industrial Relations,* Vol. 25(1968), p. 36.

철·목재 산업에 파급효과를 일으켜 대량실업의 발생 가능성을 높였다. 사민당정부는 노조의 요구에 따라 실업 방지를 위해 여러 가지 입법을 시도했다. 1974년에 제정된 고용촉진법과 고용안정법이 그것이다. 고용안정법은, 피고용인은 고용주와 관련된 책무의 태만으로만 해고될 수 있다고 규정하고 만일 피고용인의 책무 태만에 이견이 있으면 노동법원이 결정하도록 규정했다.[26]

경제위기하에서 LO는 임금인상과 관련된 문제에 조직력을 동원하기보다는 조직 내에서의 노동통제나 생산통제에 노동자들의 영향력을 확대하는 데 주력했다. 이러한 전략의 변화는 노조운동이 외부로부터의 충격에 의해 경제위기에 직면했을 때 일어난 것으로, 산업민주주의를 실현하기 위해서 조직력이 동원되었다. 특히 1974년의 피고용자의 이사회 참여에 관한 법률과 1977년 공동결정법의 제정은 중요한 입법이었다. 공동결정법은 피고용자에 영향을 미치는 의사결정을 하기 전에 고용주는 노조와 협상해야 하고, 노조는 회사의 모든 정보에 접근할 수 있다고 규정했다. 공동결정의 대상은 투자·재정·생산·판매·기술 등을 포함하는 광범위한 것으로 노조운동의 질적 변화를 보여주었다.

LO는 20세기 초에 정치적 민주주의를 이룩하기 위해 투쟁했고, 1970년대에는 생산의 통제와 관련된 산업민주주의를 실현하고자 사민당 정부와 협조해 노동입법을 시도했으며, 1980년대에는 사유재산의 사회화를 통한 경제적 민주주의를 목표로 운동을 전개했다. LO 이론가들은 경제적 민주주의의 실현이 곧 사회주의의 실현이라고 보고 독점 자본의 경제적 독재를

---

26) 제2장 각주 45 참고. Bo Gustafsson, "Co-determination and Wage Earners' Funds," in John Fry(ed.), *Towards a Democratic Rationality*(Gower Publishing Co., 1987), pp.86~109.

점진적으로 제거하는 임노동자기금법의 제정을 LO 정책의 핵심으로 파악했다.

화이트칼라 노조

스웨덴의 노동조합은 칼라-라인을 중심으로 형성되었다. 생산직 노동자들을 중심으로 하는 블루칼라 노조인 LO가 19세기 말 만들어진 이후, 전후 스웨덴 노동조합 운동은 화이트칼라 노동자들이 조직화되면서 복잡한 양상을 띠기 시작했다. 화이트칼라 노조는 TCO와 SACO로 구분된다. 화이트칼라 노동자를 대표하는 노조의 발달은 스웨덴의 노사관계에 찾아볼 수 있는 매우 특이한 현상이다. 1944년에 만들어진 TCO는 화이트칼라 노동자들의 70%인 100만 조합원으로 구성되어 있으며, 경제활동인구의 약 25%를 차지하고 있다. TCO는 감독, 과장, 간호원, 경찰, 비서 등의 다양한 화이트칼라 노동자를 대변하고 있는 3개의 교섭 카르텔을 대표하는 우산 조직이다. 여성이 60%를 차지하며, 민간부문과 공공부문 종사자가 각각 TCO의 절반 정도를 차지하고 있다. TCO는 1980년대 LO에 비해서 대단히 빠르게 성장했다.

전문직 노조인 SACO는 가장 늦은 시기인 1947년에 조직되었지만, 오늘날 가장 빠르게 성장하고 있는 조직이다. 대학졸업자들만을 대상으로 하는 SACO는 1973년 대학 학위를 갖고 있는 전문직 종사자들 노조인 SACO와 국가공무원연맹 SR이 SACO로 통합하면서 더욱 커졌다. LO가 조직 가능한 거의 모든 노동자를 포함한 반면, 화이트칼라 노동자들은 조직률이 높지 않았고 계속 증가하고 있는 추세이기 때문에 화이트칼라 노조의 비중이 상대적으로 커졌다. 또한 국가부문이 팽창하면서 공공부문 노조들이 급격히 성장했다. 상대적으로 전통적인 민간부문 산업노동자들은 계속 비중이 감소해서 1980년 현재 25%의 피고용자만이 전통적인 산업노동자들이다.[27]

2000년대 들어서는 블루칼라 노동조합 중심에서 화이트칼라 노동조합 중심으로 노동운동의 중심축이 변하게 되는 노동운동의 지형 변화가 이루어졌다. 블루칼라 노동자들의 상대적 비중 하락과 화이트칼라와 전문직 노동자들의 지속적인 증가라는 결과는 스웨덴 산업구조의 변화와 맞물려 있다. 제조업의 지속적 하락은 모든 산업자본주의 사회들에서 나타나는 공통적인 현상으로 LO의 상대적 영향력 하락을 불러왔다. 2013년 현재 LO는 14개 회원 노조와 130만 명의 조합원으로 구성되어서, 14대 산별 노조에 100만 명으로 구성된 TCO와, 20개 산하 노조에 48만 명의 조합원으로 구성된 SACO를 합친 화이트칼라 노조보다 수적인 열세에 놓이게 되었다.[28]

또 다른 특징은 공공부문 종사자의 비율이 대단히 크기 때문에, 공공부문 노조가 노조운동에서 차지하는 비중도 계속 커졌다는 점이다. 복지제도의 발달로 공공부문 종사자들이 대폭 증가하면서 공공부문 종사자는 1960년 전체 피고용자의 12.8%밖에 되지 않았던 것이 1980년에는 30.7%로 증가했고, 1990년대에 약간 줄어 2008년에는 26.2%로 같은 시기 OECD 평균 15.0%보다 훨씬 높은 비율을 유지하고 있다.[29] 이러한 국가부문 종사자들의 대부분은 화이트칼라 노동자들의 증가로 이어졌다. 이는 LO와 TCO에

---

27) Scott Lash and John Urry, *The End of Organized Capitalism*, p. 238.

28) Medlingsinstitutet, *Avtalsrörelsen och lönebildningen 2013*(2014), pp. 27~28.

29) 2008년 OECD 회원국들의 공공부문 종사자 비율을 살펴보면, 노르웨이가 29.3%로 가장 높았고, 그 다음 덴마크 28.7%, 스웨덴 26.2%, 핀란드 22.9%로 복지제도가 발전된 북유럽에서 공공부문 종사자의 비율이 높았다. 미국은 14.6%로 OECD 평균보다 약간 낮았고, 칠레 9.1%, 멕시코 8.8%, 그리스 7.9%, 일본 6.7%였으며 한국이 가장 낮은 5.7%였다(OECD, *Government at a Glance 2011*(Paris: OCED, 2011), Ch. 5).

<표 6.2> 노동조합총연맹별 노동조합 조직 규모 순위

순위 \ 연맹	LO	TCO	SACO
1	지방정부노조	유니온엔	대학원 엔지니어 협회
2	금속노조	교원노조(Lärarförbundet)	전국교원노조(LR)[30]
3	판매업노조	지방공무원노조	JUSEK (법, 경영, 컴퓨터 관련 종사자)

자료: Anders Kjellberg, "The Decline in Swedish Union Density since 2007," *Nordic Journal of Working Life Studies* 1(1)(2011), p. 74.

서 공공부문 노조의 지위가 강화되는 중요한 요인이 되었을 뿐만 아니라 LO 내의 노조 구조에도 영향을 미쳤다. 전통적으로 LO 내에서 가장 강력한 노조였던 금속노조가 LO에서 가장 큰 노조였으나, 1980년대에 들어와서 국가공무원노조(Kommunal)가 급격히 성장해서 LO 내 가장 큰 노조로 부상했다. 이러한 노조 구조의 변화는 노조의 성격에 영향을 미치고 있다. 또 다른 구조적인 변화는 많은 LO 산하 노조 중에서 여성조합원의 비율이 매우 커져서 국가공무원노조의 경우 여성이 남성보다 많아졌다는 점이다. 남성노동자들은 1970년대 초에 거의 조직화되어 그다지 증가하고 있지 않은 반면, 여성노동자들의 조직화는 1980년대에 급격하게 이루어졌고 또한 여성의 경제활동이 크게 증가하면서 여성조합원의 수도 빠르게 늘어났다.

이러한 구조적인 변화들은 노조운동에 중요한 영향을 미치고 있다.

---

30) SACO 산하의 전국교원노조(LR)는 자격이 있는 현직 교사만을 대상으로 한다. 반면에 TCO 산하의 교원노조는 교장도 포함하고 있으며, 자격이 없는 학교 근무자도 대상으로 하고 있다. 그러므로 두 노조는 부분적으로 대상이 중복되기도 한다.

TCO가 강력해짐에 따라 TCO와 LO와의 기본적인 이해의 차이가 중요한 정치적 이슈가 되기 시작했다. 화이트칼라 노동자들은 단체교섭이 비중앙화되었을 때 더 나은 교섭 결과를 얻어낼 수 있기 때문에 TCO 산하 노조들이 개별적인 단체교섭을 시도했다. 또한 LO 내에서 가장 큰 노조인 국가공무원노조도 공공부문의 단체교섭이 민간부문의 단체교섭보다 영합게임에 가까운 것이기 때문에 단독 단체교섭을 선호했다.

경제구조의 변화와 공공부문의 팽창은 노동시장의 이질화를 강화했고 노조의 구조에 변화를 가져왔을 뿐 아니라 노조들 간의 이해의 차이를 확대했다. 특히 1976년 사민당이 집권 44년 만에 처음으로 선거에서 패배하며 부르주아 정당이 집권했을 때 자본가들의 전략이 바뀌면서 노조들도 많은 갈등을 겪었다. 1980년 엔지니어링경영자협회(VF)는 강력한 스웨덴경영자연맹의 중앙집중식 단체교섭을 거부하고 지부를 단위로 한 단체교섭을 요구했다. 1983년 엔지니어링경영자협회는 스웨덴 노동운동의 핵심노조인 금속노조와 개별적으로 단체교섭을 맺었다. 1984년에는 각 노조들이 개별적으로 단체교섭을 맺고, 단체교섭의 효력 기간도 12개월부터 2년까지가 됨으로써 중앙화된 단체교섭이 더욱 어렵게 되었다. 1984년 공공부문 노조들은 개별 단체교섭을 선도했다. 비중앙화된 단체교섭으로 LO와 공무원노조들 간의 이해의 대립이 커졌으며 1984년 이후에 단체교섭이 일시적으로 중앙에 집중되었지만 공공부문 노조들과 사기업 노조들의 이해대립은 사라지지 않았다. 공공부문 노조들은 자신들의 임금이 사기업 노조들의 임금보다 낮기 때문에 대규모 파업을 통한 임금인상을 기도했다. 1985년 5월 약 2만 명의 공공부문 종사자들이 3.1%의 추가임금인상을 요구하며 파업을 벌여 스웨덴의 국외무역이 거의 중단되었다. 같은 해 6월에는 도매무역업의 파업이 발생했다. 이 쟁의는 블루칼라 도매노동자들과 화이트칼라 도매노동자들 간의 대립으로 발생했다. LO 산하의 화이트칼라 노조인 HTF는 블루칼라 노동자의 조건에서 일하고 있는 조합원들의 근로조건을 TCO의 화이트칼라 노조와 동일하게 해줄 것을 주장하며 파업을 일으킨 것이었다. LO와 TCO 간의 경계가 불분명하고 LO와 TCO가 대립하기 때문에 중앙노조집행위의 지시에 따르지 않는 파업들이 점차 증가하고 있다.[31] LO의 임금수준이 TCO보다 낮은 경우가 많고 LO 내에서도 여성이 주축을 이루고 있는 국가공무원노조의 임금수준이 남성이 주류를 이루고 있는 금속노조보다 훨씬 낮기 때문에 이러한 갈등은 1980년대에 와서 계속 심화되었다.

2000년대 들어서 노동조합 조직률이 낮아지고 있는 중요한 요인 가운데 하나는, 외국에서 이민 온 노동자들이 늘어나고 있지만 이들의 노조 가입률은 현저하게 낮다는 것이다. 이는 전반적으로 노동조합 조직률을 낮추는 결과를 나타낸다. 2006년 보수당 정부가 등장해서 실업보험과 조합비 납부를 분리하면서, 2006년과 2008년 사이 노조 조직률이 6% 하락했다.[32] 〈표 6.3〉에서 볼 수 있듯이, 외국 출신 노동자들은 스웨덴 출신 노동자들에 비해서 노조 가입률의 감소 추세가 훨씬 더 큰 것으로 나타났다. 특히 민간 부문의 경우, 외국 출신 노동자의 노조 가입률은 2006~2010년의 기간 9% 감소했고, 이는 스웨덴 출신 5% 감소에 비해서 거의 두 배에 가까운

---

31) Richard B. Peterson, "Swedish Collective Bargaining: A Changing Scene" 참조.

32) 이에 관해서는 다음을 볼 것. Anders Kjellberg, *Kollektivavtalens täckningsgrad samt organisationsgraden hos arbetsgivarförbund och fackförbund*, Studies in Social Policy, Industrial Relations, Working Life and Mobility, Research Reports 2010:1(2011).

<표 6.3> 출신지역별 노동조합 가입률(2006~2010년, 단위: %)

부문별	연도 출신	2006	2007	2008	2009	2010	2006~ 2008	2006~ 2009	2006~ 2010
사적부문	외국 출신	71	67	62	61	62	-9	-10	-9
	스웨덴 출신	71	68	66	66	66	-5	-5	-5
	사적부문 전체	71	68	65	65	65	-6	-6	-6
공적부문	외국 출신	82	80	87	78	78	-4	-4	-4
	스웨덴 출신	89	89	85	85	86	-4	-4	-3
	공적부문 전체	88	86	84	84	85	-4	-4	-3
전체	외국출신	74	71	67	66	67	-7	-7	-7
	스웨덴 출신	77	74	72	72	72	-6	-5	-5
	공적부문 전체	77	73	71	71	71	-5	-6	-6

자료: Anders Kjellberg, "The Decline in Swedish Union Density since 2007," *Nordic Journal of Working Life Studies* 1(1)(2011), p. 85.

감소율이다. 세계화로 외국인 출신 이민자들이 더욱 빠르게 늘고 있는 상황에서 외국인 노동자들의 급격한 노조 가입률 하락 추세는 전체적으로 스웨덴 노동조합 조직률 하락을 촉진하는 요인이 되었다.

1970년대까지 높은 노동조합 조직률과 동원 능력은 스웨덴 노동계급의 주요 권력자원(power resource)으로 기능해왔다. 정치적 차원에서 대중적인 지지를 받고 있는 사민당의 존재와 사회적 차원에서 강력한 노동조합은 노동계급의 정치적 영향력을 지속적으로 확대할 수 있었던 중요한 요소였다. LO와 사민당은 스웨덴 계급정치의 양대 조직으로 스웨덴 모델을 구축하는 데 기여했다.

LO와 사민당 간의 긴장 관계는 1980년대 재집권한 사민당이 신자유주의 정책을 추구하면서 나타났다. '장미전쟁'으로 절정을 이룬 사민당과 LO와의 갈등은 사민당 정부가 크로나 가치의 16% 절하를 단행해 실질적인

〈표 6.4〉 노동조합원의 지지정당 변화(2006년과 2014년, 단위: %)

	연도	M	C	FP	CD	D	S	MJ	V	FI	기타
LO	2006	10.93	5.33	3.63	4.25	2.80	53.39	4.5	10.24	0.73	4.2
	2014	9.87	2.91	2.41	1.67	11.15	50.82	5.71	10.30	3.38	1.78
TCO	2006	23.79	9.39	10.62	6.48	0.28	30.63	6.38	8.17	0.97	3.29
	2014	21.46	6.58	7.26	5.01	5.59	28.30	8.72	9.24	8.98	4.45
SACO	2006	26.84	11.53	12.44	6.51	0.72	19.28	11.14	7.23	1.63	7.17
	2014	20.11	7.68	10.68	6.89	3.62	19.49	13.28	7.97	8.98	1.30
비조합원	2006	36.06	8.70	8.64	7.48	2.19	20.43	6.85	4.89	0.95	2.19
	2014	27.59	7.56	6.78	5.75	8.50	28.17	8.68	6.62	5.77	2.14

자료: 2006년과 2014년 'Sveriges Television exit poll' 조사 자료를 바탕으로 필자가 분석.
참고: FI는 페미니스트 정당임.

임금 하락을 가져왔고, 재정적자를 줄이기 위해 공공부문을 축소하는 정책도 단행되었다.[33] 1983년 젊은 재무장관 셸-울로프 펠드는 케인스주의 대신에 신자유주의 경제 정책을 내세워 규제완화, 시장개방, 감세, 공공부문 축소와 민영화를 주도했다. LO 위원장 스티그 마름(Stig Malm)은 복지와 평등을 중시하는 전통적인 사회민주주의 이념을 내세워 사민당과 충돌했다. 사민당 정부가 신자유주의 노선을 택하면서, 전통적으로 보장되었던 LO로부터의 지지가 크게 약화되었고, 이러한 와중에 사민당이 1987년 LO의 집합적인 사민당 당원자격제도를 폐지하면서 사민당과 LO는 더욱 느슨한 관

---

33) 모든 LO 지도부가 신자유주의 정책에 반대를 한 것은 아니었지만, 펠드의 경제정책 실시로 사민당은 노동자들의 지지를 상당 부분 잃게 되었다. 1989년 5월 LO 위원장 마름은 사민당이 노동계급을 저버렸다고 비판했고, 그 이듬해 펠드는 LO가 사민당 정부에 협조하지 않는다고 성토하며 재무상에서 물러났다[Andrew C. Traddle, *Health Care Reform in Sweden, 1980~1994*(Westport: Greenwood Press, 1999), pp. 191~198; David Arter, *Scandinavian Politics Today*(Manchester: Manchester University Press, 1999) p. 165].

계를 유지하게 되었다.

노조와 사민당과의 관계는 2000년대 들어서 크게 약화되었다. 〈표 6.4〉에서 볼 수 있듯이 가입하고 있는 노동조합에 따라서 투표 성향이 크게 다르다. 2006년 투표에서 LO에 가입되어 있는 노동자들 중 사민당 지지는 53.39%였고, 사민당(S), 녹색당(MJ)과 좌파당(V)을 합친 진보 블록(s-bloc) 지지는 68.13%였다. LO 조합원이면서 보수당(M), 중앙당(C), 자유당(FP), 기민당(CD), 민주당(SD)을 합친 보수 블록(b-bloc)당 지지는 26.94%였다. 화이트칼라노조인 TCO는 LO와 많이 달라서, 50.56%가 보수 블록을 지지했고 진보 블록 지지는 45.18%였다. SACO 소속 조합원들도 보수 지지도가 높아서 2006년 57.32%가 보수 블록을 지지했다. 반면에 진보 블록 지지는 36.75%에 그쳤다.

2014년 총선에서도 이러한 흐름은 크게 달라지지 않았다. 2014년 선거에서 LO 조합원 중 진보정당 지지는 67.0%로 보수정당 지지 28.01%보다 훨씬 높았지만, 2006년에 비해서 1.13% 포인트 낮아졌다. 이 중에서 사민당 지지율도 50.82%로 2006년보다 더 낮아졌다. 나머지는 좌파당 10.30%, 녹색당 5.71% 순이었다. TCO 조합원의 경우는 진보정당 지지가 53%로 보수정당 지지 45.9%보다 높았지만, SACO의 경우는 진보정당 지지가 48.74%로 보수당 지지 48.98%와 거의 비슷한 수준을 보여주었다.

노동조합에 가입한 노조원들의 경우에도 소속된 노동조합총연맹에 따라서 대단히 다른 정치적 성향을 지니고 있음을 보여준다. 그리고 블루칼라 노조 총연맹인 LO에 소속된 조합원들조차 사민당을 지지하는 비율은 절반 수준에 지나지 않으며, 진보 블록 지지는 약 2/3 정도라고 볼 수 있다. 이것은 노동시장 조직인 노조와 정치조직인 정당 간의 연계가 크게 약화되었음을 보여준다.

5. 맺음말

스웨덴의 노조운동은 미국이나 유럽 대륙의 노조운동과는 여러 면에서 다르게 전개되었다. 스웨덴에서 노조 조직률은 블루칼라의 경우 아직도 70%를 넘고 있다. 총파업이 실패한 1909년부터 1911년까지를 제외하고는 20세기 내내 꾸준히 노조 조직률이 증가한 결과다. 21세기 들어서 조직률 하락이 나타나고 있지만, 여전히 노조 조직률은 세계에서 가장 높은 수준을 유지하고 있다. 스웨덴 노조 조직의 발전은 전후 지속적인 노조 조직률 하락을 보이고 있는 일본, 미국, 독일의 노조와는 대조적인 모습을 보이고 있다.

또한 노조운동의 형성기에 직업별 노조에서 산별노조로 조직원리를 전환해 노조가 노동계급 전체를 대변하는 전위조직으로 발전할 수 있었다. 노조의 잠재적인 힘은 조직화된 노조원의 수와 동원력에 기초하지만, 시민사회 내에서 헤게모니를 행사할 수 있는 힘은 노조가 취한 전략에 기초한 것이었다. 특히 제2차 세계대전 이후에 노조가 취한 연대임금정책과 임노동자기금 정책은 다른 나라 노조들이 취할 수 없는 대안적 경제 질서를 모색한 정책이었다. 사민당의 장기집권하에서 스웨덴 노조운동은 다른 지역에서 예상할 수 없었던 획기적인 정책을 주도할 수 있었다.

LO와 사민당 내에서의 이론투쟁을 통해 혁명주의적인 사회주의 노선은 소수화되고 개혁주의적 사회주의 노선이 지도적인 노선으로 등장하면서 개량주의적인 노동운동이 전개되었다. 그리고 사민당이 국가기구를 장악하면서 노동운동의 실용주의적 성격은 더욱 강화되었다. 이러한 조건에서 노조 경제학자들에 의해 제시된 두 가지 핵심적인 LO의 정책들은 개량주의 국면에서 점진적으로 계급력에 기초해서 민주적 사회주의로의 이행을 시도한 것이다. 이러한 시도는 LO의 조직률과 결속력이 대단히 높아서 노조의 지지 없이는 사민당이 선거에서 승리하거나 정책적으로 성공할 수 없던 구조적인 조건하에서만 가능한 것이었다.

그러나 탈산업사회로의 변화는 산업구조의 변화에 따라 노동조합의 구조에도 지각변동을 일으켰다. 화이트칼라 노조와 전문직 노조가 만들어지면서 노동운동 내의 역학이 변하고 있다. 스웨덴식의 개량주의의 성공 가능성에 어느 정도 부정적인 영향을 미치는지는 지켜보아야 할 것이지만, 산업구조의 변화에 따른 노조운동의 변화를 주시할 필요가 있다. 1932년 사민당이 다수당이 되어 집권한 이래, 사민당 정부가 완전한 과반수를 얻은 경우보다는 대부분의 집권 기간 다른 당과의 연정을 통해 권력을 유지한 경우가 많았다. 초기에는 농민당과 연정을 했고, 점차적인 경제구조의 변화로 농민당의 사회적 기반이 소멸되자 사민당은 5% 내외의 지지를 얻어왔던 공산당이나 녹색당과 연정을 주도해왔다. 제2차 세계대전 이후의 뚜렷한 구조적 변화에 따라 전통적인 제조업 부문의 노동자는 줄어들고, 국가부문의 팽창으로 인해 화이트칼라 노동자가 두드러지게 증가했다. 이는 중하층 화이트칼라 노동자들의 증가를 바탕으로 화이칼라 노조인 TCO가 크게 성장하는 결과를 낳았다. 대학졸업자로 이루어진 전문직 노조 SACO와 함께 화이트칼라 노조가 블루칼라 노조인 LO를 압도하는 변화가 이루어진 것이다. 또한 화이트칼라 노조인 TCO와 전문직 종사자들이나 국가 공무원으로 조직된 SACO는 LO나 사민당과 독립적으로 활동해왔다.[34]

---

34) TCO와 SACO의 경우 조합원들이 정치 성향이 다양하기 때문에, 이들 조직의 지도부는 조직 차원에서 특정한 정당과의 연대나 결속을 회피하는 탈정치적 입장을 고수하고 있다. 그러므로 선거에서 정당 지지는 조합원 개인들의 선택으로 남겨두었다.

1980년대 중반까지 LO를 중심으로 한 노조활동이 어느 정도 성공할 수 있었던 것은 농민과의 공동전선이 가능했기 때문이었다. 그러나 20세기 후반의 스웨덴에서 농민은 5% 미만에 지나지 않았기 때문에 다른 집단과의 공동전선이 필요하게 되었다. 1980년 이전까지 LO와 스웨덴경영자연맹 간의 중앙화된 단체교섭을 통해 LO와 TCO는 대립·경쟁의 관계를 피할 수 있었고 주요 산업별 협조가 가능했다. 그러나 1980년 중반부터 비중앙화된 단체교섭이 실시되기 시작하면서 LO와 TCO 간의 경쟁 관계가 심화되었고, 중앙노조집행부의 하위 노조들에 대한 통제가 약화되었다. 하위 노조들에 대한 통제가 약화되자 LO 산하의 노조들 간에도 갈등이 발생했는데, 이는 노동시장의 구조적 변화에 기인한 측면도 있지만 노동 시장의 구조적 변화에 대한 분석과 이에 기초한 노조운동 전략을 제대로 제시하지 못한 LO 집행부의 실책에 따른 측면도 간과할 수 없다.

노조운동은 정치 이념만의 산물은 아니다. 적어도 객관적인 산업구조의 변화로부터 오는 제약들에 대한 철저한 분석과 이에 기초한 적합한 전략의 선택에 기초했을 때, 노조운동의 지속적인 성공 가능성은 커질 수 있다. LO의 경제학자들이 제시한 대안적 정책 제시는 이러한 분석에 기초한 것들이었다. 1950년대 연대임금정책과 적극적 노동시장정책의 제시는 5년 이상의 연구결과에 토대를 두었으며, 1970년대 임노동자기금 정책도 노조회의의 요구에 의해서 이루어진 5년간의 연구에 기초한 것이다. 이러한 대안적 정책을 통해서 노조운동은 헤게모니를 행사할 수 있었다.

스웨덴이 EU에 가입하면서, 스웨덴 노동운동은 새로운 환경을 맞고 있다. 시장 경쟁 강화로 노동시장의 환경이 변화했을 뿐만 아니라, 외국 출신 노동자들이 늘어나면서 노동운동의 환경도 점차 바뀌고 있다. 전통적으로 국민국가 틀 내에서 이루어진 노동운동이 세계화라는 지구적 흐름 속에서 국민국가의 틀을 벗어나는 환경을 맞아 새롭게 혁신될 필요가 있지만, 이러한 변화에 대응하는 것은 매우 어렵다. 초국적 자본의 이동이 용이하고, 노동자 구성이 국적이나 인종 차원에서 이질성이 높아지기 때문에, 노동계급 내부의 동질성과 연대를 구축하는 것이 더 어려워질 수 있다. 특히 경제 상황이 나쁜 경우, 노동시장 내에서 갈등이 인정이나 국적을 중심으로 나타날 수 있기 때문에 세계화 시대 노동운동은 새로운 해결 과제에 직면하게 되었다. 이것은 스웨덴의 경우에도 예외는 아니다.

제3부

정당 정치와
정치의식

제7장
스웨덴 사회민주주의와 보수정당

"스웨덴 보수당 — 오늘의 노동자 당"[1]

1. 문제 제기

제2차 세계대전 이후 우파 헤게모니가 지배적인 한국이나 일본과는 대조적으로 스웨덴에서는 제2차 세계대전 이후 2006년 이전까지 좌파 헤게모니가 지배적으로 유지되었고, 정권의 변화는 1976년, 1982년, 1991년, 1994년의 단 네 차례밖에 일어나지 않았다. 여기에서 1976년과 1991년 정권변화는 사민당 중심의 진보정권에서 보수정권으로의 변화였다. 1982년과 1994년은 보수정권에서 진보정권으로의 변화였다. 그만큼 오랜 기간 사민당을 중심으로 하는 진보정권의 집권이 지속되었다.

2006년 선거에서 보수정당들이 '스웨덴을 위한 동맹(Allians för Sverige)'

---

1) 스웨덴 보수당 홈페이지의 슬로건[http://www.moderat.se/web/In_English.aspx(검색일: 2012.12.3)].

을 결성하면서, 새로운 정책 노선으로 새로운 우파 '제3의 길' 혹은 '새로운 보수주의'를 내세우고 우파 정당들 간에 선거연합을 결성해 2006년 총선에서 승리했다. 그리고 2010년 총선에서 승리하며 스웨덴 역사상 최초로 보수연정의 정권 재창출이 이루어졌다. 어떻게 사회민주주의 헤게모니하에서 보수정당들이 2006년 선거에서 승리하고, 2010년 선거에서 최초로 우파 연정이 재집권에 성공했는가? 그리고 보수정권 등장 이후에서도 스웨덴 복지모델의 큰 틀은 바뀌지 않았다. 이 장은 보수정권의 등장이 어떻게 가능했으며, 왜 보수당이 집권했음에도 스웨덴의 복지제도가 크게 바뀌지 않았는지를 분석한다. 이러한 분석을 통해서 스웨덴 보수정당들의 전략과 보수정당들의 특징을 논의하고자 한다. 스웨덴 사회경제체제 형성에 사민당이 주도적인 역할을 했지만, 보수정당들과의 의회정치도 중요한 역할을 했다는 점에서 보수정당을 이해하는 것은 의미가 있다.

최근의 정치적 변화를 이해하는 것은 '사회체제로서의 스웨덴 사회민주주의'를 이해하는 데 중요할 뿐만 아니라 스웨덴 보수당들의 정치와 정책을 이해하는 데도 중요하다. 지금까지 스웨덴 사민주의에 대한 이해가 지나치게 사민당 1당 중심으로 이루어져서, 사회체제나 정치체제와의 관계 속에서 스웨덴 사회민주주의를 이해하는 관점이 상대적으로 부족했다. 보수정권이 등장한 이후에도 스웨덴 모델에 큰 변화가 없다는 사실은 스웨덴 모델을 사회민주당과 연결해서 이해하려는 시도의 한계를 보여준다. 스웨덴 모델은 사회민주당이 주도해 이루어낸 것이지만, 스웨덴 사회체제로서 자리를 잡았기 때문이다.

스웨덴 정치체제의 특징은 다당제와 의원내각제이며, 이러한 정치체제 하에서 형성된 스웨덴의 정치적 전통 가운데 하나가 합의(consensus)에 기초한 정치이다.[2] 합의 정치는 스웨덴 사회민주주의 체제의 진화를 이해하는 데, 그리고 사민당의 정책과 전략뿐 아니라 집권 이후 보수당의 정치 전략과 보수정권이 취한 점진적 개혁 정책을 이해하는 데도 필수적이다. 2006년 이전에도 다당제하에서 스웨덴의 법과 정책은 사회민주당 1당만의 정치적 산물이 아니라 사회민주당, 좌파당, 녹색당의 적록동맹(red-green coalition)에 기초한 좌파 연정과, 보수당(Moderaterna), 자유당(Folkpartiet Liberalerna), 기독교 민주당(Kristdemokraterna), 중앙당(Centerpartiet)의 우파 정당들 간의 경쟁과 합의를 토대로 형성되었다. 그러므로 스웨덴 사회민주주의 체제는 사회민주당 헤게모니하에서 다수 정당들 간의 상호작용을 통해 이루어진 결과물이라고 할 수 있다.

그리고 오랜 기간에 걸쳐서 형성된 사회민주주의 사회체제는 현 집권 보수당의 정책 선택 폭을 제한하고 있다. 스웨덴의 정책과 제도가 의회 내 정당들의 합의를 거쳐서 도입되었다는 점에서 보수정당들도 정책과 관련된 의회 내 논의에 참여해왔다. 그러므로 보수당도 집권 후, 집권 이전에

---

2) John Alexander, *Consensus: The Hidden Code of Swedish Leadership* (Europublication, 2008), pp. 12~17; David Arter, "Party system change in Scandinavia since 1970: 'Restricted change' or 'general change'?" *West European Politics*, 22(3)(1999), pp. 139~158; Neil Elder, Alstair H. Thomas and David Arter, *The Consensual Democracies? The Government and Politics of the Scandinavian States*(London: Basil Blackwell, 1982), pp. 9~11; T. Larsson, & H. Bäck, *Governing and Governance in Sweden*(Poland: Studentlitteratur, 2008), pp. 275; Lief Lewin, *Ideology and Strategy: A Century of Swedish Politics*(Cambridge: Cambridge University Press, 1988); Arend Lijphart, "Consensus and Consensus Democracy: Cultural, Structural, Functional, and Rational-Choice Explanations," *Scandinavian Political Studies*, 21(2)(1998), pp. 99~108; Dankwart Rustow, *The Politics of Compromise: A Study of Parties and Cabinet Government in Sweden* (Greenwood Press, 1969).

자신들이 합의한 정책과 제도를 전면적으로 부정하는 방식으로 정책을 추진할 수는 없었다. 특히, 기존의 비례대표제와 함께 1970년대 새로이 단원제 국회가 도입되고, 스웨덴 정치가 소수(minority) 정당들 간의 '거래와 타협'에 기초해 이루어지면서 이러한 점은 더욱 두드러졌다.[3]

정치적 합의의 문제는 유권자와 정당 사이의 합의에도 적용된다. 유권자와 정당 간의 합의는 선거를 통해서 이루어진다. 선거 결과가 특정 정당의 압도적인 승리를 보여준다면, 선거에서 승리한 정당이 일방적으로 정책을 집행하는 것이 가능할 수 있다. 유권자들이 압도적으로 원하는 정책이 선거에서 승리한 정당의 정책이라고 볼 수 있기 때문이다. 그러나 선거결과가 다수 정당들 사이에 미세한 지지율 차이로 나타난다면, 선거에서 승리한 정당이 일방적으로 정책을 추진하는 것은 유권자들로부터 저항을 야기할 수 있다. 더구나 다당제하에서 절대 다수의 지지를 받는 정당이 없는 경우, 특정 정당이 당의 노선이나 이념에 따라서 일방적으로 정책을 추진하는 일은 더더욱 어렵게 된다. 스웨덴 사례는 두 가지 요소를 모두 포함하고 있다. 합의의 정치는 오랜 기간에 걸쳐서 형성된 스웨덴 선거와 정당체제의 산물이다. 즉, 다당제와 절대 다수당이 없는 선거결과가 정당들의 행위 선택과 관련된 인센티브 구조에 영향을 미쳐서 결과적으로 특정한 방식으로 정당들이 전략적 선택을 하도록 영향을 미쳤다.

이 장은 2000년대 들어서 스웨덴 보수정당들이 취한 '새로운 보수주의' 노선 형성과 전개를 분석하고, 2006년 총선 승리 이후 보수정권이 취한 '점진적 보수 개혁' 노선이 1979년 영국 보수당이나 1980년 미국 공화당의 급진적 보수 개혁과 어떻게, 그리고 왜 다른가를 분석한다. 구체적으로, 이

---

3) Lief Lewin, *Ideology and Strategy: A Century of Swedish Politics.* David Arter, "Party system change in Scandinavia since 1970: 'Restricted change' or 'general change'?"

논문은 영미 보수당과 비교해서 스웨덴 우파 정당이 정책적으로 사민당과 큰 차이를 보이지 않은 이유가 정당체제와 합의정치 그리고 선거결과에 따른 전략적 선택의 결과라는 점을 밝히고자 한다. 스웨덴 선거 패널 자료를 이용해 보수 블록 지지자들과 진보 블록 지지자들의 차이를 규명하고, 그것을 통해서 스웨덴 우파 연정의 제3의 길은 스웨덴 사민당의 정책 유산과 합의에 기초한 정당정치의 제약뿐만 아니라 유권자 선택의 제약에 기인하고 있다는 점을 논의하고자 한다. 그리고 더 나아가 우파 연정이 택한 복지개혁이 '복지 축소 없는 자유화(liberalization without retrenchment)'로 나타난 것은 우파 연정이 효과적으로 스웨덴 복지정치의 특징을 반영한 결과이며, 바로 그것을 통해서 보수연정이 2010년 총선에서 재집권에 성공할 수 있었다는 점을 논의한다.

2. 사회민주주의와 조정의 정치

스웨덴 사회체제와 정치는 사회민주당의 영향력하에 오늘날의 형태로 진화했다. 사회민주당은 LO와 같은 노조 조직이나 여성의 지지를 받아왔고, 또한 정당정치와 선거를 통해서 지속적으로 변화와 조정의 압력을 받아왔다. 그런 점에서 스웨덴 사회정책 정책들은 사회민주당 1당에 의해서 이루어진 산물은 아니며, 녹색당과 좌파당과 같은 연정 참여 정당들 및 우파 정당들과의 협상과 조정이라는 정치 과정을 통해서 만들어진 결과물이라고 볼 수 있다.

사회민주주의 논의 형태

지금까지 학계에서 이루어진 사회민주주의 논의는 크게 세 가지 형태이다. 첫 번째 형태는 사회민주주의를 정치적 이념(ideology)으로 접근하는 경우이다. 대표적으로 19세기 말과 20세기 초 수정주의 논쟁처럼 사회민주주의를 정치 이념으로 논의하는 경우가 그러한 예에 속한다. 마르크스의 사회민주주의 비판, 에두아르트 베른슈타인(Eduard Bernstein)의 진화 사회주의 논의[4]나 앤서니 크로스랜드(Anthony Crosland)의 사회주의론[5]이 이러한 접근에 속한다.

두 번째 형태는 사회민주주의를 역사적인 실체인 정당(party) 차원에서 논의하는 것으로 서구 사회민주주의 정당의 동원전략과 정치전략 등을 중심으로 사회민주주의를 분석하는 경우이다. 정치조직으로서의 정당이 지니고 있는 여러 가지 딜레마와 제약 속에서 이루어진 좌파 정당의 형태로 사회민주주의를 논의한다. 대표적으로 아담 셰보르스키[6]나 셰리 버먼[7]의 논의가 이러한 범주에 속한다.

---

4) Donald Sasson, *One Hundred Years of Socialism: The West European Left in the Twentieth Century*(New York: New Press, 1997); Manfred B. Steger, *The Quest for Evolutionary Socialism*(Cambridge: Cambridge University Press, 1997).

5) Anthony Crosland, *Future of Socialism*(London: Constable & Robinson Limited, 1968).

6) Adam Przeworski, *Capitalism and Social Democracy*(Cambridge: Cambridge University Press, 1985), pp. 7~46; Adam Przeworski and John Sprague, *The Paper Stones: a history of electoral socialism*(Chicago: Chicago University Press, 1986), ch. 2.

7) Sheri Berman, *The Social Democratic Moment: Ideas and Politics in the Making of Interwar Europe*(Cambridge: Harvard University Press, 1998).

세 번째 형태는 사회민주주의를 사회체제(social system) 수준에서 논의하는 경우이다. 자본주의 사회체제 내에서 자유주의 사회체제와는 다른 제도적 속성을 지니는 사회체제로서 사회민주주의를 다룬다. 대표적으로 피터 홀과 데이비드 소스키스[8]의 자본주의 다양성론(varieties of capitalism)에서 사회민주주의를 자유시장경제와는 다른 조정시장경제로 분류하거나 요스타 에스핑-앤더슨[9]이나 발테르 코르피[10]의 복지국가 유형론에서처럼 보수주의 복지국가나 자유주의 복지국가(the liberal welfare state)와는 다른 복지국가로 분류하는 경우가 여기에 속한다. 사회민주주의에 대한 사회과학적 논의로 볼 수 있는 두 번째와 세 번째 논의들에서 스웨덴은 대표적인 사회민주주의 사례로 다루어졌다. 특히 1990년대 전후에 등장한 세 번째의 논의는 스웨덴을 조정경제시장이나 사회민주주의 복지국가의 대표적인 사례로서 다루었다.

사회민주주의를 사회체제 수준에서 논의하는 경우에도 사회민주주의 사회체제의 형성을 주로 사회민주당의 노선이나 정책과 관련해 다루는 경우가 많았다.[11] 이러한 논의들은 북유럽 사회들에서 나타나는 노사관계 제도나 복지제도의 형성과정에서 노동운동이나 사회민주당이 수행한 역할에 초점을 맞춘다. 전후 스웨덴에서 노동계급의 높은 권력자원과 사회민주

---

8) Peter Hall and David W. Sockice, *Varieties of Capitalism: the institutional foundations of comparative advantage*(Oxford: Oxford University Press, 2001).

9) Gøsta Esping-Andersen, *The Three Worlds of Welfare Capitalism*(New Jersey: Princeton University Press, 1990).

10) Walter Korpi, "Economic growth and the welfare state: leaky bucket or irrigation system?" *European Sociological Review* 1(2)(1985), pp. 97~118.

11) Gøsta Esping-Andersen, *The Three Worlds of Welfare Capitalism*. Walter Korpi, "Economic growth and the welfare state: leaky bucket or irrigation system?"

당의 혁신적인 정책이 오늘날 스웨덴 사회체제의 특징을 만든 주된 요인으로 다루어진다.

이러한 논의들은 스웨덴의 사민당 집권이 대부분 연정을 통해서 이루어졌다는 점을 충분히 고려하지 않고 있다. 전후 형성된 대부분의 정책들은 사민당 단독 집권 시에 기대되었던 정책과는 달리, 연합 정권이라는 정치적 제약 속에서 이루어졌다. 그러므로 그러한 정책은 사민당이나 노동조합의 요구를 그대로 반영한 것은 아니었다. 최종적인 정책들은 의회 내의 연정 파트너나 의회 내 보수 야당들과의 타협과 조정을 통해서 만들어졌다. 그러므로 때로는 사민당과 스웨덴 노총(LO)과의 관계보다 의회 내 다른 당과의 관계가 더 중요하게 작용하기도 했다.[12] 이러한 점은 20세기 후반에 들어서서 더욱 강화되었다. 사민당의 지지율이 지속적으로 하락했기 때문에 이러한 타협과 조정은 의회 내에서 더 빈번하게 이루어졌던 것이다. 1991년 사회민주당 지지율이 전후 최초로 40% 이하로 떨어졌고, 이러한 지지율 하락 경향은 사민당으로 하여금 진보 블록 정당들(녹색당과 좌파당)과의 타협과 조정뿐 아니라, 원내 야당과의 타협과 조정을 더욱 중요한 정치적

---

12) 예를 들어, 사민당은 1994년 중앙당과 함께 이전의 보수정권에 의해 폐지된 노동조합의 독점적 실업보험 운영제도인 겐트제도를 복원시켰지만, LO의 반대에도 실업보험 수준과 급여지급 기간을 축소시켰다(안재홍, 「생산레짐과 정책레짐의 연계, 복지개혁의 정치, 그리고 노사정 관계의 변화: 스웨덴, 덴마크, 네덜란드, 오스트리아 비교」, ≪국제정치논총≫ 45(4)(2004), 331~356쪽]. 또한, 진보연정 내에서도 녹색당은 자동차세 부과를 내세웠으나 사회민주당은 그것을 거부하고 다른 입장을 보였다. 교육과 관련해서도 학력평가 시기를 둘러싼 이념적 차이가 존재했다. 사민당은 8학년부터 학력을 평가할 것을 주장했으나, 좌파당은 학력평가 자체를 부정했다. 2010년 선거에서 사민당과 좌파당은 최종적으로 학력평가를 6학년부터 하는 것으로 타협했다. 참고로 보수당은 1학년부터 학력평가를 실시해야 한다고 주장했다[마르틴 산드그렌(Martin Sandgren) 인터뷰, 2010년 8월 12일].

과정으로 받아들이게 하는 조건이 되었다.

3. 사회민주주의 헤게모니와 보수당의 '제3의 길'

1991년부터 1994년까지 집권한 보수연합 정권은 1994년 총선에서 다시 크게 패배했다. 1991년 선거에서 46.6%의 지지를 얻은 보수 4당의 지지율은 1994년 총선에서 41.4%로 크게 하락한 반면, 1991년 45.5%의 지지를 얻은 진보 3당의 지지율은 1994년 56.5%로 크게 증가했다. 특히 사회민주당의 지지는 1991년 37.6%에서 1994년 45.3%로 무려 7.7%나 증가했다. 그리고 최대 야당인 보수당의 지지율은 1994년 선거에서 22.4%에서 2002년 15.3%로 무려 7.1%의 급격하게 하락했다.

이러한 지지율 변화는 보수당의 정책 노선 변화에 크게 영향을 미쳤다. 1990년대 보수당은 영미식 보수정당 노선을 받아들여 스웨덴 사회민주주의 체제에 대한 비판을 핵심적인 당의 노선으로 정했다. 보수당 당수인 빌트는 사회민주주의 복지국가에 대한 반대를 내세웠고, 노동운동에 대해서도 비판적인 태도를 취했다. 1991년 선거에서 승리하면서 빌트는 신자유주의적 경제개혁을 시도했다. 자유화를 내세우면서 교육 바우처 제도의 도입, 통신사 민영화, 전력 회사 민영화, 의료민영화 정책을 추구했다.[13] 그러나 빌트의 신자유주의 실험은 국민의 지지를 받지 못했고, 보수당은 1994년 선거에서 역대 최저의 지지를 받아 권력을 내놓았다. 스웨덴 유권

---

13) Evelyne Huber and John D. Stephens, *Development and Crisis of the Welfare State: Parties and Policies in Global Markets*(Chicago: Chicago University Press, 2001), pp. 241~257.

자들이 영국이나 미국의 보수당이 주도한 과도한 신자유주의 개혁과 같은 개혁을 거부한다는 사실을 보수당들은 선거패배를 통해서 뼈저리게 학습했다.

2004년 10월 새로운 보수당 당수로 선출된 프레드릭 레인펠트는 2004년 4월 빌트의 노선을 거부하고, 새로운 보수당 노선으로 친복지, 친노동을 강조하는 '새로운 보수당(De Nya Moderaterna)'을 선언했다. 2003년 레인펠트는 보수당 내의 친기업, 반복지, 반노조 노선이 스웨덴의 주류에 반한다는 것을 인식하고, 자신들을 '새로운 보수'로 부르는 한편 복지를 옹호하며 노동계급에 반대하는 정당이 아니라 친노동자 정당임을 선언했다.[14] 그리하여 레인펠트의 새로운 보수당은 '사회민주당에서 이데올로기를 뺀 것과 같은 것' 같다는 의미에서 사민주의 이데올로기를 뺀 사민당이라고 불리기도 했다.[15] 이것은 한마디로 스웨덴 보수당의 '제3의 길'이라고 부를 수 있다. 신보수당 노선은 사회민주당도 아니고 전통적인 보수당도 아닌 제3의 노선이기 때문이다. 이것은 스웨덴에서 오랜 기간에 걸쳐서 만들어진 제도로서 사회민주주의를 인정하되, 기존의 제도가 지닌 문제가 있다는 것을 내세우면서, 또한 영미식 신자유주의의 폐해를 동시에 인정하고 보수주의의 새로운 길을 모색한 결과였다. 보수당의 '제3의 길'이 스웨덴 보수당의 21세기 노선이 되었다.

새로운 보수당 노선의 구체적인 내용은 레인펠트가 제시한 '새로운 스웨덴 모델'이다. 그는 이전에는 스웨덴식 사회민주주의 모델이 성공적이었으나 이제는 그것이 제대로 작동하지 않게 되는 변화가 일어났다고 주장하

---

14) Jennifer Lees-Marshment, *Political Marketing: Principles and Applications*(London: Routledge, 2009), p. 122.

15) *Newsweek*, October 3. 2009

고, 그 이유로 예산적자, 인플레, 높은 세금과 근로의욕 저하를 불러일으키는 복지제도, 교육제도, 기업 활동 제약 등을 들고 있다.[16] 이념적인 차원에서 본다면 신보수당의 전반적인 문제 제기는 신자유주의를 연상시킨다. 그러나 그것을 실현하는 방식에서 영국이나 미국의 보수당이 취했던 충격요법이 아니라 점진적 개혁을 택했고, 그 목표는 사회민주주의 모델의 와해가 아니라 사회민주주의 모델을 보수당 입장에서 부분적으로 수정하는 것이었다. 예를 들어, 사회민주당에 의해서 발전된 복지 자체를 거부하는 것이 아니라 관료화된 복지서비스를 개선하고, 복지 수혜자들의 선택의 폭을 넓히기 위한 복지개혁을 강조했다. '선택의 자유' 확대라는 신자유주의 논리가 관료화에 대한 비판 논리로 등장한 것이다. 또한 친노동 정책은 노동자들의 일자리를 확대하는 것을 골자로 했다. 높은 실업률로 노동자들의 불만이 컸기 때문에, 새로운 보수당은 일자리 창출을 골자로 하는 노동정책을 제시했다.

4. 스웨덴 정당 체제와 보수당 정치 전략

스웨덴 정당 체제와 보수정당

스웨덴의 정치제제는 두 가지 점에서 독특하다. 하나는 다른 서구 사회들과는 달리 계급에 기반을 둔 정당들이 일찍부터 발전했고, 종교에 기반을 둔 정당들은 상대적으로 최근에 조직되었다는 점이다. 계급 정당으로서

---

16) http://www.sweden.gov.se/sb/d/10296/a/99193

가장 먼저 사회민주당이 1889년에 조직되었고, 20세기 들어서 보수정당들이 조직되었다. 1902년 자유당(Folkpartiet liberalerna), 1904년 보수당(Moderata samlingspartiet), 1916년 중앙당(Centerpartiet)이 조직되었는데, 이 정당들은 모두 각기 다른 이념을 가진 정당들이었다.[17)]

종교에 기반을 둔 유일한 정당인 기독교 민주당은 1976년에 창당되어 유럽 다른 국가들의 종교 정당보다는 상대적으로 뒤늦게 조직되었다. 대부분의 유럽에서 종교에 기반을 둔 정당은 투표권이 확대되는 시기인 19세기 말과 20세기 초반에 형성되어 대중정당으로 발전했고 노동조합, 신문, 결사체 조직, 학교와 청년 조직을 만들어 종교를 방어하고자 했다.[18)] 그러나 스웨덴 기독교 민주당은 1970년대 경제위기하에서 등장해 계급 정당들보다 훨씬 뒤늦게 만들어졌다. 이것은 20세기 초 계급과 종교를 축으로 유럽의 정당들이 만들어졌다는 시모어 립셋(Seymour Martin Lipset)과 스타인 로칸(Stein Lokkan)의 결빙명제[19)]와는 크게 다른 점이라고 볼 수 있다. 일찍이 스텐 베리룬드(Sten Berglund)와 울프 린드스트룀(Ulf Lindström)은 이러한 스웨덴 정당체제를 단일한 경제적 차원에 기초해 정치적 균열에 뿌리를 둔 정당체제라고 불렀다.

다른 하나는 스웨덴에서는 보수정당과 진보정당이 복수로 존재한다는

---

17) Tommy Möller, *Svensk politisk historia*(Stockholm: Studentlitteratur, 2007), pp. 48~49.

18) Seymour M. Lipset and Stein Rokkan(ed.), *Party Systems and Voter Alignments: Cross-National Perspectives*(New York: Free Press, 1967), pp. 13~23.

19) 결빙명제는 중심과 주변, 국가와 종교, 자본가와 노동계급, 토지와 산업의 네 가지 균열을 정당들이 대변하는 정당체제가 20세기 초 유럽에서 형성되어 지속되고 있다는 립셋과 로칸의 주장이다[Seymour Martin Lipset and Stein Lokkan, *Party systems and voter allignments: cross-national perspectives*(New York: Free Press, 1967)].

점이다. 보통 영미권 정당들은 양당제를 기본 축으로 하고 있다. 영국처럼 내각책임제를 실시하는지 미국처럼 대통령제를 실시하는지의 차이는 있지만, 보수정당과 진보정당들은 대체로 하나의 정당으로 통합되어 있어서 양당제를 형성하거나, 혹은 제3의 정당이 등장해 3당 체제를 보여주는 경우가 대부분이다. 이와는 대조적으로 2010년 이전까지 스웨덴에서는 보수정당 4~5개와 진보정당 3개의 모두 7~8개 정당이 의회에 진출했고, 특정 정당이 투표자의 과반수 지지를 얻는 경우가 거의 없이 유권자들의 표가 분산되었다. 그러므로 오랫동안 선거를 통해 단독 정권이 등장하기보다는 대체로 여러 정당의 연합을 통한 연립 정권이 등장했다. 연립정권의 성격은 언제나 연정에 참여한 정당들 사이의 이해 조정과 정치적 타협을 통해서 정부 정책이 만들어질 수밖에 없다는 점에서 '조정과 타협'이 스웨덴 정당 정치의 중요한 내용을 이루게 되었다. 그런 이유에서 정당들 사이에서 이해의 조정과 정당 이념의 현실화는 스웨덴 정치의 일상이 되었다고 말할 수 있다.[20]

스웨덴 정당들의 전략은 세 가지 요소에 의해서 영향을 받아왔다. 첫째는 정당의 정치적 이념이다. 진보적인 정당 세 개나 보수적인 정당 다섯 개는 각기 다른 정치적 이념을 바탕으로 만들어진 정치조직이다.[21] 그러나 이념 자체도 사회의 변화에 따라서 변해왔다. 보수적인 정치 이념을 내세운 정당 중에 가장 큰 정당인 보수당은 초기 대지주와 부유한 농민에 기반

---

20) John Alexander, *Consensus: The Hidden Code of Swedish Leadership*, pp. 12~17; Andreas Bergh and Gissur O. Erlingsson. "Liberalization without Retrenchment: Understanding the Consensus on Swedish Welfare State Reforms," *Scandinavian Political Studies*, Vol. 32, Issue 1(2008), pp. 84~86. T. Larsson and H. Bäck, *Governing and Governance in Sweden*(Poland: Studentlitteratur, 2008), p. 275.

21) 스웨덴의 정당 수는 2010년 선거에서 의회에 진출한 정당만을 포함한 것이다.

을 둔 정당으로 정치적 자유주의를 중심적인 이념으로 내세웠다. 그러나 농민이 지속적으로 감소하기 시작하면서 보수당은 도시 자영업자와 자본가의 이익을 대표하는 정당으로 변신했다. 2003년 연속적인 선거 패배 이후 보수당은 중도 노선을 택했다. 러시아혁명 이후 사민당 급진파가 탈당해서 만든 스웨덴 공산당은 1990년대 이후 사회민주주의 좌파당으로 당명을 바꾸고 고전적인 좌파 이념을 폐기하고 서구 신좌파의 이념을 당 이념으로 받아들였다.[22]

둘째는 다른 정당들의 정책과 선거 전략에 영향을 받는다. 선거 때 쟁점이 되는 선거공약은 다른 정당들의 선거 전략에 직접적으로 영향을 받기 때문에, 정치적인 현안에 대한 정당의 정치적 대응은 전략적 대응이라고 볼 수 있다. 즉, 다른 정당의 입장과 반응을 고려하면서 정당들이 선거공약을 제시한다는 점에서 선거공약은 전형적인 전략적 선택이다.

셋째는 정당의 전략이 스웨덴 유권자들의 변화와 밀접하게 관련되어 있다는 사실이다. 유권자들의 이념과 투표 행태의 변화에 상응하는 당의 이념과 선거 전략이 지속적으로 모색되지 않는다면 정당은 생존하기 힘들다. 스웨덴 유권자들에게서 나타난 중요한 변화는 두 가지이다. 하나는 정당에 대한 충성도가 지속적으로 낮아지고 있다는 점이다. 1956년 선거에서 지지 정당을 바꾼 유권자의 비율은 11.4%에 지나지 않았으나, 1976년 선거에서는 그 비율이 19.1%로 늘었고, 2006년에는 무려 37.1%로 그 비율이 높아졌다.[23] 이러한 변화는 주로 블록 내에서 이루어진다는 점에서, 양당제하에서 이루어지는 지지정당 변화와는 속성을 달리하고 있기는 하지만,

---

22) David Arter, "Party system change in Scandinavia since 1970: 'Restricted change' or 'general change'?"

23) Statistiska centralbyrån, *Allmänna valen 2006*, Del 4(Stockholm: SCB, 2008).

유권자들의 특정 정당 충성도는 계속해서 약화되고 있다. 이것은 이념에 기초한 정당 지지보다 특정 정책이나 이슈와 관련해 전략적으로 투표하는 경향이 더 커지고 있음을 보여준다. 이것은 진보정당이나 보수정당 모두가 더욱더 유권자들의 요구와 관심에 대응하는 정책을 모색하게 만드는 변화가 일어나고 있다는 사실을 보여준다.

그러나 연정의 구성이 보수 4당과 진보 3당 두 개의 블록으로 이루어졌기 때문에, 스웨덴 정당체제는 크게 보수 블록과 진보 블록으로 구성되어 있다고 볼 수 있다. 그런데 이것은 편의주의적인 구분이다. 최근에 나타난 블록 형성 패턴이고, 시기적으로 변하고 있다. 그러므로 이러한 구분이 통시적으로 타당한 것은 아니다. 예를 들어, 2014년 총선에서 좌파당은 사민당 주도 연정에 참여하지 않았다. 녹색당은 연정에 참여해 사민당과 녹색당 소수 연정이 구성되었다. 물론 이것은 정당들 사이의 관계를 의미하는 것이지, 유권자들의 이념적인 성향을 의미하는 것은 아니다. 물론 유권자들 사이에서도 블록을 넘나드는 유권자(cross block voters)와 블록 내 지지정당의 변화를 보여주는 유권자(cross party voters) 사이에는 큰 차이가 있는 것은 사실이다. 과거 블록을 넘나드는 유권자의 비중이 대단히 적었지만, 점차 그 비중이 커지고 있다. 1960년 블록을 바꾼 유권자는 5.3%에 불과했으나, 2006년에는 8.7%로 증가했다. 그리고 블록 내에서 지지정당을 바꾼 유권자도 보수 블록 내의 지지정당을 바꾼 경우가 1960년 5.5%에서 2006년 13.5%로 크게 늘었고, 진보 블록 내에서 지지정당을 바꾼 경우도 1960년 0.6%에서 2002년 8.1%로 크게 늘었다.[24] 1998년 선거에서 사민당의 득표비율이 크게 준 것도 사민당 지지자가 보수당 지지로 돌아선 것이 아

---

24) Statistiska centralbyrån, 같은 책, p. 217

니라 사민당의 온건 노선에 불만을 가진 사민당 지지자들이 더 진보적인 진보 블록 내 좌파당을 지지한 결과였다.[25)]

2003년 스웨덴 보수당 당수가 된 레인펠트는 새로운 보수당을 내세우면서 영국의 마거릿 대처나 미국의 로널드 레이건이 택했던 신자유주의 노선과는 정반대로 친노동자·친복지 노선을 내세웠다. 새로운 보수당 노선은 스웨덴 보수당의 노선 변화뿐만 아니라 정치 전략의 변화로 이어졌다. 과거 사회민주당과 함께 연정에 참여했던 자유당이 보수정당 연합으로 돌아서면서, 중도-보수와 중도-좌파 정당들 간의 블록화 현상은 더 두드러졌다. 정당 차원에서 블록화가 더욱 강화되어 우파 블록(b-bloc)과 좌파 블록(s-bloc)으로 나뉘어졌지만, 사회적인 차원에서는 유권자들의 이념적 성향이 약화되어 정당 블록을 뛰어넘는 유권자들이 늘어나면서 정당들의 이념도 이러한 성향의 유권자들을 적극적으로 고려해야만 했다.

1994년 선거에서 패배한 이후, 네 개의 보수당은 이전보다 체계적인 선거연합의 필요성을 인식하고, 2004년부터 본격적으로 공동 선거 전략을 수립하기 시작했다. 1991~1994년의 네 개 정당 연합정권의 경험을 바탕으로 2004년 네 개 정당 지도자들은 '스웨덴을 위한 동맹'을 구성하고 네 개 정당 당원대표로 구성된 10개의 작업팀을 먼저 구성해서 2005년 153개의 공동정책을 발표했다. 그리고 가족 가치와 노인문제를 중시하는 기독교 민주당은 건강부와 노인/아동복지부, 교육을 강조하는 자유당은 교육 관련 부처, 중소기업을 강조하는 중앙당은 기업부와 농업부, 더 다양한 이해를 가지고 있는 보수당은 나머지 부서의 장관직을 나눠갖기로 합의했다(중앙

---

25) Tommy Möller, "The Swedish Election 1998: A Protest Vote and the Birth of a New Political Landscape?" *Scandinavian Political Studies*, Vol. 22, Issue 3(1999), pp. 261~276.

당 팔레르모 베니트(Palermo Bengt)인터뷰, 2010.8.4].26)

　'스웨덴을 위한 동맹'은 선거 이전에 정당들이 연합해 선거공약과 집권 후의 권력 배분 및 정책에 합의하고 총선에서 공동전선을 폈다는 점에서 매우 새로운 정당 정치의 등장을 의미했다. 이전까지 스웨덴에서는 선거결과가 불투명하기 때문에, 선거 전에 연정을 구성하거나 정당들 사이의 협력을 논의한 적은 없었다. 다당제하에서 정부는 선거 결과에 따라 연정이 구성되고, 또한 정부 부처 장관도 연정에 참여한 정당들의 득표율에 따라서 나누는 방식으로 이루어졌다. 그러나 2006년 '스웨덴을 위한 동맹'은 선거 이전에 정책과 권력 배분에 합의했다는 점에서 이전의 연정과는 대단히 다른 양상을 보여주었다[자유당의 프레드릭 스벤손(Fredrik Svensson) 인터뷰, 2010.8.5].27)

　선거에서 승리하기 위해 선거 전 선거동맹을 구성하는 것은 스웨덴 보수정당들이 이전보다 훨씬 더 결속되었다는 사실을 보여준다. 또한 구체적인 정책안을 공동으로 만들었다는 점은 집권 기간에 정책을 둘러싼 이견이 발생할 수 있는 가능성이 크게 줄었다는 것을 의미한다. 보수 네 개 정당들은 보수 블록에 속하지만, 역사적으로 각기 다른 배경을 가지고 있고 정치적 이념이나 지지 기반도 다르기 때문에 과거에는 그들의 연정이 실패로 끝나는 경우가 많았다. 1976~1978년 연정은 보수정당들 사이의 갈등으로 중단되었고, 1978년에는 연정 구성에 실패하면서 자유당 1당의 소수 정권도 등장했다. 1991년 4당 보수연정은 집권 후 정책조율에 실패하면서 1994

---

26)　중앙당 사무총장 팔레르모 베니트 씨와의 인터뷰는 2010년 8월 4일 오후 3시 30분 스웨덴 국회의사당 내 사무실에서 진행되었다.

27)　자유당 사무총장 프레드릭 스벤손 씨와의 인터뷰는 2010년 8월 5일 오전 10시 스웨덴 국회의사당 사무총장실에서 이루어졌다.

년 총선에서 패배했다. 그러나 2006년 보수연정은 1970년대 말과 1990년대 초의 경험을 바탕으로 선거 전에 새로운 정당 연합을 구축하는 기반을 두었다. 그리하여 집권 후 과거보다 훨씬 안정된 권력이 만들어졌다. 이러한 변화는 보수당들 간에 이루어진 새로운 전략적 합의의 산물이라고 볼 수 있다(중앙당 팔레르모 베니트 인터뷰, 2010.8.4).

5. 보수당 정권의 복지개혁: 복지 축소 없는 자유화

2006년 총선에서 승리한 보수당들은 어떤 선거 전략을 펼치고 집권 후에는 어떤 정책을 추구했는가? 1980년대부터 최근까지 시장경제 유형에서 자유시장경제, 그리고 복지국가 유형론에서 자유주의 복지국가라고 불리고 있는 영국이나 미국에서 우파 정당들의 정책 노선은 신자유주의라고 불렸다. 그렇다면 사회민주주의 체제인 스웨덴에서 보수연정의 정책은 영미권의 보수당 정책과 어떻게 다른가? 그리고 왜 스웨덴 보수정권의 정책은 영미 보수당과 다른가? 정치적 이념으로서 스웨덴 보수주의가 영미 보수주의와 다르기 때문인가, 아니면 이념과 관계없이 주어진 현실적 제약(유동적인 지지기반, 의회 내 정치력, 연정 참여 정당들 사이의 이념적 차이 등)이 다르기 때문인가?

스웨덴 보수당의 개혁은 점진적 개혁으로 특징지어진다. 집권 연정의 지지도가 야당의 지지도와 크게 차이가 없을 뿐만 아니라 약간씩 다른 이념을 지니고 있는 보수 4당 사이의 합의에 바탕을 두기 때문에, 합의 가능한 영역의 개혁이 먼저 시도되었다. 개혁의 방법은 정권을 장악한 이후 먼저 의회 내에서 조사와 연구에 기초한 개혁 프로그램을 만들고, 그다음 의회 내 정치과정을 통해서 여야 정당들 간의 합의를 통한 입법 절차를 밟아서 최종적으로 중요한 제도의 변화를 시도하는 점진적 변화이다.

스웨덴의 입법과정은 대체로 정부가 주도하며, 정부가 구성한 특별위원회의 조사와 연구를 바탕으로 하기 때문에 먼저 조사보고서가 만들어진다. 특별위원회는 1인 위원장 특별위원회나 전문가 집단, 관료와 정치인이나 이익단체가 참여하는 특별위원회가 있으며, 중립적이고 객관적인 조사와 연구를 수행한다. 그리고 조사보고서는 정부뿐만 아니라 관련 이해 당사자들에게 제시가 되고, 국가정책보고서 시리즈(Statens Offentliga Utredningar: SOU)로 일반에게도 공개된다.[28] 그리고 특별위원회가 제시한 정책보고서는 의견을 수렴하는 과정인 레미스(remiss)를 거친 후, 정부가 수렴된 의견을 바탕으로 입법안을 의회에 제출한다. 의회에 제출된 입법안은 의회 내 위원회와 의원총회를 거쳐서 법률로 만들어진다. 이것은 한마디로 사회과학, 공개적인 심의 및 조사와 의회 내 합의라는 여러 단계를 거친다는 점에서 스웨덴식 숙의민주주의(deliberative democracy)라고 볼 수 있다.[29] 그러므로 스웨덴에서 이루어지는 입법의 특징은 조사와 연구에 기초한 입법안 제출과 의회 내 합의를 통한 최종 입법안 가결까지 오랜 시간이 걸린다는 점이다.

집권 보수연정은 2007년 교육, 의료, 실업보험, 노인 간병 등 여러 분야에 걸쳐서 제도 개혁을 시도하기 위해 먼저 특별위원회에 연구를 의뢰했

---

28) 최연혁, 「사회갈등구조의 진단과 제도적 접근: 스웨덴의 SOU 모델을 중심으로 본 한국의 대안모색」, ≪스칸디나비아 연구≫ 10(2008), 63~95쪽.

29) Andreas Bergh and Gissur O. Erlingsson, "Liberalization without Retrenchment: Understanding the Consensus on Swedish Welfare State Reforms," *Scandinavian Political Studies* 32(1), pp. 86~87.

다. 2007년 3월 22일 만들어진 독립학교에 대한 특별 연구 위원회는 공립 학교와 독립학교가 동일한 방식으로 운영될 수 있는지 연구하도록 만들어 졌다.[30] 연구팀은 2008년 집중적인 연구를 통해서 독립학교와 사립 유치 원 설치 허가를 제안했다.[31] 또한 교육의 질을 높이기 위해서 교사 양성 과정에서 두 가지(기초 강의와 주제 강의) 학위를 취득하도록 제안했다.[32]

2007년 3월 15일에는 정부가 의료, 보호와 가택 서비스에 관한 자유로 운 선택의 가능성을 연구하기 위한 조사위원회 설치를 가결하고, 21일 웬 쇼핑(Jönsköping) 시의 시장인 기민당 소속의 아코 안카르베리 요한손(Acko Ankarberg Johansson)을 위원장으로 임명했다. 또한 2007년 6월 29일 노동 부 장관은 강제실업보험에 대한 연구를 소렌 오만(Soren Oman)에게 의뢰했 다. 2008년 5월에 제출된 중간보고서는 강제적인 실업보험을 2010년에 도 입할 것을 제안했다. 이것은 실업보험이 노조에 가입한 사람들에게만 적용 되기 때문에 노조에 가입하지 않은 사람들에게도 적용될 수 있는 강제실업 보험을 도입하자는 것이다.[33] 그리고 2007년 11월 22일 정부는 건강보험 의 유연성을 강화하기 위해서 스웨덴 기업연합회 변호사인 알프 엑커할 (Alf Eckerhall)에게 조사연구를 의뢰했다. 이 연구는 실업보험, 건강보험과 육아보험의 변화를 모색하기 위한 것이다. 민간 기업이 건강보험을 운영할 수 있도록 보험료와 제도를 바꾸는 것이 이 조사연구의 주된 목적이었 다.[34]

---

30) SOU, *Kommittéedirektiv*(2007), p. 33.

31) SOU, *Utredning lämnar förslag på nya regler för fristående skolor*(2008), p. 122.

32) SOU, *En hållbar lärarutbildning*(2008), p. 109.

33) SOU, *Delbetänkandet om obligatorisk arbetslöshetsförsäkring är överlämnat till Sven Otto Littorin*(2008), p. 54.

34) Näringsdepartementet, "Regeringen vill skapa flexiblare sjukförsäkring för fö

스웨덴 복지개혁은 사회민주당에 의해서 먼저 이루어졌다. 1990년대 사회민주당이 주도한 복지개혁은 한편으로 보편주의와 사회적 시민권 원리를 유지하면서, 다른 한편으로 중앙정부에 집중된 기존의 복지행정을 지방정부로 분권화하고, 또한 국가가 제공하는 복지서비스 이외에 민간 복지서비스를 어느 정도 허용하는 복지의 시장화를 중심으로 했다.[35] 내용적으로 시민들이 원하는 복지서비스를 선택할 수 있는 폭을 확대한 것이었다. 그러나 이러한 개혁의 전반적인 성격은 스웨덴 사회복지제도의 기본틀을 변화시켜 복지국가를 와해하려 한 것이 아닌 복지제도의 조정과정이었다고 볼 수 있다.[36] 그러므로 스웨덴 사회민주당이 택한 시장지향적 복지개혁은 변화된 경제 환경에서 보편적 복지국가의 제도적 신뢰와 정당성을 유지하기 위한 전략적 선택의 결과였다.[37] 예를 들어, 2000년대 들어서 사민당은 실업수당의 임금 대체율을 85%에서 75%로 낮췄다. 1990년대와 2000

retagare," Pressmeddelande, November 22, 2007.

35) Paula Blomqvist, "The Choice Revolution: Privatization of Swedish Welfare Services in the 1990s," *Social Policy & Administration* 38(2)(2004), pp. 139~155. Olof Ruin, "Managing Coalition Governments: The Swedish Experience," *Parliamentary Affairs* 53(2000), pp. 710~720.

36) 스웨덴 복지개혁의 성격을 둘러싼 논쟁은 다음을 볼 것. Andreas Bergh and Gissur O. Erlingsson, "Liberalization without Retrenchment: Understanding the Consensus on Swedish Welfare State Reforms"; Åke Bergmark, "Market Reform in Swedish Health Care: Normative Reorientation and Welfare State Sustainability" *Journal of Medicine and Philosophy* 33(2008), pp. 231~161; Stefan Svallfors and Peter Taylor-Gooby(eds.), *The End of the Welfare State? Response to the Retrenchment*(London: Routledge, 1999).

37) Michael Baggsen Klitgaard, "Why Are They Doing It? Social Democracy and Market-Oriented Welfare Reforms," *West European Politics*, 30(1)(2007), pp. 172~194.

년대 사민당이 주도한 이러한 복지 축소는 유권자들이 사민당을 이념적으로 의심하지 않았기 때문에 유권자나 야당의 큰 반대 없이 이루어졌다.[38]

2006년 선거에서 승리한 보수연정이 시도한 복지개혁은 크게 두 가지 이념을 바탕으로 하고 있다. 첫째는 시민 선택의 자유를 확대하는 것이다. 이는 국가가 제공하는 복지 이외에 시장에서 제공되는 복지서비스를 택할 수 있는 길을 제도적으로 보장하는 것을 의미했다. 이미 사민당이 분권화와 시장화 복지개혁을 시도했지만, 보수연정은 그것을 더욱 확대하고자 했다. 1990년대 초 보수연정은 시장화와 민영화를 노골적으로 시도하며 신자유주의 이데올로기를 적극적으로 내세웠다.[39] 스톡홀름 혁명이라고 불리는 보수연정의 '현대화 프로그램'은 병원과 1차 의료기관 간의 경쟁, 카운티 수준에서 의료 서비스 구매자와 공급자의 분리, 진단명 기준 환자군 (Diagnosis Related Groups: DRG) 도입 등을 포함했다.

또한 1988~1991년 사민당은 보수당인 중앙당과 함께 교육개혁을 시도해서 사립학교를 허용했다. 또한 바우처 제도를 도입해 공립학교와 사립학교 중에서 학부모나 학생이 학교를 선택하도록 했다. 학교는 민간에 의해서 운영되지만, 재정은 국가가 부담하는 방식이었다. 1991~1994년 보수연정은 바우처 제도를 폐지하고 학교재정의 15% 정도를 등록금으로 부담하도록 했지만, 1994년 다시 진보연정이 등장하면서 바우처 제도가 2006년까지 지속되었다.[40]

---

38) Anders Lindbom, "The Swedish Conservative Party and the Welfare State: Instutional Change and Adoptive Preferences," *Government and Opposition* 43(4)(2008), pp. 543.

39) Sara Glasgow, "What Goes Up: The Genesis and Context of Health Reform in Sweden," *Global Health Governance* 3(1)(2009), pp. 1~18.

40) Michael Baggsen Klitgaard, "Why Are They Doing It? Social Democracy and

2006년 이후 새로운 보수연정에 의해서 도입된 복지개혁도 이러한 선택의 자유를 확대하는 것을 주된 목표로 내세웠다. 대표적으로 노인 간병의 경우, 과거 공공시설에 입주해 간병 서비스를 받던 것에 더해, 자기 집에서 사설 도우미를 통해 간병 서비스를 받는 것을 허용했다. 지방정부가 담당하는 노인복지서비스의 외주화를 통해서 서비스 선택의 폭을 넓히고자 했다. 또한 중앙정부가 독점했던 약국을 민영화하는 동시에 약국 설립을 자유화해서 일반 환자들의 의약품 구입을 용이하게 했다. 또한 사설 병원을 허용해 환자가 공공의료기관과 사설의료기관 가운데 선택해서 치료를 받을 수 있게 했다.

보수연정이 시도한 사적 부문을 통한 복지서비스 제공은 전통적인 공적 방식을 통한 복지서비스 제공에서 벗어난 것이지만, 실질적으로 이러한 시장화가 스웨덴 복지체제에 가져온 변화는 다른 나라들에 비해서 대단히 미미한 것이었다. 단적으로 민간병원이 1990년대부터 도입되었지만, 아직도 90%의 의료 서비스가 공공 의료기관에 의해서 제공되고 있으며, 민간 의료기관도 지방 자치단체의 통제를 받고 있기 때문이다.[41] 대부분의 의료 서비스 공급과 의료재정 조달이 공공부문과 세금을 통해서 이루어지고 있는 것이다.

둘째는 복지 대신에 노동을 통한 소득획득을 제도적으로 촉진한다는 것이다. 이것은 실업수당을 낮추는 방식으로 이루어졌다. 1991~1994년 보수연정은 실업수당을 이전 90%에서 80%로 낮췄다. 1994년 재집권한 사회민주당은 임금대체율을 75%로 더 낮췄고, 1997년 이를 80%로 다시 상향 조정했다. 이후 2단계 실업수당 제도를 도입했다. 구직을 촉진하기 위해 실

Market-Oriented Welfare Reforms," pp. 178~182.

41) Olof Ruin, "Managing Coalition Governments: The Swedish Experience," p. 242.

업기간이 길어지면 실업수당이 줄어드는 제도를 도입한 것이다. 2007년 3월 1일 보수연정은 기존 실업보험제도인 2단계 실업급여 조정제도를 3단계 실업급여 조정제도로 바꾸었다. 2001년도 사민당에 의해서 도입된 2단계 실업급여 조정제도는 20주 후에 실업급여 수준을 낮추는 제도였다. 2007년 3월 보수연정이 도입한 새로운 3단계 급여 조정제도는 최초 200일 동안 80%의 급여 수준을 유지하고, 201일부터 300일 동안 급여 수준을 70%로 낮추고, 301일 이후부터는 급여 수준을 60%로 더 낮추는 것이었다.[42] 평균적으로 실업수당은 직전 급여의 65% 수준으로 낮아졌다. 그리고 실업급여를 받기 위한 대기 기간을 5일에서 7일로 늘렸다. 또한 2005년 13.5%에 그쳤던 조합원의 실업보험 부담 비율을 30%로 높였다.[43] 집권연합정권은 일을 통해서 임금을 취득하는 사람과 임금 대신에 실업수당을 받아서 대체 소득을 올리는 사람들 사이의 소득격차를 크게 해서, 실업자가 실업급여에 의존하기보다는 취업을 해서 일을 하도록 하는 실업보험 개혁을 시도했다. 실업수당 혜택을 받을 수 있는 기간과 급여 수준을 제한한 것이다. 그러나 실업급여 하향 조정의 목적과 관계없이, 65%라는 실업급여 수준은 사민당 집권기에도 일시적으로 그랬다는 사실에서 과거에 비해 그다지 낮은 수준이 아니라고 볼 수 있다.

복지급여 수준의 저하는 감세정책과 함께 이루어졌다. 법인세와 소득세를 낮추고 부유세를 폐지하면서 실업수당은 낮추었기 때문에, 복지 축소는

---

42) Dominique Anxo and Thomas Ericson, *EEO Review: Adapting unemploymnent benefit systems to the economic cycle, 2011*(Centre for European Labour Market Studies HB, 2011).

43) Jenny Lundberg, "Decline in membership of unemployment insurance fund due to changes in system," *Euronline*, 2007.4.3. http://www.eurofound.europa.eu/eiro/2007/02/articles/se0702029i.htm(검색일: 2010.6.20).

보수연정의 정책 노선을 보여주는 상징적인 의미를 지니고 있다. 그러나 고소득자가 아닌 저소득계층과 중간 소득계층의 근로소득세도 낮추었다. 또한 교육부문에서도 사립학교를 허용해 교육의 민영화도 부분적으로 도입했다. 이러한 일련의 보수연정의 개혁은 감세, 민영화, 복지 축소 등 전형적인 영미식 신자유주의 정책들을 포함하고 있다.

2006년 '스웨덴을 위한 동맹'에서 내건 선거공약도 향후 450억 크로나 감세, 실업수당 80%에서 60%로 하향 조정, 서비스 섹터 고용주의 사회적 부담 철폐, 중소기업 세금철폐 등이었다. 보수당 당수 레인펠트는 스웨덴이 덴마크보다 담세율이 높은 현실을 비판하면서 보수정당들의 선거 동맹을 '스웨덴을 위한 동맹'이라 부르고 스웨덴의 담세율이 덴마크보다 낮도록 하겠다는 공약을 내걸었다. 그 결과, 스웨덴 담세율은 2006년 49.1%에서 2009년 46.6%로 낮아졌다. 그러나 2010년 선거에서 집권 연립정부의 수상 레인펠트는 이미 감세를 상당히 추진했기 때문에 2014년 선거에서는 더 이상 감세를 추진하지 않겠다고 선언했다.[44] 이미 보수 연립정부 집권 시기인 2008년에 스웨덴 담세율은 47.1%로 덴마크의 48.3%보다 낮아졌다는 사실을 강조했다.

스웨덴 보수연정의 복지개혁이 스웨덴 모델을 대체하는 신자유주의 개혁이라고 할 수 있는가? 이에 대한 답은 스웨덴 모델을 어떻게 정의하느냐에 따라 달라진다. 안드레아스 베리(Andreas Bergh)와 기서 에를링손(Gissur Erlingsson)이 지적한 것처럼 스웨덴 모델을 엄밀하게 정의하는 경우, 2000년대 스웨덴 복지가 1980년대와 같다고 볼 수는 없지만 영미 모델이나 유럽 대륙 모델과는 다르다는 점에서 스웨덴 모델이 나름대로 유지되고 있다

---

44) Sveriges Ratio, "We Have to Keep Campaigning Until the Last Hour," 2010.9.17.

고 볼 수 있다.[45] 보수정권에 의해서 이루어진 복지개혁은 실질적인 의미보다는 상징적인 의미를 더 많이 지니고 있다. 다시 말해, 영국이나 미국의 보수당 정권이 추구했던 복지정책에 대한 대대적인 개혁과 비교한다면 스웨덴 보수연정의 복지개혁은 대단히 미미한 수준이었다. 여전히 스웨덴 담세율은 세계적으로 높은 수준이고, 실업급여가 덴마크에 비해서는 낮은 수준이지만 영국이나 미국과는 비교할 수 없이 높다. 또한 의료복지에서도 부분적으로 민영화가 이루어졌지만, 민간 의료가 차지하는 비중은 대단히 낮은 수준에 머물고 있다. 신자유주의적 복지개혁이 이루어진 것이 아니라 기존의 사회민주주의 복지국가 체제에서 약간의 조정이 이루어졌다고 볼 수 있다.

그렇다면 왜 보수연정이 스웨덴 복지국가체제를 큰 틀에서 그대로 유지하고 있는가? 피어슨은 새로운 복지정치가 발달해 복지국가 형성기와는 다른 행위자와 제약이 존재하기 때문이라고 주장한다.[46] 그는 모든 정당들이 현상 유지를 원하고, 급격한 정책 변화는 선거에서 패배할 가능성을 높게 하며, 복지와 이해관계가 깊은 새로운 수혜자들이 조직되어 정치력을 행사하기 때문이라고 보았다. 이러한 주장은 영국과 미국에서도 복지 축소가 크게 일어나지 않았으며, 오히려 복지지출이 더 늘어났다는 사실에 근거한 것이다. 피어슨의 설명은 최근 스웨덴의 정당체제하에서의 선거와 의회정치 과정의 특징을 고려하지 않은 일반적인 수준의 설명이라는 점에서 스웨덴 복지제도 변화를 이해하는 데 큰 도움을 주지 못한다.

---

45) Andreas Bergh and Gissur O. Erlingsson, "Liberalization without Retrenchment: Understanding the Consensus on Swedish Welfare State Reforms."

46) Paul Pierson, "The New Politics of the Welfare State," *World Politics* 48(2)(1996), pp. 143~179.

스웨덴 보수연정의 복지개혁은 사회민주주의 헤게모니하에서 보수정당들이 택할 수 있는 새로운 대안이었다. 장기간에 걸친 사회민주주의 사회체제는 제도뿐만 아니라, 피에르 부르디외의 용어를 빌리면 사회민주주의 가치가 스웨덴 국민들의 아비투스[47]가 되도록 만들었다. 스웨덴 사회민주주의 복지국가의 이념인 보편주의, 연대와 평등이 스웨덴 유권자들의 가치관으로 자리를 잡았다. 그러므로 이러한 가치관과 맞지 않는 정책과 그러한 정책을 만들어내는 정당은 단기간 내에 선거에서 지지를 받기 힘들다. 새로운 보수당 노선의 등장은 이러한 조건에서 이루어졌다. 1990년대 신자유주의 개혁의 실패와 연속적인 선거 패배의 경험이 보수당들로 하여금 정책적으로 더욱 신중한 접근을 하게 만들었다. 정치 마케팅에서 공급자인 정당보다 소비자인 유권자의 관점이 더 강조되었다는 것을 의미한다. 이러한 점에서 이러한 변화는 '전면적인 혁신'이라고 볼 수 있다.[48]

또한 압도적인 다수의 지지를 얻지 못하는 이질적인 정당들 사이의 연정을 통해서 권력이 행사되므로, 야당이나 여당 모두 여론에 민감하다. 소수 유권자의 지지정당 변화가 선거 결과를 크게 바꿔놓기 때문이다. 스웨덴 같은 다당제하에서는 전략투표(strategic voting)를 하는 유권자가 상대적으로 적다. 이것은 지지정당을 바꾸는 투표자들이 그다지 많지는 않다는 것을 의미한다. 그러므로 약간의 유권자 지지 변화가 선거 결과를 좌우하

---

47) 아비투스는 일상생활을 통해서 획득된 생활습관, 태도, 취향, 기질 등을 의미한다. 이것은 계급, 젠더, 인종, 지역과 같은 사회적 요소들이 개인들에게 체화된 형태로 오랜 시간에 걸쳐서 형성된다는 점에서 사회구조의 영향이 체화된 형태라고 볼 수 있다. 이에 관한 구체적인 논의는 다음을 참조. Pierre Bourdieu, *Outline of a Theory of Practice*(Cambridge: Cambridge University Press, 1977).

48) Jennifer Lees-Marshment, *Political Marketing: Principles and Applications*(London: Routledge, 2009).

는 현상이 나타난다. 이러한 이유로 정당들이 선거에서 승리하기 위해서는 이데올로기적으로 중도적인 유권자들의 지지를 얻기 위한 경쟁을 하게 된다. 이것은 공급자(정당)의 입장이 아니라 소비자(유권자)의 입장에서 지지를 더 확보하기 위한 전략변화라고 볼 수 있다.

2006년 예테보리대학교 정치학과 선거연구팀 서베이 자료에 따르면, 유권자들이 인식하는 정당 간 정치적 입장 차이는 그다지 크지 않은 것으로 나타났다.[49] 조사에 응한 스웨덴 성인 응답자 가운데 61.3%가 정당들 사이에 정치적 입장의 차이가 없거나 크지 않다고 대답했다. 2002년도 선거에서 지지한 정당에 관계없이, 대체로 거의 비슷하게 차이가 없다는 응답이 다수를 차지했다. 2002년 선거에서 투표한 정당별 응답자들 가운데 정당들 간에 차이가 거의 없다고 응답한 사람의 비율은 좌파당 지지자의 54.2%, 사민당 지지자의 61.8%, 중앙당 지지자의 60.0%, 자유당 지지자의 66.3%, 보수당 지지자의 60.0%, 기독교 민주당 지지자의 76.5%, 녹색당 지지자의 64.6%로 나타나 정당들 간에 차이는 있지만, 대체로 과반수 이상의 유권자들이 정당들 간의 정치적 입장의 차이가 없다고 본다는 점에서 많은 유권자에게 정당의 차별성은 별로 인식되지 못하고 있다는 것을 알 수 있다.

유권자들의 입장에서 정당 간 차이가 별로 없다는 인식이 높다는 점은 투표에서 지지 정당을 바꿀 수 있는 가능성이 높아질 수 있다고 볼 수 있다. 2002년과 2006년 선거에서 지지정당을 바꾼 유권자들의 비율은 26%에 달하는 것으로 조사되었다. 그러나 지지정당의 변화가 다당제하에서는

---

49) 선거조사 자료는 필자가 예테보리대학교 정치학과 선거연구팀이 수집하고 스웨덴 통계청이 관리하는 스웨덴 전국 선거 데이터 아카이브로부터 직접 받은 서베이 데이터 분석에 기초한 것이다.

<표 7.1> 2006년 정당 간 차이에 대한 유권자 인식

	빈도	비율(%)
대단히 크다	47	4.9
어느 정도 크다	276	28.6
그렇게 크지 않다	565	58.5
전혀 차이가 없다	27	2.8
기타	50	5.2
전체	965	100.0

참고: 설문지 질문은 다음과 같다. "정치적 입장과 관련해서 의회 내
정당들 사이에 차이가 얼마나 있다고 생각하십니까?"

보수정당들 내에서 혹은 진보정당들 내에서 지지정당을 바꾼 경우가 많기 때문에, 투표 성향의 전면적인 변화라고 보기는 힘들다. 2006년 선거에서 좌파 블록에서 우파 블록으로 지지를 바꾼 유권자의 비율은 전체 유권자 중 6.9%였고, 반대로 우파 블록에서 좌파블록으로 지지를 바꾼 유권자는 1.8%에 그쳐, 좌파 블록 지지층에서 빠져나간 유권자가 많음을 알 수 있다. 2006년 보수연정의 등장은 이러한 유권자 정당 지지 변화에서 원인을 찾을 수 있다.

그리고 입법 과정이 조정과 타협을 통해서 이루어지고 있기 때문에, 연립 여당 내에서는 야당의 지지를 이끌어내기 위해서 여러 야당이 받아들일 만한 수준의 변화 폭을 염두에 둔 개혁정책을 시도했다. 진보연정 시기에 복지의 분권화와 시장화가 어느 정도 이루어졌기 때문에, 보수연정이 제시한 개혁 정책은 의회 내에서 큰 저항을 받지는 않았다. 스웨덴 공공정책 결정 과정 자체가 새로운 제도나 정책이 기존의 제도나 정책과 크게 다른 경우에 타협이 이루어질 수 없었지만, 보수연정하에서 이루어진 복지제도의 변화는 정도의 문제였기 때문에 의회 내 합의를 통한 복지개혁이 이루어질

<표 7.2> 2002년 선거와 2006년 선거 전 조사에서 나타난 유권자 성향

	투표행태	비율(%)
지지 정당	변화	26.0
	불변	74.0
지지 블록	변화	8.7
	좌→우	6.9
	우→좌	1.8
	불변	91.3
	좌	49.1
	우	42.2

참고: 블록은 우파 블록(중앙당, 자유당, 보수당, 기독교 민주당, 스웨덴 민주당)과 좌파
블록(좌파당, 사민당, 녹색당)으로 구분했다.

수 있었다.

2010년 9월 선거에서 보수 네 개 정당은 다시 승리해 재집권에 성공했
다. 외국인 이민자에 적대적인 극우정당인 스웨덴 민주당이 5.7%의 지지
를 얻어 의회 진출에 성공하면서, 다른 네 개 보수정당이 49.27%의 지지를
얻어 과반수의 득표에 실패했다. 그러나 진보 3당이 얻은 43.60%보다 훨씬
높았기 때문에 소수 연정에 성공했다. 더구나 2006년 이후 보수연정을 주
도한 보수당(Moderaterna)이 2006년 총선보다 무려 3.8% 더 높은 30.0%의
지지를 받아서, 30.9%의 지지를 받은 사회민주당과 거의 대등한 지위를 차
지하게 되었다.[50] 보수당이 제2차 세계대전 이후 최초로 사민당과 비슷한
수준의 지지율 얻게 되면서, 보수당은 사민당과 함께 거대 양당 체제를 구
축할 수 있는 정당으로 부상했다. 그리고 이것은 스웨덴 정치사에서 최초
로 보수연정이 재집권에 성공했음을 의미한다. 과거 보수당 연합이 1976년

---

50) http://www.val.se/val/val2010/valnatt/R/rike/index.html(검색일: 2011.9.14).

과 1991년 선거에서 승리해 연정을 구성했지만, 연정이 성공적으로 이루어져 재집권에 성공한 것은 2010년 선거가 처음이었다. 이전의 과감한 보수 개혁은 오래가지 못하고 다시 사회민주당이 집권하면서 중단되었다. 그런 점에서 2010년 선거는, 유권자들이 보수연정의 점진적 개혁을 적극적으로 추인한 것은 아닐지라도 어느 정도 신뢰를 보였다는 것을 의미한다.

2010년 선거에서 두드러진 또 하나의 특징은 총선과 지방선거에서 다른 경향이 나타났다는 점이다. 총선에서는 사민당과 보수당이 각각 30.0%와 30.9%로 거의 비슷한 지지를 받았으나, 지방선거에서는 사회민주당이 33.1%의 지지를 받아서 보수당의 27.3%를 크게 앞섰다.[51] 이것은 사회민주당이 의회권력을 완벽하게 탈환하지는 못했지만, 지방정부와 지방의회를 장악함으로써 여전히 지역 기반이 공고하다는 사실을 보여주었다.

2014년 선거에서는 보수연정이 패배해 다시 야당이 되었다. 사민당의 득표가 2010년 선거보다 0.35% 늘었지만, 보수당의 득표는 6.74% 줄어서 23.33%에 머물렀다. 대신 2010년 5.70% 득표에 그쳤던 스웨덴 민주당이 12.86%의 지지를 얻어 제3당으로 부상했다. 기존의 우익 정당들을 제치고 극우정당이 선거에서 약진하면서 스웨덴 정치가 큰 변화를 보이고 있다고 볼 수 있다. 스웨덴 민주당은 반(反)이민정책을 내세우며 외국인 혐오와 극우 민족주의를 내세우는 정당이다.

2006년부터 2010년 보수정당 지배체제에서 보수정당의 정책에 반대하는 전통적인 좌파 블록에 덧붙여 극우 민족주의 정당이 또 다른 반대 정당으로 대두되어 스웨덴 정치체제는 이전과는 다른 변화를 보여주고 있다. 스웨덴 민주당은 EU 탈퇴를 당의 노선으로 내세우며 세계화에 반대하는

---

51) http://www.val.se/val/val2010/valnatt/L/rike/index.html(검색일: 2011.9.14).

입장을 취하고 있어서, 전형적인 극우 민족주의 노선을 대변하고 있다고 볼 수 있다.

6. 결론

스웨덴 보수당 정권의 등장과 복지개혁은 많은 사람의 관심의 대상이 되어왔다. 이미 1990년대 스웨덴 복지개혁을 둘러싼 논쟁은 세계화가 복지국가에 미치는 영향이나 영미식 신자유주의 복지개혁의 북유럽 확산 여부와 관련해 많은 연구자의 관심사가 되었다. 자본주의 다양성론이나 복지국가 유형론은 왜 선진 자본주의 사회들이 영미식 사회체제로 수렴하지 않는가라는 문제의식에서 출발하고 있다. 폴 피어슨(Paul Pierson)은 그 이유를 복지국가 형성기의 정치와 복지국가 재편기의 정치가 근본적으로 다르다는 점에서 찾고 있다.[52]

이 장은 사회민주주의를 사회체제 차원에서 접근하면서, 보수당이 집권해 추진한 복지개혁에서도 왜 기존의 스웨덴 사회민주주의 복지체제가 유지되고 있는지를 다른 방식으로 설명하고자 했다. 보편적인 논의를 통해서 스웨덴의 사회민주주의 복지국가의 유지를 설명하기보다는, 스웨덴의 정치체제와 정책형성 과정의 분석을 통해 보수정권하에서도 복지제도의 기본틀을 유지하는 제도적인 요소들을 밝히고자 했다.

이 논문에서는 먼저 다당제하에서 형성된 사회민주주의 사회체제와 합의 정치를 논의했다. 그리고 2000년대 스웨덴 보수정당들의 선거 전략으

---

52) Paul Pierson, "The New Politics of the Welfare State."

로 등장한 것은 스웨덴 보수세력의 '제3의 길'로써 친복지-친노동 노선을 내세우는 사회민주주의 이념이 없는 사회민주당이라고 불리고 있다. 이를 통해서 왜 스웨덴 보수정권의 복지개혁이 전면적으로 이루어지지 못하고, 약간의 조정으로 그쳤는지를 설명하고자 했다. 2004년에 만들어진 '스웨덴을 위한 동맹'은 새로운 보수정당들의 전략을 보여준 것이며, 이러한 보수정당들의 선거 전략은 이질적인 보수 4당 합의에 의해서만 정책변화가 가능하다는 점에서 총리가 속해 있는 보수당이 정책을 선택하는 폭을 제한하고 있다. 이미 집권 후의 정책이 선거 이전에 상당 부분 조정되었기 때문에 유권자들의 지지를 통해서 개혁의 폭은 미리 정해졌다고 볼 수 있다.

그 결과, 2006년 보수연정하에서 이루어진 복지개혁은 스웨덴 복지국가의 성격을 변화시키는 근본적인 변화가 아니었다. 약간의 복지제도 조정과 국가복지 이외에 시장을 통해서 공급되는 복지의 도입을 '선택의 자유' 확대로 내세우고 그것을 복지개혁이라 불렀다. 대폭적인 복지 축소를 포함한 영미식 신자유주의 복지개혁이 아니라 '복지 축소 없는 자유화'라고 불릴 수 있는 새로운 형태의 복지개혁이 이루어진 것이다.

보수연정의 복지개혁은 새로운 것은 아니었다. 사회민주당이 이미 경제 불황기를 거치면서 복지 프로그램을 조정했다. 분권화와 민영화로 특징지어지는 1990년대 복지개혁을 통해서 부분적인 복지개혁이 이루어졌다. 2006년 이후 보수연정의 복지개혁은 추가적으로 복지개혁 프로그램을 도입한 것이다. 2010년 선거에서 보수연정은 감세, 민영화, 시장화를 더 이상 강조하지 않았다. 2010년 선거 캠페인에서 집권 보수연정의 레인펠트 총리는 더 이상의 감세는 없다고 선언했다. 그러나 선거과정에서 국영기업 민영화를 둘러싼 이견이 중앙당과 보수당 사이에서 발생하기도 했다. 보수연정 체제는 연정 내에서 특정 정당이 일방적으로 정책을 추진할 수 없는 제약적인 요소로 작용하고 있다. 또한 의회정치 과정도 일방적인 정책 추진을 가로막고 있다. 스웨덴에서 형성된 다당제와 특별위원회와 레미스 제도를 통해서 이루어지는 정책형성과정은 복지정책의 변화에도 크게 영향을 미치고 있다. 영미식 양당제하에서 집권 정당이 일방적으로 정책을 추진할 수 있지만, 스웨덴에서는 그러한 방식의 정책 집행이 원천적으로 불가능하다. 스웨덴 복지개혁도 스웨덴 정치체제인 협의 민주주의를 통해서만 가능하다는 점에서 복지정책과 민주주의는 무관한 것이 아니라는 점도확인할 수 있다.

제8장

정치체제의 변화와 스웨덴 민주당의 등장

1. 문제 제기

오늘날 스웨덴의 정당체제는 여러 가지 변화를 겪고 있다. 세계화와 같은 전 지구적 차원에서 이루어지고 있는 변화와 더불어 후기 산업사회적인 변화가 사회적인 차원에서 나타나면서, 정당 정치에서 변화가 나타나고 있다. 이러한 변화에 대응해 기존 정당들이 노선의 변화를 겪고 있는 것과 함께 페미니스트 정당이나 극우 민족주의 정당과 같은 새로운 정당들이 등장해서 기존 스웨덴 정당체제의 지형이 변화를 보이고 있다. 특히 1988년 창당한 스웨덴 민주당은 2010년 총선에서 5.7%를 득표하면서 의회 진출의 하한선인 4%를 넘어서 극우 정당으로는 최초로 스웨덴 의회에 진출했다. 스웨덴 민주당의 의회 진출로 중도우파 정당들의 지지도가 낮아졌고,[1] 이

---

1) Per Stromblad and Bo Malmberg, "Ethnic segregation and xenophobic party preference: Exploring the influence of the presence of visible minorities on local electoral support for the Sweden Democrats," Labour Market and Discrimination

는 기존 정당체제의 재편을 만들어 내는 요인으로도 작용할 수 있다는 점에서 관심을 끌고 있다.

　오랫동안 유지되었던 안정된 스웨덴 정당체제가 변화를 보이는 이유는 크게 두 가지 관점에서 논의될 수 있다. 하나는 스웨덴 정당체제의 변화가 스웨덴 사회의 구조적 변화 혹은 사람들의 의식 변화를 반영한다는 사회중심적 시각이다. 20세기 후반과 21세기 초반 스웨덴에서 나타난 변화에 따라 유권자들의 이해와 관심의 변화가 일어났지만, 이들이 기존 정당들에 의해서 충분히 대변되지 못하고 매우 새로운 정당들에 의해 대변되면서 스웨덴 정치체제의 변화가 발생했다는 시각이다. 기존 정당들의 정치 이념이나 정책 노선의 한계로 새로운 관심과 이해관계가 정치적으로 대변되지 못하면서, 이러한 틈새를 새로운 정당들이 파고들었다는 주장이다. 대표적인 예로 스웨덴 녹색당은 환경문제에 대한 기존 정당들의 관심과 정책에 불만이 커지면서 1981년에 창당해 1988년에 의회로 진출했다.[2]

　다른 하나는 스웨덴 정당체제의 변화를 사회구조적 변화를 반영하는 것으로 보기보다는 정치적 갈등과 정쟁의 심화와 같은 정치적 차원의 변화로 보는 정치중심적 시각이다. 오랫동안 이념적 차이는 있지만 합의를 토대로 한 정치가 스웨덴 모델의 중요한 요소로 인식되었다.[3] 그러나 점차 사회

　　Studies Centre(Sweden: Linnǽus University, 2014), pp. 6~7.

2)　Statistics Sweden, Allmanna valen 1988 Del 1 Riksdagsvalet den, 18 september 1988, p. 13.

3)　Jan-Erik Lane, "Interpretation of the Swedish Model," *West European Politics* 14(3)(2007), pp. 1~7; Leif Lewin, "Majoritarian and Consensus Democracy: the Swedish Experience," *Scandinavian Political Studies* 21(3)(1998), pp. 195~205; Arend Lijphart, *Patterns of Democracy*(New Heaven: Yale University Press, 1999), pp. 278~280; Bo Rothstein, *Just Institutions Matter: The Moral and Political Logic*

적·구조적 변화와 무관한 새로운 가치를 내세우는 극단적 정치 집단과 조직들이 등장하면서, 이들 조직이 기존 정당에 비판과 도전을 제기하고 새롭게 유권자들의 지지를 확대해나가는 과정이 총선에서 나타났다고 보는 것이다. 정당체제의 변화를 정치권과 정당이 촉발했다고 보는 시각이다.

스웨덴에서는 1970년대 중반에 이르러서야 계급과 종교에 기반을 둔 정당체제가 구축되었다. 다른 유럽국가들과는 달리 종교에 기반을 둔 정당은 뒤늦게 정치세력화되었다. 전통적인 좌우파 이념 대립에 기초한 스웨덴의 정당 체제는 1970년대 들어서 변화를 맞았다. 1974년 기독교 민주당의 등장으로 다른 많은 유럽국가와 마찬가지로 계급과 종교라는 두 가지 균열에 기반을 둔 정당체제가 구축되었던 것이다. 1980년대에는 환경이라는 이슈가 새롭게 대두되었고, 이는 정치적으로 녹색당을 통해서 대변되었다. 1990년대에는 세계화와 더불어 가시화된 대규모 이민과 이주에 따른 사회적 갈등이 대두되면서 이민에 반대하는 새로운 정당이 등장했다. 계급, 종교, 환경, 이민 등 전통적인 계급 균열과는 다른 새로운 사회적 균열이 등장했고, 이를 반영하는 정당이 등장했다. 이는 득표율 하한선 이외에는 정당 창당과 조직활동에 아무런 제약과 규제가 없는 스웨덴 정치체제이기에 가능한 변화였다.

이 장에서는 2000년대 서베이 자료를 토대로 최근 스웨덴에서 나타나는 정치체제 변동의 원인을 분석하고, 향후 스웨덴 정치 변화의 방향을 논의하고자 한다. 그보다 구체적으로 2002년부터 유럽연합 회원국들을 대상으로 실시되고 있는 유럽사회조사(European Social Survey: ESS) 자료를 근거로 최근 스웨덴에서 나타나고 있는 사회변화와 정치변화의 성격을 실증적으

---

of Universal WelfareState(Cambridge: Cambridge University Press, 1998).

로 분석해서 스웨덴 정치변화의 성격을 논의하고자 한다. 구체적으로는, 유럽사회조사에서 유럽의회에 대한 신뢰를 바탕으로 유럽화에 대한 평가와 이민정책에 대한 태도 등을 중심으로 스웨덴 전체 사회의 변화와 정당 지지 추이를 비교해 스웨덴에서 나타나고 있는 정치변화의 내용을 분석한다. 여기에서 사회변화는 스웨덴 사회구조 자체의 변화보다는 스웨덴 국민의 사회에 대한 의식상의 변화에 초점을 맞추며, 정치변화는 선거와 정당 정치에서 나타나는 변화에 초점을 맞춘다.

2. 스웨덴의 정치변화

20세기 말 스웨덴 사회의 변화는 다른 유럽사회들과 마찬가지로 세계화에 따른 상품과 자본, 노동력 이동의 증가에 영향을 받았다. 또한 인구 고령화, 여성의 권익 신장, 이주자 인구 증가 등 사회 내적인 변화도 동시에 경험하고 있다. 이러한 변화들은 유럽 여러 나라에서 공통적으로 나타나지만, 변화의 내용과 정도는 사회마다 매우 다르다.

이러한 변화들 가운데 가장 두드러진 것은 2014년 5월 유럽의회 선거를 통해서 나타난 변화로서 극우민중주의(far-right populism) 정당과 페미니스트 정당의 약진이다. 유럽연합의 탄생 자체를 부정하는 유럽 각국의 극우민중주의 정당은 민족주의, 백인 우월주의, 이민 반대 등 다양한 정치지향을 보이고 있지만, 공통적으로 유럽연합의 기본 이념인 국민국가를 넘어선 초국가(supra-nation)로서의 유럽연합에 반대하고 있다. 개별 국가 위에 존재하는 '유럽연합에 대한 강한 회의(Eurosceptic)'를 유럽 여러 나라의 극우민중주의 정당들이 공유하고 있다는 점에서 극우민중주의의 약진은 유럽연합의 미래를 위협하고 있다. 스웨덴에서도 반(反)이슬람주의와 반(反)다문화주의를 내세운 스웨덴 민주당이 2010년 총선에서 5.7% 득표하며 의회진출에 성공했다. 그리고 2014년 유럽의회 선거에서 또다시 9.67%의 지지를 얻어서 중앙당과 기독교 민주당을 제치고 제5위 정당으로 부상했다.

스웨덴 정치의 변화는 2005년 창당된 페미니스트 정당의 지지 확산에서도 찾을 수 있다. 2006년 당내 내분으로 의회진출에 성공하지 못했지만, 2014년 유럽의회 선거에서 5.3%의 지지를 얻어 유럽의회 진출에 성공했다. 페미니스트 정당은 기존 결혼제도에 대한 비판과 본질적인 양성평등의 실현을 주장하면서 국가의 결혼 혹은 동거 등록제도의 거부를 중요한 정책으로 내세우고 있다. 페미니스트 정당의 등장은 상대적으로 단일한 이슈를 중심으로 정당이 출현했다는 점과 기존 서구 결혼제도에 대한 근본적인 비판을 정치화하고 있다는 점에서 스웨덴 정당 정치의 새로운 변화라고 볼 수 있다. 계급과 종교에 기반을 둔 정당체제가 또 하나의 사회적 균열인 젠더에 기반을 둔 정당의 등장으로 변화를 맞고 있는 것으로 볼 수 있다.

스웨덴 민주당과 페미니스트 정당의 등장으로 스웨덴 정당체제는 여러 가지 혼란을 보이고 있다. 1995년 유럽연합 가입 여부를 묻는 국민투표에서 52.3%의 근소한 차이로 스웨덴이 유럽연합에 가입을 결정한 이후에도 스웨덴 좌파당을 중심으로 하는 스웨덴 좌파는 유럽연합 가입에 계속 반대를 해왔다.[4] 스웨덴 좌파는 '인민의 가정' 건설을 구호로 내세우며 '복지국가 민족주의(Welfare state nationalism)'를 추구했다. 여기서 인민은 스웨덴 국민을 의미하며, 유럽연합의 가입으로 유럽연합이라는 외부의 권력이 스

---

4) 스웨덴 좌파 중에서 좌파당은 적극적으로 유럽연합에 반대해왔지만, 사민당은 유럽연합에 찬성해왔다. 유럽연합 지지 여부 자체가 온건 좌파와 급진 좌파를 구분하는 기준으로 여겨질 정도로 유럽연합 지지 여부는 정치적으로 첨예한 이슈였다.

웨덴 국내 정치와 제도에 영향을 미치게 되는 상황을 우려한 것이다.[5] 프랑스의 '국민전선(Front National)'이나 벨기에의 '플레미쉬 분리주의당(The Belgian Vlaams Blok)'과 같은 우파 민족주의 정당들이 유럽연합에 반대했던 것과는 달리, 스웨덴에서는 좌파당이 '스웨덴' 전통으로 여겨지는 복지국가, 비동맹, 자유와 독립성을 지키기 위해 외부 세력의 간섭을 반대했다. 그러나 스웨덴 좌파당은 이민에 대해서는 개방적이었으며, 특히 정치적 난민들에 대해서 대단히 관용적이었다. 다문화·다인종 사회에 대한 적극적인 지지는 좌파의 국제주의적 전통에서 유래한 것이다.

그러나 우익 민족주의는 스웨덴 내의 나치즘 조직과 이민자들이 늘어나고, 스웨덴이 다문화사회로 변하게 되는 것에 불만을 품은 집단들에 의해서 1988년 신민주당(Ny Demokrati)로 발전했다. 1991년 총선에서 신민주당은 6.7%라는 예상하지 못한 높은 득표율을 얻었으나, 1994년 총선에서 완전히 몰락했다. 그러나 총선에서의 높은 지지 현상은 스웨덴 사회의 변화를 보여주는 징후로 간주되었다. 이후 스웨덴 민주당으로 다시 등장한 극우 민족주의 세력은 2002년 1.4% 그리고 2006년 2.9% 지지를 확보하며 점차 지지를 넓혀갔고, 드디어 2010년 총선에서 5.7%의 지지를 얻어서 국회의석 20석을 차지해 원내 진출에 성공했다.

스웨덴 민주당은 이민자의 증가로 나타난 인종적·국가적 정체성의 약화를 문제로 제기하는 사회문화적 차원의 동원을 특징으로 하고 있다. 다인종·다문화주의가 좌파가 내세우는 이념이라면, 극우 민족주의는 민족적 정체성의 유지와 전통적 가치를 강조하는 사회적 보수주의를 주된 이념으로 하고 있다.[6] 스웨덴 민주당은 스웨덴 사민당이나 보수당의 다문화주의

5) Lars Tragardh, "Welfare state nationalism: Sweden and the specter of the European Union," *Scandinavian Review* 87(1)(1999), 18~23.

에 기초한 이민정책이 실패했다고 비판하고 이민에 반대하는 정강정책을 내세우고 있다. 현재 11%의 스웨덴 시민이 외국에서 태어난 사람들이고, 인구의 20%가 이민자 가족에 속하며, 인구 1,000명당 29명 정도가 정치적 망명자들이다.7) 기존의 정당들이 경제적인 이슈를 중심으로 경쟁을 하지만, 스웨덴 민주당은 사회적·문화적 이슈를 중심으로 한다는 점에서 특징을 보여준다.

페미니스트 정당는 2005년에 창당해, 2006년 총선에서는 0.68% 지지를 얻는 데 그쳤고, 2009년 유럽의회 선거에서 약간 증가한 2.2%의 지지를 얻었지만, 2010년 선거에서는 다시 0.40% 지지밖에 얻지 못했다. 그러나 2014년 유럽의회 선거에서 5.3%의 지지를 얻어서 유럽의회에 진출하는 데 성공했다. 페미니스트 정당은 남성과 여성과의 권력 관계를 포함한 모든 불평등한 권력 관계에 평등을 지향하는 입장에 근거해, 기존 스웨덴 사회 체제를 비판하고 권력 관계에 기초한 지배와 억압의 타파를 내세우고 있다.8) 페미니스트 정당은 가부장제 권력과 불평등 관계가 서로 연관되어 있기 때문에 불평등과 억압의 교차성(intersectionality)을 강조하고 있다. 그리고 페미니스트 정당은 페미니즘 반인종주의(antirasistisk feminism)를 명시적으로 내세우고 있어서 스웨덴 민주당과는 대립적인 입장을 취하고 있다. 이것은 백인 페미니즘에 대한 거부를 명시적으로 보여주는 동시에, 불평등의 교차성을 실제적으로 내세우고 있음을 보여준다.

두 정당의 특징은, 완전하게 단일 이슈만을 다루는 정당은 아니지만 기

---

6) Jen Rydgren, "Radical Right-wing Populism in Denmark and Sweden: Explaining Party System Change and Stability," *SAIS Review* XXX (1)(2010), p. 58.

7) 같은 책, 65쪽.

8) http://feministisktinitiativ.se/(검색일: 2015.4.10).

존의 정당들에 비해서 상대적으로 단일 이슈에 초점을 두고 있는 것으로 볼 수 있다는 점이다. 기존 정당들이 상대적으로 관심을 기울이지 않은 이슈들에 초점을 맞추고 있다는 점에서 주변적인 이슈에 초점을 맞추는 '틈새 정당'이라고 볼 수 있다. 스웨덴 민주당은 이민/국가 정체성 문제를 핵심적인 정당 이슈로 제기했다. 이미 유럽 여러 나라에서 이민정책이 핵심적인 정치적 쟁점으로 부각되었지만, 스웨덴에서는 이민은 주변적인 이슈로 남아 있었다. 스웨덴 민주당이 중심적으로 이민 문제를 부각하면서 스웨덴에서도 이민/이민자 문제가 정치적 쟁점으로 부각되기에 이르렀다.[9] 기존 정당들이 이민/이민자 문제에 크게 관심을 기울이지 않았기 때문에, 이민/이민자 문제는 유권자들에게도 가장 부각되지 않는 이슈로 인식되었다. 〈표 8.1〉에서 볼 수 있듯이, 역대 선거에서 이민/이민자 문제는 유권자들의 관심이 가장 적은 이슈였다. 〈표 8.1〉은 지난 세 번에 걸친 선거에서 당을 선택하는 데 중요하게 작용한 이슈라고 유권자들이 응답한 비율이다. 2010년 선거에서는 고용과 관련된 당의 정책과 역량이 유권자들의 투표를 결정하는 데 가장 중요하게 영향을 미친 것으로 나타났다. 고용문제는 역대 선거에서 계속해서 매우 중요한 이슈로 남아 있다. 그다음이 교육과 관련한 이슈였고, 세 번째가 노인 돌봄과 관련한 이슈였다. 이전 선거와 마찬가지로 2010년 선거에서도 난민/이민 문제는 상대적으로 유권자들의 관심을 끌지 못했다. 2010년 선거에서 난민/이민 문제는 2006년 선거와 거의 비슷하게 관심이 상대적으로 낮은 이슈 중 하나였다.[10] EU와 유로화에 관

9) Pontus Odmalm, "Political Parties and 'the Immigration Issue': Issue Ownership in Swedish Parliamentary Elections 19912010," *West European Politics* 34(5)(2011), pp. 1070~1091.

10) Ylva Nillsson, "Immigration not a topic for Swedish mainstream parties,"

한 이슈도 상대적으로 주변적이었다. 전체적으로 2010년 선거에서 쟁점은 이전 선거에 비해 약화되었다. 즉, 첨예한 쟁점이 이전 선거에 비해서 적었다는 것을 의미한다. 이것은 정당 선택에 영향을 미친 이슈라는 점에서, 2010년 선거가 2002년 선거에 비해서 쟁점이 첨예하지 않은 밋밋한 선거였음을 보여준다.

그리고 2010년 선거는 스웨덴 민주당이나 페미니스트 정당이 특별히 자신들이 관심이 있는 이슈를 제기해서 유권자들의 관심을 불러일으킨 선거도 아니었다. 이것은 상대적으로 주변적인 이슈임에도 페미니스트 정당과 스웨덴 민주당이 낮은 관심사를 정치적으로 활용할 수 있는 정치력을 지니고 있었다는 것을 의미한다. 스웨덴에서 정당 지도자의 이미지가 투표에 미치는 효과가 점차 커지고 있는 현실에서,[11] 새로운 정당들의 지도자들은 기존 정치 지도자들과는 매우 다른 이미지를 보여주어 당의 지지를 높이는 데 성공했다.

3. 자료와 분석 방법

본 연구에서 사용하는 자료는 유럽의 사회변동을 조사하기 위한 유럽사회조사 자료 가운데 스웨덴의 조사 자료이다. 유럽사회조사는 영국 런던시립대학교(City University of London)에 본부를 두고 이루어지는 조사로서 주

Euobserver, June 5, 2014.

11)   Soren Holmberg and Henrik Oscarsson. "Party Leaders Effect on the Vote," in Kees Alart, Andre Blais and Herman Schmitt(eds.), *Political Leaders and Democratic Elections*(Oxford University Press, 2011), pp. 48~49.

로 태도, 의식, 행위 변화에 초점을 맞췄다. 이 조사는 2001년부터 2년 단위로 유럽사회조사 14개 회원국과 옵서버(참관자)로 참여하는 두 개 나라, 간헐적으로 참여하는 네 개 나라를 대상으로 이루어지는 사회조사 자료이며, 스웨덴 조사는 2002년부터 격년으로 시행되고 있다.[12]

유럽사회조사의 표집은 15세 이상의 개인들을 대상으로 무작위 확률 표집에 의해서 이루어졌고, 최종 표본의 크기는 각국의 인구규모에 따라서 차이를 보이며, 스웨덴의 경우는 2002년 1999, 2012년 1847이었다. 스웨덴 사회조사는 한 시간 정도의 면접조사를 통해서 이루어졌으며, 모든 조사에서 공통적으로 사용되는 정치적 태도와 이데올로기에 관한 설문 응답을 포함하고 있다. 이 장에서 사용하는 설문은 좌파-우파 성향에 대한 설문, 유럽연합에 대한 평가 설문, 유럽의회에 대한 평가 설문, 이민에 관한 설문과 지지정당에 관한 설문이다.

분석은 주로 시계열 비교 분석과, 스웨덴과 유럽 전체의 비교를 통해서 이루어진다. 유럽사회조사의 장점은 동일한 설문조사가 동일한 표집에 근거해서 동일한 시기에 이루어지고 있기 때문에 많은 변수를 통제한 상태에서 국가 간 비교와 동일한 국가의 경우 시기별 비교를 가능하게 한다는 점이다. 유럽연합이 출범한 이후 동시적인 변화를 유럽연합 회원국들이 경험하고 있기 때문에, 유럽사회조사는 유럽연합 전체와의 비교를 통해서 스웨덴의 특성을 파악하는 데 도움을 줄 수 있다.

---

12) http://www.europeansocialsurvey.org/data/country_index.html

4. 스웨덴의 사회의식 변화

그렇다면, 스웨덴 사회의 변화와 관련된 여러 사항에서 국민들의 태도는 얼마나 크게 변화했는가? 여기에서는 역대 선거에서 유권자들이 관심을 보인 이슈와 유럽연합과 유럽의회에 관한 태도를 통해서 스웨덴 사람들의 사회의식 변화를 추적하고자 한다. 유권자들이 관심을 보인 이슈는 선거에서 영향을 준 쟁점이 되는 국내적인 이슈들이었다. 반면, 유럽연합과 유럽의회에 관한 태도는 국제적인 이슈와 관련된다.

그렇지만, 유럽연합과 유럽의회에 관한 태도는 서로 다른 차원의 개방과 변화의 방향을 보여준다. 유럽연합에 대한 태도는 초국가적인 실체로서의 유럽연합에 대한 지지 정도와 직접 관련이 되지만, 유럽의회에 대한 태도는 유럽의회의 활동에 대한 평가를 보여준다는 점에서 동일한 차원은 아니다. 그렇지만 스웨덴 외부에 존재하는 정치권력 주체에 대한 인식이라는 점에서 유럽연합에 대한 일반적인 수준에서의 인식을 반영하고 있다고 볼 수 있을 것이다.

먼저, 〈표 8.1〉은 2000년대 실시된 선거에서 스웨덴 유권자들이 생각한 중요한 이슈들의 목록이다. 역대 선거에서 가장 관심을 끈 이슈들은 고용, 교육, 건강, 경제와 노인 돌봄과 같은 국내적인 것이었다. 지난 세 번의 선거에서 약간의 차이는 있었지만, 이들 이슈는 계속해서 많은 유권자의 관심을 끌었다. 반면, 외부와 관련된 이슈인 이민/난민, 외교/안보, 유럽연합/유로화에 관한 관심은 매우 낮은 수준이었다. 페미니스트 정당이 내세운 양성평등은 어느 정도 관심을 끌고 있는 이슈라고 볼 수 있지만, 앞의 세 가지 이슈는 상대적으로 주변적이었다.

역대 선거에서 이슈를 중심으로 한 유권자들의 의식변화를 추적한다면,

〈표 8.1〉 지난 선거에서 주요 쟁점들(대단히 중요하다고 응답한 사람들의 비율, 단위: %)

	2002년	2006년	2010년
고용	51	55	53
교육	67	54	53
건강/의료	64	51	51
경제	56	50	47
노인돌봄	53	45	40
아동보호	47	41	43
법과 질서	47	41	32
양성평등	44	41	37
에너지/원자력	29	35	30
기업환경	32	33	29
세금	36	32	30
환경	34	31	31
난민/이민	32	25	26
외교/안보	30	23	19
유럽연합, 유로화	28	20	15

참고: 무응답 제외

자료: Swedish National Data Service, SVT exit poll survey parliamentary election(2002, 2006, 2010).

2000년대 들어서 스웨덴에서 유권자들의 의식과 태도는 크게 바뀌지 않았다고 볼 수 있다. 전통적으로 중요하게 인식된 이슈들이 계속해서 주로 유권자들의 관심을 끌었지만, 주변적인 이슈들에 대한 인식과 태도는 오히려 더 약화되었다. 이민/난민, 외교/안보와 유럽연합/유로화에 대한 관심은 대체로 줄어들었다. 이러한 점은 스웨덴 사회가 겪은 변화와 관계없이 스웨덴 유권자들의 사회 인식과 태도에서는 큰 변화가 없었다는 점을 보여준다고 볼 수 있다.

〈표 8.2〉는 유럽연합에 대한 스웨덴의 여론과 유럽연합 전체의 여론 추이를 보여준다. 스웨덴의 경우, 2004년부터 2012년 사이에 유럽연합에 대

<표 8.2> 유럽연합에 대한 평가(2004~2012년, 단위: %)

	정도\연도	이미 과도함 0	1	2	3	4	중립 5	6	7	8	9	더 진행 10
스웨덴	2004	8.5	4.3	8.5	12.8	10.0	23.0	10.3	9.8	7.9	1.9	2.9
	2006	5.5	3.6	8.1	9.9	10.0	27.1	11.9	12.0	7.7	2.1	2.2
	2008	3.8	3.4	6.5	8.8	12.0	30.1	11.8	12.0	7.4	2.2	2.4
	2012	6.3	3.4	6.9	10.9	11.0	30.4	11.0	9.9	0.1	1.2	2.1
EU	2004	6.1	3.5	6.3	8.3	8.3	22.1	10.4	12.0	11.0	4.5	7.7
	2006	5.8	4.0	7.0	9.3	8.8	21.9	10.4	12.0	10.0	4.1	6.9
	2008	5.2	3.7	6.2	8.8	8.6	22.2	10.2	12.0	10.0	4.9	8.3
	2012	6.5	4.1	7.0	9.4	8.9	22.2	9.9	11.0	9.4	4.0	8.1

자료: European Social Survey, 각 년도.

한 평가에서 두드러진 변화는 중립적인 의견이 크게 증가했다는 점이다. 중립적인 의견은 2004년 23%에서 2012년 30.4%로 7.4% 포인트 증가했다. 반면, 부정적인 의견은 2008년까지 줄어들다가 2008년 금융위기를 계기로 다시 증가했지만, 전반적으로 과거에 비해서 줄어들었다. 유럽연합에 대한 부정적인 의견은 2004년 44.1%로 가장 큰 비중을 차지했으나, 2012년에는 38.5%로 줄어들었다. 반면, 긍정적인 평가는 2004년 32.8%에서 2008년 35.7%로 증가했다가, 2012년 31.3%로 줄어들었다.

스웨덴 국민들이 유럽연합에 대해서 갖는 평가적인 태도는 유럽연합 전체 회원국의 국민들이 유럽연합에 대해서 갖는 평가적인 태도보다는 덜 긍정적이었다. 2002년 유럽연합이 이미 과도하다고 보는 의견이 유럽연합보다 스웨덴에서 더 높았다. 그러나 2012년에 이르러서는 거의 비슷한 수준에 도달했다. 그리고 스웨덴에서 유럽연합에 대한 태도는 유럽연합 평균보다 중립적인 응답 비율이 더 높아서 유보적인 태도가 여전히 강하다고 볼

<표 8.3> 스웨덴과 유럽연합 국민들의 유럽의회에 대한 신뢰

		불신					보통					신뢰
	정도 연도	0	1	2	3	4	5	6	7	8	9	10
스웨덴	2002	9.9	5.6	9.9	14.2	14.4	20.7	11.6	8.7	4.1	0.4	0.6
	2004	10.6	5.8	10.6	14.5	14.7	19.8	9.1	9.1	4.1	1.3	0.5
	2006	6.0	5.2	7.6	12.7	13.5	22.9	13.3	11.5	5.5	0.8	1.0
	2008	6.6	2.9	6.7	10.0	15.7	22.6	16.2	10.1	7.4	1.4	0.5
	2010	4.3	3.4	6.0	9.6	12.6	23.1	16.3	13.9	7.5	2.7	0.7
	2012	5.8	3.3	6.2	11.8	13.8	23.0	14.5	13.0	6.5	1.2	0.9
EU	2002	7.4	4.2	7.0	10.1	11.2	23.7	12.9	11.6	7.7	2.5	1.9
	2004	8.3	5.0	7.7	10.4	10.8	22.6	12.1	11.3	7.2	2.5	2.0
	2006	8.3	4.8	7.1	10.2	11.4	22.9	12.6	11.2	7.4	2.6	1.8
	2008	10.2	5.4	7.2	9.8	10.6	21.9	12.3	10.6	7.4	2.6	2.0
	2010	11.4	6.2	8.3	10.9	11.5	21.3	10.8	9.8	6.2	2.1	1.5
	2012	11.1	5.8	8.2	10.7	10.9	20.3	11.6	10.2	6.8	2.3	2.2

자료: European Social Survey, 각 년도.

수 있다.

그러나 유럽의회에 대한 평가는 다른 양상을 보이고 있다. 〈표 8.3〉에서 볼 수 있듯이, 스웨덴에서는 2002년부터 2012년 사이 유럽의회에 대한 불신은 점차 낮아지고, 신뢰가 증가하는 추세를 보였다. 2012년 현재 스웨덴에서 유럽의회를 신뢰한다는 비율보다 불신을 보이는 비율이 높지만, 점차 줄어드는 추세를 보이고 있다. 2002년 불신한다는 응답은 54%이었는데, 2012년에는 40.9%으로 13.1% 포인트 줄어들었다. 대신에 신뢰한다는 비율은 2002년 25.4%에서 2012년 36.1%로 10.7% 포인트 증가했다. 전반적으로 유럽의회에 대한 평가가 부정적인 평가에서 긍정적인 평가로 바뀌고 있다고 볼 수 있을 것이다.

스웨덴 민주당의 등장으로 2010년 선거에서 쟁점으로 부각된 이민/난민

<표 8.4> 스웨덴의 이민/이민자에 대한 태도(2002~201년, 단위: %)

| 정도 연도 | 부정적 | | | | | 중립 | | | | | 긍정적 |
	0	1	2	3	4	5	6	7	8	9	10
2002	1.4	1.0	3.0	4.9	5.2	25.0	11.0	15.0	20.0	6.9	6.8
2004	1.4	1.0	3.0	4.9	5.2	25.0	11.0	15.0	20.0	6.9	6.8
2006	1.5	1.0	3.0	3.9	6.3	25.0	11.0	19.0	16.4	6.7	6.8
2008	1.3	0.5	2.0	4.0	6.0	22.0	14.0	18.0	17.8	6.8	7.4
2010	0.9	1.0	1.0	3.9	4.4	22.0	11.0	18.0	19.8	7.6	9.9
2012	1.1	1.1	3.0	4.6	5.8	21.0	11.0	15.0	21.6	6.2	9.7

자료: European Social Survey, 각 년도.

과 관련된 태도 변화가 스웨덴에서 나타났는가? 정치적 변화와는 달리, 2000년대 들어서 스웨덴에서 이민/이민자에 대한 평가는 오히려 개선되었다. <표 8.4>는 "이민이 스웨덴을 좀 더 살기 좋게 만들 것인가 아니면 살기 나쁘게 만들 것인가?"라는 질문에 대한 응답자들의 답변의 추이를 보여주고 있다. 이민이 스웨덴 사회를 더 나쁘게 만들 것이라는 응답(0에서 4까지)의 비율은 2002년 15.6%에서 2010년 11.4%로 줄어들었다가 2012년 15.1%로 이전 수준으로 높아졌다. 반면에 이민이 스웨덴 사회를 더 낮게 만들 것이라는 응답은 2002년 59.6%에서 2002년 63.6%로 오히려 더 높아졌다. 이민에 대한 중립적인 의견이 줄어든 반면, 우호적인 의견이 높아졌다는 것을 알 수 있다. 이러한 점은 2000년대 들어서 스웨덴에서 이민/이민자에 대한 태도가 특별히 비우호적으로 바뀐 것은 아니었다는 사실을 보여준다.

스웨덴에서 이민/난민에 대한 비우호적인 태도는 2000년대 초부터 15% 내외로 지속적으로 존재해왔다. 최근에 들어서 이민/난민에 대한 태도가 부정적인 형태로 변한 것이 아니라, 이민/난민에 대한 부정적인 태도가 어느 정도 과거부터 존재해왔다. 과거에는 이민/난민 이슈를 정치적으로 부각하는 정당이 없었지만, 2010년 이를 정치적으로 내세우는 정당이 등장하면서 이민/난민에 대해서 부정적인 태도를 갖는 사람들이 자신들의 태도를 드러낼 수단을 갖게 되었다.

앞에서 다룬 선거 쟁점과 유럽사회조사 결과를 종합하면, 최근 들어 스웨덴에서 사회적인 차원에서의 큰 변화가 이루어진 것은 아니다. 전반적으로 유럽연합과 이민/난민에 대한 태도에서 큰 변화는 없었다. 유럽통합과 이민자 증가와 같은 사회변화가 있었음에도, 이러한 변화에 대한 스웨덴 사람들의 태도에 큰 변화가 나타나지는 않았던 것이다.

5. 스웨덴 사회와 정당의 관계

스웨덴 사회의 변화를 진단하기 위해 먼저 이념적 변화를 살펴보면, 최근 스스로 진보라고 생각하는 사람들의 비율은 약간 줄어든 반면, 보수라고 생각하는 사람은 약간 늘었다는 걸 알 수 있다. 〈표 8.5〉는 스웨덴 사회의 이념적 지형의 변화를 알아보기 위해 2002년부터 2012년까지 유럽사회조사의 일환으로 이루어진 스웨덴 사회조사에서 나타난 스웨덴 좌우이념 분포를 보여준다.

스스로의 정치의식을 좌파로 생각하고 있는 사람들의 비율은 2002년 40.2%였고, 중도 22.2%, 우파 37.6%이었다. 좌우파 비율은 크게 변해서, 2012년에는 좌파 32.4%, 중도 24.1%, 우파 43.4%로 바뀌었다. 2010년 우파로 크게 기울어졌던 정치적 이념 성향은(좌파 29.2%, 중도 21.2%, 우파 49.6%) 2012년 상당히 완화되었지만, 아직도 10% 이상 많은 비율로 우파

〈표 8.5〉 스웨덴 좌우이념 분포(2002-2012년, 단위: %)

응답 연도	좌 0	1	2	3	4	중도 5	6	7	8	9	우 10
2002	5.2	2.6	8.9	13.2	10.8	22.2	8.5	12.5	11.2	2.4	2.4
2004	2.7	1.8	7.1	11.0	10.2	27.5	9.6	13.4	10.6	2.9	3.2
2006	3.3	2.9	5.9	11.4	11.1	21.3	11.3	16.3	10.8	3.4	2.4
2008	3.0	2.8	6.5	11.8	11.7	23.9	10.0	15.8	9.7	2.3	2.6
2010	2.6	1.7	6.1	9.3	9.5	21.2	11.0	17.2	13.8	4.1	3.5
2012	3.1	1.8	4.8	11.3	11.4	24.1	9.4	17.3	10.9	2.8	3.0

정치의식을 지니고 있다. 좌파와 우파 이념 성향과 관련된 자기정체성은 대단히 주관적인 것이다. 그럼에도 자신의 정치적 위치를 스스로 파악하는 척도라는 점에서 스웨덴에서 나타나고 있는 변화는 2000년대 들어 나름대로 무시할 수 없는 변화라고 볼 수 있다.

〈표 8.5〉는 좌우 이념에 따라서 가깝게 느끼는 정당 분포를 보여준다. 좌파라고 스스로 규정한 사람들의 경우(0에서 4까지)는 사민당, 녹색당과 좌파당과 일체감을 갖는 것으로 나타났고, 보수적인 사람들(6에서 10까지)은 대부분 중앙당, 인민당, 기민당, 보수당과 일체감을 갖는 것으로 나타났다. 중도라고 답한 사람들은 사민당과 녹색당과 일체감을 많이 가지고 있었고, 보수당들과의 일체감은 상대적으로 낮았다. 가장 보수적인 이념을 지니고 있는 응답자들(10이라고 응답한 사람들)의 경우, 대부분(75.6%)이 보수당과 가깝다고 응답했다. 가장 좌파적이라고 응답한 사람들이 사민당(49.0%)과 좌파당(41.2%)로 나뉘어져 있는 상황과 비교해서, 보수당의 우파 결집력이 더 강하다고 볼 수 있다.

2000년대 들어서 사민당과 보수당의 결집력을 비교하면, 사민당의 좌파 결집력은 약화되고, 보수당의 우파 결집력은 강화되었다. 2002년 온건 좌

<표 8.6> 이념별 정당 지지 비율(2012년, 단위: %)

	C	FP	KD	MG	M	S	V	FI	PI	SD	기타	응답자 수
0(좌)	0	0	0	5.9	0	49.0	41.2	0	0	2	2	51
1	0	0	0	11.1	0	48.1	25.9	3.7	3.7	3.7	3.7	27
2	3	0	0	12.1	1.5	60.6	19.7	0	1.5	1.5	0	66
3	0.7	0	0	20.9	0.7	60.1	13.1	1.3	0	2	1.3	153
4	0.8	1.5	1.5	20.8	0	68.5	4.6	0	0.8	0.8	0.8	130
5(중도)	5.7	5.7	4.3	20.6	9.1	44.5	1	0	1.4	7.7	0	209
6	3.2	16.8	6.3	18.9	28.4	18.9	0	0	2.1	4.2	1.1	95
7	7.8	12.6	4.4	4.4	56.3	7.3	0	0	0.5	5.8	1	206
8	4.1	5.5	3.4	1.4	78.8	0.7	0	0	0.7	4.1	1.4	146
9	7.3	4.9	2.4	0	73.2	2.4	0	0	0	7.3	2.4	41
10(우)	0	0	0	2.2	75.6	11.1	0	0	0	8.9	2.2	45
전체	3.8	5.6	2.7	12.5	29.3	33.5	5.9	0.3	0.9	4.4	1	1169

참고: C-중앙당, FP-인민당, KD-기민당, MG-녹색당, S-사민당, V-좌파당, FI-페미니스트 정당, PI-해적 당, SD-스웨덴 민주당.

파(3과 4로 응답한 사람)는 각각 75.7%와 72%이었으나, 2012년에는 60.1% 와 68.5%로 낮아졌다. 대신 온건 좌파의 녹색당 지지는 7.2%와 9.1%에서 20.9%와 20.8%로 높아졌다. 강성 좌파라고 응답한 사람들(좌우 이념에서 0 과 1로 응답한 사람들) 가운데서도 2002년 5.6%가 사민당, 좌파당과 녹색당 이외의 정당과 일체감을 가졌으나, 2012년 7.8%로 늘었다(페미니스트 정당 1.3%, 해적당 1.3%, 스웨덴 민주당 2.6%, 기타 2.6%). 반면, 보수당의 결집력은 강성 우파의 경우(9와 10으로 응답한 사람) 2002년 각각 46.3%와 57.6%가 보 수당을 지지했지만, 2012년에는 보수당 지지가 73.2%와 75.6%로 높아져 서 보수층의 보수당 집중이 이루어졌다. 그러나 극우라고 응답한 사람들 중(10으로 응답한 경우), 보수당을 제외한 기존의 보수정당들을 지지하는 비 율은 2002년도 33.3%로 높았으나, 2012년 0%로 낮아지고 대신에 이 중의 8.9%가 스웨덴 민주당을 가장 지지한다고 응답해서, 보수층 유권자와 정

〈표 8.7〉 각 정당 지지자의 이념별 분포(2012년, 단위: %)

이념	C	FP	KD	MG	M	S	V	FI	PI	SD	기타	전체
0(좌)	0	0	0	2.1	0	6.4	30.4	0	0	1.9	8.3	4.4
1	0	0	0	2.1	0	3.3	10.1	33.3	10	1.9	8.3	2.3
2	4.5	0	0	5.5	0.3	10.2	18.8	0	10	1.9	0	5.6
3	2.3	0	0	21.9	0.3	23.5	29.0	66.7	0	5.8	16.7	13.1
4	2.3	3	6.2	18.5	0	22.7	8.7	0	10	1.9	8.3	11.1
5(중도)	27.3	18.2	28.1	29.5	5.5	23.7	2.9	0	30	30.8	0	17.9
6	6.8	24.2	18.8	12.3	7.9	4.6	0	0	20	7.7	8.3	8.1
7	36.4	39.4	28.1	6.2	33.8	3.8	0	0	10	23.1	16.7	17.6
8	13.6	12.1	15.6	1.4	33.5	0.3	0	0	10	11.5	16.7	12.5
9	6.8	3	3.1	0	8.7	0.3	0	0	0	5.8	8.3	3.5
10(우)	0	0	0	0.7	9.9	1.3	0	0	0	7.7	8.3	3.8
응답자 수	44	66	32	146	343	392	69	3	10	52	12	1169

참고: C-중앙당, FP-인민당, KD-기민당, MG-녹색당, M-보수당, S-사민당, V-좌파당, FI-페미니스트 정당, PI-해적당, SD-스웨덴 민주당.

당과의 관계가 바뀌고 있음을 보여준다. 이것은 스웨덴 민주당의 등장으로 보수당을 제외한 기존 보수적인 정당들을 지지하는 유권자들의 지지 정당 변화가 일어나고 있음을 보여준다.

정당체제의 안정성은 정당의 성격과 지지자들의 성향이 일치하는 때 형성된다. 이것은 정당의 이념과 활동이 유권자들의 관심 및 이해와 일치하는 경우에 해당한다. 정당의 이념과 지지하는 유권자들의 성향이 일치하지 않는다면, 정당의 사회적 기반이 매우 취약하다고 볼 수 있다. 좌우 정치적 이념은 전통적으로 정당의 사회적 기반을 분석하는 중요한 지표로 사용되었다. 이러한 기준을 사용한다면, 새롭게 등장한 정당들은 매우 혼란스러운 상황을 보이고 있다. 페미니스트 정당은 모두 좌파적 지지기반을 가지고 있다고 볼 수 있다. 그러나 스웨덴 민주당의 지지 기반은 이념적으로 다양하다. 〈표 8.7〉에서 볼 수 있듯이, 스웨덴 사민당의 가장 큰 지지 기반은

334 제3부 정당 정치와 정치의식

이념적으로 중도(30.8%)이고 좌파도 13.4%에 달하고 있다. 우파적 기반이 55.8%로 가장 강하기는 하지만, 기존 보수당의 우파적 기반 93.9%와 비교하면 훨씬 낮다고 볼 수 있다. 이러한 점은 당이 내세우는 이념과 당을 지지하는 사람들 사이의 격차가 크게 존재한다는 것을 보여주며, 이러한 점이 극우 정당의 성공의 원인이 될 수 있었다.[13] 이러한 양상은 해적당의 경우도 마찬가지이다. 급진적인 우익 정당들이 의도적으로 다차원적인 이슈들 가운데서 기존의 이슈들에 대해서는 모호한 입장을 취하면서, 기존의 정당들이 소홀히 했거나 무시했던 이슈들에 대해서는 대단히 단호한 입장을 취하며 기존 정당들을 공격하는 방식을 택했다.[14] 그리고 이러한 전략은 새로운 정당들의 존재를 부각하는 데 크게 기여했다.

극우 민족주의 정당들의 새로운 특징은 세계화에 대한 반대이며, 유럽적 상황에서는 유럽연합에 대한 반대이다. 이것은 각기 다른 이유이지만, 좌파와 우파가 공유하는 목표라는 점에서 유럽 현실의 복잡한 정치적 상황을 보여준다. 〈표 8.8〉은 유럽연합에 대한 평가이다. 유럽연합이 이미 지나치게 권력이 커진 상황이라는 인식(0)에서부터 유럽연합의 권력이 더 강해져야 한다는 인식(10) 중에서 지지 정당에 따른 차이를 보여준다. 유럽연합에 가장 비판적인 사람들은 해적당 지지자들로서 62.1%가 유럽연합에 대해서 부정적인 평가를 하고 있고, 좌파당 지지자들도 58%가 부정적인 평가를 하고 있어서 스웨덴 민주당 지지자들 56.8%보다 높았다. 기독교

---

13) Jens Rydgren, *From tax populism to ethnic nationalism: radical right-wing populism in Sweden*(New York: Berghahn Books, 2006).

14) Jan Rovny, "Where Do Radical Right Parties Stand? Position Blurring in Multidimensional Competition," *European Political Science Review* 5(1)(2013), pp. 1~26.

<표 8.8> 지지정당 별 EU에 대한 평가(2012년, 단위: %)

정당 \ 평가	부정적 0	1	2	3	4	중립 5	6	7	8	9	긍정적 10
C	0.0	5	12.5	12.5	10	27.5	7.5	15	7.5	0.0	2.5
FP	0.0	4.8	4.8	12.7	11.1	28.6	14.3	11.1	11.1	0.0	1.6
KD	12	9.1	12.1	12.1	9.1	21.2	12.1	9.1	3.0	0.0	0.0
G	2.8	1.4	6.9	9.0	16.0	27.8	12.5	13.9	6.2	0.7	2.8
M	3.3	2.7	3.3	10.4	11.0	30.0	13.1	11.3	10.4	2.1	2.7
S	7.9	4.7	7.9	11.1	11.1	30.3	9.5	7.4	7.1	0.5	2.4
V	19.0	7.2	11.6	10.1	10.1	30.4	1.4	7.2	1.4	1.4	0.0
FI	0.0	0.0	0.0	66.7	0.0	33.3	0.0	0.0	0.0	0.0	0.0
PI	39.0	0.0	0.0	7.7	15.4	0.0	7.7	0.0	23.1	7.7	0.0
SD	18.0	8.2	10.2	16.3	4.1	14.3	4.1	12.2	4.1	2	6.1
기타	18.0	9.1	0.0	9.1	9.1	27.3	18.2	9.1	0.0	0.0	0.0
전체	6.8	4.1	6.7	11.0	11.2	28.4	10.5	10	7.7	1.1	2.4

참고: C-중앙당, FP-인민당, KD-기민당, MG-녹색당, M-보수당, S-사민당, V-좌파당, PI-해적당, SD-스웨덴 민주당.

민주당 지지자들도 54.4%가 유럽연합에 대해서 부정적인 평가를 하고 있고 사민당 지지자들도 42.7%가 유럽연합에 대해서 부정적인 평가를 하고 있어서, 지지 정당과 무관하게 유럽연합에 대한 부정적인 평가가 확산되어 있다고 볼 수 있다. 더욱이 보수당 지지자들 가운데서도 30.7%가 부정적인 평가를 하고 있다.

유럽연합 이슈보다 더 분명하게 제도권 정당과 스웨덴 민주당과 차이를 보이는 것은 이민/난민에 관한 이슈였다. 2010년 극우 민족주의를 내세우는 스웨덴 민주당이 원내 진출에 성공한 주된 요인은 상대적으로 주변적인 이민/난민 이슈를 활용하는 데 성공한 것이었다. 스웨덴 민주당은 다수는 아니지만 일정하게 존재하는 이민에 대한 비우호적인 유권자들을 결집할

<표 8.9> 원내 진출하지 못한 기타 정당 지지자들과 전체 응답자의 이민/이민자에 대한 태도
(단위: %)

평가 연도	부정적	중립	긍정적
2002	44.8(24.5)	22.0(24.5)	33.4(49.8)
2004	30.1(15.6)	22.0(24.8)	47.7(59.6)
2006	24.2(15.8)	21.0(25.1)	54.8(59.1)
2008	57.6(13.9)	13.2(21.9)	29.7(64.0)
2010*	62.8(11.4)	26.0(22.2)	10.8(66.5)
2012*	72.3(15.1)	15.0(21.3)	9.5(63.6)

참고: 각 항의 수치는 기타 정당 지지자들의 이민자에 대한 태도이고, 괄호 안의 수치는 전체 응답자
의 이민에 대한 태도이다. *의 2010과 2012년 기타 정당 지지자는 스웨덴 민주당 지지자이다.

수 있었다. 이민에 대한 부정적인 인식은 역대 선거에서 기타 정당을 지지
한 유권자들에서 특히 높게 나타났고, 2010년 선거에서 스웨덴 민주당이
이들을 지지세력으로 통합하는 데 성공했다. <표 8.9>에서 볼 수 있듯이,
2000년대 총선에서 원내에 진출하지 못한 기타 정당에 대한 지지자들 가
운데 이민에 대한 부정적인 인식은 매우 높았고, 스웨덴 민주당은 이들을
결집하는 데 성공했다. 일반 시민과는 매우 다르게 이민에 대한 부정적인
인식을 갖고 있는 일부 유권자를 결집한 결과로 2010년도와 2012년 스웨
덴 민주당 지지자들과 일반 대중 간 이민에 대한 태도는 더욱 큰 격차를 보
이게 되었다.

그리하여 이민에 대한 인식은 지지 정당 별로 크게 다르게 나타났다.
<표 8.10>은 2012년 조사에서 나타난 지지 정당별 이민자에 대한 인식이
다. "이민이 스웨덴을 좀 더 나쁘게 만들 것인가(0), 아니면 더 좋게 만들
것인가(10)"라는 질문에 대한 답은 지지 정당별로 확연하게 다르게 나타났
다. 보수정당 중에서도 인민당 지지자들 가운데 92.5%가 이민자들이 스웨

<표 8.10> 지지 정당별 이민자에 대한 인식(2012년, 단위: %)

인식 \ 정당	비우호 0	1	2	3	4	중립 5	6	7	8	9	우호 10
C	0.0	2.3	0.0	0.0	4.5	27.3	15.9	9.1	27.3	4.5	9.1
FP	0.0	0.0	0.0	3.0	4.5	10.6	10.6	24.2	27.3	10.6	9.1
KD	0.0	0.0	0.0	3.2	9.7	25.8	12.9	16.1	16.1	9.7	6.5
MG	0.0	0.7	0.0	0.7	4.8	19.7	10.2	15.6	26.5	6.1	16
M	0.9	0.3	2.1	3.6	6.2	25.4	10.9	15.4	20.4	7.4	7.4
S	0.3	1.3	3.1	5.4	5.6	20.5	12	17.6	21.2	4.6	8.4
V	0.0	0.0	1.4	4.3	0.0	17.1	7.1	7.1	28.6	10	24
FI	0.0	0.0	0.0	0.0	0.0	33.3	0.0	0.0	33.3	0.0	33
P	16.7	0.0	0.0	16.7	8.3	41.7	0.0	0.0	16.7	0.0	0.0
SD	13.2	9.4	17	20.8	15.1	15.1	3.8	5.7	0.0	0.0	0.0
기타	0.0	0.0	0.0	7.7	7.7	7.7	15.4	15.4	23.1	7.7	15
전체	1.1	1.1	2.5	4.6	5.8	21.3	10.8	15.3	21.6	6.2	9.7

참고: C-중앙당, FP-인민당, KD-기민당, MG-녹색당, M-보수당, S-사민당, V-좌파당, FI-페미니스트 정당, P-해적당, SD-스웨덴 민주당.

덴 사회를 발전시킬 거라고 본 반면, 스웨덴 민주당 지지자의 75.5%가 이민자들이 스웨덴 사회를 더 나쁘게 만들 것이라는 생각을 가지고 있는 것으로 나타났다. 대체적으로 기존의 정당을 지지하는 사람들은 이민에 대해서 긍정적으로 평가하는 반면, 스웨덴 민주당과 해적당 지지자들은 이민을 부정적으로 보는 비율이 압도적으로 높았다. 스웨덴 민주당 지지자들의 경우 가장 두드러진 점은 이민/이민자들에 대한 부정적인 인식이라고 볼 수 있다. 이것은 유럽 여러 나라에서 나타나고 있는 유럽연합에 대한 부정적인 인식과 이민/이민자들에 대한 부정적인 인식이 동일하게 나타나지만, 스웨덴에서는 유럽연합에 대한 부정적인 인식이 전반적으로 높은 반면, 이민/이민자에 대한 부정적인 인식은 낮은데, 스웨덴 민주당 지지자들 가운데서는 예외적으로 이민/이민자에 대한 부정적 인식이 압도적으로 높게 나타난 것이다. 이러한 점은 스웨덴 민주당이 단일 이슈인 이민 문제를 중심으로 사회적 동원을 한 정당이라는 점을 잘 보여준다.

　새로운 정당들이 내세우는 이슈들은 전통적인 사회적 균열인 계급이나 종교에 기반을 둔 것이 아니라 이민/난민이나 유럽화 등 상대적으로 기존 정당들이 모호한 입장을 취하고 있는 이슈들이다. 이러한 이슈들은 새롭게 부각된 이슈들은 아니지만, 스웨덴에서 오래전부터 존재해왔던 소수의 의견이었다. 전통적인 진보-보수와는 매우 다른 차원의 이슈들로서 다양한 이념적 스펙트럼을 지닌 유권자들의 지지를 얻었다고 볼 수 있다. 이것은 사회적인 변화의 차원이 아니라 이슈화되지 못했던 이슈를 정치 집단이 선거 국면에서 이슈화하면서 정치 쟁점으로 부각할 수 있는 정당과 정당 지도자의 능력에 크게 영향을 받았다.15) 이러한 정당들은 정치적 담론을 통한 '동원 기술(technology of mobilizing)'에 크게 의존하고 있기 때문에, 사회 구조적인 균열에 기초한 전통적인 정당과 유권자와의 관계에 비해서 훨씬 유동적이고 불안정하다고 볼 수 있다. 당의 지지가 국면적 상황에 크게 의존하기 때문에, 당은 상황 변화에 크게 영향을 받을 수밖에 없다. 이슈 쟁점화에 성공해 일시적으로 지지를 확보하는 것을 넘어서 다양한 이슈에 대한 정책적인 대응을 하는 일반적인 정당으로 부상하기에는 한계가 있다고 볼 수 있다.

---

15) 스웨덴 민주당 당수 지미 오케손(Jimmie Akesson)은 보수당 청년 당원으로 출발해서 1995년 16세 스웨덴 민주당 청년협의회에 가입해 스웨덴 민주당 당원이 되었다. 그는 웹 디자이너 경력을 갖고 있는 35세의 젊은 정치인으로 전통적인 나이 든 극우 지도자들과 차별성을 지니고 있다. 2005년 창당한 페미니스트 정당의 지도자인 구드룬 쉬만(Gudrun Schyman)은 좌파당 지도자였으나, 당의 여성 정책에 불만을 품고 독립적으로 활동해 유명해진 여성주의자였고, 2006년 창당된 해적당 지도자 리카르드 팔크빈예(Richard Falkvinge)은 IT업체 대표였다.

6. 결론

이 장에서는 스웨덴 민주당의 등장을 중심으로 2000년대 스웨덴 정치체제의 변화를 추적하고 변화의 원인을 찾아내고자 했다. 새로운 정당들이 등장해서 기존의 정치체제의 변화를 겪고 있는 스웨덴 정치체제 변화의 내용을 살펴보기 위해, 2002년부터 2012년까지 유럽사회조사의 일부로 이루어진 스웨덴 사회조사자료를 분석에 활용했다. 결론적으로 2000년대 들어서 이전보다 뚜렷하게 가시화된 스웨덴 정당체제의 변화는 무엇보다도 사회 혹은 유권자의 변화에 의한 것이라기보다는 정치 집단에 의해서 주도되었다는 것을 확인할 수 있었다. 스웨덴 민주당이 내세우는 유럽연합이나 이민/난민 반대 여론은 2000년대에 들어서 늘어나지 않았다. 유럽연합과 유럽의회에 관한 여론은 오히려 개선되었고, 이민/난민에 대한 여론은 유의미한 변화를 보이지 않았다. 스웨덴 민주당의 등장은 일정 수준으로 존재해온 여론을 정치적으로 동원하는 데 성공한 결과라고 볼 수 있다.

스웨덴 민주당과 같이 단일 이슈 중심의 정당들이 계속해서 등장하고 있는 이유는 기존 정당들이 특정 이슈에 대해서 냉담하거나, 무능력하게 대처하고 있기 때문이었다. 상대적으로 관심이 낮은 이슈를 정치적인 이슈로 부각하고 그에 기초해 지지를 확보하는 새로운 정당들의 전략은 정치적으로 주변화된 이슈를 활용하는 틈새전략이라고 볼 수 있다. 그리고 이러한 틈새전략은 새로운 정당의 지도자 개인의 인기로 어느 정도 성공을 거두고 있었다.

그러나 2000년대 스웨덴에서 나타난 정치체제의 변화가 정당, 투표행위, 유권자와 정당 간의 관계에 근본적인 변화를 가져오고 있다고 보기는 어렵다. 점차 합의의 정치에서 정쟁과 비판이 더 격해지는 갈등적인 정치로의 변화는 부정하기 어렵지만, 스웨덴 정치체제의 구조적 변화를 가져오고 있다고 판단하기는 어렵다. 특정 정치세력이 자신들의 정치적 이념이나 이데올로기를 실현하기 위해 다양한 정치적 담론을 만들어 대중을 동원하고자 하는 과정에서 미디어를 활용한 방식들이 나타나고 있다는 점이 새롭다고 볼 수도 있다. 그러나 20세기 내내 스웨덴 정치가 기본적으로 그러한 정치과정을 보여주었다는 점에서 그리 우려할 만한 일은 아니다.

오늘날 다양한 대안적 미디어의 발달로 주류 담론과는 다른 '대안적 담론'의 유포와 대중화가 용이해졌다. 일종의 정치적 틈새를 활용한 새로운 정당들의 동원기술은 인터넷과 SNS를 통한 대안적 담론을 통해서 훨씬 쉽게 이루어질 수 있다. 상대적으로 단일한 이슈들을 중심으로 기존 정당들과의 차별화를 내세우면서, 특정 이슈에 불만을 품은 유권자들의 지지를 확보할 수 있었다. 그렇지만, 정당의 노선과 유권자들의 정치적 태도가 격차를 보이고 있기 때문에, 정당 자체가 지속적이고 안정된 사회적 기반을 가지고 있다고 보기 힘들다. 새로운 정당들이 기존 정당처럼 다차원적인 이슈에 대한 정책적 대안을 갖는 정당으로 바뀌거나 혹은 사회적 지지 기반보다는 대중 동원을 통한 담론 정치에 초점을 맞춰야 하는 선택의 기로를 피할 수 없을 것이다.

2014년 9월 스웨덴 총선은 이러한 변화의 양상을 좀 더 분명하게 보여주었다. 2014년 9월 총선에서 스웨덴 민주당은 12.9%의 지지를 확보하며 원내 의석을 20석에서 49석으로 크게 늘리는 데 성공했다. 기존 정당들을 물리치고 제3당으로 급부상한 스웨덴 민주당은 우파 포퓰리스트 정당으로 제도권 정치에 진입한 것이다.

그러나 이민정책이라는 단일 이슈를 중심으로 대중 동원에 성공한 스웨덴 민주당은 여러 다른 이슈가 등장하면 분열을 피하기 어렵다. 단일 이슈

정당들이 직면하고 있는 공통적인 문제로 다양한 이슈와 관련해서는 스웨덴 민주당의 독자적인 노선이 없기 때문에, 이슈들을 둘러싼 내부적인 갈등이 상존하고 있다. 예를 들어, 스웨덴 민주당은 2014년 러시아의 우크라이나 침공을 둘러싸고 러시아를 지지하는 측과 반대하는 측으로 분열되었다. 푸틴의 노선을 지지하는 파는 푸틴의 오랜 친구인 프랑스 극우파 국민전선의 지도자 장마리 르 팬(Jean-Marie Le Pen)에 가까운 집단이다. 반면에 서방의 반러시아 입장을 지지하는 파는 푸틴에 대해서 의심을 하고 있다. 스웨덴 민주당은 커다란 내분에 휩싸였고, 당수 오케손은 당수직을 사임했다.

제9장
스웨덴 복지 모델의 사회적 기초*

1. 문제 제기

1938년 마퀴스 차일드가 스웨덴을 자유시장경제와 국가계획경제 중간
에 위치하고 있는 제3의 길로 묘사한 이래, 스웨덴 모델 혹은 스웨덴 복지
모델은 여러 서로 다른 관점에서 독특한 사회체계로 인식되었다.[1] 그렇지

---

*   이 글은 2012년 8월 30~31일 아산정책연구소가 개최한 국제 심포지엄 "Understanding
   The Swedish Welfare Model"에서 발표한 것이다. 토론을 해준 김인춘 교수(연세대
   학교)와 스벤 호트(Sven Hort) 교수, 심포지엄 참가자들에게 감사드린다.

1) Walter Korpi, *The Democratic Class Struggle: Swedish Politics in a Comparative
   Perspective*(London: Routledge & Kegan Paul, 1983); Gøsta Esping-Anderson, *The
   Three Worlds of Welfare Capitalism*(New Jersey: Princeton University Press, 1990);
   Peter Swenson, "Bringing Capital Back in, or Social Democracy Reconsidered:
   Employer Power, Cross-Class Alliances, and Centralization of Industrial Relations
   in Denmark and Sweden," *World Politics* 43(4)(1991), pp. 513~544; Assar
   Lindbeck, *The Swedish Experiment*(Stockholm: SNS Forlag, 1997); Peter Hall and
   David Soskice(eds.), *Varieties of Capitalism: Institutional Foundations of*

만 스웨덴 사회체제의 주된 특징은 각기 다른 관점에서 다르게 이해되었다. 일부 학자는 스웨덴 모델을 사회적 형평과 경제적 효율성을 동시에 지닌, 혹은 성장과 안정을 동시에 지닌 성공적인 사회모델로 높게 평가한다.[2] 그러나 다른 학자들은 스웨덴 모델을 지속가능하지 않은 파괴적인 사회체계라고 비판한다. 그러나 스웨덴 모델에 대한 각기 다른 평가에도 존재함에도, 기존의 관점들은 공통적으로 스웨덴 모델의 지속성이 경제적인 차원에서 의해서만 충분히 설명될 수 없다는 점을 간과하고 있다. 궁극적으로 사회제도의 정당성은 제도에 대한 국민들의 정치적 지지 여부에 달려 있다. 비록 제도를 포괄하는 체제의 기능과 그 체제에 대한 국민의 지지 간에 밀접한 관계가 있지만, 두 가지는 사회체제를 구성하는 별개의 요소이다.

위르겐 하버마스(Jurgen Habermas)의 용어를 빌리면, 체제통합(system integration)뿐만 아니라 생활세계의 사회통합(social integration)이 모든 사회체제의 지속에 필수적으로 요구된다.[3] 체제 통합은 사회체제의 기능적 안

Comparative Advantage(New York: Oxford University Press, 2001).

2) Henry Milner, *Sweden: Social Democracy in Practice*(Oxford: Oxford University Press, 1990); Kazimierz Musial, *Tracing roots of Scandinavian model: Image of progress in the era of modernisation*(Berlin: Humboldt-universitat, 1998); Evelyne Huber and John H. Stephens, *Development and Crisis of the Welfare State: Parties and Global Markets*(Chicago: Chicago University Press, 2001).

3) 하버마스가 의사소통 행위론에서 핵심적인 개념으로 사용하고 있는 체계통합과 사회통합 개념은 영국의 사회학과 데이비드 로크우드(David Lockood)에 의해서 제시되었다. 하버마스는 로크우드의 개념을 받아들여 생활세계 내에서 이루어지는 의사소통을 통한 가치와 규범의 공유에 바탕을 둔 사회통합과 사회의 하계 체계들 간의 기능적 통합을 의미하는 체계통합을 사회의 유지에 필수적으로 요구되는 사항이라고 보았다(Jürgen Habermas, *The Theory of Communicative Action* Vol. 1(London:

정성에 기여하는 하위 체계들의 질서 있는 조정을 지칭한다. 사회체제는 복잡한 경제제도들 간의 효과적인 조정을 통해 재생산될 수 있다. 화폐가 경제에서 체계 통합의 핵심적인 매개물이다. 체제 분열(disintegration)은 사회의 하위 체계가 제대로 작동하지 않을 때 드러난다. 예를 들어, 경제위기는 높은 실업률이나 인플레 혹은 저소비를 야기해서 사회체계가 기능적으로 위기에 빠지게 된 상태를 지칭한다. 이것은 경제를 구성하는 요소들 간의 부조화와 불협화음으로 경제가 제대로 돌아가지 않는 상태인 것이다. 사회통합은 규범적인 수준에서 사회적 구성원들이 사회제도에 대한 지지를 통해서 사회제도가 안정적으로 유지되는 상태를 의미하며, 사회 행위자들 간에 소통을 통한 공통적인 이해가 이루어진 상태를 지칭한다. 행위자들의 인식과 평가라는 주관적인 차원은 사회체제 안정에 크게 영향을 미친다. 사회제도에 부여하는 의미와 가치를 공유하는 것은 물질적 욕구의 충족만큼이나 중요하다. 사회제도의 정당성은 사회통합에 의해서 강화될 수 있기 때문이다. 즉, 행위자들의 인식과 평가가 지니는 주관적인 차원이 사회체제의 안정성에 중요하게 영향을 미친다. 사회통합을 이루는 데는 문화적·규범적 요소들이 중요하다. 문화적·규범적 요인들은 의사소통 행위가 합의나 상호 이해를 만들어내는 데 중요한 역할을 하는 영역인 생활세계 내에서 형성된다.

스웨덴 사회체제의 핵심적인 동학은 노동력의 상품화와 가족 복지의 탈상품화가 결합되어 있다는 점에서 찾을 수 있다. 다른 스칸디나비아 국가들과 같이, 스웨덴은 노동인구를 늘리는 데 관심을 기울여왔다. 스웨덴 국가는 더 많은 사람이 일을 하도록 만들기 위한 노동시장정책을 도입했다.

Polity Press, 1985); David Lockwood, "Some Remarks on The Social System," *The British Journal of Sociology* 7(2)(1956), pp. 134~146].

스칸디나비아 국가들은 노동시장에서 더 많은 노동력이 상품화가 될 수 있
도록 했다. 대조적으로 국가가 제공하는 포괄적인 복지의 발달은 시장이
개인과 가족에 미치는 효과를 일정 정도 제약하는 경향을 보였다. 시장 대
신에 국가가 가족생활을 유지하는 데 필요한 다양한 복지 서비스를 가족에
게 제공했다. 가족 복지의 탈상품화는 시장의 변동과 독립적으로 가족의
생활을 보장하고 안정시키는 데 크게 기여했다. 상품화와 탈상품화 결합의
구체적인 형태와 성격이 지난 30여 년간 변화해왔지만, 지속적으로 상품화
와 탈상품화의 결합이 스웨덴 복지 모델을 뒷받침하는 논리로 작용해왔다.
좀 더 구체적으로 스웨덴 모델은 적극적 노동시장정책과 적극적 복지정책
의 결합물이라고 볼 수 있다. 노동시장 정책과 복지정책의 결합은 제2차
세계대전 이후 스웨덴 체제의 제도적 토대를 이루고 있다. 마이드너가 주
장하듯이, 1960년대와 1970년대 스웨덴 사회민주주의의 정책 목표는 노동
시장에서 완전고용을 이루는 것이고, 생활세계에서는 평등을 달성하기 위
해 적극적 노동시장정책과 적극적 복지정책을 동시에 추구해왔다.[4] 그리
하여 스웨덴에서는 석유파동이 스웨덴 경제뿐만 아니라 유럽 경제를 파국
으로 몰아갔던 1973년 이전까지 노조의 연대임금정책, 국가의 적극적 노
동시장정책과 복지정책의 종합효과로 완전고용과 평등이 상당한 수준에서
이루어졌다.

　두 가지 동학의 균형을 이루는 것이 중요한 스웨덴 모델의 제도적 기제
였다. 스웨덴 경제가 대단히 높은 소득불평등을 만들어냈지만, 국가복지
프로그램을 통해서 노동시장의 불평등은 크게 낮아졌다. 스웨덴은 OECD
국가 중에서 세전 소득불평등이 대단히 높은 나라에 속했다.[5] 2000년대

---

4)　Rudolf Meidner, "Why did the Swedish Model Fail?" *The Socialist Register* Vol.
　　29(1993), pp. 211~228.

말 스웨덴은 지니 계수가 0.258로 OECD 국가들 가운데 세후 소득불평등이 세 번째로 낮은 국가였다. 그러나 세전 소득불평등 정도는 지니계수가 0.486인 미국과 크게 다르지 않은 0.426을 보여서 세전 소득불평등이 대단히 심한 나라임을 알 수 있다.[6] 즉, 스웨덴에서는 노동시장과 경제활동의 측면에서 소득불평등이 대단히 강하지만, 공적인 제도를 통한 다양한 기제에 의해 소득재분배가 광범위하게 이루어지고 있음을 함의한다.

이러한 제도들의 안정성은 정부 기관뿐 아니라 지속적인 대중적 지지에 의해서 보장될 수 있다. 조세제도, 고용제도와 복지 프로그램에 대한 합의가 스웨덴 모델의 안정성을 보장하는 전제 조건이다. 그렇지만, 1990년대부터 세계화가 스웨덴을 휩쓸면서, 여론의 변화가 생겨났다. 그리하여 스웨덴 모델의 토대를 약화하는 조세와 복지에 대한 여론을 변화시키는 중요한 정치적 쟁점으로 오래된 이슈들뿐 아니라 새로운 이슈들이 등장했다. 이 글은 스웨덴 선거 서베이 자료[7] 분석을 통해서 2000년대 스웨덴 모델의 사회적·정치적 기반이 얼마나 강한지, 그리고 그것이 어떻게 변하고 있는지를 살펴본다. 스웨덴 모델의 제도적 특징과 관련되어 있는 포괄적인 복지 프로그램에 대한 국민의 지지 정도와 대중교육에 대한 국민의 지지를

---

5) 대부분의 유럽 국가들의 조세 전 소득불평등은 대부분이 0.4를 넘는 대단히 높은 수준이다. 스웨덴의 2000년 조세 전 지니계수는 0.446으로 일본의 0.432보다 높았고, 독일의 0.471이나 미국의 0.476보다는 낮았다. 반면 조세 후 지니계수는 0.243으로 일본의 0.337, 독일의 0.264와 미국의 0.357보다 훨씬 낮았다[http://stats.oecd.org/Index.aspx?DataSetCode=IDD(검색일: 2015.2.22)].

6) OECD, *Divided We Stand, Why Inequality Keeping Rising*(Paris: OECD, 2011), p. 36, 45.

7) 여기에서 사용된 스웨덴 선거 서베이 데이터 사용을 허락해준 전국 스웨덴 선거연구 (the Swedish National Election Studies: SNES)에 감사를 전한다. 스웨덴 선거 서베이 조사는 1954년부터 예테보리대학교 정치학과가 주관해서 실시하고 있다.

중심으로 스웨덴 국민들의 태도에서 나타나는 복지국가에 대한 지지를 분석한다. 이것을 통해, 공교육 대신 민간 학교를 선택할 수 있는 '선택의 자유'를 증진한다는 명목으로 교육부문에서 이루어진 학교 개혁이 전반적인 공공부문의 지지를 약화하고, 점차적으로 스웨덴 모델의 사회적 기반을 약화하는 '톱니바퀴효과(ratchet effect)'가 있음을 논의한다. 톱니바퀴효과는 일단 교육부문에서 이루어진 시장화가 되돌릴 수 없는 변화로 자리를 잡고 또한 다른 분야에까지 영향을 미쳐 전반적인 시장화(민영화) 추세를 낳는 효과를 지니기 때문이다.

2. 복지정책의 사회적 토대

한 사회 내에서 오래 지속되고 있는 공적 제도와 그 제도에 관한 개인들의 태도 간의 상호적인 과정을 통해서 두 가지가 서로 영향을 주며 변하는 공진화(co-evolution)가 제도와 의식 간의 관계를 이해하는 데 중요한 개념으로 인식되기 시작했다. 새로운 정책과 제도는 주요 행위자들과 국민 다수가 기존 정책과 제도의 변화가 필요하다는 인식을 하게 되는 결정적 국면(critical juncture)에 나타난다. 전쟁, 경제위기나 혁명과 같은 역사적 사건들은 새로운 기대와 새로운 가치를 동반하는 새로운 시대정신과 함께 근본적인 정책 변화를 낳는다. 새로운 이데올로기를 반영하는 새로운 제도들은 특정한 시기에 나타나지만, 그것들은 사람들의 정당한 기대 형성에 영향을 미친다. 일단 새로운 제도가 일상적이고 자연스러운 제도로 작동하게 되면, 안정적인 제도의 재생산이 기대된다. 그리하여 복지국가에 대한 국민의 태도에서 지속적이고 또 체계적인 변화를 관찰할 수 있다.[8] 새로운 제도의 규범적 토대를 강화하는 것은 새롭게 도입된 제도의 지속성과 제도변화에서 강한 경로 의존성을 확립하기 위해 필요한 핵심적인 사항 가운데 하나이다. 동시에 제도가 일단 도입이 되면, 제도는 행위자들의 정치 행태 뿐 아니라 정치적 태도에도 영향을 미친다. 행위자들은 관료와 정치에서부터 투표장에서 투표를 하는 유권자들에 이르기까지 매우 다양하다.

공공 제도의 일부로서 복지 프로그램은 두 가지 조건이 충족되는 한 유지될 수 있다. 한 가지 조건은 사회체제의 하위 체제들 사이의 긍정적인 환류 고리로 일컬어지는 기능적 양립성(functional compatibility)이다. 그리하여 복지 프로그램들은 경제에 해를 끼치지 않는 한 지속될 수 있다. 만약, 복지 프로그램에 필요한 재정 자원이 충분하지 않거나 혹은 적어도 문제가 있다면, 복지 프로그램은 지속가능하지 않게 된다. 다른 조건은 복지 프로그램에 대한 강한 국민적 지지이다. 에스핑-앤더슨이 주장한 것처럼, 복지국가의 발전은 다른 규범적 토대 혹은 다른 정치 체제에 뿌리를 두고 있다.[9] 비록 복지국가 유형이 아직까지도 논쟁적인 이슈이지만, 여러 나라 간에 제도적 차이가 지속되고 있다는 점에 관해서는 합의가 있다.[10] 복지

---

8) Stefan Svallfors, "Worlds of Welfare and Attitudes to Welfare: A Comparison of 8 Western Nations," *European Sociological Review* 13(3)(1997), pp. 283~303; Stefan Svallfors, "Class and Attitudes to Market Inequality: A Comparison of Sweden, Britain, Germnay and the United States," in Stefan Svallfors(ed.), *The Political Sociology of the Welfare State: Institutions, Social Cleavages, and Orientations*(Stanford: Stanford University Press, 2007); Morten Blekesaune and Jill Quadagno, "Public Attitudes toward Welfare State Politics: A Comparative Analysis of 24 Nations," *European Sociological Review* 19(5)(2002), pp. 415~427.

9) Gøsta Esping-Anderson, *The Three Worlds of Welfare Capitalism*.

10) Francis Castles and Dorothy Mitchell, "Identifying Welfare State Regimes: The Links Between Politics, Instruments and Outcomes," *Government* 5(1)(1992), pp, 1~26;

국가에 대한 대중적인 지지는 나라마다 대단히 다르며, 이것은 복지국가의 사회적 기반이 나라마다 다르다는 것을 보여준다.

스웨덴 복지국가의 사회적 기반은 무엇인가? 그것은 신자유주의자들과 보수적인 정당들에 의해서 비판을 받고 있는 복지국가를 충분히 뒷받침할 수 있을 정도로 강하고 안정적인가? 스테펜 스발포르스(Stefen Svallfors)는 2000년대 스웨덴에서 복지국가에 대한 지속적인 지지가 존재한다는 것을 발견했다.[11] 놀랍게도 더 많은 스웨덴 사람이 더 많은 공공지출을 위해서 기꺼이 세금을 더 많이 내려고 한다. 스발포르스는 비록 2006년 보수정당들이 선거에서 승리해 권력을 장악하기는 했지만, 복지국가에 대한 대중적 지지는 크게 바뀌지 않았다는 것을 보여주었다. 〈표 9.1〉에서 알 수 있듯이, 최근 복지국가에 대한 지지도는 더욱 강화되었다.[12] 1997년과 비교해서, 여섯 가지 복지정책을 위해서 세금을 더 내겠다는 응답은 2010년에 더 강화되었다. 비록 2002년에 복지정책의 지지가 크게 약화되기는 했지만,

---

Paul Pierson, "The new politics of the welfare state," *World Politic* 48(2)(1996), pp. 143~179; Peter Hall and David Soskice(eds.), *Varieties of Capitalism: Institutional Foundations of Comparative Advantage*; T. A. Eikenmo, C. Bambra, K. Joyce and Espen Dahl. "Welfare state regimes and income-related health inequalities: a comparison of 23 European countries," *European Journal of Public Health* 18(2008), pp. 593~599.

11) Stefen Svallfors, "A Bedrock of Support? Trends in Welfare State Attitudes in Sweden, 1981~2010," *Social Policy and Administration* 45(7)(2011), pp. 806~825.spol_796

12) 스발포르스가 분석한 자료는 스웨덴 복지국가 서베이(the Swedish Welfare State Survey, SWS) 자료이고, 이 자료는 1986년부터 2010년까지 다섯 차례에 걸쳐서 스웨덴 복지제도에 대해 실시한 신뢰도 조사 자료이며, 스웨덴 우메오대학교(Umeå university)의 스발포르스가 조사의 책임을 맡았다.

다음과 같은 항목에 소요되는 세금을 부담할 의지	1997년	2002년	2010년
의료 및 건강 보호	67	65	75
노인지원(연금 및 노인 간병)	62	60	73
유자녀 가족 지원(아동수당, 아동보호)	42	39	51
사회부조	29	25	40
초중등 교육	62	61	71
고용정책	40	31	54
응답자 수(명)	(1290)	(1075)	(3800)

자료: Stefen Svallfors, "A Bedrock of Support? Trends in Welfare State Attitudes in Sweden, 1981~2010," p. 812.

복지정책에 대한 지지는 2010년에 다시 크게 증가했다. 2006년부터 스웨덴 정권을 보수정당들이 장악했다는 점을 고려하면, 최근 복지정책에 대한 대중적 지지는 상당히 놀라운 일이다. 우리는 집권 정당들의 이데올로기에 관계없이, 스웨덴에서는 복지국가에 대한 강한 사회적 기반이 마련되어 있다고 결론을 내릴 수 있을 것이다.

1997년 이후 2010년까지 복지정책들에 대한 지지가 계속해서 높아진 것은 각기 다른 정당들 간에 이루어진 정치적 합의를 반영하는 것으로 보인다. 보수 연립정권의 주축을 이루고 있는 거대 보수 여당인 보수당은 2004년 과거 당의 중심적인 이데올로기였던 미국식 신자유주의를 거부하고 새로운 당의 이념으로 '친노동, 친복지'를 내세웠다.[13] 새로운 보수당 전략은 스웨덴 복지제도와 노사관계를 현실로 인정했다. 대신에, 보수연정은 노인

---

13) 신광영, 「스웨덴 사회민주주의 체제하에서의 보수정당들의 정치 전략 연구: 2000년대를 중심으로」, ≪스칸디나비아 연구≫ 13(2012), 65~93쪽.

간병이나 건강 보장에서 사적 부문을 복지 영역으로 끌어들이는 점진적 개혁을 추구했다. 그리하여 보수연정에 의해서 주도된 스웨덴 복지개혁은, 복지국가가 유지되었지만 시장원리가 부분적으로 도입되었다는 점에서 '복지 축소 없는 자유화'를 특징으로 했다. 베리와 에를링손이 주장하는 것처럼, 스웨덴 복지모델을 복지 프로그램들의 변화 여부라는 좁은 의미로 해석하면 스웨덴 모델은 변화를 한 것으로 볼 수 있다.[14] 그렇지만 만약 스웨덴 모델을 미국이나 영국에 의해서 대표되는 자유주의 모형과 비교해서 본다면, 스웨덴 모델이 지속되고 있다고 볼 수도 있다.

그러나 스웨덴 내에서도 복지정책에 따라 대중적 지지에 큰 편차가 존재하는 것도 사실이다. 예를 들어, 사회부조를 위해서 세금을 낼 용의가 있다는 의견은 여섯 개 복지정책에 대한 대중적 지지에서 가장 낮은 수준을 보여주었다. 이것은 이전의 조사에서도 동일하게 나타났다. 사회부조에 대한 대중적 지지는 1997년 29%이었고, 2002년에는 25%에 그쳤다. 대신 2010년에 40%로 올라갔다. 그럼에도 아직도 그것은 절대 다수가 사회부조를 위해 세금을 내는 것에 부정적이라는 점을 보여준다. 고용정책과 유자녀 가족 지원도 여섯 개 복지정책 가운데서 지지가 낮은 축에 속한다. 단적으로 사회부조, 고용보험과 가족복지는 상대적으로 낮은 지지를 받는 반면, 건강보험, 노인 간병과 교육은 지속적으로 높은 지지를 받고 있다고 볼 수 있다. 각 복지정책에 대한 대중적 지지가 양극화된 패턴을 지속적으로 보여주는 것은 스웨덴 국민 가운데 어떤 복지정책에 대한 큰 불만이 존재한다는 것을 보여주는 것이다.

---

14) Andreas Bergh and Gissur O. Erlingsson, "Liberalizatin without Retrenchment: Understanding the Swedish Welfare State Reforms," *Scandinavian Political Studies* 32(1)(2008), pp. 71~93.

<표 9.3> 연령별 공공부문 축소에 대한 태도(2006년, 단위: %)

연령 입장	18~21세	22~30세	31~40세	41~50세	51~60세	61~70세	71~85세
지지	16.8	23.5	26.4	25.4	28.4	33.4	33.9
중립	33.7	25.3	16.9	22.2	14.9	16.9	20.7
반대	49.5	51.1	56.7	52.4	56.7	49.7	45.4

　복지국가에 대한 지지의 차이는 어디서 비롯되는가? 〈표 9.2〉는 정당 지지에 따른 복지국가에 대한 대중적 지지에서의 차이를 보여준다. 공공부문에 대한 가장 큰 지지는 좌파당을 지지하는 사람들로부터 나왔다. 공공부문에 대한 부정적인 평가는 보수당이나 중앙당[15) 지지자들에서 발견되었다. 좌파당 지지자들 가운데서 공공부문 축소를 지지하는 비율은 2.9%에 불과했다. 그리고 사회민주당 지지자들 가운데서는 11.2%였다. 대조적으로 보수당 지지자들의 경우 55.2%가 공공부문 축소를 지지했다. 좌파 블록을 구성하고 있는 좌파당, 사회민주당과 녹색당 3당 지지자들 가운데 공공부분의 축소를 지지하는 비율은 13%였지만, 우파 블록을 구성하고 있는 중앙당, 인민당, 보수당과 기독교 민주당 지지자들의 경우 공공부문 축소를 지지하는 비율이 47%에 달해, 지지하는 정당과 정치 이념에 따라서 공공부문 축소에 대한 의견이 크게 달라지는 것으로 나타났다. 비록 우파 블록 내에서도 차이가 있지만, 좌파 블록과 우파 블록 사이에는 그보다 훨씬 뚜렷한 차이가 있다.

---

15) 1913년 농민동맹에서 출발한 스웨덴 중앙당은 독립적이고, 자영농의 전통을 지니고 있어서 국가의 규제를 거부하고 환경 지향적인 이념을 가지고 있지만, 신자유주의가 아닌 사회적 자유주의를 내세운 정당으로 인민당, 기독교 민주당, 보수당과 함께 현재 스웨덴 연합정권에 참여하고 있다. 그리하여 2006년부터 현재까지 보수당 보수연정은 중도-우파 연정이라고 볼 수 있다.

<表 9.2> 정당 지지별 공공부문 축소에 대한 지지, 2006년

지지정당 ＼ 태도	대단히 좋음	좋음	보통	나쁨	대단히 나쁨	모름
좌파당	0.0	2.9	5.9	20.6	67.6	2.9
사회민주당	0.8	10.4	18.3	35.0	30.8	4.6
중앙당	12.5	32.5	20.0	32.5	2.5	0.0
인민당	10.4	25.0	25.0	18.8	14.6	6.3
보수당	21.2	14.0	19.2	16.7	6.4	2.6
기독교 민주당	15.0	15.0	20.0	32.5	15.0	2.5
녹색당	3.1	6.3	6.9	31.3	46.9	6.3

더 장기적인 관점에서 스웨덴 복지의 사회적 기반을 확인하기 위해서, 연령이나 세대별로 복지국가에 대한 지지의 차이가 있는지를 분석할 필요가 있다. 나이 든 세대보다 젊은 세대에서 복지정책에 대한 지지가 낮다면, 기존의 복지정책들에 대한 지지가 미래에 줄어들 것이기 때문에 장기적인 관점에서 제도의 사회적 기반은 취약하다고 볼 수 있다. <표 9.3>은 연령별 공공부문 축소에 대한 태도를 보여준다. 무엇보다 젊은 세대들은 공공부문의 축소를 지지하지 않는 경향이 있다.[16] 나이든 세대에서 33% 이상이 공공부문의 축소를 지지했지만, 18~21세 사이 젊은이들 가운데 16%만이 공공부문의 축소를 지지했다. 공공부문 축소에 대한 반대는 매우 강해서 유권자들을 동원하는 데 용이하다고 볼 수 있다. 요약하자면, 2006년 공공부문 축소에 대한 지지는 26.7%였고, 반대가 52.5%에 달했기 때문에, 공공부문에 대한 강한 지지가 사회적으로 존재하고, 또한 젊은 세대에서

---

16) 서베이 조사에서 질문에 대한 응답은 다섯 개의 리커트 척도로 제시되었다. 여기에서 지지하는 응답은 대단히 좋음(very good)과 좋음(good)을 합친 것이고, 반대하는 응답도 동일한 방식으로 대단히 나쁨(very bad)과 나쁨(bad)을 합친 것이다.

공공부문에 대한 지지가 더 강하다고 결론내릴 수 있다. 다수의 스웨덴 국민이 시장 대신 공공부문이 국민들에게 재화와 서비스를 제공하는 데 중요한 역할을 해야 한다고 믿고 있는 것이다.

3. 교육: 기회 균등이냐 선택의 자유냐?

스웨덴에서 쟁점이 되는 복지정책 중의 하나는 교육복지이다.[17] 교육에 대한 인식이 정당마다 각기 다르기 때문에, 교육정책은 지난 10여 년간 선거 때뿐 아니라 일상적으로 격렬한 논쟁을 불러 일으켰다. 어떤 사람들은 교육 기회를 높이고 평등한 사회를 만들어가는 수단으로 포괄적인 대중 교육을 강조한다. 평등주의적 교육 개념이 스웨덴 자유주의 교육의 핵심적인 가치로 받아들여졌다. 제2차 세계대전 이후 스웨덴 교육체제는 보편적 복

---

17) 자주 등장하는 문제가 국제 학생 학업성취 평가(Programmes for International Stude nt Assessment Survey: PISA)를 둘러싼 논쟁이다. 2000년부터 OECD 국가의 15세 학생들을 대상으로 치러지는 학업역량 평가는 스웨덴 학생들의 지속적인 순위 하락을 보여주었고, 2000년 동아시아 국가들을 제외하고 7위였던 스웨덴은 2014년 38위로 내려앉아서 1990년대 바우처 제도를 도입한 스웨덴 교육체제에 대한 비판이 제기되었다. 그와 관련해 학생들의 수학능력을 테스트하는 연령을 둘러싼 정당들 간의 갈등도 첨예하다. 보수당은 초등학교 입학 때부터 시험을 치르는 안을 선호하지만, 공산당은 시험폐지를 주장하고 있고, 사민당은 초등학교 6학년에서 시험을 치러 학업성취도를 측정하는 현행 제도 유지를 주장하고 있다. 교육에 관심을 많이 가지고 있는 자유당은 예산 증액을 통해서 교육을 강화해야 한다고 주장한다[The Local, "S weden's schools are key focus for opposition," *The Local.se*, 6 November, 2014, http://www.thelocal.se/20141106/swedens-schools-are-key-focus-for-opposition (검색일: 2015.3.13)].

지국가의 일부로 재조직되었고 사립학교가 폐쇄되었다.[18] 그리하여 학부모가 비용을 지불하지 않는 공립학교가 1990년대 초까지 스웨덴 교육제도의 토대를 이루었다. 그러나 1990년대 초 자유학교가 다시 도입되었다.

다른 사람들은 교육을 시장에서 제공할 수 있는 서비스 상품으로, 그리고 미래에 대한 투자로 본다. 그들은 교육의 독립성을 강조하고 학부모가 공교육이 아닌 다른 교육을 자녀들에게 선택적으로 받게 할 수 있는 선택의 자유를 강조한다. 1980년대 신자유주의 이데올로기가 점차 확대되면서, 교육에 대한 규제 철폐와 시장을 통한 교육 서비스 제공이 스웨덴에서도 도입되었다. 그것은 국가의 재정지원을 받기 위해 사립학교가 공립학교와 경쟁할 수 있다는 것을 의미했다. '선택의 자유(free to choose)'는 1990년대 초부터 스웨덴 교육을 크게 바꾸는 새로운 이데올로기가 되었다. 더욱이, 1994년에 재집권에 성공한 사회민주당이 교육정책을 바꾸지 않았다. 1994년 교육법은 사립학교가 교육에 대한 국가규정을 준수하는 한 사립학교를 인정하는 것을 포함했다. 또한 교육에 대한 규제를 철폐하는 교육의 탈규제를 강조했다. 그리하여 자유학교나 독립학교가 크게 정부로부터 지방정부, 코뮨으로 이관해서 중앙정부의 교육 규제는 크게 줄었다. 자유학교나 독립학교의 비중은 2010/2011년 초등학교의 16%(4,621개 중 741개)을 차지하게 되었고, 중고등학교의 13.1%(80만 5487개 중 10만 5136개)로 늘어났다. 그것은 초등학교 학생의 12%와 중고등학교 학생의 24%를 차지했다.[19]

---

18) P. Blomqvist, "The Choice Revolution: Privatization of Swedish Welfare services in the 1990s," *Social Policy & Administration* 38(2)(2004), pp. 139~155. Suzzane Wiborg, *Education and Social Integration: Comprehensive Schooling in Europe*(New York: Palgrave MacMillan, 2009).

<표 9.4> 균열의 강도(χ2로 측정)

쟁점	피어슨 *x*2
국영기업과 공공시설 민간 매각	380.508
민간 의료 비중 증대	362.664
공공부문 축소	305.754
복지 혜택 감축	287.401
세금 감면	240.216
재산세 유지	223.724
자유학교 촉진	193.486
소득불평등 완화	126.511
핵발전소 폐쇄	52.348
인구 과소지역 재정지원	41.248
국방비 삭감	24.185

참고: 피어슨 *x*2는 두 가지 요소 간의 관계 정도를 보여준다. 만약 질문에 대한 응답에서 두 집단 간에 차이가 없다면, 피어슨 *x*2값은 0에 가깝게 된다. 피어슨 *x*2값이 크다는 것은 두 집단 사이에 차이가 크다는 것을 의미한다.

　자유학교의 증가로 교육을 계층이동의 수단으로 보는 인식과 평등주의적 교육관이 지난 20년간 크게 약화되었다. 자유학교의 증가가 교육을 포괄적인 복지제도의 일부로 보는 인식을 크게 약화한 것이다. 그 대신 스웨덴 학교 교육에서 신자유주의적 요소의 도입을 의미하는 정책과, 경쟁과 투자의 관점에서 교육을 바라보는 인식이 도입되었다. 그렇지만, 복지정책에 대한 국민의 태도에서 교육은 가장 쟁점이 덜한 복지정책으로 인식되었다. 〈표 9.4〉는 당 정체성과 민영화를 포함한 정치적 이슈들 간의 관련 정도를 측정해 사회집단들 간의 균열의 정도를 보여준다. 2006년 민영화는 스웨덴에서 가장 뜨거운 쟁점이었다. 그것은 좌파 블록을 지지하는 사람들

---

19) Friskolornas riksförbund, Friskolorna I siffror(2012).

과 우파 블록을 지지하는 사람들 사이에 국영기업과 공공시설의 민영화를 둘러싼 견해 차이가 대단히 컸다는 것을 의미한다. 그러나 스웨덴에서 국방과 관련한 견해의 차이는 가장 적었다. 좌파 블록 지지자들이나 우파 블록 지지자들 모두 국방비 삭감에 관한 의견에서 큰 차이를 보이지 않았던 것이다. 비록 차이가 있기는 했지만, 블록 지지자들을 구분해야 할 정도로 큰 차이는 없었다. 인구가 적은 지역에 대한 재정지원과 원자력 발전소 폐쇄 이슈도 2006년 스웨덴에서 상대적으로 쟁점이 적은 이슈였다. 환경안전과 지역균형발전이 공통적으로 스웨덴에서 국민들에게 중요한 과제로 받아들여졌다. 더욱이 자유학교 이슈도 민영화나 세금감면보다 덜 쟁점이 되는 이슈였다. 물론 두 블록 지지자들 가운데 자유학교를 둘러싼 이견이 없었던 것은 아니지만, 그 견해 차이가 그렇게 크지는 않았다. 종합적으로 민영화와 복지가 대단한 쟁점이 되는 이슈들이라는 점을 고려하면, 자유학교는 그만큼 쟁점이 되는 이슈는 아니었다고 볼 수 있다.

교육에 대한 인식에서 일어난 변화는 무엇을 의미하는가? 일부에서는 교육이 복지국가 스웨덴의 핵심적인 요소였기 때문에, 교육의 시장화가 전후 스웨덴에서 발전된 보편적 복지국가의 근간을 약화한다고 본다. 공교육의 민영화는 공교육에 대한 대안으로 시장을 도입한 것이다. 일단 시장화가 교육에 도입이 되면, 이전 상태로 되돌아갈 수 없는 불가역성을 보이며 점차 교육에 그 효과가 한정되지 않고 다른 부문으로 효과가 파급되어 전반적인 시장화를 촉진한다는 점에서 '톱니바퀴효과'를 지닌다. 즉, 교육의 민영화가 되돌릴 수 없는 추세로 점차 다른 공공 부문으로 확대가 되기 때문이다.[20] 그리하여 스웨덴 교육제도가 점차 다른 나라와 차이를 보이지

---

20) S. J. Bell, *Education Plc: Understanding Private Sector Participation in Public Sector Education*(London: Routledge, 2007); S. J. Bell. "The Legacy of ERA,

〈표 9.5〉 공공부문 축소에 대한 태도와 자유학교에 대한 태도 간의 교차표(단위: %)

		자유학교 지원			
		지지	중립	반대	전체
공공부문 축소	지지	42.4	27.7	29.9	100.0
		39.5	28.8	18.7	27.5
	중립	35.3	32.9	31.85	100.0
		23.8	24.8	14.4	19.9
	반대	20.6	23.4	55.9	100.0
		36.7	46.5	66.9	52.6
전체		29.6	26.5	43.95	100.0
		100.0	100.0	100.0	100.0

않게 되었다는 평가가 등장했다. 예를 들어, 마이클 크리트가드(Michael Klitgaard)는 미국, 독일, 스웨덴에서 복지레짐과 교육개혁 사이에 어떤 제도적 연관성도 없기 때문에 스웨덴에 독특한 학교 개혁은 없다고 주장한다.[21] 이러한 주장은 스웨덴에서 이루어진 학교 개혁이 미국이나 독일과 크게 다르지 않다는 것을 강조한다.

그러나 복지국가에 대한 스웨덴 국민들의 태도에서 외형상 모순적인 경향이 드러난다. 한편으로는 학교 개혁이 신자유주의 이데올로기를 촉진하는 경향을 보이면서, 교육에 대한 스웨덴 사람들의 인식도 자유학교 쪽으로 기운 것처럼 보인다. 다른 한편, 스웨덴은 지속적으로 높은 공공부문에 대한 지지를 보였고, 의료민영화에 대한 강한 반감을 보여주었다. 그것은 스웨덴 사람들이 자유학교 개혁을 공공부문 개혁의 일환으로 보지 않다는 것을 의미한다. 〈표 9.5〉가 보여주는 것처럼, 공공부문 축소에 반대하는

Privatization and the Policy Ratchet," *Educational Management Administration & Leadership* 36(2)(2008), pp. 185~199.

21) Michael Baggesen Klitgaard, "School Bouchers and the New Politics of the Welfare State," *Governance* 21(4)(2008), pp. 479~498.

사람들의 20.6%가 자유학교를 지지하고 있다. 더욱이 공공부문 축소를 지지하는 사람들의 30% 정도가 자유학교 개혁에 반대하고 있다. 대각선에 제시된 수치는 공공부문 축소와 자유학교 개혁에 모두 반대하거나 찬성하거나, 혹은 두 가지 이슈에 대해서 모두 중립적인 태도를 가지고 있는 사람들의 비율이다. 그들은 전체 응답자 중 47.7%에 달하고 있다. 〈표 9.5〉의 대각선에서 벗어나 있는 나머지 52.3%는 상반되는 가치관을 지니고 있는 사람들로 자유학교와 공공부문 축소에 대한 태도가 일치하지 않은 사람들이다. 공공부문 축소를 지지하는 사람들의 42.4%만이 자유학교에 대한 지지를 보였다. 공공부문 축소에 반대하는 사람들의 21% 정도가 자유학교를 지지했다. 요약을 하자면, 스웨덴의 다수는 자유학교와 공공부문에 대한 태도에서 일관성이 없는 태도를 지니고 있다고 볼 수 있다.

4. 결론

이 글은 스웨덴에서 공공부문과 자유학교에 관한 국민들의 태도에 초점을 맞추어 스웨덴 복지정책의 사회적 토대를 살펴보았다. 제2차 세계대전 이후 스웨덴의 복지국가체제는 지속적으로 변화를 겪어왔지만, 최근 스웨덴으로 신자유주의가 유입된 것은 스웨덴 복지모델의 지속가능성과 더 일반적으로 스웨덴 모델의 지속가능성에 대한 의문을 제기하게 했다. 전후 스웨덴 복지국가는 보편주의적이고 포괄적인 사회적 시민권에 기초한 복지체제를 특징으로 했다.

스웨덴 모델의 지속가능성은 두 가지 차원에서 논의될 수 있다. 두 가지 차원은 체제통합과 사회통합이다. 체제 통합이 주로 경제적인 차원에서 복지제도와 하위 체계들 간의 정합성과 관련이 되어 있다면, 사회통합은 사회제도에 대한 국민들의 합의나 지지와 관련이 있다. 사회제도와 정책에 불만이 있는 경우, 사회통합은 이루어지기 어렵다. 사회제도는 제도 속에 살고 있는 국민들이 그 제도를 지지할 때 유지될 수 있다. 그러므로 사회제도의 정당성은 모든 사회제도의 견고한 사회적 토대가 된다. 우리는 스웨덴 사회복지정책이 국민들로부터 높은 수준의 지지를 받고 있다는 것을 발견했다. 의료와 연금제도가 꾸준히 국민들로부터 지지를 받고 있다는 점에서 그러한 추세를 확인할 수 있다. 그러므로 스웨덴에서 복지제도에 대한 국민적 지지와 제도적 정당성은 스웨덴 사람들의 생활과 깊숙이 연계되어 있다고 볼 수 있다.

그러나 또한 이 연구는 유의미한 변화를 겪고 있는 스웨덴 복지모델에서 비일관성이 있다는 점을 발견했다. 스웨덴에서 복지국가에 대한 높은 대중적 지지가 있지만, 공공부문에 톱니바퀴효과를 지니는 신자유주의적 교육개혁들이 점차 스웨덴 복지국가의 사회적 기반을 약화시키고 있다는 점을 확인했다. 평등사회의 구현에서 교육이 차지하는 비중의 중요성을 인식한다면, 공교육에 시장적인 요소들이 점진적으로 들어오는 것은 시장 능력에 따라서 불평등한 교육과 그에 따른 차별적인 경력개발로 이어지게 된다. 그것은 교육성취와 노동시장에서 불평등한 지위획득을 야기해, 교육의 상품화에 따른 노동력 상품화로 귀결된다.

교육의 신자유주의화가 지니는 톱니바퀴효과는 교육영역뿐만 아니라 생활세계로까지 점차 확산되고 있다. 이것은 공공부문과 교육에 대한 태도에서 나타나는 비일관성에서 확인할 수 있다. 일부는 공공부문의 민영화에 반대하지만, 동시에 자유학교와 신자유주의 교육개혁을 지지한다. 학교 개혁이 교육의 경쟁력을 높이기 위해 도입되었기 때문에, 복지로서의 교육의 의미는 최근 스웨덴 교육개혁에서 강조되지 않았다. '선택의 자유'는 단순히 학교 선택의 자유만을 의미하지 않는다. 그것은 연대와 평등주의를 만드는 역할을 하는 공교육의 공적 기능을 약화하면서, 학교와 학생들 간의 경쟁을 강조하는 것을 의미한다.

제도와 의식은 공진화 과정을 보여준다. 제도가 국민의 의식을 만들고, 국민의 의식이 제도를 뒷받침하게 된다. 또한 의식의 변화가 제도의 변화를 낳고, 변화된 제도가 특정한 방식으로 의식을 강화한다. 이러한 경우는 시스템 차원의 통합과 사회적 통합이 유기적으로 이루어지는 호순환 관계를 보여주는 사례이다. 그러나 시스템 차원에서 문제가 발생하면 제도에 대한 국민의 인식도 변하기 때문에, 제도적 안정성은 현저하게 낮아진다. 이러한 경우 시스템 차원의 체제통합과 사회적 통합이 제대로 이루어지지 못하는 악순환 관계를 보일 수 있다.

스웨덴의 경우, 선순환도 아니고 악순환도 아닌 균형 상태에서는 일단 벗어난 것으로 평가된다. 새로운 자유학교 개혁이 기존 제도의 기반을 약화하는 효과를 낳고 있다. 많은 학자가 주장하는 것처럼 스웨덴은 독특한 복지체제를 발전하지만, 교육개혁은 다른 나라들과 크게 다르지 않았다. 1990년대 초 스웨덴에서 공교육을 대신해 시장적 대안이 도입되었다. 신자유주의적 교육개혁이 다른 부문들에 어느 정도 연쇄적인 영향을 끼칠 것인가는 중요한 연구과제이다. 현재 수준에서 교육체제의 이질화가 학교에서 직장으로, 그리고 직장 내의 경력개발에 영향을 끼칠 것이라고 기대할 수 있을 것이다. 스웨덴의 독특한 교육제도의 특징이 사라질 것인가? 이러한 질문에 대한 답은 행위자들의 의식과 선택에 달려있다. 복지정책과 교육체제의 지속가능성도 역시 전적으로 국민의 태도에 달려 있다.

한 가지 추가적으로 언급할 점은 스웨덴 복지국가는 암묵적으로 복지민족주의(welfare nationalism)에 뿌리를 내리고 있다고 볼 수 있다는 것이다. 복지민족주의는 복지를 스웨덴 국민들 간의 연대에 기초한 집단 안전망으로 생각하고, 복지의 대상과 수혜도 연대의 범위와 관련해 제한적이다. 일종의 공유된, 그러나 드러나지 않은 이념적 지향 혹은 가치관으로 많은 사람들에게 내면화된 이데올로기로서 존재하는 복지민족주의는 복지에 대한 높은 국민적 지지와 상대적인 배타성을 특징으로 한다. 최근 이러한 복지민족주의는 일부 스웨덴 국민의 반(反)이민 정서에서 찾을 수 있다. 최근 선거에서, 스웨덴 국민으로 여겨지지 않는 이민자들에게 복지 혜택이 주어지는 것에 반대하는 스웨덴 사람들은 스웨덴 민주당을 지지했다. 점차 높아지는 스웨덴 민주당의 지지는 복지민족주의가 강화되는 현상을 보여준다. 이민에 반대하는 극우주의자들의 조직인 스웨덴 민주당의 대두는 일시적인 현상이 아니라 복지민족주의와 관련되어 있다는 점에서 사회적 기반을 가지고 있다고 볼 수 있다.

결론

제10장 | 산업화, 탈산업화, 세계화 그리고 21세기 스웨덴의 미래

산업화, 탈산업화, 세계화 그리고 21세기 스웨덴의 미래

　스웨덴이 겪은 여러 변화와 무관하게, 오늘날의 스웨덴은 비서구 사회 뿐 아니라 서구 사회에서도 합리적으로 설계된 정책과 제도를 통해 만들어 진 '이상적인 사회'로 받아들여지고 있다. 한때 유럽에서 가장 가난한 나라 였던 스웨덴이 근대적인 이성에 기초해 부러움의 대상이 되는 사회체제를 구축했다는 것 자체가 부러움을 넘어서 경이로운 일로 여겨지기도 했다. 1990년대 초 금융위기를 겪기는 했지만, 스웨덴은 요즘도 여전히 부러움 의 대상이 되고 있다.

　스웨덴의 이미지는 시대와 관심사에 따라서 크게 달라졌다. 스웨덴은 미국의 기자 겸 작가였던 마퀴스 차일드의 저작 『중간노선(The Middle Way)』으로 알려지기 시작했다. 그것은 사회경제 시스템 수준에서 미국식 자본주의와 소련식 국가사회주의의 '중간노선'이라는 이미지뿐만 아니라 외교적인 중립노선과 맞물려 인권, 반전과 평화의 나라라는 이미지가 만들 어졌다. 1970년대 스웨덴의 수상 올로프 팔메(Olof Palme)는 미국이 주도한 월남전을 신랄하게 비판하며 스웨덴의 반전과 평화의 이미지를 강화했다.

또한 스웨덴의 이미지는 자유로운 성을 묘사하는 영화[22]와 스웨덴성교육협회(Riksförbundet för sexuell upplysning)[23]의 활동 때문에 '성 해방'의 나라로도 인식되었다. 동거와 결혼을 구분하지 않고 육아와 보육에 대한 지원을 제공하는 아동복지와 가족복지 정책들도 이러한 이미지와 맞물려 '성해방'을 넘어서 '여성해방'과 '양성평등'의 이미지를 만드는 데 기여했다. 스웨덴은 맞벌이 가구 모형을 노동시장정책과 복지정책의 기본 모형으로 했기 때문에, 일과 가족 두 차원에서 양성 평등을 도모할 수 있다는 장점을 보여주었다. 예를 들어, 모든 부모들이 아동이 8살이 될 때까지 육아휴직을 480일간 사용할 수 있도록 법제화했다.[24] 남성도 육아와 보육을 여성과 함께 할 뿐만 아니라 평등하게 할 수 있도록 계속해서 가족복지제도를 개혁하고 있다.[25]

스웨덴의 이미지는 매우 다양하지만, 다음과 같이 정리할 수 있을 것이

---

[22] 1953년 스웨덴 영화감독 잉마르 베리만(Ingmar Bergman)의 〈Summer with Monica〉와 1952년 아르네 마테손(Arne Mattsson)의 〈One Summer of Happiness〉와 같은 스웨덴 영화는 일찍이 스웨덴이 성이 해방된 나라라는 이미지를 만드는 데 영향을 끼쳤다[Ministry of Foreign Affairs, *Images of Sweden abroad: A study of the chagnes, the present and assessment methods*(Stockholm, 2005), p. 16].

[23] 스웨덴성교육협회(Riksförbundet för sexuell upplysning)는 1933년에 시작된 시민단체로 지금까지 성에 관한 정보 제공, 성교육, 성의 자유와 낙태의 자유를 위한 활동을 활발하게 하고 있다(http://www.rfsu.se/en/Engelska/About-rfsu/).

[24] 스웨덴 육아휴직제도는 보육과 더불어 양성평등을 실현하는 정책이다. 중도우파 연립정부에 참여한 자유당이 1994년 '아빠의 달'과 '엄마의 달'을 정해서 부모의 육아휴직제도를 도입했다. 육아휴직을 사용하지 않으면 몰수된다. 2002년에 두 달로 늘었고, 16개월 내에 사용하도록 했다.

[25] 2016년 1월부터 현행 여성이 육아휴직을 남성보다 오래해서 노동시장에서 받는 불이익을 없애기 위해 남성과 여성이 동일하게 육아휴직을 하도록 부모보험을 개정할 예정이다[http://www.government.se/sb/d/15471/a/256016(검색일: 2015.3.21).

다.[26] 오랫동안 스웨덴 사민당이 민주주의와 시장경제를 바탕으로 평등주의를 추구해서, 투명성, 평등, 인권과 평화, 복지를 실현한 사회. 이것은 프랑스 시민혁명을 통해서 잘 알려진 서구의 근대적인 이념인 자유, 평등, 박애(연대)를 가장 잘 실현한 사회라는 이미지이다.

스웨덴은 1930년대 대공황, 전후부터 1970년대 초까지의 호황기, 석유파동으로 일어난 1970년대와 1980년대의 서구 경제위기, 1990년대 초 금융위기, 2008년 세계 금융위기 등을 거치면서 여러 변화를 거듭하고 있다. 그러므로 어느 시기의 스웨덴 사회체제를 생각하느냐에 따라서 스웨덴 모델의 이미지도 크게 달라질 수 있다. 1991~1994년과 2006~2014년 중도우파 연립정부의 집권으로 스웨덴 사회체제는 신자유주의적인 변화를 겪었다. 스웨덴에서는 영국이나 미국에서처럼 급격하고 과격한 신자유주의로의 전환은 나타나지 않았지만, 스웨덴이 신자유주의의 영향에서 완전히 자유로운 것은 아니었다. 더구나 1995년 EU에 가입하며 EU 공통의 경제 운영 기준들이 스웨덴에게도 적용되면서, 스웨덴 정부의 정책적 자율성은 약화되었다.[27] EU 회원국들 사이에 노동시장, 조세, 복지 등의 격차가 큰 상

---

26) 스웨덴 외무성에서 조사한 스웨덴의 이미지는, 순서대로 ① 복지, ② 음악, 문학, 영화 [ABBA와 아스트리드 린드그렌(Astrid Lindgren)과 베리만], ③ 아름다운 여성과 성해방, ④ 자연, ⑤ 자동차(주로 볼보), ⑥ 스포츠, ⑦ 이케아, ⑧ 좋은 이웃, ⑨ 추운 날씨, ⑩ 낮은 인구밀도, ⑪ 중립외교, ⑫ 미트볼, ⑬ 술, ⑭ 노벨상, ⑮ 높은 세금 순이었다(Ministry of Foreign Affairs, *Images of Sweden abroad: A study of the chagnes, the present and assessment methods*, pp. 46~47).

27) EU는 적자 예산의 한도를 정해 정부의 재정적자를 통제하고 있다. 마스트리히트 조약(Masstricht Treaty)에 따라 1998년에 이루어진 '안정과 성장 합의(Stability and Growth Pact)'는 회원국 정부 재정적자가 GDP의 3%, 정부 부채는 GDP의 60%를 넘지 않아야 한다고 규정했다. 이러한 한도는 여러 국가에서 경기침체에 대응하는 능력을 약화하고 있다는 비판을 받고 있다.

태에서 EU의 공통적인 기준을 따른다는 것은 스웨덴으로서는 국내 정책 집행에 상당한 제약이 될 수 있다는 것을 의미한다. 그런 이유로 상대적으로 사회체제를 잘 구축한 노르웨이, 스위스와 아이슬란드는 아직도 EU에 가입하지 않았다.

비교적인 시각에서 스웨덴 사회체제의 특징을 논의하면 더 구체적으로 스웨덴 사회체제의 특징들이 드러날 수 있다. 첫째, 스웨덴은 대부분의 성인 남녀가 일을 하는 노동사회(the laboring society)이다. 그러한 예로, 여성들의 경제활동참가율은 77.8%로 OECD 최고 수준을 보여주고 있다. 이것은 스웨덴이 전체 인구 중에서 경제활동에 참여하는 노동인구 비중이 높은 것을 잘 보여준다. 사회민주주의 복지국가에 속하는 덴마크도 76.1%로 높은 수준의 여성 경제활동 참가율을 보이고 있다.

둘째, 맞벌이 가구 모형을 전제로 한 가족복지정책 때문에 여성들의 경제활동참가율이 높은 사회이지만, 출산율 또한 매우 높다. 이것은 맞벌이 부부의 일과 육아가 동시에 가능하도록 노동시장정책과 복지정책이 연계되어 설계된 결과였다.[28] 한국은 스웨덴과 정반대로 여성 경제활동 참가율도 낮고, 출산율도 낮은 것이 특징이다. 스웨덴과 한국의 차이는 여성들이 일과 가족생활을 양립할 수 있도록 하는 노동시장정책과 가족복지에 있다. 이는 출산과 양육으로 불이익을 당하지 않도록 하는 노동시장정책과

---

28) 출산휴가는 부와 모가 60일 유급휴가를 사용해야 하며, 부부가 합해서 360일을 사용할 수 있다. 그러므로 한 사람이 360일을 다 사용하면, 420일까지 쓸 수 있다. 360일 휴가를 부모의 자녀 보육을 위해 사용할 수 있다는 뜻이다. 부모 보육휴가는 8세 이전까지만 가능하며, 임금의 80%에 해당하는 부모보험을 받는다(EU, *Parental Leave in European Countries: Establishment Survey on Working Time 2004~2005*, (Luxembourg: Office for Official Publications of the European Communities, 2007), p. 8].

일을 하더라도 출산과 양육이 가능하도록 하는 가족복지정책이 동시에 요구된다는 점을 함의한다. 한국은 미국, 멕시코와 함께 가족정책의 비중이 낮은 국가에 속하며, 자녀수당이나 보육수당과 같은 수당은 매우 적고, 주로 공공서비스 형태가 주된 가족복지 혜택을 이루고 있다.

셋째, 일이 우선이기 때문에 일을 할 수 있도록 하는 적극적 노동시장정책이 스웨덴 사회체제의 핵심을 이루고 있다. '적극적 노동시장'이라는 개념 자체가 스웨덴의 렌-마이드너 모델에서 처음으로 제시되었고, 이후 전 세계로 확산되었다. 〈그림 2.4〉에서 볼 수 있듯이, 스웨덴은 GDP에서 적극적 노동시장정책에 사용하는 예산의 비율이 OECD 평균의 두 배에 달할 정도로 높은 비중을 차지하고 있다. 적극적 노동시장정책은 일자리를 만들어 고용을 촉진하고, 실업자들을 대상으로 실업지원을 하기보다는 재취업을 할 수 있도록 직업훈련과 구직-구인의 결합을 돕는 정책이다. 적극적 노동시장정책은 렌 모델의 목표였던 '완전고용'을 달성하기 위해서 제시된 핵심적인 정책이었지만, '완전고용' 목표를 더 이상 추구하지 않는 현재에도 실업문제를 해결하기 위한 중요한 정책이다. 남성이든 여성이든, 성인들이 일을 더 많이 하면 할수록 세원이 확대되는 것이기 때문에, 복지재정 조달을 위해서도 적극적 노동시장정책은 중요하다.

넷째, 조세를 통한 재정조달에 대한 사회적 합의의 중요성이다. 스웨덴은 복지재정을 조세를 통해서 조달하고 있다. 중도우파 연립정부하에서도 스웨덴 담세율은 OECD 회원국 가운데서 덴마크 다음으로 높은 43.1%에 달했다. 이는 중도좌파 연립정부 집권 기간인 1987년과 1990년 담세율이 49.5%로 가장 높았다가 중도우파 연립정부가 들어서면서 낮아진 결과였다. 제9장에서 살펴보았듯이, 스웨덴에서는 복지에 필요한 재정을 위해서 세금을 더 내겠다는 대중적인 지지가 오히려 과거보다 높아졌다. 보편주의적 복지가 대부분의 스웨덴 사람에게 긍정적으로 받아들여지고 있기 때문에 복지에 필요한 세금에 대한 광범위한 지지기반이 확립되어 있다고 볼 수 있다.

이와 같이 지표를 통한 분석에서 스웨덴은 여전히 영국이나 미국과는 매우 다른 사회체제를 유지하고 있음을 확인할 수 있다. 스웨덴이 지난 반세기 동안 큰 변화를 거듭했지만, 여전히 영국과 미국의 자유시장경제체제와는 다른 사회민주주의 시장경제체제를 유지하고 있다고 볼 수 있다. 그것은 중도우파 정권의 집권 기간이 길지 않아서 시장화가 지속적으로 이루어지지 못했다는 점에서도 이유를 찾을 수도 있겠지만, 그보다는 이미 스웨덴 국민 다수가 사민당에 의해서 만들어진 사회정책과 제도를 오랫동안 경험하면서, 그것을 당연한 것으로 받아들이는 태도가 개개인들에게 내면화되어 있기 때문이라고 판단된다. 그리하여 2006년 선거에서 승리한 중도보수정당들로 이루어진 '스웨덴을 위한 동맹'도 과거와 다르게 '친노동과 친복지'를 내세우며 유권자들의 표를 호소했다. 그들도 과거에는 영미권 신자유주의자들처럼 '반노동과 반복지'를 내세웠다. 이제 스웨덴의 모든 정당이 이미 오랜 기간 제도화되고 스웨덴 사람들에게 내면화된 가치체계인 복지와 평등주의를 공통적으로 받아들이고 있다는 것을 보여준다.

다른 한편, 우리는 평등주의를 제도적으로 실현하기 위한 여러 가지 사회적 조건과 환경이 많이 바뀌었다는 점도 부정할 수는 없다. 특히, 1980년대 사민당에 의해서 주도된 '제3의 길' 경제정책과 1990년대 초 중도우파 연정에 의해서 도입된 신자유주인 개혁들, 2000년대 후반 신자유주의적 개혁들은 전면적인 규모는 아니었지만 분명히 1960년대 스웨덴 모델의 황금기와는 다른 양상들을 보여주는 변화였다. "전면적인 신자유주의가 아니라 사회민주주의적인 신자유주의"라고 불릴 수 있는 변화는 분명히 나타

났다.[29]

또한 스웨덴의 오랜 전통이었던 계급타협과 정치적 합의도 상당히 약화되었다. 스웨덴 노총(LO)과 스웨덴 경총(SAF)로 대표되는 노동과 자본 간의 타협의 제도적 기반은 사라졌다. 1970년대 임노동자기금으로 대표되는 노동계급의 공세에 대응해서 1980년대 SAF는 중앙 수준의 교섭 자체를 제도적으로 와해하면서 역공을 취했다. 더구나 제조업의 위축과 더불어 LO가 상대적으로 약화되었고, 탈산업화로 나타난 화이트칼라와 전문직 피고용자들의 증가에 기반을 둔 TCO와 SACO의 영향력이 커졌다. 노동운동 내의 권력 지형의 변화가 나타난 것이다. 이러한 구조적인 변화들은 금속산업의 대공장 노동자들을 중심으로 했던 LO 내부의 변화를 가져왔고, 과거에 만들어진 노사관계 제도가 약화되면서 새로운 노조운동에서 변화가 나타나고 있다.

이와 같은 변화에도 고용체제와 복지제도가 큰 변화를 보이지 않은 것은 화이트칼라와 전문직 노동자들이 기존의 스웨덴 사회체제에서 큰 변화를 원하지 않기 때문이다. 넓은 의미의 '친노동과 친복지'는 여러 가지 변화에도 스웨덴 사회를 가로지르는 핵심적인 원리가 되었기 때문이다. 노동과 복지는 계급적인 이슈가 아니라 시민적인 이슈가 되면서, 노동계급과 중간계급 모두에게 해당되는 이슈가 된 것이다. 고용과 임금 문제는 전통적인 노동계급만의 문제가 아니라 화이트칼라 사무직과 전문직 피고용자들에게도 중요한 문제이다. 사회민주당이 노동과 복지의 문제를 프롤레타리아트의 문제가 아니라 전 국민의 문제로 확대한 것은 전통적인 노동계급

---

29) 이러한 관점을 가장 대표적으로 제시하고 있는 연구는 다음을 참조할 것. Bengt Larsson, Martin Letell and Håkan Thörn, *Transformation of the Swedish Welfare State: Social Engineering, Governance?*(New York: Palgrave Macmillan, 2012).

정치에서 벗어난 것이었지만, 그것이 스웨덴 사회체제를 유지하는 토대로 기능하고 있다. 이것은 한마디로 보편주의적 노동체제와 보편주의적 복지제도가 만들어낸 결과물인 셈이다.

현존하는 복지국가는 이미 오래전부터 각기 다른 논리로 좌파와 우파 양측으로부터 비판의 대상이 되어왔다.[30] 그러나 폴 피어슨이 밝힌 바와 같이, 영국의 마거릿 대처와 미국의 로널드 레이건과 같은 신자유주의 정치가들의 집권기에도 복지지출 자체는 크게 줄지 않았다. 복지제도의 전면적인 해체보다는 주로 복지제도의 조정이 이루어졌다.[31] 이러한 점에서 영국과 미국보다 훨씬 더 복지제도에 대한 지지기반이 견고한 스웨덴의 복지제도는 안정성이 더 크다고 볼 수 있다.

그러나 복지국가 이후의 평등과 연대의 문제도 대두되고 있다. 대표적으로 기본소득(basic income) 혹은 시민임금(citizen's wage) 논의를 예로 들

---

30) 1970년대 대표적인 신좌파의 복지국가 비판은 하버마스의 생활세계 식민화론이다. 하버마스는 시장경제와 복지국가의 논리가 생활세계에까지 들어와 사적 영역인 가족생활의 영역까지 침범함으로써 사적 영역의 논리가 외적인 논리에 의해서 압도당하는 상태를 비판했다[Jürgen Habermas, *The theory of communicative action, Vol. 2: Lifeworld and system: A critique of functionalist reason*(Boston: Beacon Press, 1987)]. 우파는 복지국가가 경제적으로 비효율을 낳고 도덕적으로 복지에 의존하는 복지 의존성을 강화한다고 복지국가를 비판한다[Robert Bacon and Walter Eltis, *Britain's Economic Problem: Too Few Producers*(London: Macmillan,1976)].

31) 피어슨은 복지국가를 축소하는 것이 대단히 복잡한 정치적 계산과 과정을 거치기 때문에, 대처나 레이건이 주장한 것처럼 복지국가의 위축이 이루어지지는 않았다고 주장한다. 복지국가 축소가 이익집단, 제도, 기존의 정책들 간의 관계에서 유권자들의 향방을 고려하면서 이루어지기 때문에, 정치적 구호와는 매우 다른 결과를 가져왔다고 분석하고 있다[Paul Pierson, *Dismantling the Welfare State? Reagan, Thatcher and the Politics of Retrenchment*(Cambridge: Cambridge University Press,1994)].

수 있다. 기본 소득(basic income) 논의는 기존의 사회보장제도와는 달리 모든 시민에게 가족 단위가 아니라 개인 단위로 조건이 없이 일정 수준의 기본소득을 제공한다는 것에서 출발한다. 벨기에 경제학자 필리페 반 빠레이스(Philippe van Parijs)는 자유를 증진하기 위해서, 그리고 사회정의를 높이기 위해서 기본소득제도를 제안했다.[32] 그는 소득이 없는 사람은 다른 선택의 여지가 없고, 오직 피고용자라는 선택밖에 없기 때문에, 진정한 의미에서 자유로운 선택이 아니라고 보았다. 자산조사 없이, 그리고 일과 관계없이 무조건적으로 개인들에게 주어지는 기본소득은 인간답게 살 수 있는 시민의 권리 보장이자 사회참여를 가능케 하는 기본 조건이라고 보았다. 현재의 사회보장제도와는 달리 부정적인 낙인 효과가 없으며, 개인의 자율과 자유를 보장한다는 점에서 더 나은 제도가 될 수 있다.

기존 복지국가의 대안으로 기본소득이 새롭게 논의되고 있지만, 스웨덴에서 이러한 논의는 제한적으로만 이루어지고 있다. 스웨덴 복지국가는 기본적으로 일을 중심으로 제도화되어 있기 때문에, 일과 무관하게 제공되는 기본소득은 스웨덴 복지모델의 원리와 위배되기 때문이다. 그러나 2000년 스웨덴 녹색당은 사회적으로 주어지는 기존의 수당을 대체하는 하나의 대안으로 네거티브 소득세(negative income tax)의 형태로 기본소득을 제시했다.[33]

---

32) Philippe Van Parijs, *Arguing for Basic Income: Ethical Foundations for a Radical Reform*(London: Verso, 1992). 브루스 액커만 외, 『분배의 재구성: 기본소득과 사회적 지분 급여』, 너른복지연구모임 옮김(나눔의 집, 2010). 기본소득 국제 네트워크의 활동과 기본소득 운동에 대해서는 다음을 웹사이트를 참조(http://www.basicincome.org/).

33) 네거티브 소득세는 일정 수준의 소득 이하의 사람들은 정부가 일정 수준의 소득을 유지하도록 지원해주는 제도이다. 녹색당은 2000년 전당대회에서 기본소득으로 성인

스웨덴 민주당과 페미니스트 정당의 출현은 현대 스웨덴 사회에서 여러 갈래로 나타나고 있는 사회적 균열을 잘 보여주고 있다. 산업사회에서 볼 수 있는 전통적인 계급 균열과는 또 다른, 인종(민족)과 젠더를 기반으로 한 사회적 균열이 세계화와 더불어 두드러지게 나타나고 있다. 19세기 시작된 전통적인 좌우 균열이 1981년 녹색당의 등장으로 약화되면서, 20세기 후반 새로운 정당체제가 형성되었다. 이후 1988년에 등장한 스웨덴 민주당과 2005년에 등장한 페미니스트 정당은 또 다른 스웨덴 사회의 변화를 반영하고 있다. 오늘날 스웨덴 사회체제가 직면하고 있는 변화의 내용은 이전보다 훨씬 더 복잡한 양상을 띠고 있다. 또한 그 변화의 내용은 세계화라는 지구적 변화와 맞물려 있다. 세계화가 만들어내는 사회변화는 예측하기 어렵다. 예를 들어, 최근 유럽 각국에서 반이민자 정책을 내세우는 극우 정당들의 급성장은 전혀 예상하지 못한 변화였다.

그렇지만 한 가지 분명한 것은, 스웨덴 민주당조차 그 근저에는 복지민족주의를 내세우고 있다는 점에서 스웨덴 복지제도의 틀은 크게 바뀔 것으로 보이지 않는다는 점이다. 스웨덴 민주당은 이민자들이 늘어나면서 기존의 복지제도가 위협을 받고 있다고 보고 있다. 복지 혜택이 이민자들에게도 주어지면서 복지제도가 약화되는 것에 대한 반발이 스웨덴 민주당 지지자들에게서 나타나고 있다. 또한 페미니스트 정당도 더더욱 평등과 연대를 강조하며 기본 복지제도가 진정한 남녀평등을 이루어내는 데 문제가 있다

에게는 매월 7000~8000크로나(약 850~960 유로), 어린이에게 3000크로나 (360유로)를 주는 기본소득제의 도입을 당론으로 정했다. 이것은 사회적 수당을 대체하는 대안적인 제도로 도입되어야 한다고 결정한 것이다[Per Jansen, Basic Income and the Swedish Welfare State, 2000. http://www.basicincome.org/bien/pdf/2000Janson.pdf(검색일: 2015.3.21)].

는 비판에서 출발하기 때문에, 복지제도의 개혁과 강화를 요구하고 있다. 그러므로 페미니스트 정당의 대두는 기본의 복지제도보다 발전된 복지제도로의 변화를 만들어내는 정치적인 변화라고 볼 수 있다.

21세기 스웨덴 사회의 변화는 복지국가 이후의 스웨덴 사회체제를 둘러싸고 이루어질 것이다. 이것은 과거 시장 근본주의로 돌아가자는 신자유주의와 제2차 세계대전 이후 국가의 역할을 강조했던 사회민주주의 간의 대립을 넘어서 21세기 사회민주주의의 미래를 둘러싼 갈등을 포함한다. 21세기 스웨덴 사회체제는 이념적으로, 또한 제도적으로 어떤 모습을 지닐 것인가? 이것은 세계화와 맞물려 스웨덴 국내 정치 세력의 집단적인 비전에 따라 결정될 것이다. 언제 어디서나 새로운 역사는 현실을 변화시키고자 하는 절실함과 미래에 대한 비전을 가진 사람들에 의해서 만들어지기 때문이다.

찾아보기

지은이

신광영은 서울대학교 사회학과를 졸업하고, 위스콘신대학교(매디슨 캠퍼스) 사회학과에서 박사학위를 취득했으며, 한림대학교 사회학과 교수를 지냈다. 한국 사회학회 부회장, 한국 스칸디나비아학회 회장, 비판사회학회 회장 등을 역임했으며, 중앙대학교 사회학과 교수로 재직 중이다. 현재 국제학술지 Globalizations, Social Forces, Journal of Contemporary Asia의 편집위원으로 활동하고 있고 Asian Journal of German and European Studies(AJGES)의 공동 편집장을 맡고 있다. 동아시아와 유럽의 불평등 체제, 복지제도와 노동정치에 대한 비교사회학적 연구를 진행하고 있다. 주요 저서로는 『계급과 노동운동의 사회학』(나남, 1994), 『동아시아의 산업화와 민주화』(문학과 지성사, 1999), 『한국의 계급과 불평등』(을유문화사, 2004), 『한국 사회 불평등 연구』(후마니타스, 2013)가 있으며, 공저로 『한국사회의 계급론적 이해』(한울, 2003), 『세계화와 소득불평등』(집문당, 2007), 『대한민국 복지』(두리미디어, 2011), 『세계화와 생애과정의 구조변동』(한울, 2014) 등이 있다.

한울아카데미 1802
독일유럽연구총서 제1권
스웨덴 사회민주주의: 노동, 복지와 정치

ⓒ 신광영, 2015

지은이 | 신광영
펴낸이 | 김종수
펴낸곳 | 도서출판 한울

편집책임 | 이황재
편집 | 하명성

초판 1쇄 인쇄 | 2015년 7월 1일
초판 1쇄 발행 | 2015년 7월 7일

주소 | 413-120 경기도 파주시 광인사길 153 한울시소빌딩 3층
전화 | 031-955-0655
팩스 | 031-955-0656
홈페이지 | www.hanulbooks.co.kr
등록번호 | 제406-2003-000051호

Printed in Korea.
ISBN 978-89-460-5802-6 93330 (양장)
ISBN 978-89-460-6022-7 93330 (학생판)

* 책값은 겉표지에 표시되어 있습니다.
* 이 책은 강의를 위한 학생판 교재를 따로 준비했습니다.
  강의 교재로 사용하실 때에는 본사로 연락해주십시오.